法律硕士精品系列教材

国际公法

GUOJIGONGFA

主　编　王玫黎　周　江

撰稿人　（以撰写专题先后为序）

王玫黎　谢小庆　张　华　张芷凡　周　江

何　琴　王　筝　丁丽柏　陈琳琳　黄　昀

全小莲　刘　畅　刘　泽　杨永红

中国人民大学出版社

·北京·

作者简介

主编简介

王玫黎，女，法学博士，西南政法大学国际法学院教授，博士研究生导师，海外利益保护研究中心执行主任、海洋与自然资源法研究所副所长。主要讲授国际法、海商法、海洋法、海外利益保护法等课程。参加编写并出版法学教材和专著 10 余部，主编《国际法学》《海商法律实务》等教材；在《北京大学学报》《政治与法律》《现代法学》等期刊上发表学术论文共 100 余篇；主持国家级课题 5 项、省部级项目 20 余项等，其中包括教育部重大攻关课题“我国海外利益保护法律体系构建研究”。

周江，男，法学博士，西南政法大学教授，博士研究生导师，国际法学院院长、海洋与自然资源法研究所所长；兼任中国海洋法学会副会长。主要研究领域为海洋法与国际争端解决机制。累计主持国家社会科学基金重大专项等各级各类课题 50 余项，主编学术丛书 1 套，出版学术专著 4 部，在各类学术刊物发表学术论文 50 余篇，在《人民日报》《光明日报》等权威媒体发表理论分析文章多篇，20 余份有关政策建议获相关党政部门采纳或采用。

其他作者简介（以撰写专题先后为序）

谢小庆，男，法学博士，西南政法大学国际法学院副教授，军事法研究所所长。主要讲授国际法、法律与外交等课程。参加编写并出版法学教材和专著近十部，发表文章 10 余篇，主持或参与国家级、省部级各类课题 10 余项。代表性论文有《试论国际法的哲学方法》《王铁崖先生与国际法》《国际非政府组织在华三十年：历史、现状与应对》等。

张华，男，法学博士，西南政法大学国际法学院副教授。美国德雷克大学访问学者。主要讲授国际法、海关法等课程。参与编写并出版法学教材和专著 5 部，发表法学论文 10 余篇，主持或主研国家级、省部级课题 10 余项。

张芷凡，女，法学博士，西南政法大学国际法学院讲师，硕士研究生导师。主要讲授国际法、海商法、海洋法等课程。参与《海商法》《海商法律实务》等多部教材的编写；在《法学评论》《海南大学学报（人文社会科学版）》《中国海商法研究》等期刊发表学术论文多篇，主持完成教育部人文社会科学项目、中国博士后科学基金面上资助项目等多个省部级项目。

何琴，女，法学博士，西南政法大学国际法学院讲师，硕士研究生导师，来华留学硕士研究生导师。主要讲授国际法、海洋法、国际公法案例解析等中英文课程。发表数篇中英文论文，主持多项涉海洋法的省部级课题如“南海争议海域渔业资源开发养护合作机制研究”“国际渔业法习惯规则新发展研究”等，研究成果为国家对外条约谈判内容所吸收。

王筝，女，法学博士，西南政法大学人工智能法学院讲师。主要讲授国际法、国际商事仲裁、法律职业伦理、多元纠纷解决等课程。参加编写并出版法学教材和专著4部，主持或参加省部级课题10余项并发表多篇论文。曾多次获得教学创新奖项。

丁丽柏，女，法学博士，西南政法大学国际法学院教授，博士研究生导师。主要讲授国际法、海关法等课程。参加编写并出版法学教材和专著10部，在《政法论坛》《厦门大学学报（哲学社会科学版）》等期刊上发表文章20余篇，参加《国际法学》《海关法律实务》等教材的编写，主持并完成省部级课题多项，有关政策建议获相关党政部门采纳或采用。

陈琳琳，女，法学博士，西南政法大学国际法学院讲师，海洋与自然资源法研究所研究人员。主要讲授国际法、海商法等课程。主持多个涉海洋法课题如“船舶智能化趋势下海事立法的因应”“数字时代海底电缆的保障机制研究”，出版学术专著《海事司法“用尽海商法”研究》，在各类期刊发表中外文文章多篇。

黄昀，女，美国圣路易斯华盛顿大学法律科学博士（JSD），中国与美国纽约州注册律师，英国皇家特许仲裁员协会会员。现为西南政法大学国际法学院讲师：发表数篇中英文论文，主持多项教改或科研项目。主要讲授国际法、国际组织法等中英文课程。主要研究领域为海外利益保护与国际争端解决。

全小莲，女，法学博士，西南政法大学国际法学院副教授，来华留学生博士研究生导师。主要讲授国际法、国际组织法等中英文课程。出版独著5部，发表中英文学术论文30余篇，主持完成国家社会科学基金项目等科研项目10余项，为对外缔结条约谈判的中国方案提供论证支持，有关政策建议获相关党政部门采纳或采用。

刘畅，女，法学博士，西南政法大学国际法学院副教授，硕士研究生导师。主要讲授国际法、国际组织法、海商法、海洋法等中英文课程。出版独著2部、合著3部，参与编写《国际法学》《海商法律实务》等教材及教辅4部，主持或参与多项国家社会科学基金项目、教育部及中国法学会等省部级课题并承担主要研究工作。

刘泽，男，北京大学法学博士，西南政法大学国际法学院讲师、军事法研究所副主任。德国马克斯-普朗克比较公法与国际法研究所访问学者。主要讲授国际法学、法律与外交、国际法经典案例研习等课程。主要研究领域为国际法基本理论与国际人道法。发表学术论文数篇，参编各类学术著作和教材3部。

杨永红，女，德国马尔堡大学法学博士，荷兰阿姆斯特丹大学国际贸易法硕士和欧盟法硕士。西南政法大学教授，博士研究生导师。曾任重庆市沙坪坝区人民法院审判员。讲授国际法、国际组织法等课程。主要研究领域为国际法、欧盟法、国际刑法、海洋法等。主持或参加多项国家级课题，在《法商研究》《欧洲研究》《学术界》等期刊上发表论文20余篇，有关政策建议获相关党政部门采纳或采用。

总 序

2022年10月16日，习近平总书记在中国共产党第二十次全国代表大会上的报告中强调："深化教育领域综合改革，加强教材建设和管理"。同时，党的二十大报告第七部分"坚持全面依法治国，推进法治中国建设"专门部署法治建设，要求发挥法治固根本、稳预期、利长远的保障作用，在法治轨道上全面建设社会主义现代化国家。习近平总书记指出，全面推进依法治国，建设一支德才兼备的高素质法治队伍至关重要。[①] 高校是法治人才培养的第一阵地，高校法学教育在法治人才培养中发挥着基础性、先导性作用。

在法治轨道上全面建设社会主义现代化国家，迫切需要法律硕士专业学位研究生（以下简称"法律硕士"）教育开辟一条加快培养高层次应用型法治人才的新渠道。法律硕士是具有特定法律职业背景的专业性学位，在培养目标上强调实务特点，主要培养立法、司法、行政执法和法律服务以及各行业领域德才兼备的高层次的复合型（专门型）、应用型法治人才。根据新时代法治人才培养的要求"立德树人、德法兼修、明法笃行"，要将法律硕士培养成具有坚定政治立场和崇高法律职业道德的法治人才，培养成具有宽基础、复合型、跨学科知识结构的法治人才，培养成能够综合运用法律、经济、管理、科技、外语、计算机以及其他方面专业知识，独立从事法律实务和管理工作的法治人才。

近年来，各高校、科研院所及法律实务部门在应用型高级法律实务人才培养方面不断探索。西南政法大学作为新中国最早建立的高等政法学府，是国家首批卓越法律人才教育培养基地。自1979年开展研究生教育以来，西南政法大学坚持科学的研究生教育质量观，把研究生教育作为提升学校品牌的重要支点，坚定不移地推进改革，凝心聚力，攻坚克难，不断增强研究生教育的竞争力、吸引力和培养能力，以实施科教兴国战略和满足经济发展对高层次、高素质、创新型人才的需求为出发点，努力发展研究生教育。2010年，西南政法大学被确定为教育部法律硕士教育综合改革试点高校；2013年，西南政法大学被评为全国法律硕士优秀培养院校。西南政法大学紧紧围绕党中央的要求和国家经济、社会发展的需要，明确目标和功能定位，充分发挥培养复合型、实践型法律人才的作用，以培养德才兼备、系统掌握法

---

① 中共中央文献研究室. 十八大以来重要文献选编：中. 北京：中央文献出版社，2016：190.

学理论知识、具备实践能力、具有社会主义法治理念、能够独立从事法律实务或理论研究工作的高层次专门人才为目标，不断进行探索和创新：

——实施责任教授制度，创新课程管理模式。针对法律硕士专业必修课程实施责任教授制度，实行团队教学。课程所属学科确定一名课程责任教授，由其负责组建教学团队、主持课程建设的各项工作，包括课程规划、教学内容安排、课程进度控制、教学方法使用、考核评价方式等。课程责任教授制度的确立，改变了任课教师单打独斗的授课局面，形成了课程教学合力。

——推进课程教学改革，创新课程教学方法。自 2013 年大力推进研究生课程教学改革以来，制定并实施了《西南政法大学研究生课程教学改革办法（试点）》，推行基于问题、基于项目、基于案例的教学方法和学习方法，探索建立以学生为主体、以培养学生创新能力为主要特征的研究型教学方式，促进课程教学与科研训练、实习实践相结合。已立项建设 4 批次共 37 门改革课程，培育重庆市优质研究生课程 12 门。

——强化教学案例建设，注重实践能力培养。重视案例编写，积极开展案例教学，已组织编写校级法律硕士教学案例 21 个，其中 4 个教学案例入选首批全国法律硕士教学案例库，使本校成为首批入库案例最多的院校。在积极开展案例库建设的同时，大力推进案例教学，在法律硕士专业课程教学过程中，引用案例进行讲解的教学内容占比达到 30%以上。

——开设实践训练课程，强化职业能力培养。为适应职业型与复合型的人才培养定位，法律硕士人才培养要把学习理论知识与开展实务的能力加以复合，要开展更加注重实务与应用的实践性教学。本校专门开设了法律实践训练课程，占法律硕士课程的四分之一，任课教师大都为校外行业专家，由此大大提升了学生的法律逻辑分析能力与知识运用能力。

法律硕士的招生院校及招生规模不断扩大，对专业法律人才的培养提出了新的挑战，对法律硕士教学规范化也提出了比较高的要求。党的二十大报告指出：要“深化教育领域综合改革，加强教材建设和管理，完善学校管理和教育评价体系，健全学校家庭社会育人机制。”这说明深化教育领域综合改革，扎实推进法律硕士教育、加强相关教材建设非常关键。在 2012 年前后，西南政法大学与中国人民大学出版社共同推出针对法律硕士的“应用型高级法律人才系列教材”。该套教材内容设计贴近教学需要，编写质量优良，打下了较好的教材基础。为遵循法律硕士的教学特点和更加贴近司法实务的教学要求，西南政法大学根据全国专业学位研究生教育指导委员会《专业学位研究生核心课程指南（试行）》，更新编写了这套“法律硕士精品系列教材”。该系列教材体系的构建主要有几点考虑：

第一，提升教材的普适性，按照全国专业学位研究生教育指导委员会《专业学位研究生核心课程指南（试行）》的目录搭建对应的系统性教材。

第二，立足教材的应用性，结合实务训练课程需要编写案例丰富、实践性强、以案说法的实务性教材。

第三，侧重特色交叉教材，以满足学校新兴学科发展需要和法律硕士教育特色发展为目标，编写特色教材。

该系列教材得以面世，首先要感谢校内外多位主编、编委和作者的精诚合作和辛勤笔耕；还要感谢中国人民大学出版社的大力支持，感谢郭虹社长对教材编写和出版的精心策划与宝贵建议。西南政法大学副校长唐力教授及校党委常委、研究生院院长李燕教授在教材设计和编写方面做了大量的开创性工作；还有很多工作人员在教材编写和出版过程中默默付出辛劳，我代表编委会对他们一并表示诚挚的敬意和谢忱。

付子堂

2022 年 10 月 29 日

于西南政法大学

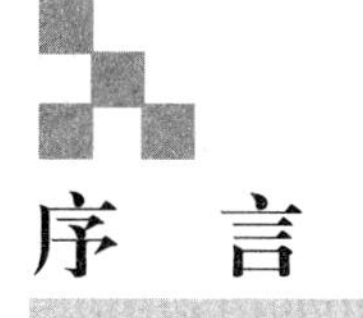

序　言

国际公法是高等院校法学教育的核心课程之一，是法学的一个重要组成部分，是国际法学的基础，在研究生培养中也是一个特殊的法律专业。国际公法主要是以国家之间的关系作为调整对象。在当前形势下，国与国之间的联系日益紧密，国际交往越来越广泛，国际法主体在这些交往中，必须遵守的规则就是国际法。国际法的内容广泛而复杂，其调整范围涵盖了国际社会的几乎所有方面：战争与和平、政治与经济、贸易与环境、空间与海洋……所有这些范畴都受国际法的规范。

本书主要包括国际法基础理论、国际条约法、海洋法、空间法、外交领事关系法、国际组织法、国际争端和平解决法、战争法及国家责任法等专题。本书立足于国际法基础理论，以国际公法学课程的核心知识点为主要内容，旨在为学生提供辅导，帮助学生更好地理解和掌握本门课程的核心知识，提高学生运用理论知识解决实务问题的能力，为学生在研究生阶段的学习打下基础。本书力求关注当前前沿、热点国际问题，吸收和反映国际法学的最新研究成果，同时力求体现教材编写的实践性。本书设有案例分析、知识拓展等栏目，以激发学生的学习兴趣，增进其对相关问题的理解，促进其深入思考。

全书共十四个专题，各专题作者分工如下：

第一专题“国际法与国内法关系”：王玫黎；

第二专题“国际法的基本原则”：谢小庆；

第三专题“国际法主体”：张华；

第四专题“国家领土取得理论与国际实践”：张芷凡；

第五专题“国际海洋划界”：周江；

第六专题“专属经济区生物资源的利用、养护与管理”：何琴；

第七专题“空间法律制度”：王筝；

第八专题“海外利益保护中的领事保护和外交保护”：丁丽柏；

第九专题“外交与领事关系法”：陈琳琳；

第十专题“国际组织的权力”：黄昀；

第十一专题“条约解释”：全小莲；

第十二专题“国际法院的管辖权”：刘畅；

第十三专题“国际人道法下武装冲突的认定理论与实践”：刘泽；

第十四专题“国家责任法”：杨永红。

本书的编写旨在使学生掌握国际法的基本知识、前沿理论以及相关案例，更好地培养实践能力、创新能力，加深对国际问题的法律思考，以更好地维护我国的主权、安全和利益。

本书可作为法律硕士研究生的教学用书，也可供国际法学研究者和实务人员使用。

本书错误与不当之处在所难免，诚请读者批评指正。

编者

2024 年 8 月

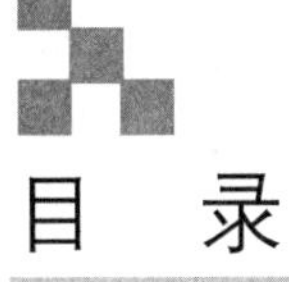

目　录

第一专题　国际法与国内法关系

基础理论

国际法（international law），主要是以国家之间的关系为对象的法律，是指国家在国际交往中形成的具有法律拘束力的原则、规则和规章制度的总称。国家不能孤立存在，任何国家都不能不与其他国家发生交往关系，国家之间的交往关系就是国际关系。国际关系包括政治关系、经济关系、法律关系以及文化关系等。国家与其他国家的往来关系构成国家的对外关系，而所有国家的对外关系，综合起来就成为国际关系。国际法律关系是以法律形式表现出来的国际关系。国家之间的关系受一些原则、规则和规章制度的拘束，这些原则、规则和规章制度就构成了国际法。

17 世纪近代国际法产生以后，在国际法与国内法的关系问题上存在着理论上的分歧和实践中的分野，尤其是当一个国家参加了某一项国际条约后，如果该条约与国内法存在不同的规定，就面临着谁先适用的重大问题。因此，对这一问题的厘清有助于理解国际法的性质和内容。

一、条约必须遵守的法理基础

条约是国际法主体间缔结的以国际法为准的国际书面文件。自从人类进入政治社会以来，条约便伴随着战争进入各国的视野①，而“条约必须遵守”是罗马法以来确立的一项基本国际关系原则。国际条约从理念上来源于万民法，“即所有国家共同遵守的法律”。这一万民法被各个国家所遵守，得到了广泛和长期适用。② 近代以来，航海、通信等新技术给全球交往带来了更多便利，民族之间的交往日益增多，由于国家间各种政治经济制度不一致，缔结各国共同遵守的国际条约成为现代政治体的重要内容之一。与此一致，“条约必须遵守”成为国际社会交往的重要原则之一，成为国际法基本原则之一。

---

① 柏拉图. 理想国. 刘国伟，译. 北京：中华书局，2016：31.

② 胡果·格劳秀斯. 格劳秀斯私法导论. 张淞纶，译. 北京：法律出版社，2015：5.

“条约必须遵守”是一条应然的国际交往规则，它指的是，不同的政治行为体在进行国际交往时，在参加了同一个国际条约又没有保留的前提下，在国际上，它们均需尊重该国际条约的规定。这至少包括两个方面的内容：第一，各政治行为体作为一个独立的机构，在与其他政治行为体进行国际交往时，须按照所参加条约的规范行事；第二，当条约的内容涉及国内民商事主体的行为时，各政治行为体必须妥善处理所参加的国际条约与国内法的关系。从实然的层面看，不同的政治行为体因为自己利益的考量，经常发生不遵守所参加的国际条约的行为。由于在国际上并不存在一个超国家的政治行为体拥有对国家进行制裁的组织和手段，这就为某些超级大国违反条约提供了可能性。但是，在国际社会上，以《联合国宪章》为代表的主流理论和实践均确认，“条约必须遵守”依然是国际社会应当遵守的基本准则。

既然不存在一个强制性的国际组织可以对违反条约的政治体进行制裁，为什么“条约必须遵守”依然为国际主流社会所确认？从实然的角度看，这至少包括两个方面的原因：第一，国家具有充分的意思自治能力，它可以选择参加或者不参加某个条约，并对参加与不参加该条约的法律后果具有明确的判定。也就是说，“条约必须遵守”的法理基础是意思自治原则。意思自治原为罗马法确立的民事主体从事民事交往的私法原则，按此原则，当民事主体从事法律行为时，应确保当事人的意思自由。唯有意思自由，才具有自己责任的后果。①《法国民法典》颁布实施以来，被很多国家所借鉴，其确立的私法自治原则也随之传播。② 具有自治能力的主体应对自己的行为负责的理念通过法律拟制，从个体援引到组织上，并产生了法人实在说的观念。这一观念渐渐为主权国家所吸收。③ 由此，国家应对自己的选择负责成为各政治体的共识。近代以来，大规模的战争不再是国际交往的主流，通过各方谈判确定各政治体的权力和利益成为普遍方式，缔结国际条约就在国际舞台上发挥了重要作用。罗马法上的“条约必须遵守”作为知识和理论资源重新进入国际交流舞台。与此相应，作为民事主体从事民事交往基本原则的意思自治原则为政治体所借鉴。第二，国家是一个独立于其国民的独立存在物。关于国家的形成，在政治学上存在神意说、契约说和强力说等多种观点。神意说认为国家的产生基于神意，与我国古代“受命于天”的观念具有暗合之处。契约说以霍布斯的观点和洛克的观点最为著名。在霍布斯看来，人类在自然状态下，由于没有政府与法律，终日处于互相争斗以求自保的状态。为避免这种状态，“一大群人相互订立契约，每人对它授权，以便使它能按其有利于大家的和平与共同防卫的方式运用全体的理论和手段的一个人格。”承担这一人格的人就是主权者，就是国家。④ 洛克也持契约说的立场，但他与霍布斯的不同在于，霍布斯认为政府可不受民约的限制，而洛克认为统治者的权力在于保护人民的生命财产，其应限于人民让与的权利。⑤ 强力说认为国家的产生并

---

① 卡尔·拉伦茨. 法律行为解释之方法. 范雪飞，吴训祥，译. 北京：法律出版社，2018：30.

② K. 茨威格特，H. 克茨. 比较法总论. 潘汉典，等译. 贵阳：贵州人民出版社，1992：129.

③ F. H. Hinsley. Sovereignty. Cambridge：Cambridge University Press，1986：14.

④ 霍布斯. 利维坦. 黎思复，黎廷弼，译. 北京：商务印书馆，2017：12.

⑤ 王世杰，钱端升. 比较宪法. 北京：中国政法大学出版社，1997：49－50.

不依赖于人类的理性与契约，而是强者对弱者的支配这一自然现象。尽管三种学说对形成论提供了不同的理解角度，但均认为国家是一种独立于其组成国民的组织化的政治共同体。这种共同体的正当性不仅在于对法秩序的保障，还在于其所服务的其他公共目的。① 国家是一个独立于其国民的组织化的政治体，具有独立的意思能力，因之，它可以对外与其他政治体缔结国际条约，并践守“条约必须遵守”的原则。当然，从应然上看，“条约必须遵守”这一义务并不是基于利益的考量，并不是基于对强力的服从，而是作为判定规则体系之效力的“承认规则”的存在。除了人民大致上普遍能够服从法律，官员也必须共同接受包含法体系效力之判准的承认规则更是完整描述一个法体系之存在的关键。② 而国际法较之国内法，无论在形式上还是在内容上，都较其他法律规范更近“承认规则”，一旦如此，“条约必须遵守”就成为国际法主体的应然义务。

二、国际法与国内法关系的理论学说

一个国家在缔结了国际条约之后，必然面临着如何实施的问题。由于在一个国家还存在着国内法体系，遵守条约面临的第一个问题是：应当如何处理条约与国内法的关系？特别是，在一国缔结或参加的国际条约没有保留的前提下，如果条约的规定与国内法的规定存在不同，该如何处理？

国际条约属于国际法的范畴。在国际法与国内法的关系上，存在二元论和一元论两种理论以及三种流派：国内法优先说，国际法优先说及国际法与国内法各为独立的法律体系、互不隶属的学说。前两种学说为一元论，后一种学说为二元论，它们根据法律体系是否同一而分成主要的两大学派。在二元论的视角下，国内法和包括国际条约在内的国际法属于两个不同的法律体系，它们是两个完全不相干的法律体系的关系，它们在多方面存在截然不同的区别：首先是规范的主体不同。国际法主要是以国家或类似国家的行为主体为参与者，当代国内主流学者一般认为包含国家、政府间国际组织和正在争取独立的民族，而国内法的主体主要是个人和法人。其次，规范的社会关系不同，国际法是调整平等者之间的社会关系，而国内法既调整平等者之间的社会关系也调整不平等者之间的社会关系。最后，国际法与国内法在主要法律渊源上也不相同。国际法的主要渊源是国际条约或国际习惯，而国内法的主要渊源是国内立法和国内司法判例。特里派尔、奥本海等均持这一观点，这一观点曾在德国、法国、意大利的国际法学者中较为流行。③ 一元论包括国际法优先说和国内法优先说。黑格尔的绝对国家主权理论是国内法优先说的起源，认为国家的绝对意志是国际法的法律效力来源，国际法受制于国内法，它只是国内法的一个

---

① 莱茵荷德·齐佩利乌斯. 法哲学. 金振豹，译. 北京：北京大学出版社，2013：225－226.

② 哈特. 法律的概念. 许家馨，李冠宜，译. 北京：法律出版社，2011：105.

③ Heinrich Triepel. Droit international et droit interne. Oakland：University of California Libraries，1976：412－476；劳特派特. 奥本海国际法. 王铁崖，陈体强，译. 北京：商务印书馆，1989：24－31.

分支，适用于国家的对外关系。[①] 这一主张目前已没有太大影响。[②] 国际法优先说认为，国内法和国际法都是法律，并无实质的不同，它们的主体都是个人，因为“一国的行为可以还原为代表该国的个人行动”。在凯尔森看来，国际法律秩序是包括一切国内法秩序在内的普遍性法律秩序，法律秩序体现的是一种规范系统，一个规范的效力取决于另一个更为根本的规范，最后则追溯到一个基础规范。这个基础规范是整个法律规范体系的金字塔顶端的规范，所有的规范效力都来源于该基础规范。[③]

国际条约在一个国家直接适用，涉及的是法律规范体系问题，特别是当国际条约和国内法规定不一致而优先适用国际法时，其实质上涉及的是立法权的分配权限问题。理由在于，国内法是立法机构通过法定程序完成的立法；而国际条约同样经过了国家授权部门的参与，因之，国际条约在一国如何适用，无论这种条约调整的是外交关系、文化关系还是民事关系，都首先是国内立法权的分配关系。在这个意义上，一国如何适用国际条约，应属公法规范的范畴。因之，即使在理论上像凯尔森那样认为国家的行为可以还原为个人的行为，但考虑到法律功能的分工，将那些明显具有公法性质的关系置于私法规范中也是值得商榷的。与此相应，在法律适用上，当发生民事纠纷时，不直接适用宪法等公法，而是通过私法的基本原则来反映公法精神这样的体系效应，就更有说服力。王铁崖先生认为，要使条约在国家之内有优越的效力，只有在国家的法律制度之中树立一个确定的这样的原则，要树立这样的原则，最恰当的方法为在宪法上作出明文的规定。[④] 公法事关国家权力的运行，而私法是关涉个人利益的法律，法治不仅包括通过公法明确公权力的行使范围和程序，也包括通过私法维护社会的有序运行。“宪法并不要求民法典承担公法的功能”，对于不属于民法的条款，或许放在某部宪法相关法或行政法中比较合适。[⑤]

三、关于国际法与国内法关系的实践

国际法与国内法关系的实践问题，主要是指国际法在国内适用问题或国家如何在国内执行国际法的问题。目前国际法尚没有关于国内法与国际法关系的具体、统一、完整的规则，从国际实践看，在国际层面，国内立法不能改变国际法的原则、规则，国家不得以其国内法规定来对抗其承担的国际义务，或以国内法规定作为违背国际义务的理由来逃避其国际责任。同时，国际法不得干预一国国内法制定，除非该国承担了相关的特殊义务。

根据各国的实践，国际习惯法规则如果不与现行国内法相抵触，可作为国内法的一部分来适用，采取直接适用的方式。[⑥] 如《德国宪法》第 25 条规定，国际法的

---

① G. W. F. Hegel. Elements of the Philosophy of Right. Cambridge：Cambridge University Press，1991：319.

② 王铁崖. 国际法引论. 北京：北京大学出版社，1998：184－185.

③ 凯尔森. 法与国家的一般理论. 沈宗灵，译. 北京：商务印书馆，2013：175，189.

④ 邓正来. 王铁崖文选. 北京：中国政法大学出版社，1993：577.

⑤ 童之伟. 宪法与民法典关系的四个理论问题. 政治与法律，2020（5）.

⑥ 伊恩·布朗利. 国际公法原理. 曾令良，等译. 北京：法律出版社，2003：6.

一般规则构成联邦法律的一部分，此等规则的效力在法律之上，并对联邦领土上的居民直接创设权利和义务。这条规定的一般规则，实际上是指德国法院可以直接适用国际习惯规则。而对待国际条约，国内法执行的方式有所不同。

各国对待条约在国内适用的方式大致有以下三种。

（一）直接适用方式

直接适用方式是指国家将条约在法律上接纳或接受为本国法的一部分，即条约规定直接成为本国法的一部分。荷兰是采直接适用方式的典型国家，条约在该国具有直接适用的效力。在荷兰，国际条约优先于国内法，甚至还优先于宪法。

法国关于条约的适用规定如下。1958 年《法国宪法》第 55 条规定，依法批准或通过的条约或协定，一经公布则具有高于法律的效力。这条规定虽然确定条约在国内有高于法律的效力，但以必须经缔约他方实施该条约为条件。《法国宪法》第 53 条规定，对于和平条约、贸易协定、与国际组织有关的条约或协定、涉及国家财政的条约、涉及对保留条款修订的条约、与人的身份有关的条约、涉及割让或交换或增设领土的条约，必须由法国议会通过或批准。在法国议会通过或批准之前，上述条约不发生效力。

《荷兰王国宪法》第 93 条规定：缔结的国际条约一经公布即对所有荷兰公民具有约束力。这表明国际条约优先于国内法，甚至还优先于宪法。《俄罗斯宪法》第 15 条第 4 款规定："普遍公认的国际法原则和准则及俄罗斯联邦国际条约是俄罗斯联邦法律体系的组成部分。如果俄罗斯联邦国际条约确立了不同于法律所规定的规则，则适用国际条约规则。"《南非宪法》第 231 条第 4 款规定："国际协议在依据国家立法并入法律时转变为南非共和国的法律。"

根据艾瑞克·斯戴因（Eric Stein）对 15 个中欧国家宪法的分析，其中有 5 个至 7 个国家规定条约优先于过去和将来的国内立法。[①] 这些直接规定了条约在国内效力的国家，并没有对各种不同领域的条约进行分类，而是笼统地规定条约在该国的效力。此外，还有个别国家，在宪法中规定了条约的适用模式，并对不同领域的不同条约进行了界分。《波兰宪法》在第 87 条明确将批准的国际条约作为在其境内具有普遍约束力的法律渊源，但在第 91 条明确指出，批准的国际条约必须转化适用。按照波兰的做法，经法令事先同意后批准的国际条约优先于波兰国内法。但若经批准的国际条约旨在建立一个国际组织，那么该条约规定的法律将直接适用，并在发生法律冲突时具有优先效力。[②]

（二）间接适用或转化适用方式

间接适用方式是指国家通过实施性法律的方式使条约在国内适用。在这种情形

---

① Peter Malanczuk ed. Akchurst' Modern Introduction to International Law. London: Routledge Press, 1996: 67 - 68.

② 《波兰宪法》第 89 条列举了五种类型的国际条约应当在波兰法令的事先同意后方能缔结，经法令事先同意后批准的国际条约优先于波兰国内法。

下，条约本身在国内没有直接效力。选择转化适用的国家均采纳的是二元论的模式。在二元论看来，国际条约和国内法是不同的法律体系，各自调整不同的法律关系，具有不同的适用范围，国内法和国际法分别适用于国内、国际社会。因此，如果要在国内适用国际法，必须以某种国家行为的方式将其转化为国内法。也就是说，在采二元论的国家看来，即使参加了相关的国际条约，由于国际条约与国内法存在调整范围的区别，因而国际条约如果调整属于国内法的关系，就必须经过该国的立法部门审批。在此意义上，国际条约是通过转化方式而为国内法所适用的。

英国是采转化适用的典型国家。在英国，条约必须经过议会立法程序（implementing legislation）才得以适用于国内。由于英国议会拥有垄断性的立法权，即便条约已经签订并经英王批准，议会仍拥有否定条约效力的权力，即虽然该条约对英国有拘束力，但能否被国内法院适用，仍须经议会立法。在"比利时国会号案"（The Parlement Belge Case）中，英国要求比利时赔偿被撞沉船舶的损失，而比利时则援引 1876 年英比条约提出国家财产的豁免。在此案中，英国法院认为该条约因未经议会同意不能在英国得到适用。英国认为条约必须经过议会立法程序才能在国内适用。由此可见，条约在国际法上的效力与国内法上的效力是两个不同的事物。

(三) 混合制

混合制即对待条约在国内适用兼采直接和间接两种方式。美国是采混合制的国家。美国参加的国际条约，是本国法律的一部分，已被美国明确地采用。《美国宪法》第 6 条第 2 款规定：本宪法和依本宪法所制定的合众国法律以及根据合众国的权力缔结的条约，均为全国最高法律，即使与任何州的宪法或法律有抵触，各州法院的法官均遵守而受其约束。按此规定，美国缔结的条约与国会制定的法律处于同等的地位。但美国在实践中，将条约分为自动执行条约（self-executing treaty）和非自动执行条约（non-self-executing treaty）。在这里所指的条约，按照美国法院判例的解释，只能是自动执行条约。非自动执行条约必须经过国内立法补充和完善才有效力，才能在国内实施，如美国需要支付金钱的条约、有关关税的条约、需要改变美国国内法的条约、处分美国财产的条约、任命政府委员会的条约等。[①] 也有观点认为是按照政治内容作出区分的，如果是确定公民私人的权利义务的国际条约，即为自动执行条约，可以成为本国法的一部分；相反，如果涉及政治问题，该条约即为非自动执行条约。[②]

中国虽然没有在宪法中规定国际法的适用问题，但在许多部门法的规定中，明确了中国在国际法的适用上采取的方式是混合制：第一，中国参加的民商事条约在国内可以直接适用。如 1991 年中国《民事诉讼法》第 238 条和第 239 条规定，中国缔结或参加的国际条约同本法有不同规定的，适用该国际条约规定，但中国声明保留的条款除外。对享有外交特权与豁免的外国人、外国组织或国际组织提起的民事

---

① 余民才. 国际法专论. 北京：中信出版社，2003：10.

② 马尔科姆·N. 肖. 国际法. 白桂梅，等译. 北京：北京大学出版社，2011：130.

诉讼，应依照中国有关法律和缔结或参加的国际条约的规定办理。又如 1986 年中国《民法通则》第 142 条第 2 款规定：中华人民共和国缔结或者参加的国际条约同中华人民共和国的民事法律有不同规定的，适用国际条约的规定，但中华人民共和国声明保留的条款除外。第二，对于中国参加的非民商事性质的条约在国内适用采取立法转化的态度。如中国在 1975 年和 1979 年分别参加了《维也纳外交关系公约》和《维也纳领事关系公约》后，于 1986 年和 1990 年分别制定的《外交特权与豁免条例》和《领事特权与豁免条例》，这就是将某一项国际法规范通过专门颁布的文件转化为国内法的典型事例。

四、正确认识国际法与国内法的关系

我国多数学者认为一元论和二元论都不能准确表达国际法和国内法的关系，它们是两个法律体系间的关系，即国内法和国际法分属不同的法律体系，但二者相互联系，相互补充。这种观点最早是由周鲠生阐述的。[①] 武汉大学梁西教授把它概括为“国际法与国内法相互联系论”。一元论着重调整两者谁优先于谁的问题，没有指明两者之间有着相对的独立性。二元论只是论述了两者在形式上的对立，没有看到或忽视了两者的实质联系。一元论因强调是一个法律体系而错误。二元论过分强调了国际法和国内法之间的不同，以致造成两者的对立。国际法与国内法是两个独立的法律体系，但从实践看，这两者是既有区别又有密切联系的，这种联系表现在以下方面。

（1）它们都是国家制定或参与制定的法律。国内法的制定者是国家，国际法也是由国家共同参与制定的。就联系方面而言，“它们之间大概有三种关系。第一种是互相制约、互相牵制的关系……第二种是相互补充的关系……第三种是互相采用的关系”[②]。国际法与国内法的这种联系，首先在于这样一个事实，即国家制定国内法，同时也参与制定国际法。国家在制定国内法时，不能与国际法相抵触，而且应使国内法符合自己所承担的国际义务。因为国际法是国家在自愿协议的基础上产生的，是各国遵守的法律，在国内具有法律效力，所以，各国在国内法上就国际法的原则、规则、规章和制度作出规定。1969 年《维也纳条约法公约》第 27 条规定：“一当事国不得援引其国内法规定为理由而不履行条约。”同样，国际法不能干预国内法，也就是说，国际法不能干预国家按照主权原则来制定国内法，这是作为国际法基本原则之一的不干涉内政原则的要求和表现。《联合国宪章》第 2 条第 7 款中规定，“本宪章不得认为授权联合国干涉在本质上属于任何国家国内管辖之事件”。具体来讲，内政涉及一个国家的政治、经济体制，包括制定国家立法和司法制度、规划社会和文化的发展计划、决定国家的内外政策等。1970 年《关于各国依〈联合国宪章〉建立友好关系及合作之国际法原则之宣言》重申不干涉内政原则。显然，国际法不能有任何规定来限制，甚至干预一个国家在其国内法中制定有关法律的权利

---

① 邵沙平，余敏友．国际法问题专论．武汉：武汉大学出版社，2002：350.

② 王铁崖．国际法的几个问题//邓正来．王铁崖文选．北京：中国政法大学出版社，1993：227.

和义务。

(2) 它们在一定条件下可以相互转化。国内法规范可以转化成国际法，同样，国际法也可以转化成国内法规范。国际法与国内法不但有密切的联系，同时也是互相渗透和补充的。我国多数学者是倾向于二元论的，但对其进行了修正，即两个体系之间存在渗透和互补的可能性。国内法对创立国际法规范的过程和内容产生影响。国际法上的一些原则、规则，如国家主权原则、不干涉内政原则等，最初是在国内法中加以规定的，后才在国家之间的协议中加以确认，成为国际法规范的一部分。同样，国际法对国内立法也产生影响。因为国际法上的原则、规则、规章和制度要靠国家通过制定具体的国内法来保证实施，如条约的履行、外交和领事的特权与豁免、外国人的法律地位等，国家必须在国内法中明确规定。由此可以看出，国际法与国内法之间的关系是相互渗透、相互补充和相互制约的。国际法受国内法的制约，同样国内法也受国际法的制约。如果一个国家承认公认的国际法，那么其就有使其国内法符合国际法相关规定的责任，否则该国家要承担国际责任。

国际法是在国家之间交往中产生并逐渐发展的，是国际关系发展的产物。和平与发展仍是21世纪国际关系的两大主题。尽管世界上矛盾和冲突依然存在，但最终将形成稳定的国际关系的新框架。国际社会结构的变化，必然影响国家之间的关系，这就必须有法律原则、规则和制度来适应这种变化，这理所当然在国际法上有所反映。中国是世界上的社会主义大国，又是联合国安全理事会的常任理事国，在国际事务中，不但要遵守和维护以《联合国宪章》为基础的现代国际法所确立的国际法准则，而且还要从国际关系和国际政治发展的实践出发，认真研究国际法面临的问题，积极参与国际立法活动，并且根据我国参加的国际公约对我国国内立法进行“废、立、改”，从而更好地维护我国的国家利益，促进国际和平与安全。

案例分析

案例一

美国与《与台湾关系法》

1979年1月1日《中美建交公报》正式生效，然而美国国会在该公报生效仅100天，就于1979年4月10日通过《与台湾关系法》(Taiwan Relations Act)。该法称：“美国决定同中华人民共和国建立外交关系，是基于台湾的前途，将通过和平方式决定这样的期望”。该法第2条乙款中称，美国严重关切以非和平方式包括抵制或禁运来决定台湾前途的任何努力，承诺将“向台湾提供防御性武器”。该法在第4条乙款中还称，美国法律中提及外国、外国政府或类似实体时，“也适用于台湾”，台湾的地位不受“断交”影响。

请用国际法原理分析美国国会的这一做法。

评析

美国国会这一做法违反国际法。该法以国内立法的形式变相维护美国与中国台湾的“官方”关系和军事关系，作出了许多违反中美三个联合公报和国际法原则的规定，严重损害了中国人民的权益，故遭到中国政府和人民的强烈反对。

首先，美国的做法违背国内法与国际法关系。美国国会通过所谓《与台湾关系法》，是以国内立法方式违背了美国所应承担的国际义务，即中美三个联合公报的内容。中美三个联合公报是指1972年2月28日签订的《中华人民共和国和美利坚合众国联合公报》(《上海公报》)、1978年12月16日中美两国发表的《中华人民共和国和美利坚合众国关于建立外交关系的联合公报》(《中美建交公报》)和1982年8月17日签订的《中华人民共和国和美利坚合众国联合公报》(《八一七公报》)。美国在中美三个联合公报中均强调坚持一个中国原则，这是中美两国关于两国关系以及台湾问题的重要历史文件，也是中美关系健康发展的政治基础和法律基础。

其次，美国的做法侵犯了中国的主权。主权是一个国家固有的在国内的最高权力和在国际法上独立的权力，是作为国际法基本主体的国家所具有的最主要属性和要素。美国《与台湾关系法》无视中国主权要求，增加所谓台湾安全条款使美国协防台湾法律化。该法第2条乙款称，美国严重关切以非和平方式包括抵制或禁运来决定台湾前途的任何努力，承诺将“向台湾提供防御性武器”。台湾是中国领土的一部分，武器贸易不同于其他民间贸易，任何外国国家或外国集团向中国领土出售武器是对中国主权的严重侵害。2022年7月针对美国国务院批准向台湾地区新一轮售台武器计划一事，外交部新闻发言人汪文斌表示：美国向中国台湾地区出售武器，严重违反一个中国原则和中美三个联合公报特别是《八一七公报》规定，严重损害中国主权和安全利益，严重损害中美关系和台海和平稳定。中方对此坚决反对，予以强烈谴责，已就此向美方提出严正交涉。①

再次，美国的做法干涉了中国的内政。不干涉内政原则也是国际法基本原则之一，得到《联合国宪章》第2条的确认，这一原则是由国家主权的性质直接引申出来的。既然国家主权应受到尊重，一国的内政、外交就不容他国进行干预或控制。国家在国际交往中，以任何理由或任何方法直接或间接地干预他国主权管辖范围内的事务就是对内政的干涉。美国《与台湾关系法》表明在美国国内法体系中，其给予我国台湾地区类似“国家”的地位，称美国法律中提及外国、外国政府或类似实体时，适用于我国台湾地区，将我国台湾地区作为事实上的国际法主体对待。在国际法上，一个国家在国内外的权利、义务的行使和承担是由该国的中央政府来实现的。台湾作为中国领土的一部分，不享有国际法上的权利。

最后，美国的做法违反国际法的承认制度。国际法认为承认一个新政府的法律后果之一就是断绝与旧政府的一切政府间官方关系。美国既然承认中华人民共和国政府为代表中国的唯一合法政府，就理应停止所有的与台湾地区之间的外交关系，

---

① 2022年7月18日外交部发言人汪文斌主持例行记者会.［2022－07－26］. https://www.fmprc.gov.cn/web/fyrbt_673021/jzhsl_673025/202207/t20220718_10722922.shtml.

美国与台湾当局之间的所有条约也应停止实施。众所周知，中美建交的重要前提是美国承认“只有一个中国，台湾是中国的一部分”，承认中华人民共和国政府是中国的唯一合法政府，断绝美国与台湾的“外交”关系，终止美国与台湾当局之间的所有“条约”。在《中美建交公报》中，美国政府“承认中华人民共和国政府是中国的唯一合法政府”，承诺“在此范围内”，美国人民将与台湾地区人民保持一般的正常交往，如“文化、商务和其他非官方关系”。

一个中国原则和中美三个联合公报是中美两国的重要政治共识，也是中美关系的政治基础和法律基础，所谓《与台湾关系法》纯粹是美国国会炮制出来的，与中美三个联合公报背道而驰，其实质是将美国的国内法凌驾于国际义务之上，是非法和无效的。

案例二

《民法典》颁行后国际条约地位的缺失与解决思路

在 2021 年 1 月 1 日《民法典》颁行之前，我国对涉外民事法律关系规范立法主要体现在《民法通则》第八章，其中第 142 条是该章第一个条款，且是一般规定的条款。从结构上看，《民法通则》第 142 条包括“一般规定”“条约优先”“但书”“国际惯例的适用”四个部分。但《民法通则》第 142 条并未被完全移植于《民法典》和《涉外民事关系法律适用法》（以下简称《法律适用法》）及其司法解释等现行的民事法律中，关于其第 142 条第 2、3 款所调整的社会关系就产生了法律适用上的困难。《民法典》的生效导致了《民法通则》的废止，《民法通则》第 142 条第 2、3 款的内容就变成了立法漏洞。

我国参加的民商事国际条约在我国将如何适用?

评析

1.《民法典》颁行后涉外民事关系适用法律的空白

为解决国际条约的适用问题，2010 年我国专门制定了《法律适用法》。但是，《民法通则》第 142 条的三款内容，只有第 1 款被《法律适用法》所吸收，而关于国际条约的适用、国际惯例的地位均没有被《法律适用法》所引入。

在起草《民法总则》时的主张是，将《民法通则》第 142 条第 2 款及第 3 款纳入将来的《民法典》涉外民事关系法律适用法编（第七编），规定在该编第一章“一般规定”中，而《民法总则》就不对此作相应规定了。[①] 也就是说，当时的建议是，《民法典》单设涉外民事关系法律适用法一编，将《民法通则》的有关内容平移到《民法典》中。但由于《民法典》最终并没有将涉外民事关系法律适用法单独成编，因而我国民事法律关系中国际条约地位的问题出现了法律真空。

《民法通则》关于国际条约地位的规定，在性质上不属于国际私法（冲突法）的

---

① 梁慧星.《中华人民共和国民法总则（草案）》：解读、评论和修改建议. 华东政法大学学报，2016(5)：11.

内容，而属于民事实体法。而《法律适用法》的主要内容是冲突法，因此，《法律适用法》没有吸收国际条约地位的内容有其合理之处。在制定《法律适用法》时，有学者就建议，由于国际条约地位的内容属于民事实体法，应将其置于《民法总则》中。涉外民事关系法律适用规范从法理上、体系上讲都属于民事法律的范畴。[①] 2016 年 6 月，全国人大常委会审议《民法总则》草案时，曾有学者提出，《民法总则》遗漏了关于中国缔结或者参加的国际条约的规定，建议保留《民法通则》第 142 条第 2 款适用国际条约的规定和第 3 款适用国际惯例的规定。[②] 这一建议未得到足够的重视，造成了国际条约应否适用以及如何适用的法律空白。当时，各方广泛关注《法律适用法》中是否规定国际条约的适用，关于如何规定国际条约的内容也存在较大争议。[③] 鉴于国际条约有实体法、程序法和冲突法不同性质，有任意性规范和强制性规范，以及有不同的规范对象，其内容复杂，适用难以确定，因此在《法律适用法》表决前，全国人大宪法和法律委员会作出说明：本法不作规定为宜，待以后在其他法律中还可以再作规定。

更重要的是，我国不仅缔结和参加了民商事领域的国际条约，还缔结了一些政治、文化和刑事方面的条约，这些条约在我国法律体系中处于何种地位，以及该如何实施，对这些都没有一个统一而系统的规定，这就导致国际条约的地位在我国处于非常不明确的状态。

2. 民法典时代国际条约地位问题的解决

《民法典》对既有的民事法律规范进行了体系化，这为加快社会主义法治建设、依法治国打下了良好基础。《民法通则》不再具有法律效力，带来的问题之一，就是能否继续在涉外民事法律关系中适用国际条约。目前，在《民法典》没有规定国际条约地位的前提下，如何对涉外民事关系适用法律，存在着解释论和立法论两种思路。解释论的路径在于，假设法律规范均具有自己的功能与使命，当遇到法律纠纷时，通过体系解释，解决法律的适用问题。《民法典》第 11 条事关特别法与一般法的关系。如果其他法律对民事关系有特别规定的，适用特别规定。在《民法典》没有规定而《民法通则》失效的前提下，当发生的纠纷属特别法领域如海商领域、民用航空领域时，可以直接适用这些特别法的规定。所谓立法论即做好国内法和国际法的对接工作，在国内法上予以明确规定。国内法和国际法尽管属于两个不同的法律体系，但二者存在协调的可能性，我国采取的是二元论基础上的协调论。[④] 之前，我国对某些领域的国际条约适用采取了转化的方式，对某些领域的国际条约适用采取了对国内法进行废、立、改的方式，并在《民法通则》第 142 条采纳了一种总括性的关于国际条约在我国地位的规定。从立法论的立场来看，重塑国际条约在我国的地位，使其规定更加合理，就具有重要的现实意义。

---

① 丁伟. 涉外民事关系法律适用法与其他法律相互关系辨析. 政法论坛，2011 (3)：153.

② 梁慧星.《中华人民共和国民法总则（草案）》：解读、评论和修改建议. 华东政法大学学报，2016 (5)：10.

③ 王胜明. 涉外民事关系法律适用法若干争议问题. 法学研究，2012 (2)：193.

④ 王铁崖. 国际法引论. 北京：北京大学出版社，1998：190.

(1) 修改宪法性法律。

我国《宪法》并未对条约在我国的地位问题作出统一明确的规定。在我国《宪法》中，涉及的有关内容主要是坚持和遵守作为国际法基本原则核心的和平共处五项原则，这表明从最基本的原则上，中国尊重和遵守国际法的体系，履行自己的国际义务。我国《宪法》对国际条约在国内适用的方式没有作出规定，也就是说，《宪法》本身既不排除直接适用，也不排除转化适用，无论直接适用还是转化适用都是符合履行国际条约义务的方式。我国是《维也纳条约法公约》的缔约国，我国在参加该条约时，对有关国际法与国内法的规定并没有保留。我国一系列民商事法律作了条约优于我国法律的规定，而不是相反。这说明我国在对待民商事条约在国内法地位问题上倾向于条约优先原则。1987 年 8 月 27 日外交部、最高人民法院、最高人民检察院、公安部、国家安全部、司法部《关于处理涉外案件若干问题的规定》(现已失效) 表明了我国在履行国际条约方面秉持"维护主权的同时也恪守国际法义务"的一贯立场。①

在《民法通则》失效前的实践中，我国是以纳入（并入）适用与转化适用相结合的方式来适用国际条约。当中国缔结的条约与国内法有不同规定时，对具有涉外因素的民商事案件在国内可以直接适用国际条约。民商事法律范围以外的中国所缔结、参加的国际条约的内容需要经国内法转化才能适用，这采用的是转化的方式。原则上，我国不论是在参与制定国际法规则时，还是在制定国内法时，都要依据和考虑本国国内法的规定和立场，同时又充分考虑和尊重所承担的国际法义务，力争使二者协调互补，有机配合。从一些涉及条约适用的国内立法看，条约的直接适用、条约与相关国内法并行适用、条约须经国内立法转化才能适用，这几种情况都是存在的。我国这种对条约的分类对待是客观的，采取纳入和转化适用都是正常的法律技术，是符合国际法适用规律的做法。

国际条约涉及国际条约和国内法的关系，涉及国际条约能否以及如何在国内适用，还涉及国际条约的位次等问题，这些问题说明无论是政治、外交方面的条约，还是民商事方面的条约，其首先面临的是立法权的分配问题，而此权限明显属于宪法或者宪法性文件的范畴。正因为如此，绝大多数国家都在宪法中明确条约的地位和适用情况，国际法学者也一再呼吁在《宪法》或《立法法》中明确规定国际法与中国法的效力关系。②

鉴于宪法的修改程序较为复杂，宪法修改的启动程序也比一般法律的周期长，因而在《立法法》这种宪法性法律中规定条约的地位也是一种选择。2014 年，全国人大常委会第十次会议审议《立法法》修正草案时，一些常委委员和列席人员指出，由于我国一直没有采取统一或者单一的模式，条约地位不明确给我国的执行已经带

① 《关于处理涉外案件若干问题的规定》中规定，涉外案件应依照我国法律规定办理，以维护我国主权。同时亦应恪守我国参加和签订的多边或双边条约的有关规定。当国内法以及某些内部规定同我国所承担的条约义务发生冲突时，应适用国际条约的有关规定。根据国际法的一般原则，我国不应以国内法规定为由拒绝履行所承担的国际条约规定的义务。

② 万鄂湘. 国际法与国内法关系研究. 北京：北京大学出版社，2011：482.

来了许多问题和麻烦，希望在这部法律的修改中明确国际条约在我国的适用规定。[①]此即在总则部分修改为“法律、行政法规、地方性法规、自治条例和单行条例的制定、修改和废止，以及条约、法律、行政法规、地方性法规、自治条例、单行条例和规章的适用，适用本法”；以及在第五章有关适用与备案的各条中，增加全国人大常委会批准或者加入的条约、国务院核准或者加入的条约、以政府部门名义缔结的协定与法律、行政法规、地方性法规、规章的法律效力关系的相关规定。对于具体条款的修改，建议有关部门进一步研究论证。但有人认为，《立法法》是对立法技术问题作出规定的法律，难以解决国际条约的地位问题。因此，在对《立法法》修改的讨论中是否将该问题纳入，意见分歧较大。[②] 2015 年出台的《立法法》无论在总则部分，还是备案部分，均没有将条约的内容放入其中。2023 年 3 月全国人大修改《立法法》时，未将国际条约的规定纳入其中。

也有观点认为，可以将国际条约地位的规定置于《中华人民共和国缔结条约程序法》（以下简称《缔结条约程序法》）中。全国人大常委会在 1990 年 12 月 28 日通过了《缔结条约程序法》，这是我国第一部关于缔结条约程序性内容的法律，是对中华人民共和国成立四十余年我国在缔结条约方面的经验的总结，其中也有对我国特殊的有效的习惯性做法的科学总结。该法第 7 条规定：在需要批准的六项条约中明确，对与我国法规定不一致的国际条约需要批准。但是，《缔结条约程序法》是对程序性规范的规定，不涉及实体法规范内容。至于国际条约在我国法中的地位问题，其既然是实体法内容，涉及条约的效力、适用及解释问题，那么由该法来作规定显然不合适。

2023 年 6 月 28 日全国人大常委会通过了《对外关系法》，这是首部集中阐述中国对外大政方针、原则立场和制度体系，对中国发展对外关系作出总体规定的基础性法律。在中国的涉外法律法规体系中，《对外关系法》具有基础地位，发挥指导作用。该法第 30 条规定，国家依照宪法和法律缔结或者参加条约和协定，善意履行有关条约和协定规定的义务。国家缔结或者参加的条约和协定不得同宪法相抵触。这一条规定坚持了依法缔约原则和善意履约原则。在条约适用原则上表明中国信守国际义务的信念。鉴于为对外关系建立基础性、纲领性、原则性法律框架的立法宗旨和“宜粗不宜细”的立法思路，《对外关系法》本身并未对条约在我国法律体系中的效力问题作出具体规定，这一问题将留待之后的立法进一步解决。[③]

《对外关系法》解决了当前国际条约在中国的适用问题，笔者认为最理想的选择是，在未来修订我国《宪法》时，将国际条约地位条款置于宪法总纲部分，新增第 31 条置于特别行政区条款之前，具体内容为：“中华人民共和国善意履行我国签署或者批准的国际条约。在涉外民商事法律关系中，中华人民共和国缔结或者参加的

---

① 陈丽平. 明确国际条约在我国的适用. 法制日报，2014－11－24（3）.

② 陈丽平. 明确国际条约在我国的适用. 法制日报，2014－11－24（3）.

③ 黄惠康. 中国对外关系立法的里程碑：论中国首部《对外关系法》应运而生的时代背景、重大意义、系统集成和守正创新. 武大法律评论，2023（3）：23.

国际条约与我国法律有不同规定的，适用国际条约的规定，但中华人民共和国声明保留的条款除外，在涉外民商事法律关系以外，通过修改或者补充国内立法方式履行条约义务。中华人民共和国法律和中华人民共和国缔结或者参加的国际条约没有规定的，可以适用国际惯例。”

（2）通过《民法典》司法解释。

如果从理论上看，国际条约在一国之内的地位问题，涉及的是立法权限的分配问题，因而将其置于《宪法》或者宪法性文件中最为合理。如果不置于《宪法》或宪法性文件中，将其置于《法律适用法》中，则意义不大。因为《法律适用法》具有国际私法之冲突法的性质，而国际条约的优先适用显然属于民事实体法。[①] 也就是这个原因，在2010年的《法律适用法》中并未吸收关于国际条约地位的条款，只在2012年12月10日通过的最高人民法院《关于适用〈中华人民共和国涉外民事关系法律适用法〉若干问题的解释（一）》的第4条和第5条规定了国际条约地位条款。其中第4条规定：涉外民事关系的法律适用涉及适用国际条约的，人民法院应当根据《民法通则》第142条第2款以及《票据法》第95条第1款、《海商法》第268条第1款、《民用航空法》第184条第1款等法律规定予以适用，但知识产权领域的国际条约已经转化或者需要转化为国内法律的除外。其第5条规定：涉外民事关系的法律适用涉及适用国际惯例的，人民法院应当根据《民法通则》第142条第3款以及《票据法》第95条第2款、《海商法》第268条第2款、《民用航空法》第184条第2款等法律规定予以适用。这一司法解释，是在《民法通则》还未失效情况下规定的，在《民法通则》失效后，这两条内容规定在2020年12月《民法典》生效前只能被删除。

2023年12月28日最高人民法院颁布了《关于审理涉外民商事案件适用国际条约和国际惯例若干问题的解释》，该解释自2024年1月1日起施行，其中第1条规定：人民法院审理《海商法》《票据法》《民用航空法》《海上交通安全法》调整的涉外民商事案件，涉及适用国际条约的，分别按照《海商法》第268条、《票据法》第95条、《民用航空法》第184条、《海上交通安全法》第121条的规定予以适用。人民法院审理上述法律调整范围之外的其他涉外民商事案件，涉及适用国际条约的，参照上述法律的规定。国际条约与中华人民共和国法律有不同规定的，适用国际条约的规定，但中华人民共和国声明保留的条款除外。该解释不仅是落实《对外关系法》规定的国际条约和国际惯例，还确立了人民法院在涉外民商事案件中的具体做法，有效解决了涉外民商事领域应用国际条约裁判依据不足的问题。

从《民法典》的立法史上看，一直有观点认为，应当将国际条约地位的内容置于《民法典》中。由于涉外民事法律关系编的删除，2016年2月，全国人大法工委向有关单位发送《民法总则草案（征求意见稿）》后，该条款被遗漏，造成了法律空白。《民法典》最大的特点之一是稳定，因而不可能在短期内对《民法典》进行修

① 梁慧星.《中华人民共和国民法总则（草案）》：解读、评论与修改建议.华东政法大学学报，2016（5）：10.

改。但这并不是将国际条约条款置于《法律适用法》中的理由，因为《法律适用法》的性质和国际条约的地位并不一致。笔者认为，最成熟的做法是将国际条约地位条款置于宪法性文件中，《对外关系法》第 30 条的处理是合适的。作为次优选择，可将国际条约条款置于司法解释中，这是司法机构在面临有关涉外民事纠纷时行使剩余立法权的表现。在内容上，司法解释可采纳《民法通则》第 142 条第 2、3 款的相似表达，最高人民法院的解释也是适宜的。

知识拓展

（一）拓展阅读

1. 周鲠生. 国际法：上. 北京：商务印书馆，1976.

2. 王铁崖. 国际法引论. 北京：北京大学出版社，1998.

3. 万鄂湘. 国际法与国内法关系研究：以国际法在国内的适用为视角. 北京：北京大学出版社，2011.

4. 王勇. 中华人民共和国条约法问题研究（1949—2009）. 北京：法律出版社，2012.

5. 沈子华. 宪法与条约关系研究. 北京：知识产权出版社，2018.

6. 江河. 国际法的基本范畴与中国的实践传统. 北京：中国政法大学出版社，2014.

7. 宋阳. 国际商法与国内法关系问题研究. 法律出版社，2016.

8. 王玫黎. 民法典时代国际条约地位的立法模式. 现代法学，2021（1）.

9. 伊恩·布朗利. 国际公法原理. 曾令良，等译. 北京：法律出版社，2003.

10. 鲍威林. 国际公法规则之冲突：WTO 法与其他国际法规则如何联系. 周忠海，等译. 北京：法律出版社，2005.

11. 霍布斯. 利维坦. 黎思复，黎廷弼，译. 北京：商务印书馆，2017.

12. 马尔科姆·N. 肖. 国际法：6 版. 白桂梅，等译. 北京：北京大学出版社，2011.

（二）毕业论文选题指导

1. 日本修宪问题中的国际法与国内法关系研究。
2. 论全球化背景下国际法与国内法的融合。
3. 国际条约在中国香港特别行政区的适用研究。

第二专题　国际法的基本原则

基础理论

一、国际法原则的内涵

国际法基本原则（basic principles of international law）一词在明显的文义上，首先是国际法原则，其次是其中的具备基本性的原则。所以，阐释和理解国际法基本原则的有关问题要以澄清国际法原则的内涵为前提。

通行的国际法定义都明确国际法是用以调整国际关系的，涵盖原则、规则等各种法律规范的总体。它表明，国际法理论学者普遍认为国际法原则是国际法规范的组成部分。理论共识是对国际法客观事实的反映。在众多国际法律文件中，久已存在很多原则规定，如 1815 年维也纳会议《最后议定书》第 108～117 条就规定了一切国家的商船都可以在欧洲国际河流上自由航行的原则；1930 年《关于国籍法冲突的若干问题的公约》等一些国际条约则有一般原则的专门章节；1967 年《关于各国探索和利用包括月球和其他天体在内外层空间活动的原则条约》等若干条约甚至将全部规定内容均冠以原则之名。显然，在国际法这一法律领域，存在大量作为行为规范的原则规定，其拘束相关国际法主体的行为，产生法律上的权利和义务。

此外，亦有很多作为裁判规范的原则规定。1899 年《和平解决国际争端公约》第 48 条规定，法庭有权解释在案件中引用的仲裁协定或其他条约以及国际法原则的适用问题。1998 年《国际刑事法院罗马规约》第 21 条规定，法院在适用法律时，“视情况适用可予适用的条约及国际法原则和规则，包括武装冲突国际法规确定的原则”。所以，国际法上的原则规范不仅是行为规范，还是裁判规范，可供相关国际司法机构在裁判案件时适用。在国际司法实践中，存在很多适用或援引国际原则作出裁判的案例。1911 年德英“沃尔非希海湾境界争端案”的仲裁裁决中说，本案的两个重要问题“必须按照国际公法的原则和实定规则解决，而在缺少这些原则和规则的场合按照一般法律原则解决”。在 1927 年常设国际法院就“霍茹夫工厂案”作出的裁决中，常设国际法院认为，违反约定必然产生赔偿义务是一项国际法原则，甚至是一项法的一般观念。在 1949 年国际法院“科孚海峡案”的判决中，国际法院提及，在和平时期要比战争时期更严格地对人道予以基本考虑，海上交通自由，各国不得允许自己的领土被用于侵害其他国家权利的行为，这些都是一般的广为承认的原则。在 1986 年国际法院“对尼加拉瓜的军事与准军事活动案”的判决中，国际法院提及并适用了“在（1949 年日内瓦）公约中明确表述的人道法的一般原则”。在 1998 年前南斯拉夫国际刑事法庭“夫伦基亚案”的判决中，该法庭指出，“尊重人的尊严的一般原则是国际人道法的基础，也正是国际人道法和国际人权法的存在理由。这一原则旨在保护人的个人尊严免受粗暴的对待，不论这种粗暴的行为是对身体的非法攻击，还是对名誉、自尊与精神的羞辱与贬损”。正是根据这一原则，法庭得出结论，“诸如强制口交等恶劣的性强暴行为应该被认定为强奸”。

总之，原则在国际法中是作为一种事实而存在的，既体现在数量繁多的国际法律文件中，又常见于国际法的适用过程中。原则在国际法体系中的事实存在是作为国际法制定者的国家权威决定和选择的结果。因应国际社会“无政府状态”的结构特点，包括原则、规则在内的各类国际法规范只能由国家在平等的基础上以协议方式制定。一项国际法规范能不能制定、如何制定、制定成什么形式，都取决于国家单独和集体的意志。[①] 在制定国际法的实践中，国家常常在如下几种情形下创制原则规范：第一，国家认为相关规范内容很重要，关涉各方共同的根本利益。19 世纪在条约中规定的最早一批原则规范无一不是关涉当时几个主要国家的核心共同利益的重要规范，围绕这些规范所涉事项的矛盾与斗争是当时国际关系中的主要事件，如河流航行自由的原则、黑海海峡航行原则、与战时海上法有关的固定原则、改善战地军队伤员境遇的原则、中立原则、苏伊士运河自由使用方面的平等原则等。第二，国家想让相关规范成为一般规范，从而拘束国际社会多数甚至全部国家。条约中原则规范的大量涌现发生在 19 世纪多边条约数量在国际实践中急剧增加之后，多边条约旨在为各国将来的行为制定一般规范，这使国际法原则从一开始就是一般规范的一部分，并一直延续至今。这种一般性有的体现为条约中的普遍参加条款，如 1856 年《巴黎会议关于海上若干原则的宣言》提到，对战时海上法如此重要的问题制定一些统一的原则是有益的，只有将与此有关的固定的原则贯彻于国际关系之中，才能充分满足它们各自政府的热切愿望，保证将本宣言通知未被邀请参加巴黎会议的国家并邀请它们加入本宣言。这种一般性还有的体现为赋予条约的原则规定拘束非缔约国的效力，如 1959 年《南极条约》第 10 条规定，缔约每一方保证作出符合《联合国宪章》的适当的努力，务使任何人不得在南极从事违反本条约的原则和宗旨的任何活动。第三，有关国家在核心立场上意见相左，致使它们对于确切的、特定的行为规范无法达成一致意见，但无论如何又需要为它们的行为提供某种基本的指南，此时就会选择制定原则规范。[②] 因为一般而言，抽象的、模糊的原则更容易获得立场迥异的各国的一致同意。例如，国际环境法中的共同但有区别的责任原则之

---

① 曾令良，饶戈平. 国际法. 北京：法律出版社，2005：3.

② Antonio Cassese. International Law. 2nd ed. Oxford：Oxford University Press，2005：64.

所以采取原则规范的形式，原因在于主张该原则的发展中国家与发达国家利益相悖，双方始终无法就原则的基本理念和内容达成一致。① 由此，我们可以归纳出，在国际法的有权创制者那里，原则通常是指由各国共同制定的对各国间交往关系具有重要性的较为抽象的一般规范。

原则的上述内涵表明，一般性是原则的内在属性。原则与一般原则是同义语，就如同条约与国际条约一样。施瓦曾伯格指明了这种一般性的含义，它意味着原则被国际社会各国一般性地接受或承认，以区别于特殊国际法。② 国际司法实践也认同原则的一般性。在 1927 年常设国际法院“荷花号案”中，法院明确国际法原则是在所有主权国家间有效的规范，是最广泛意义的普遍国际法。一般性揭示了原则与规则的一项不同之处。因为国际法规则既包括一般规则，也包括特别规则。③ 在原则与特别规则之间，区别是明显的，两者不存在交集。但在原则与一般规则之间，要区别就很困难。④ 同样的区分难题在国内法学中也存在，对此，国内法学者进行了深入研究。在现有关于法律规范理论的讨论中，影响最大、争议也最为激烈的就是法律规则与法律原则的区分问题，并形成了三种不同的理论主张。第一种是一致性理论，否定原则与规则之间存在任何差别。第二种是弱分离理论，认为原则与规则规范结构上的差别在于规范的一般性程度的差别。第三种是强分离理论，主张原则与规则是具有完全不同逻辑的规范性标准，或者说两者间存在着结构性的质的差别。⑤

国际法学者关于原则与规则区别的研究远没有国内法学者那样精深丰富。在国际法学中，关于原则与规则区别的宽泛描述常常是对国内法学者观点的简单引述。⑥ 上述区分原则与规则的三种理论在国际法学中均有赞成者，但赞成弱分离理论的学者毫无疑问占多数。莫斯勒说，原则与习惯规则不能等同，但两者的界限并不清晰。相比于习惯规则，原则要更为一般，不那么精确。在国际法中使用“原则”这一用语时，一般指的是有拘束力的法律，它在多数情形下相比于编纂而来的条约条款中

---

① 何志鹏. 国际法基本原则的迷失：动因与出路. 当代法学，2017（2）：40－42.

② Georg Schwarzenberger. The Fundamental Principles of International Law. Recueil des cours，1955（87）：205.

③ 詹宁斯，瓦茨修订. 奥本海国际法：第 1 卷第 1 分册. 王铁崖，等译. 北京：中国大百科全书出版社，1995：3.

④ 万鄂湘. 国际强行法与国际公共政策. 武汉：武汉大学出版社，1991：45－47.

⑤ 雷磊. 类比法律论证：以德国学说为出发点. 北京：中国政法大学出版社，2011：327；雷磊. 规范、逻辑与法律论证. 北京：中国政法大学出版社，2016：105－120.

⑥ Daniel Bodansky. The United Nations Framework Convention on Climate Change：A Commentary. Yale Journal of International Law，No. 2. 1993（18）：501－502；Robert Kolb，Principles as Sources of International Law（With Special Reference to Good Faith），Netherlands International Law Review. 2006（53）：7；Vaughan Lowe. International Law. Oxford：Oxford University Press，2007：100－101；Andreas Zimmermann，etc.，ed. The Statute of the International Court of Justice：A Commentary. 2nd ed. Oxford：Oxford University Press，2012：872－873.

的明确规则而言不那么精确，更为模糊，但毫无疑问有义务性。① 沃尔夫鲁姆认为，原则是有拘束力的规范命题，它规定了行为义务或实现某一目标的义务。这样的义务是以抽象，而非便于直接适用的具体形式规定的，这使原则区别于规则。② 卡塞斯坚持，规则是确切的、特定的行为规范，原则是针对行为的基本指南。原则具有一般性、松散性与多面性，以及一些模糊性。③

多数学者认为共同作为具有拘束力的国际法规范类别的原则与一般规则只是抽象性程度不同的规范，原则不外乎是比较抽象的规范，规则不外乎是比较具体的规范，它们之间的差别是相对的、程度上的，而非质上的，这是符合国际法的实际的。一方面，在国际法律文件中，的确存在许多明确程度有别的原则与规则。如《联合国宪章》第 2 条第 3 项规定了和平解决国际争端的原则，"各会员国应以和平方法解决其国际争端，俾免危及国际和平、安全及正义"。但何谓解决国际争端的和平方法，并不明确。而在其第 33 条第 1 项的规定中，则指明了和平方法的内容："任何争端之当事国，于争端之继续存在足以危及国际和平与安全之维持时，应尽先以谈判、调查、调停、和解、公断、司法解决、区域机关或区域办法之利用，或各该国自行选择之其他和平方法，求得解决"。另一方面，在国际司法实践中，对原则与规则并未作质的区分。在早期的一项仲裁裁决，即 1903 年意大利与委内瑞拉"真蒂尼案"裁决中，仲裁员说："规则……本质上是实用的和有拘束力的……而原则只提供指引我们行动的一般真理，是我们生活中各种活动的理论基础，其在现实生活中的适用会导致某种特定的结果"④。无论是在以前的常设国际法院时期，还是在现在的联合国国际法院时代，这样对原则与规则的明确界分在国际法院的司法实践中从未出现过。如上所述，原则与一般规则的区别问题在理论界存有争论，但没有任何证据表明这种争论反映在国际法院的司法推理与论证过程中，国际法院倾向于在同等或近似意义上对待原则与一般规则这两个用语。在 1980 年"驻德黑兰的美国外交和领事人员案"判决中，法院提及了《联合国宪章》的原则、反映在普遍人权宣言中的基本原则以及构成外交和领事关系法的全部国际规则。原则一词在这里可能倾向于意指比规则有更高程度的一般性，但并非经常如此。⑤ 在 1991 年"东帝汶案"判决中，法院提到了《国际法院规约》第 36 条第 2 款，明确该款规定的国际法院的管辖权仅及于明确承认法院管辖权的国家，这是一项广为接受的国际法原则。但实际上这项所谓的原则内生于国际争端解决制度，从它那里可以得出确定的结论。换言

---

① Hermann Mosler. General Principles of Law//Rudolf Bernhardt, ed. Encyclopedia of Public International Law. North-Holland, 1984 (7): 91 - 96.

② Rüdiger Wolfrum. General International Law: Principles, Rules, and Standards//Rüdiger Wolfrum, ed. The Max Planck Encyclopedia of Public International Law. Oxford: Oxford University Press, 2013: 6.

③ Antonio Cassese. International Law. 2nd ed. Oxford: Oxford University Press, 2005: 64.

④ Bin Cheng. General Principles of Law as Applied by International Courts and Tribunals. London: Stevens & Sons Limited, 1953: 376.

⑤ Maurice Mendelson. The International Court of Justice and the Sources of International Law//Vaughan Lowe and Malgosia Fitzmaurice, ed. Fifty Years of the International Court of Justice: Essays in Honour of Sir Robert Jennings. Cambridge: Cambridge University Press, 1996: 80.

之，它符合规则较为具体的特点。[①]

二、国际法基本原则的概念与特征

国际法基本原则是国际法原则的一部分，国际法原则固有的一般性、重要性、抽象性亦是国际法基本原则的特点。但与国际法非基本原则相比，国际法基本原则在整个国际法原则体系中又有自身的独特性。

国际法基本原则首先是作为一个理论概念被提出的，在实在国际法层面，很长一段时间内，并没有关于基本原则的明确规定，尤其是在国际条约中。考察从威斯特伐利亚和会到第一次世界大战期间出现的国际法规范可以发现，没有一个国家或其他机构为规范国际交往而规定了任何基本原则，也没有一个国家有足够的权力把自身偏好的行为标准施加给国际社会其他所有国家。当时的各国在根本上是基于以下三个假设行事：自由、平等和有效性，但它们均没有法律约束力。它们只是在归纳国际法规则的某些明显特征的基础上，通过思维过程获致的法律建构。[②] 然而，在国际法学中，作为理论概念的国际法基本原则早已有之。姑且不论 19 世纪之前主要立基于自然法学说的关于国际法原则的体系性著作，如瓦特尔的《国际法，或适用于各国和各主权者的行为与事务的自然法原则》等，19 世纪出现的以实在法理论为底色的数部国际法体系性著作，就已提及国际法基本原则这一概念或相似用语。惠顿曾写道，英国政府有关尊重外国船舶在战时海峡通行权利的观点是以国际法的一般和基本原则为根据的。[③] 菲利摩尔使用了国际法重要原则的用语。[④] 霍尔则主张，契约应符合法律的要求使所有违反国际法基本原则的协议无效，或至少可予撤销。[⑤] 进入 20 世纪，在美洲国际法编纂运动中，美洲国际法研究院于 1925 年提出了一份国际法典草案，其中美洲各共和国的基本权利部分规定，“有必要清楚明确国际法的基本原则，同时使它们适用于美洲国家间关系”。

然而，早期的学者对国际法基本原则的提及往往空有概念名词而无具体内容，究竟什么样的原则是国际法基本原则，要用什么标准来衡量哪些原则是国际法基本原则，始终没有得到明确。首先系统专题研究国际法的基本原则、界定其概念和内容的是施瓦曾伯格。他在 1955 年于海牙国际法研究院专题讲授“国际法的基本原则”，运用他一贯主张的国际法的归纳方法，提出法律原则都是从个案或明显适用范围更优先的法律规则中抽象和概括而来的。国际法原则可以是对一个较窄领域的相关国际法规则的抽象，如外交或国家豁免原则，这些原则是国家对其领土内的人和

---

① Rüdiger Wolfrum. General International Law：Principles，Rules，and Standards//Rüdiger Wolfrum，ed. The Max Planck Encyclopedia of Public International Law. Oxford：Oxford University Press，2013：paras. 10－11.

② Antonio Cassese. International Law. 2nd ed. Oxford：Oxford University Press，2005：46.

③ Henry Wheaton. Elements of International Law. 3rd ed. Philadelphia，1846：240.

④ Robert Phillimore. Commentaries upon International Law. 3rd ed. London，1879（1）：preface to the third edition，p. Ⅵ.

⑤ William Edward Hall. International Law. Oxford：Clarendon Press，1880：275.

财产的排他性管辖的例外，进一步抽象，这些国家领土管辖的例外本身都来自最重要的国家主权和平等原则。因此，基于抽象概括的层次不同，国际法原则可分为基本原则与更次要的原则。基本原则是通过相对高层次的概括而来的原则，代表着相关规则的最高层次的共同分母。基本一词意指相关原则是国际法基础的一部分，与国际法的基础联系紧密。因此，可以把基本原则比拟为国际法的支柱。确定一项原则是不是基本的，可以从三个方面考虑：第一，基本原则必须对国际法特别重要。第二，基本原则必须比其他原则更为突出，覆盖了相对广泛领域的国际法规则，这些规则很自然地在基本原则的主题之内。第三，基本原则必须或者是国际法的典型原则从而成为任何已知的国际法体系的一个主要部分，或者是现有国际法所特有的，而如果置之不顾，就会有看不到近代国际法的主要特征的风险。①

不过，在欧美国际法学界，施瓦曾伯格对国际法基本原则的研究并未受到多少关注，国际法基本原则始终未成为欧美国际法学一个独立的论域。② 至为明显的是，在欧美体系性国际法教材中，除去卡塞斯、洛威的国际法教材等少数例外③，大部分教材不提及国际法基本原则。与此不同，在二战后的苏联国际法教材中，专题论述国际法基本原则颇为常见。童金主编的《国际法》即专门辟有国际法的基本原则一章，认为现代国际法的基本原则是对解决国际关系的主要问题具有最大意义的公认的国际法规范。不同社会制度国家和平共处原则是现代一般国际法的中心原则，其他基本原则则大致可分为与维护国际和平与安全直接有关的原则、国际合作的一般原则两类。基本原则是发展各国友好关系、巩固和平与缓和国际紧张局势的法律基础。④

我国改革开放后出版的第一本国际法教材，即 1981 年王铁崖先生主编的《国际法》首创采用专章论述国际法基本原则的体例。从此，我国出版的各种国际法教材几乎无一例外地设有“国际法基本原则”的章节。而且，除个别例外，对于国际法基本原则的概念、特点和内容的阐述，大同小异。⑤ 大体而言，国际法基本原则是指那些被国际社会各国公认或接受、具有普遍约束力、适用于国际法各个领域并构成国际法基础的法律原则。由此概念出发，一般认为国际法基本原则具有如下特征。

第一，国际法基本原则是国际社会各国公认或接受的。这是国际法基本原则在创制方面的特点。在国际法中，只有各国普遍同意才能制定具有一般适用性并对特定对象具有法律约束力的规范。⑥ 因此，由各国共同制定的原则是有效的国际法规范，构成实在国际法体系的重要组成部分。国际法基本原则对普遍同意的要求是最

---

① Georg Schwarzenberger. The Fundamental Principles of International Law. Recueil des cours，1955 (87)：195－210.

② Antonio Augusto Cancado Trindade. International Law for Humankind：Towards a New Jus Gentium. 3rd ed. Leiden：Martinus Nijhoff，2020：95－96.

③ Antonio Cassese. International Law. 2nd ed. Oxford：Oxford University Press，2005；Vaughan Lowe. International Law. Oxford：Oxford University Press，2007.

④ 童金. 国际法. 邵天任，等译. 北京：法律出版社，1988：101－103.

⑤ 曾令良，饶戈平. 国际法. 北京：法律出版社，2005：3.

⑥ 伊恩·布朗利. 国际公法原理. 曾令良，余敏友，等译. 北京：法律出版社，2003：1.

高的，一般需要国际社会绝大多数甚至所有国家都参与制定并表示同意的原则才具有成为基本原则的资格。国际社会各国确认或接受国际法基本原则的方式是多种多样的，如立法、司法判例、政府声明、联合公报、条约、国际组织的章程和决议等等。特别是普遍性政府间国际组织的章程和决议是表明国际法基本原则得到国际社会各国公认的最具有说服力的方式。

第二，国际法基本原则具有普遍的约束力。这是国际法基本原则在适用对象方面的特点，是创制基本原则的普遍同意要求的必然结果。在国际社会内，由于不可能有一个超国家的最高立法机关，所以用以形成有法律约束效力的国际行为规范的方式只可能是国际习惯和国际条约。[①] 但就条约而言，在传统国际法上，存在获得一般法律原则和常识支持的条约对第三国无损益这一信条，据此，条约只能为缔约国立法，而不能为非缔约国立法，条约对第三国一般是没有法律效果的。[②] 这一原则虽然随着《联合国宪章》等极少数条约的出现产生了例外，但在目前国际法发展的状况下，未经非缔约国同意即对其课以义务，尚难得到国家的普遍接受。[③] 所以，要通过条约使基本原则具有普遍约束力，在一般情况下是很困难的。这使很多学者认为，国际法基本原则是习惯国际法的一部分。规定在条约中的原则只有被证明已发展成为习惯规范，才能具有普遍约束力，进而具有成为国际法基本原则的可能。[④] 无论这一观点是否适用于每一个别情形，但基于国际法基本原则必须具有普遍约束力的严格要求，我们主要要到普遍习惯规范中去找寻基本原则应该是大体不差的。

第三，国际法基本原则适用于一切国际法领域。这是国际法基本原则在适用空间方面的特点，也是基本原则与其他非基本原则的显著区别。现代国际法已发展为涵盖多个部门分支领域的复杂体系。原则规范在国际人权法、国际刑法、国际环境法、海洋法、外层空间法等诸多国际法领域或部门分支普遍存在。[⑤] 这些各部门领域的原则构成了国际法原则体系的绝大部分，但都不是国际法的基本原则。只有少量的适用于国际法各个领域、对国际法各个分支部门具有普遍指导意义的原则才具备成为基本原则的资格。

第四，国际法基本原则构成国际法的基础。这是国际法基本原则重要性的内容。基本原则规范是国际社会各国围绕最根本的共同利益达成的合意，是维持国际交往稳定开展和国际社会存续的底线要求。换言之，对于国际法创制者来说，基本原则的重要性程度是最高的，凌驾于其他所有非基本原则之上。这种至高的重要性或者表现为设定要实现的基本目标和宗旨，或者表现为规定要首先必须遵守的基本的行为规范。因此，其他的原则和规则可能是确保基本原则设定的基本目标实现的具体

---

① 梁西. 梁西论国际法与国际组织五讲. 北京：法律出版社，2019：35.

② Ian Sinclair. The Vienna Convention on the Law of Treaties. 2nd ed. Manchester：Manchester University Press，1984：98－99；李浩培. 国际法的概念和渊源. 贵阳：贵州人民出版社，1994：67－68.

③ 朱文奇，李强. 国际条约法. 北京：中国人民大学出版社，2008：191－212.

④ Shabtai Rosenne. The Perplexities of Modern International Law. Leiden：Martinus Nijhoff，2004：40；贾兵兵. 国际公法：理论与实践. 北京：清华大学出版社，2009：31.

⑤ Antonio Augusto Cancado Trindade. International Law for Humankind：Towards a New Jus Gentium. 3rd ed. Leiden：Martinus Nijhoff，2020：87.

措施，也可能是从基本行为规范引申演绎而来的。所以，国际法基本原则也就构成了整个国际法体系的基础或核心。正如有学者形象地写道，“如果说国际法是主权国家在人类这个‘地球村’里栽培的一棵参天大树，国际法基本原则就是树干，国际法的具体原则、规则和规章、制度就是这一树干上伸展的茂盛枝叶”①。

三、国际法基本原则的实在内容

如上所述，国际法基本原则在20世纪，特别是二战之前，主要是作为理论概念存在的。在实在国际法层面，不存在得到国际社会公认的基本原则规范。这种局面随着1945年《联合国宪章》的通过发生了改变。在《联合国宪章》中，国际法基本原则第一次有了实在内容。其中，直接和集中体现国际法基本原则的规定是《联合国宪章》第2条。该条规定，联合国及其会员国应遵行下列七项原则：(1)“本组织系基于各会员国主权平等之原则”，通称为主权平等原则；(2)“各会员国应一秉善意，履行其依本宪章所负担之义务”，通称为善意履行义务原则或约定必须信守原则；(3)“各会员国应以和平方法解决其国际争端，俾免危及国际和平、安全及正义”，通称为和平解决国际争端原则；(4)“各会员国在其国际关系上不得使用威胁或武力，或以与联合国宗旨不符之任何其他方法，侵害任何会员国或国家之领土完整或政治独立”，通称为不使用武力原则；(5)“各会员国对于联合国依本宪章规定采取之行动，应尽力予以协助”，通称为集体协助原则；(6)“本组织在维持国际和平及安全之必要范围内，应保证非联合国会员国遵行上述原则”，通称为确保非会员国遵行联合国原则的原则；(7)“本宪章不得认为授权联合国干涉在本质上属于任何国家国内管辖之事件”，通称为不干涉内政原则。

上述原则由于《联合国宪章》的普遍性而获得了普遍的约束力。这种普遍性在早期可能是通过确保非会员国遵行联合国原则的原则而获得的，该原则使《联合国宪章》成为条约相对效力的典型例外。但在现在，《联合国宪章》的普遍性是为所有无争议的主权国家都已成为《联合国宪章》缔约国这一事实所确证的。《联合国宪章》的诸项原则可基于《联合国宪章》自身的普遍性对所有主权国家产生效力，这使上述原则获得了国际社会各国公认的基本性，构成了国际法基本原则体系发展的起点，亦奠定了二战后当代国际法的基础，标志着国际法由传统的共存法转变为合作法。但是，《联合国宪章》关于原则的规定并非尽善尽美。例如，《联合国宪章》关于原则的列举是不完全的，一些原则被规定在《联合国宪章》序言或第1条之中，如正义原则或自决原则。此外，第2条列举的原则也并不都是适用于一切国际法领域的法律规范，至少在字面上，第2条第2、4、7项规定的只是作为组织的联合国与其成员国之间的关系。② 所以，在《联合国宪章》之后，国际法基本原则体系仍有进一步发展的必要和空间。

---

① 梁西. 国际法. 修订第2版. 武汉：武汉大学出版社，2000：56.

② Bruno Simma, etc., ed. The Charter of the United Nations: A Commentary. 3rd ed. Oxford: Oxford University Press, 2012 (1): 124-127.

1970 年联合国大会通过的《关于各国依〈联合国宪章〉建立友好关系及合作之国际法原则之宣言》（以下简称《国际法原则宣言》）代表了继《联合国宪章》之后，国际法基本原则体系迄今为止最重要的发展。该宣言是所有国际文件中第一次明确地将所列举的原则确认为国际法基本原则来表述的。虽然宣言的名称使用的是“国际法原则”，而不是“国际法基本原则”的表述，但是宣言的“总结部分”明确宣布：“本宣言所载之各项宪章原则构成国际法之基本原则，因之吁请所有国家在其国际行为上遵循此等原则，并以严格遵守此等原则为发展彼此关系之基础”。这些原则共有七项，分别是：(1) 各国在其国际关系上应避免为侵害任何国家领土完整或政治独立的目的或以与联合国宗旨不符之任何其他方式使用武力威胁或武力；(2) 各国应以和平方法解决其国际争端，避免危及国际和平与安全及正义；(3) 依照《联合国宪章》不干涉任何国家国内管辖事件的义务；(4) 依照《联合国宪章》彼此合作的义务；(5) 民族平等权利与自决；(6) 各国主权平等；(7) 各国应一秉诚意履行其依《联合国宪章》所负的义务。

《国际法原则宣言》所揭示的基本原则是以联合国大会决议的形式出现的，它既非条约，也非习惯，其本身并不是严格意义上的国际法规范。但是，无论是国际社会各国，还是权威国际司法机构或主要国际法学者，都一致认为《国际法原则宣言》的内容或者本身就是一般习惯法规范，或者已经发展为确定的习惯法规范，因此其列举的诸项基本原则以习惯的形式而产生普遍的拘束力。甚至在某种意义上，其普遍拘束力比《联合国宪章》的更广泛，因为《国际法原则宣言》明白吁请“所有国家”在其国际行为上遵循列举的诸项原则，而未限定在联合国成员国的范围。这是完整严格意义上的普遍适用性。对《国际法原则宣言》普遍适用效力的公认至少有如下例证：2005 年联合国大会通过的《2005 年世界首脑会议成果》指出，所有国家均应按照《国际法原则宣言》行事。2016 年中国和俄罗斯共同发表的《关于促进国际法的声明》明确重申两国全面遵守《国际法原则宣言》所反映的国际法原则。国际法院则在 1986 年“对尼加拉瓜的军事与准军事活动案”的判决中写道，对联合国大会的这种决议，特别是《国际法原则宣言》表示同意的效果不仅是重述或阐明《联合国宪章》中所承担的条约义务，而且是接受决议所宣布的规则本身的效力，同时表示关于这些规则的法律确念，而这些规则此后可能与在条约法上另外有联系的其他规定予以分开对待。洛威则说，《国际法原则宣言》是国际法的一项接近于宪法性的文件，是一份关于作为国际法律秩序基础的基本原则的声明。它所列明的内容是原则而非规则。①

在《国际法原则宣言》之后，国际社会再也没有对国际法基本原则进行系统的编纂和发展。从联合国大会后来通过的一些有关国际法基本原则的决议来看，它们或者是《国际法原则宣言》所确立的原则中对某一单项原则的进一步完善和效力的强调（例如，1981 年《不容干涉和干预别国内政宣言》、1982 年《关于和平解决国际争端的马尼拉宣言》、1987 年《加强在国际关系上不使用武力或进行武力威胁原

① Vaughan Lowe. International Law. Oxford: Oxford University Press, 2007: 100-101.

则的效力宣言》），或者是将《国际法原则宣言》所确立的原则予以延伸（例如，1974年的《建立新的国际经济秩序宣言》和《各国经济权利和义务宪章》）。因此，《国际法原则宣言》带给国际社会的问题是，它对国际法基本原则的列举是否是穷尽列举，在《国际法原则宣言》产生后的几十年里，是否已出现或正在出现新的国际法基本原则。这样的问题目前还没有确凿答案。由于基本原则代表着一套基本的行为标准，仅是维持国际交往稳定开展和国际社会存续的底线要求，所以有可能现有的基本原则尽管数量有限，但已经足够，没有再产生新的基本原则的必要。加之当前国际社会分裂局面愈显清晰，逆全球化趋势加快发展，国际社会各国围绕关涉最根本的共同利益的基本原则达成新的合意的难度愈来愈大。所以，国际社会在国际法基本原则上的关注重心应该不是创制新的国际法基本原则、继续丰富国际法基本原则体系的内容，而是加强现有确定的国际法基本原则的适用和实施，让国际法基本原则应有的价值与功能得以最大限度地发挥和实现，在国际法基本原则的基础上维持持久的国际和平与安全。

案例分析

联合国国际法院“对尼加拉瓜的军事与准军事活动案”

案例导入

1979年7月，尼加拉瓜人民推翻了索摩查家族的独裁政权，成立了民主联合政府。美国起初对尼加拉瓜新政府态度温和，并通过了给予尼加拉瓜经济援助的计划。但是，到1981年，美国的态度突然改变，终止了对尼加拉瓜的经济援助，其借口是尼加拉瓜政府卷入支持萨尔瓦多反政府游击队的活动。同年9月，美国决定进行反对尼加拉瓜的直接活动。随后，美国开始在尼加拉瓜港口外布雷，攻击港口、石油设施和海军基地等。美国飞机侵入尼加拉瓜领空，收集情报，支援尼加拉瓜反政府军并威胁当地居民。在经济方面，除撤销援助外，美国对尼加拉瓜实行贸易禁运，迫使中美洲发展银行不向尼加拉瓜贷款。此外，美国还积极扶持尼加拉瓜反政府军，训练雇佣军，空运枪支弹药等军需品，企图借这股反对势力推翻尼加拉瓜政府。

1984年4月9日，尼加拉瓜向国际法院对美国提出控诉，请求法院裁决并宣判：(1) 美国招募、训练、武装、装备、资助和供应以及纵容、支持、援助并进行直接的反尼加拉瓜的军事和准军事活动，已违反并正在违反《联合国宪章》等国际条约明确规定的美国对尼加拉瓜的法律义务。(2) 美国以下行为违反其根据一般国际法和习惯国际法的义务：对尼加拉瓜海陆空的武装进攻，侵犯尼加拉瓜主权，侵入尼加拉瓜领海和领空，以直接或间接的方法胁迫和威胁尼加拉瓜政府，对尼加拉瓜使用武力和武力威胁，干涉尼加拉瓜内政。(3) 美国负有特别责任立即停止并放弃反对尼加拉瓜的上述违法行为。(4) 美国有义务由于上述违反国际法的行为对尼加拉瓜人员、财产、经济造成的损害作出赔偿。

4月13日，美国致函法院，认为法院无权受理尼加拉瓜的请求并要求将该案注销。由于美国对法院的管辖权提出异议，法院首先就其自身的管辖权作出判决。11月26日，法院作出第一项判决，裁定它对该案有管辖权。1985年1月18日，美国又致函法院，依然主张法院对该案没有管辖权，并决定不再参加该案此后的诉讼。在美国不参加第二阶段诉讼的情况下，法院于1986年6月27日作出对该案实质问题的判决，裁决美国在尼加拉瓜进行的军事和准军事活动违反了其根据习惯国际法不干涉另一国事务的义务、不对另一国使用武力的义务、不侵犯另一国主权的义务等。

法官释法

关于适用于该案的法律问题，法院不同意美国所谓尼加拉瓜要求的唯一基础是《联合国宪章》的说法。法院认为，《联合国宪章》并不包括国际关系中规定使用武力的整个领域。《联合国宪章》第51条只是在以下基础上才有意义，即存在固有的自卫权。《联合国宪章》承认此项权利的存在并不是说它规定该内容的所有方面。例如，任何保证自卫的特定规则，即采取的措施应同武力进攻相适应，而且是对它必要的反应。这是习惯国际法确立的一项规则。因此，不能说第51条的条款包括和取代了习惯国际法。没有理由认为，国际习惯规则同条约规则内容相同，后者就可取代前者，从而习惯规则自身不再存在。显然，习惯规则仍然独立于条约规则存在和适用，即使这两类法律具有相同的内容。法院得出结论，它应行使被赋予的管辖权并根据习惯国际法来决定尼加拉瓜的权利要求。

至于适用于该案的习惯国际法规则，法院首先决定有关国际关系中使用武力的习惯规则的实质。美国认为，《联合国宪章》第2条第4项的有关合法使用武力的条款是现代习惯法，包含国际法的一般原则，没有任何其他的习惯法或一般国际法可作为尼加拉瓜权利要求的依据。法院认为，当事双方都接受不使用武力或武力威胁的条约义务。在国际关系中不使用武力已成为一项强行法。这在各国的法律确念和实践中也有充分体现。

由于习惯国际法也确立了集体自卫权，法院必须确定这一权利行使的特定条件以及必要性和相称性的条件。美国宣称它对尼加拉瓜的行动是经萨尔瓦多请求而行使的集体自卫权。法院认为武装进攻的概念不仅包括武装人员大规模的行动，而且包括提供武器和后勤支援等形式的帮助。这种帮助可视为武力威胁或使用武力，或相当于干涉他国的内外事务。一国是武装进攻的受害者，必须宣布它已遭到这种进攻。习惯国际法并不允许另一国根据自己对情势的判断而行使集体自卫权。

不干涉原则包括各主权国家不受外来干涉处理其事务的权利。这也是习惯国际法的一部分。法院认为，独立国家之间，尊重领土主权是国际关系必要的基础，而且，国际法也要求尊重领土完整。各国对不干涉原则的法律观念为确立的实质的惯例所支持，而且这也是各国主权平等的必然结果。该原则禁止一切国家或国家集团对他国的内外事务直接或间接的干涉。因此，法院认为，构成违反不干涉的习惯原则的行为也由于间接或直接地使用武力而违反了国际关系中不使用武力的原则。法院进而认为，根据现行国际法，无论是习惯国际法或联合国体系内的国际法，各国没有集体自卫的权利来回击不构成武装进攻的行为。

关于尊重国家主权原则，法院认为，它包括尊重一国的内水、领海和领空。有关条约的规定实际上反映了确立的习惯国际法。美国的布雷行为损害了沿海国对其内水的主权以及外国船舶享有的自由出入的权利。而且，由于美国在布雷时未作任何警告，这种非法行为也违反了人道主义法原则。

综言之，法院在判决中重申了国际法的一系列基本原则，如不使用武力或武力威胁原则、不干涉他国内政原则、尊重他国主权原则等，并且对这些原则作了深入的阐述，进而在此基础上裁定美国对尼加拉瓜的军事和准军事活动违反了上述原则，应由此承担国际责任。

类案练习

1. 联合国国际法院科索沃独立咨询意见案

科索沃是原南联盟塞尔维亚共和国的一个自治省，其中阿族人占90%，其余是塞尔维亚族人和黑山族人等。从20世纪80年代末起，科索沃的阿族人一直在谋求科索沃独立。1991年，阿族人举行“全民公决”，决定成立“科索沃共和国”，并于次年5月选举产生了“科索沃共和国总统”以及由100名议员组成的“科索沃共和国议会”。由此，科索沃同时并存两个政权：一个是塞尔维亚当局指派的政府，另一个是阿族人自己“选举”的政府。1998年，激进的阿族非法武装“科索沃解放军”同南联盟军警的武装冲突加剧。1999年3月，未经联合国授权，北约打着“防止科索沃人道主义危机”的旗号，开始了对南联盟长达78天的轰炸。同年6月，联合国安理会通过了政治解决科索沃问题的第1244号决议，重申南联盟对科索沃地区拥有主权，要求所有联合国会员国充分尊重南联盟的主权与领土完整。根据这一决议，科索沃由联合国特派团进行管理，北约领导的国际维和部队提供安全保障。科索沃问题一直悬而未决，2005年11月，科索沃未来地位谈判正式启动，但因各方分歧较大，谈判一直未能取得实质性进展。2008年2月17日，科索沃宣布独立。此后，科索沃先后获得多国承认。

2008年10月8日，联合国大会通过了塞尔维亚提出的请求国际法院就科索沃单方面宣布独立提供咨询意见的决议。次日联合国秘书长将该咨询请求提交国际法院。2010年7月22日，国际法院公布咨询意见，认为安理会并未对科索沃单方面宣布独立的行为进行谴责，关于民族自决权是否包含救济性分离权的问题超出咨询请求问题的范围。第1244号决议没有对宣布独立者规定具体义务，且并未禁止科索沃单方面宣布独立。因此，法院认定科索沃单方面宣布独立的行为不违反一般国际法、第1244号决议和科索沃临时自治宪政框架，故而不违反国际法。

该案涉及的主要国际法问题是民族自决与国家主权这两项国际法基本原则的关系。国家主权与领土完整是国际法律秩序的重要基础，该原则反对一切破坏主权国家完整的行为。根据1960年联合国大会通过的《给予殖民地国家和人民独立宣言》，民族自决权是殖民地人民享有的争取独立的权利。两者作为国际法基本原则，既相互并存又彼此制约。但法院的咨询意见过于偏重民族自决原则，以科索沃单方宣布独立的行为未违背现有的国际法规范为由，断定该行为合法，却未足够考虑国家主权与领土完整原则。法院以这样的方式来处理国际法基本原则间的矛盾与冲突，是否确当，值得认真思考。

在此问题上，我国在参与该案审理过程时提交的书面意见和口头陈述中认为，国家主权原则是国际法的基本原则，是其他一切国际法原则的基础。尊重国家领土完整是国家主权原则的重要内容，是国际法主权平等的必然产物，构成当代国际法律秩序的基础。各国在国际关系中应相互尊重主权和领土完整原则已成为最重要的国际法原则和国际关系基本准则。国家主权和领土完整原则的核心在于，保护一国领土完整不受外部干涉的侵害，同时也从不赋予一国领土的组成部分，在未经该国同意的情况下，单方面从该国分离的权利。不仅单方面分离不受国际法保护，而且其所属国家享有国际法上的充分权利，使用国际法所允许使用的一切手段反对和制止分离，维护自己的领土完整。在单方面分离的问题上，起支配作用的国际法原则，就是国家主权和领土完整原则。尽管国际法中对单方面分离没有专门的禁止性规定，但不能因此得出国际法在此问题上保持中立的结论。判断每一个单方面分离案件的合法性，不能脱离具体个案的情形，不能不考虑相关的国际法基本原则。在本案中，笼统地主张国际法不禁止单方面分离，无助于判断科索沃单方面宣布独立是否符合国际法。

我国还认为：民族自决原则有特定内涵和适用范围。民族自决权的行使仅限于受殖民统治或外国占领下的民族或地区，而不适用于一个主权独立的多民族国家的领土组成部分。这是第二次世界大战以来通过大量国际实践所确立并被各国确信是有法律拘束力的国际法。自决权的行使必须受到充分限制，应当尊重而不是破坏一个主权国家的领土完整。国际法上的自决与一个主权国家的一部分企图脱离该国的分离行为有着本质区别。分离不被国际法认可。一个主权国家领土的组成部分没有单方面从该国分离的国际法上的权利。没有任何国家对科索沃可以行使国际法上的自决权而宣布独立提出令人信服的并有国家实践支持的理由。所谓的“救济性分离权”与主权和领土完整原则相冲突。如果现行国际法允许“救济性分离权”的主张，就应以正面和明确的方式加以规定，但国际法并无这种规定，也没有任何国家实践和法律确信证明“救济性分离权”已成为习惯国际法。

2. 联合国国际法院“查戈斯群岛咨询意见案”

作为英国曾经的殖民地，毛里求斯在完全完成非殖民化进程中的最大障碍是位于毛里求斯主岛东北部的查戈斯群岛处于英国的殖民统治之下，并产生了英国与毛里求斯之间由来已久的关于查戈斯群岛领土主权归属的争端。为推动毛里求斯彻底脱离殖民统治，在非洲联盟和不结盟国家的推动下，2017 年 6 月 22 日，联合国大会通过决议，决定请求国际法院就 1965 年查戈斯群岛从毛里求斯分裂的法律后果发表咨询意见。经过将近两年的审理，2019 年 2 月 25 日，国际法院正式发表了咨询意见，认为当 1968 年毛里求斯取得独立时，查戈斯群岛从毛里求斯分裂致使后者的非殖民化进程并未合法完成，并且英国负有义务尽快结束其对查戈斯群岛的统治。

自决权与殖民地领土完整之间的关系是本案涉及的重要国际法问题之一。[①] 类似的问题在国际法院此前处理的若干案件中也有涉及，但此案是国际法院第一次回答自决权与殖民地领土完整之间关系的案件。在咨询意见中，国际法院首次解释了联合国大会第1514号决议第六段。该段规定："凡以局部破坏或全部破坏国家统一及领土完整为目的之企图，均与《联合国宪章》之宗旨及原则不相容。"法院指出，相关时间内的国家实践和法律确信都确认，作为自决权的必然结果，尊重非自治领土的完整是一项习惯国际法规范。法院没有找到任何一个例子，说明在第1514号决议通过之后，联合国大会或联合国的任何其他机构曾认为管理当局为了维持非自治领土的部分领土的统治而分离该非自治领土的部分领土是合法的行为。非自治领土的人民有权对他们的领土的整体行使自决权，管理当局必须尊重该领土的完整性。因此，除非是非自治领土人民真实意志的自由表达，否则管理当局分离非自治领土的任何行为都是侵犯自决权的行为。法院的上述意见与之前的科索沃独立咨询意见案形成了鲜明对比，它在面对自决的情况下，积极肯定了殖民地领土完整需要予以尊重。在民族自决与国家主权两项国际法基本原则之间，法院明显偏向后者。为何会出现这种转变，在处理不同国际法基本原则的关系问题上，法院是否有稳定的平衡适用机制，以保障国际法基本原则在适用上的可预期性，需要深入思考。

知识拓展

（一）拓展阅读

1. 白桂梅. 国际法上的自决. 北京：中国华侨出版社，1999.

2. 陈一峰. 论当代国际法上的不干涉原则. 北京：北京大学出版社，2013.

3. 黄瑶. 论禁止使用武力原则：联合国宪章第二条第四项法理分析. 北京：北京大学出版社，2003.

4. 何志鹏. 国际法基本原则的迷失：动因与出路. 当代法学，2017（2）.

5. 许光建. 联合国宪章诠释. 太原：山西教育出版社，1999.

6. Antonio Cassese. International Law. 2nd ed. Oxford：Oxford University Press，2005.

7. Vaughan Lowe. International Law. Oxford：Oxford University Press，2007.

8. V. S. Mani. Basic Principles of Modern International Law：A Study of the United Nations Debates on the Principles of International Law Concerning Friendly Relations and Cooperation among States. Delhi：Lancers Books，1993.

9. Georg Schwarzenberger. The Fundamental Principles of International Law. Hague：Recueil des cours，1955.

---

① 朱利江. 在能动与克制之间："查戈斯群岛案"中的国际司法政策探析. 当代法学，2020（2）：147－149.

10. Bruno Simma，etc.，ed.. The Charter of the United Nations：A Commentary. 3rd ed. Oxford：Oxford University Press，2012.

11. Rüdiger Wolfrum. General International Law：Principles，Rules，and Standards//Rüdiger Wolfrum，ed. The Max Planck Encyclopedia of Public International Law. Oxford：Oxford University Press，2013.

（二）毕业论文选题指导

1. 论联合国在现代国际法基本原则形成和发展中的地位与作用。

2. 论国际法院对国际法基本原则的适用与发展。

3. 论和平共处五项原则与国际法基本原则的关系。

第三专题　国际法主体

基础理论

一、国际法主体的范围

国际法主体是指具有独立参加国际关系并直接享有国际法上权利和承担国际法上义务的能力者。传统的国际法理论认为，国际法主体至少应具备独立参加国际关系的能力、直接享有国际法上权利的能力和直接承担国际法上义务的能力；只有具备直接享有国际法上权利和承担国际法上义务的能力，才能参加国际法律关系，而一个国际社会的成员能够独立参加国际法律关系就表明它具备享有及承担国际法上权利和义务的能力。

关于国际法主体的范围问题，在国际法学界长期存在争论。传统国际法认为国家是唯一的国际法主体。因为国际法是国家之间的法律，国际关系就是国家之间的关系。第二次世界大战以后，国际关系发生了深刻的变化。一方面，国家之间建立了大量的国际组织，且在国际关系中占有重要地位；另一方面，民族解放和独立运动蓬勃兴起，民族解放组织也直接参与国际关系。因此，国家是唯一国际法主体的理论已不符合现实需要，大多数学者在肯定国家是国际法基本主体的同时，承认国际组织和正在争取独立的民族在一定条件下和一定范围内也具备国际法主体的资格。

（一）国家的国际法主体资格

1. 国家是国际法的基本主体

国际法的基本主体是指在国际法律关系中处于支配地位和起着主要作用的主体。国家作为国际法的基本主体是由国际法律关系的特点和国家的性质所决定的。

第一，国家在国际关系中处于支配地位和起着主要的作用。在近代国际法律关系尚未形成之时，国际关系就一直是国家之间的关系。虽然现代国际关系中出现了国际组织之间的关系、国际组织与国家及其他国际法主体之间的关系，但国家之间的关系仍然是国际关系中最主要的部分和最基本的形式。因为国际组织本身就是由国家通过协议建立的，这一过程也是国家之间关系的一部分。因此，离开了国家，国际关系就难以存在。

第二，国际法主要是国家之间的法律。国际法是为调整国家之间关系而产生的，国家之间的关系是国际法调整的主要对象。国家既是国际法的制定者，又是国际法的主要执行者。因此，离开了国家，国际法就难以存在。

第三，国家是完全的国际法主体。国家是主权者并享有因主权而固有的基本权利，这些权利原则上不受外来的限制，国家可以独立自主地进行国际交往。而国际组织和正在争取独立的民族虽然是国际法主体，但是，前者是由国家之间为一定目的缔结条约而建立的，因此它的权利能力受其章程范围的限制，其行为也必须在其章程范围内作出才属有效；而后者虽然根据民族自决原则有权建立自己独立的国家，并在一定范围内直接享有国际法上的权利和承受国际法上的义务，但是，由于其还未最终形成国家，因此，实际上不可能像国家那样具备完全的权利能力和行为能力。

2. 国家的基本权利和义务

一般认为，国家的权利可分为基本权利和派生的权利两大类。基本权利是国家固有的权利，派生的权利是从基本权利推演出来的，或者根据条约取得的。[①] 基本权利是直接基于国家的国际法主体资格而产生的那些权利。[②] 但是，对于基本权利有哪些，国际法上有不同看法。1946 年 12 月 6 日联合国大会通过的《国家权利义务宣言草案》中列举的国家基本权利是：独立权、管辖权、平等权、自卫权。[③] 1970 年，联合国大会通过了《国际法原则宣言》，该宣言列举了 7 项原则。根据这些国际性文件及学者们的意见，国家的基本权利至少应包括独立权、平等权、自卫权和管辖权 4 项。

第一，独立权。独立权是国家按照自己的意志处理内外事务而不受外来控制和干涉的权利。独立权是由国家主权直接引申出来的。国家具有主权，主权者之间无管辖权，因此，国家在处理其对内、对外事务时应不受干涉，其具有排他的、自主的权利。根据主权，国家对内部的立法、司法和行政事务具有最高权威，在其领土内的一切人、物和事除受国际法限制外，均从属于国家的最高权威。在对外方面，国家按照自己的意志与其他国际法主体缔结条约、接受和派遣使节、参加国际会议和国际组织等。因此，国家完全自主地决定自己的对外政策。

第二，平等权。平等权是国家在国际法上地位平等的权利。世界各国由于历史条件、文化背景、自然状况、意识形态等的不同，存在大小、强弱、社会制度和经济发展程度的不同。但是，由于国家是有主权的，因而在国际法上是平等的，应享

---

① 周鲠生. 国际法：上册. 北京：商务印书馆，1976：167.

② 阿·菲德罗斯. 国际法. 北京：商务印书馆，1981：274.

③ 国际法资料选编. 北京：法律出版社，1982：45－46.《国家权利义务宣言草案》第 1 条规定：各国有独立权，因而有权自由行使一切合法权利，包括其政体之选择，不接受其他任何国家之命令。《国家权利义务宣言草案》第 2 条规定：各国对其领土及境内之一切人与物，除国际法公认豁免者外，有管辖权。《国家权利义务宣言草案》第 5 条规定：各国有与他国在法律上平等之权利。《国家权利义务宣言草案》第 12 条规定：各国受武力攻击时，有行使单独或集体自卫之权利。

有同等的权利、履行同等的义务。现代国际实践表明，国家平等应是实质的平等，而不是形式上的平等。中国、缅甸与印度共同倡导的和平共处五项原则将平等与互利相结合，就是为了避免强国利用其优势地位，以平等的形式获取片面的利益。

第三，自卫权。自卫权是国家保卫自己的生存及独立的权利。这包含两方面内容：一是国家在和平时期可使用自己的一切力量进行国防建设以防备外来的侵犯；二是当国家遭到外来的武力攻击时，有权单独地或集体地行使自己的权利。但是，这两项权利的行使都必须受到限制。根据《联合国宪章》第 2 条和第 51 条的规定，自卫权的行使也是有条件的：一方面，自卫权的行使限于在安理会采取维持国际和平与安全的办法以前且应将其采取的办法立即报告安理会；另一方面，自卫应在安理会监督下进行且不得影响安理会按宪章所采取的行动。①

第四，管辖权。这是指国家对其领域内的一切人（享有豁免权者除外）、物和所发生的事件，以及对其领域外特定的人、物和事件所具有的行使管辖的权利。一般认为，管辖权包括以下几方面：

1）领域管辖。领域管辖也称属地管辖权或属地优越权，是指国家对其领域内的一切人（享有外交豁免的除外）、物、事件具有的管辖权。国家的领域包括领陆、领水、领空以及领陆和领水的底土。领域管辖是国家管辖权中最基本的管辖，在管辖冲突时具有优越权。但是领域管辖也不是绝对的，它的行使要受到国际法的限制，如国家在其领域内不能对享有外交特权与豁免的人、外国国家行为、外国国家财产实行管辖，不能因领域管辖而阻止外国商船在其领海内的无害通过，对一般外国人实行领域管辖时也应尊重其国籍国的属人管辖权，等等。

2）国籍管辖。国籍管辖也称属人管辖权或属人优越权，是指国家对具有其国籍的人实行管辖的权利。国家还可以对具有其国籍的船舶和航空器行使管辖。根据国籍管辖，国家对具有其国籍的人（无论在其领域内或领域外）的犯罪行为可行使管辖权，但行使这种刑事管辖有一定限制，如《中华人民共和国刑法》第 7 条规定，对中华人民共和国公民在中华人民共和国领域外犯罪的，可行使管辖权。②

3）保护性管辖。为了保护国家及其公民的重大利益，国家有权对外国人在该国领域之外所犯罪行实行管辖。保护性管辖是在近几十年的国际实践中逐渐得到承认的，各国在刑法中一般都有保护性管辖之规定，如《中华人民共和国刑法》第 8 条对保护性管辖作了规定。③

4）普遍性管辖。它是指对国际法规定的某些特定的罪行，由于其危害国际和平

---

① 《联合国宪章》第 51 条规定：联合国任何会员国受武力攻击时，在安全理事会采取必要办法，以维持国际和平及安全以前，本宪章不得认为禁止行使单独或集体自卫之自然权利。会员国因行使此项自卫权而采取之办法，应立即向安全理事会报告，此项办法于任何方面不得影响该会按照本宪章随时采取其所认为必要行动之权责，以维持或恢复国际和平及安全。

② 《中华人民共和国刑法》第 7 条规定：中华人民共和国公民在中华人民共和国领域外犯本法规定之罪的，适用本法，但是按本法规定的最高刑为 3 年以下有期徒刑的，可以不予追究。中华人民共和国国家工作人员和军人在中华人民共和国领域外犯本法规定之罪的，适用本法。

③ 《中华人民共和国刑法》第 8 条规定：外国人在中华人民共和国领域外对中华人民共和国国家或者公民犯罪，而按本法规定的最低刑为 3 年以上有期徒刑的，可以适用本法，但是按照犯罪地的法律不受处罚的除外。

与安全、危及全人类共同利益，不论其行为发生地为何地、行为人为何国籍，各国均有权对其实行管辖，如战争罪、海盗、贩毒、贩奴等。《中华人民共和国刑法》对此也作了规定。[①]

3. 国家司法豁免权问题

国家司法豁免又称主权豁免。由于没有一个国家对其他国家拥有最高的法律权力和权威，而各国一般也不从属于其他国家的法律权力和权威[②]，因此，一国不受另一国的司法管辖。这具体包括：1）未经外国同意，一国法院不得受理以外国为被告、以外国国家财产为标的的诉讼，但是可以受理外国作为原告或者对作为原告的外国提起反诉的案件。2）未经外国同意，一国法院不得对外国的国家财产采取诉讼保全或强制执行。

这种绝对豁免权在19世纪已获得国际法理论和实践的广泛承认。但是随着国家参与经济活动，第二次世界大战后，各国纷纷对国家司法豁免加以限制，并在国内法中规定国家的政治行为享受豁免而商业行为不再享受豁免，如美国1976年的《外国国家主权豁免法》、英国1978年的《国家豁免法》等。一些国际条约也作了有限豁免的规定，如1926年关于国有船舶豁免的《布鲁塞尔公约》、1972年的《欧洲国家豁免公约》等。

（二）国际组织的国际法主体资格

国际组织是一种跨越国界的多国机构，作为国际法主体的国际组织则是指若干国家或政府为特定目的通过缔结条约而设立的常设机构。

国际组织是人类社会发展到一定阶段的产物，在19世纪末开始出现国际行政联盟，第一次世界大战以后出现了人类历史上第一个普遍性的国际组织——国际联盟。第二次世界大战以后，国际组织得到了迅速发展，而且在国际政治、经济生活中起着重要的作用。由于国际组织是国家为实现一定目的而设立的，因此，国际组织为实现其目的必须有能力开展有效活动，即在一定范围内独立参与国际关系，并直接享有及承受国际法上的权利与义务。所以，国际法学界普遍认为国际组织具有国际法主体资格，特别是在国际法院1949年4月对“损害赔偿案”发表咨询意见后，国际组织的国际法主体资格被国际社会广泛认同。

根据国际实践，国际组织作为国际法主体主要体现为：（1）在一定范围内具有独立的国际交往的能力，如主持和参与各种外交谈判、派遣和接受外交使节、缔结国际条约等。（2）享有及承受国际法上权利和义务的能力，如国际诉讼、国际求偿的能力，国际法上继承的能力，承担国际责任的能力等。（3）享有外交特权与豁免。

---

① 《中华人民共和国刑法》第9条规定：对于中华人民共和国缔结或者参加的国际条约所规定的罪行，中华人民共和国在所承担条约义务的范围内行使刑事管辖权的，适用本法。

② 詹宁斯，瓦茨修订. 奥本海国际法：第1卷第1分册. 王铁崖，等译. 北京：中国大百科全书出版社，1995：94.

（三）争取独立的民族的国际法主体资格

根据民族自决原则，被压迫、被殖民统治的民族有权争取独立，建立民族独立国家。在争取独立的过程中，其在一定的范围内具有独立参与国际关系以及直接享有及承受国际法上权利和义务的能力。这主要体现为：进行国际交流和国际联系，派遣或接受外交代表，参加国际会议和国际组织；在一定范围内参与制定国际法规范、缔结国际条约；按照其意愿，选择适合本民族的政治制度不受干涉、建立国家政权组织；在争取独立的斗争中，享受战争法的保护并遵守战争法，接受其他国家和国际组织的援助。

争取独立的民族虽然具有国际法上主体的资格，但与国家相比，只能是一个过渡的或准国际法主体，其活动范围和在国际组织中的地位等都不能与国家相提并论。

（四）个人的国际法主体资格问题

个人，包括自然人和法人。第一次世界大战后，以狄骥、塞尔为代表的社会连带学派只承认个人为国际法唯一主体，而不承认国家的国际法主体资格。① 另外一些学者，如杰赛普、凯尔逊等则认为，国家和个人同为国际法主体。②

个人是国际法唯一主体说认为，只有个人才是国际法主体，国家不是国际法主体。因为国家的行为总是通过个人的行为表现出来的，所以国际法所调整的国家行为，实际上是以国家机关的代表身份活动的个人行为，个人是国际法上权利和义务的最终承受者。

个人与国家同是国际法主体说认为，只有个人才是国际法主体，其理论依据是国际法在某些领域为个人设定了权利或义务。如在外交与领事关系领域为特定的人设定了特权与豁免，在人权领域对个人人权的保护，在国际犯罪、战争罪方面对个人的惩处等。

上述观点混淆了国家行为与个人行为、国家权利义务与个人权利义务的关系。国家的行为由代表国家的人作出并不能因此把国家的行为视为个人行为、把国家因此而应享有及承担的权利义务视为个人的权利义务。至于在国际法的某些领域涉及个人，其权利的享有是因为其代表国家或必须经国内法的转化才享有某些权利，因此，个人不是国际法的主体。

二、国际法上的承认

（一）国家承认的理论

1. 国家承认的性质

国家承认是指以一定方式确认某一地区的居民已组成新国家，并表明愿意与之

① 周鲠生. 国际法：上册. 北京：商务印书馆，1976：64.

② 周鲠生. 国际法：上册. 北京：商务印书馆，1976：65.

进行交往的国家行为。在国际法上，国家承认具有如下性质。

第一，国家承认具有宣告性质。在国家承认问题上，国际法学界有宣告说和构成说两派。宣告说认为，新国家的国际法主体资格的取得并不依赖于他国的承认，新国家一旦成立，就已经是国际社会的成员，自然具有国际法主体资格，他国的承认只是对这一事实的确认，故承认只是一种宣告行为。既存的国家承认新国家就是认定后者作为国际法主体存在的事实而准备与之进行交往，发展正常关系。[①] 与宣告说相反，构成说认为，一个自称国家的实体只有被既存国家承认，才能成为国际社会的成员，才具有国际法主体资格。这种学说曾在 19 世纪流行，20 世纪的奥本海、劳特派特、凯尔逊等仍持此观点。构成说在理论上是说不通的。因为新国家存在这一事实是先于他国的承认的，其国际法主体的资格在其具备国家要素时已因其固有的主权而取得，而不是因他国的承认而被创造的。在实践中，构成说还会导致错误的后果，它赋予既存国家同意或拒绝一个新国家享有国际人格的权利，这成为某些国家歧视、排斥乃至侵犯新国家的借口。

第二，承认是既存国家的单方、任意性的行为。一个新国家已经确定地建立起来，对于既存国家来说，是否承认、何时承认完全由其自由决定，而被承认者无须作出积极反应，即承认不是既存国家的义务，被承认者也无权利要求被承认。

第三，承认既是法律行为也是政治行为。承认具有法律性质，是因为承认一旦作出，在承认者与被承认者之间会产生一系列法律上的权利和义务。承认具有政治性质，是因为承认者对被承认者是否承认、何时承认，都是从本身的政治利益考虑的，同时，承认也会产生一定的政治效果。

2. 国家承认发生的情形

对国家的承认，一般发生在下列情况中：

第一，独立。它是指殖民地和附属国摆脱殖民统治获得独立而成立新国家。第二次世界大战后，亚洲、非洲的许多民族获得独立，建立了自己的国家。

第二，合并。它是指两个或两个以上主权国家组成一个新的主权国家，如 1990 年也门人民民主共和国和也门阿拉伯共和国联合组成也门共和国，1958 年埃及与叙利亚合并组成阿拉伯联合共和国。

第三，分离。它是指一国的一部分脱离出去单独成立新国家或与他国合并组成新国家，而原来的母国仍然存在，如 1971 年原东巴基斯坦从巴基斯坦分离出去成立孟加拉国。

第四，分立。它是指一国分成两个或两个以上国家，而原来的国家不复存在，如第一次世界大战后的奥匈帝国分立为匈牙利、奥地利和捷克斯洛伐克。

依照国际法，国家没有承认的义务，但在作出承认行为时应持慎重态度，否则将违反国际法。一方面，待承认的新国家原属于既存国家的一部分，如果过早承认会冒犯母国，构成对他国内政的干涉。1903 年美国对巴拿马的承认及 1971 年印度对孟加拉国的承认都被认为是过急承认，构成对他国内政的干涉。另一方

---

① 周鲠生. 国际法：上册. 北京：商务印书馆，1976：65.

面，当一个所谓的国家是由于违反国际法的原因建立时，既有国家就负有不承认的义务。如 1931 年“九一八”事变后，日本侵占中国东北三省，于 1932 年由日本侵略军一手制造了伪满洲国。1932 年 1 月 7 日，美国国务卿史汀生照会中日两国政府，声明美国不承认用违反《国际联盟盟约》和《巴黎非战公约》的手段所造成的情势。同年 1 月 16 日，国际联盟行政院照会日本，提请日本注意，所有会员国不承认违反《国际联盟盟约》而引起的领土变更。因此，自从 1932 年史汀生提出不承认主义后，“史汀生不承认主义”已为一系列国际文件和国家所接受。其中，1970 年《国际法原则宣言》、1974 年《关于侵略定义的决议》均规定，使用威胁或武力等取得领土或特殊利益均不得也不应被承认为合法。如 1965 年 11 月，少数白人统治下的南罗得西亚宣布“独立”，同月，联合国安理会通过决议，号召所有国家不承认这个非法种族少数集团。

（二）政府承认问题

1. 政府承认发生的情形

政府承认是指一国在国际法主体地位不变的情势下，由于社会革命或军事政变，由新政府取代旧政府，既存国家对该新政府代表其国家资格作出确认，并愿意与之发展、建立正常关系的国家行为。

新政府的产生，可以基于一国宪法程序，也可以由于政变或社会革命。一般由宪法程序所产生的政府不引起国际法上的承认问题。在国际实践中，既存国家对这种政府也发出贺电进行祝贺，这是出于外交礼节。在由政变导致新政府产生的情况下，如果政变导致整个国家制度的改变和产生新的国家元首，一般引起承认问题。但有时也要视具体情况决定。如果政变后的新政府表明遵守原政府的法统，则不导致承认问题。因社会革命而产生的新政府，由于整个社会政治、经济制度发生了根本的变化，因而一般是承认的对象，如 1789 年法国大革命后的政府、1949 年中华人民共和国中央人民政府。

2. 新政府承认的原则

关于对新政府的承认原则，国际法上无明文规定，在实践中，一般以“有效统治原则”为依据，即既存国家承认新政府的条件取决于该政府在本国领土内建立起实际控制并有效地行使权力，能够代表国家独立进行国际交流，行使国际法上的权利，承担国际法上的义务。如果这种控制具有国际法上的违法情势，也是不得承认的。但在 19 世纪初，欧洲封建王朝提出以“正统主义”作为承认的标准。1907 年厄瓜多尔外长托巴提出，凡是以违反宪法的手段掌握政权的政府不应该被承认。在 1907 年和 1923 年 5 个中美洲国家曾缔结包含托巴主义的条约，依据这些条约，各缔约国承担如下义务：直至自由选出的人民代表……依据宪法改组国家的时候为止，不承认任何以革命手段建立起来的新政府。1913 年美国总统威尔逊主张，对于因军事政变或革命而建立的新政权，不仅不承认它，还要采取行动推翻它。这些观点都是明显的对他国内政的干涉，遭到国际社会的反对。1930 年 9 月，墨西哥外长艾斯特拉达发表一项声明，宣称给予承认是对外国内政加以判断后作出的决定，无论其善意或恶意，本身就构成了对该国主权的侵犯。因此，墨西哥政府决定今后在外国发生政变或革命时，将只限于从是否继续保持或断绝同外国政府的关系的角度，而避免从是否给予政府承认的角度作出明示的承认，此即“艾斯特拉达主义”。

(三) 承认的方式

对于承认的方式，国际法上没有统一而明确的规定，实践中，根据具体情况，承认制度可以采取多种方式。依承认的表示方式，其可分为明示的承认和默示的承认；依承认的范围和程度，其可分为法律上的承认和事实上的承认；依承认是一国单独作出还是数国共同作出，其可分为单独承认和集体承认；依承认国在承认时是否对被承认者附加条件，其可分为有条件的承认和无条件的承认等。

1. 明示承认和默示承认

明示承认是指既存国家以明白的语言、文字对被承认者表示的承认。明示承认的方式可以通过：第一，函电、声明或照会正式通知被承认者。如1957年8月2日周恩来外长致电突尼斯共和国外交部长，中华人民共和国政府已正式决定承认突尼斯共和国。第二，通过条约宣告承认。条约可以包括被承认者或不包括被承认者，如1871年1月24日的《伦敦会议议定书》对德意志帝国的承认，1919年的《凡尔赛和约》在第81条和第87条中声明德国承认捷克斯洛伐克和波兰。以上两个条约中包括被承认者。1830年2月3日的《伦敦协定书》承认希腊的独立，1878年英、俄、法、德、奥等国签订的《柏林条约》承认塞尔维亚和罗马尼亚的独立，这两个条约中不包括被承认者。

默示承认是承认者以一种间接的方式、通过某种行为表示的对被承认者的承认。默示承认通常可以通过：第一，建立外交关系；第二，建立领事关系并颁发领事证书；第三，既存国家与被承认者缔结包含政治关系的正式条约；第四，在国际组织中投票赞成或接纳该国或者该政府为成员国或具有代表其本国的资格。新国家或新政府参加国际会议、国际组织或多边条约，并不当然构成其他国家对它的承认。

2. 法律上的承认和事实上的承认

法律上的承认是正式的、完全的、无保留的承认，它构成承认者与被承认者之间全面进行交往的法律基础。法律上的承认是永久的、不可撤销的。在对新国家承认时一般采用法律上的承认。法律上的承认直接导致承认者与被承认者双方包括政治、经济、文化等全面关系的开端。事实上的承认是非正式的、临时的、有限的承认，它常通过具体的行为而不是正式的承认文书表达。在某些特殊情况下，既存的国家对于被承认者的地位是否稳固信心不足，或者由于其他政治原因不愿立即与之建立全面的正常关系，而在事实上又有交往需要，于是在比较狭小的范围内与之发生关系，这就是一种事实上的承认。事实上的承认是暂时的，因而是可撤销的。例如，1918年1月，法国承认芬兰，而在同年10月，法国撤销对芬兰的事实上的承认。

法律上的承认和事实上的承认的主要区别在于：法律上的承认是永久的、不可撤销的，而事实上的承认是可撤销的，事实上的承认具有临时的、不稳定的性质；

法律上的承认直接导致双方包括政治、经济、文化等全面关系的产生，而事实上的承认只导致双方政治、军事、外交以外关系的产生。事实上的承认往往是法律上的承认的先导，但不是所有法律上的承认都要经过事实上的承认，事实上的承认也不一定会上升为法律上的承认，事实上的承认有时也会被撤销。

3. 单独的承认和集体的承认

单独的承认是一个既存的国家对被承认者单独表示的承认。集体的承认是由数个国家共同给予被承认者的承认。

一个新国家被接纳为一个国际组织的成员是否构成其他会员国对其集体承认，这在国际法上是有争议的。一些学者认为这构成集体承认，因为新国家作为该国际组织的成员必然同其他成员产生权利义务关系。有的学者认为这并不当然构成集体承认，因为这种国际组织成员间的关系只限于该组织范围内一定的权利义务关系，并不涉及各国间全面的正常关系。

4. 有条件的承认

一些西方国家在对新国家或新政府承认时以其必须履行或承担某些国际义务为承认的条件。这在理论上是错误的，在实践中也是违背国家主权原则的。因为，国家一旦成立，其作为国际法主体的资格已具备，应该享有主权国家的一切权利、履行其应承担的义务。

（四）承认的效果

由于承认是一种政治、法律行为，因此，承认的作出会产生一定的政治和法律效果。但是法律上的承认和事实上的承认在政治、法律上所产生的效果是不同的，与事实上的承认所产生的效果相比，法律上的承认的效果更全面、更广泛。

1. 法律上的承认的法律效果

1）实现承认者与被承认者两国关系的正常化，双方可以建立正式的外交关系和领事关系。

2）承认者和被承认者可以缔结政治、经济、文化等各方面的条约或协定。

3）承认被承认国或新政府的立法、司法、行政权力和效力。

4）承认被承认者国家财产和国家行为享有行政和司法豁免权，被承认者具有处理其在国外财产的权力。

根据国际实践，法律上的承认在原则上具有溯及力，即对新国家或新政府的承认，可溯及至新国家或新政府建立之时，新国家或新政府被承认之前的法律和法律行为也被认为有法律效力。

2. 事实上的承认的法律效果

1）互派领事或商务代表。

2）缔结非政治性条约。

3）承认被承认者的国内立法、司法权力和行政权力。

4）承认被承认者国家财产和行为享有司法和行政豁免权以及处理其国外财产的

权力。

法律上的承认的效果之一是双方可以建立外交关系。但是，法律上的承认不同于外交关系的建立。两者既有联系又有区别。两者的联系在于：承认是建交的前提，建交是承认的结果。按照习惯，宣布承认以后即开始建立外交关系。两者的区别在于：承认是单方行为，而建交是双方行为；承认是不可撤销的、永久的，而建交可以撤销。

三、国际法上的继承

（一）国家的继承

根据 1978 年和 1983 年两个关于继承的公约①，国家继承是指国家对领土的国际关系所负责任由别国取代。因此，国家继承的对象应是与继承领土有关联的国家在国际法上的权利和义务。目前，国际文件中将国家继承的对象分为两大类：条约方面的继承和条约以外事项的继承。根据有关国际文件的规定，条约以外事项的继承又可分为国家财产的继承、国家债务的继承和国家档案的继承等。

1. 条约的继承

条约的继承是指国家继承发生之日对继承国有效的条约是否对被继承国继续有效。由于国家继承发生的原因不同，继承国对被继承国的条约的继承情况也有所不同。一般的原则是：与国际法主体资格相关联的条约，又称人身条约或属人条约，如友好条约、同盟条约、共同防御条约等政治性条约，是不予继承的；与所涉领土有关的条约，即所谓非人身条约，如有关边界制度的条约，有关河流的使用、水利灌溉、道路交通等方面的条约和协定，一般是应继承的；对于除以上两类条约外的条约，如经济条约等是否继承则无统一规定，一般根据条约的内容来确定是否予以继承。

新独立国家对宗主国或殖民国家等被继承国签订的条约，没有维持其效力的义务，这在国际法上称为“白板原则”。按照国际法，新独立国家对于任何条约，不是仅仅因为该条约对国家继承所涉领土有效的事实，就有义务维持条约的效力或成为条约的当事国。但是，新独立国家的这种不继承，不适用于有关边界和特殊领土制度的条约，也不适用于公认的国际法原则和规范。为了维护新独立国家的国际法主体所固有的权利，新独立国家对于原宗主国参加的多边条约，有继承的权利。对于双边条约，只有在新独立国家与另一方明示或默示同意时，才在新独立国家与另一方之间生效。

2. 国家财产的继承

国家财产是指国家继承发生时依被继承国国内法为该国所拥有的财产。国家财

---

① 1978 年通过了《关于国家在条约方面的继承的维也纳公约》，1983 年又通过了《关于国家对国家财产、档案和债务的继承的维也纳公约》，但它们都不具有普遍约束力。国际社会至今也没有关于政府和国际组织继承问题的国际公约。

产继承是指被继承国的国家财产转属继承国的法律关系。国家财产继承产生双重法律效果：被继承国对财产所享有权利的消灭和继承国对财产所享有权利的产生。国家继承只涉及继承国与被继承国之间财产所有权的转属问题，而不涉及第三国在被继承国领土内所拥有的财产。

国家财产的继承一般应遵循“一个标准、两个原则”。一个标准是指被转属的国家财产与领土之间的关联。两个原则是指，随领土转移原则，即国家财产一般随领土的转移而由被继承国转属继承国；实际生存原则，即国家财产的转移应考虑该领土居民的实际情况，应维持其起码的生存条件。但是，在适用上述两个原则时，应对不同性质的财产予以不同的处理。国家财产分为不动产和动产。对不动产而言，凡位于转移所涉领土内仍被继承国继承的国家财产，应转属继承国，即适用随领土转移原则。对于动产，由于它的流动性，不能以其所处位置作为是否继承的标准，而应遵循实际生存原则，即对于动产，无论其在被继承国领土内还是被继承国领土外，应按照它与所涉领土活动是否有关为标准来确定其归属。

3. 国家债务的继承

国家债务是指一个被继承国按照国际法而对另一个国家、某一个国际组织或任何其他国际法主体所负的任何财政义务。国家债务转属，引起被继承国义务的消灭和继承国义务的产生。国家债务继承对债权人的权利和义务不产生影响。国家对外国法人和私人所负的债务不在国家继承的范围之内。在国际关系中，从国家继承的角度可将债务分为：第一，国债。国债是指整个国家所负的债务。第二，地方化债务。地方化债务是指以国家名义承担的而事实上用于国家领土某一部分的债务。第三，地方债务。地方债务是指由地方当局承担用于该地方的债务。依国际法，国债和地方化债务属于国家债务，而地方债务则不属于国家债务的范围。因此，国家应继承的是国债和地方化债务。但是，如果从形式上看是国家债务而实质上为“恶债”的，则不予继承。“恶债”是指具有与继承国国家及其人民根本利益相违背的用途或因违背国际法基本原则而承担的债务，如战争债务、征服债务等。

4. 国家档案的继承

按照1983年《关于国家对国家财产、档案和债务的继承的维也纳公约》的规定，国家档案是指被继承国为执行其职能而编制或收集的且在国家继承之日按照被继承国国内法规定属于其所有的，并出于各种目的作为档案直接保存或控制的各种日期和种类的一切文件。档案是国家的重要财富，它是一国历史发展的重要证据，因此对于国家极为重要。国家档案的继承是指被继承国对档案的权利的丧失而继承国对档案的权利的取得。国家档案的继承除国家间另有协议外一般不予补偿。国家档案的继承本身不影响第三国在被继承国所拥有的档案。被继承国应采取一切措施防止转属继承国的国家档案遭受损害或破坏。

（二）政府的继承

政府的继承是指一国际法主体继续存在的情况下，由于革命或政变导致政权更迭，前政府在国际法上的权利和义务转移给新政府的法律关系。并非所有的政府更迭都会发生这种权利和义务的转移，只有在新政府是以非宪法程序取得并选择了与前政府完全不同的社会制度时，才会发生政府继承问题。

政府继承与国家继承是不同的：首先，国家继承是由于领土变更的事实而引起的，政府继承是因革命或政变导致政权更迭的结果。其次，国家继承发生在不同的国际法主体之间，而政府继承则是在同一国际法主体继续存在的情况下，内部两个政府间的继承。最后，国家继承可能因领土变更的情况不同而分为全部继承和部分继承，而政府继承一般是全部继承，即凡是符合国际法的前政府在国际法上的权利和义务，新政府应予以继承。

在国际实践中，对于政府继承并无统一明确的规定。从理论上说，在一般情况下，政府的变化并不影响国家在国际法上的权利和义务，因而不发生政府继承。但是，如果是通过革命或政变而产生的新政府，由于其对外政策与前政府完全不同，这必然产生政府继承。并且，当新政府建立后，前政府作为被继承者在国际法上归于消灭，因此，政府继承只能是全部继承，应适用国家继承的全部继承规则，而不是部分继承规则。

(三) 国际组织的继承

国际组织的继承是指当一个国际组织同其他国际组织合并时或由于解散而不存在时，通过协议或决议，确定其在国际法上的权利和义务被新的国际组织所享有和承担而引起的继承。如欧洲煤钢共同体与欧洲原子能共同体于 1967 年并入欧洲共同体；国际常设法院被国际法院所代替；国际航空委员会被国际民航组织所取代；这些均发生国际组织的继承。

国际组织的继承也包括条约、财产、债务和档案的继承。除此以外，还有国际组织职能的继承。国际组织继承的范围由国际条约或国际组织的决议来确定。如 1946 年国际联盟解散后，《国际法院规约》规定将国际常设法院的职责转移给联合国国际法院。

案例分析

案例一

执行联合国职务时所受损害的赔偿案[①]

1948 年 9 月 17 日，联合国巴勒斯坦调解专员福尔克·伯纳多特伯爵和联合国法籍首席观察员安德烈·塞洛上校在耶路撒冷以色列控制区内被人开枪暗杀，联合国考虑到由于以色列疏忽未防止犯罪或惩罚凶手，因而想要根据国际法提出赔偿要求。然而，在联合国有无提出这项要求的法律能力这个先决问题上存在着不确

---

① 联合国. 国际法院判决、咨询意见和命令摘要 1948—1991.［2022-10-01］. https://legal. un. org/icjsummaries/documents/chinese/st_leg_serf1. pdf.

定性。所以，联合国大会于1948年12月3日向国际法院提出下列问题，请求提供咨询意见：

第一，倘联合国人员于执行职务时遭受损害，而其情形牵涉某一国家之责任问题者，联合国能否以一组织资格向负责之法律上或事实上政府提出国际要求，俾对于下列损害取得应有之赔偿：(a) 对于联合国损害之赔偿；(b) 对于被害人或其继承人之赔偿？

第二，倘对于第一点 (b) 为肯定之答复，则联合国之行动与被害人所属国家所有之权利，应如何调整？

关于第一点中的 (a) 和 (b) 两个问题，国际法院依照该负有责任国家是否为联合国会员国对情况作了区分。国际法院对第一点中的问题 (a) 一致作了肯定性的答复。关于第一点中的问题 (b)，国际法院以11票对4票认为：不论该负有责任国家是否为联合国会员国，联合国都有资格向其提出国际要求。最后，关于第二点，国际法院以10票对5票认为：当联合国作为一个组织就对其人员造成的损害提出赔偿要求时，它只能以违反对其承担的义务为基础提出赔偿要求；对这一规则的尊重通常会防止联合国的行为和该人员的国籍国所有的权利之间的冲突；此外，这种协调必须依赖于适用于每一特定案件的各种考虑，并且依赖于联合国和各个国家之间订立的协定。

在其咨询意见中，国际法院先叙述了该咨询程序的程序。咨询意见申请书已通告所有有权在法院出庭的国家，它们被进一步告知法院已做好接受它们的情报的准备。于是，下列国家送交了书面陈述：印度、中国、美国、英国和法国。此外，在律师的协助下，联合国秘书长的代表，以及比利时、法国和英国政府的代表，在国际法院作出了口头陈述。

然后法院对提交给它的问题发表了一些初步看法。它对咨询意见申请书中的一些词语下了定义，接着，它分析了“提出国际要求的行为能力”这一提法的要旨。当然，这种行为能力属于一个国家。那么，它也属于联合国组织吗？这等于是问联合国组织是否具有国际人格。在回答这个未被《联合国宪章》的条文解决的问题时，法院接下去对《联合国宪章》打算赋予联合国组织什么特性进行了审议。在这一点上，法院指出，《联合国宪章》赋予了联合国组织与其会员国所具有的不相同的权利和义务。法院进一步强调了联合国的重要政治任务：维护国际和平与安全。因此，国际法院的结论是：尽管它肯定不是一个超国家组织，但联合国组织，由于它具有权利并承担义务，因而同时也在很大程度上具有国际人格和在国际上行动的行为能力。

国际法院接着探讨了问题的核心，即联合国组织的国际权利中是否包括就该组织人员在执行职务过程中所受损害提出国际要求以从一个国家取得赔偿的权利。

关于第一点，即咨询意见申请书中的第一 (a)，国际法院一致得出结论：联合国组织有就一国因违反其对联合国承担的义务而造成的损害对该国（不论是联合国会员国或不是联合国会员国）提出国际要求的行为能力。

国际法院指出，它未被请求确定联合国组织有权取得的赔偿的确切数额，赔偿数额的大小应根据若干因素决定。对这些因素，国际法院举了一些例子。

然后国际法院开始探讨第一点中的问题（b），即联合国作为一个组织，是否能因不是对联合国组织自己而是对被害人或通过它取得权利的人造成的损害，提出国际要求，以得到赔偿。

在处理这个问题时，国际法院分析了国民的外交保护问题。在这一点上，国际法院指出，确实只有联合国组织才有在前面提及的情况下提出要求的行为能力，因为任何国际要求都必须以被告国违反了对联合国承担的义务作为依据。在本案中，被害人为其国民的国家不能抱怨说被告国违反了对它承担的义务，因为这里的义务是对联合国组织承担的。不过，国际法院承认，与对在国外的国民的外交保护的传统规则相类似这一点本身不能证明应给予肯定的答复。实际上，在联合国组织和其人员之间不存在国籍方面的联系。这是一种新情况，必须对它进行分析。《联合国宪章》的条款中与联合国组织的职能有关的部分含有后者被授权确保对其人员的有限保护的意思吗？这些权力是《联合国宪章》中必然的含义。在履行其职能的过程中，联合国组织可能会发现委托其人员在世界动乱地区执行重要任务是必要的，必须确保这些人员受到有效保护。只有这样，该人员才能圆满地执行任务。因此，国际法院得出了联合国组织具有对其人员进行职能上保护的行为能力的结论。对会员国来说，情况比较简单，因为这些国家已经对联合国承担了各种义务。

但是，当一个要求是对身为非联合国组织会员国的一个国家提出时，情况会是怎样呢？国际法院的意见是，联合国的会员国创立了一个具有客观国际人格的实体，该实体具有的不只是仅被它们承认的人格。因此，像对第一点中的问题（a）一样，国际法院对第一点中的问题（b）也做了肯定的回答。

第二个问题是，联合国的行动与被害人为其国民的国家所有的权利的协调问题。换句话说，这涉及的是外交保护与职能保护这两个方面之间可能发生的对抗。在这一点上，国际法院没有说这两种类型的保护中哪种应当享有优先权，对于会员国，它强调了它们应尽力履行《联合国宪章》第2条规定的各种协助的义务。它又说道：联合国组织与被害人国籍国之间对抗的危险可用一个一般性公约或在每个特定案件中订立的协定来减少或消除；它还提到了那些已经发生并已经找到可行的解决办法的案件。

国际法院的上述咨询意见发表之后，联合国大会根据这个意见授权秘书长采取必要步骤实现联合国的损害赔偿请求。秘书长据此要求以色列正式道歉，采取进一步措施逮捕犯罪嫌疑人并治罪，且向联合国赔偿54 628美元。1950年6月，以色列政府表示接受上述要求。

争议焦点

1. 联合国是否具有求偿权利的问题。
2. 联合国和受害者国籍国之间的权利调和问题。

评析

1. 要确定联合国是否具有提出国际请求的能力，首先应明确联合国这一国际组织是不是国际法的主体。《联合国宪章》并未对联合国是否具有国际人格这一问题作出明确的规定。

关于国际组织的国际法主体地位问题，国际法院通过本案所发表的这一咨询意见确认联合国是国际人格者，是一个国际法主体，有能力享受国际权利和承担国际义务，并且有能力以提出国际求偿来维护自身的权利。

国际组织是不是国际法的主体问题，曾在国际法上存在争议。传统国际法一直认为国家是国际法的唯一主体，但随着国际组织数量的增加，以及国际组织相关制度的成熟与完善，国际组织的法律人格问题成为理论关注的重点。现有的研究成果和国际实践都接受国际组织具有法律人格，构成国际法的主体。①

2. 本案所涉及的另一问题是，国际组织对作为国际公务员的本组织职员的保护问题。② 基于国籍管辖，受害者的国籍国可对受害者提供外交保护，当个人遭遇国际不法行为的侵害时，受害者的国籍国可代表受害者向侵权国提出求偿要求。当受害者的身份为处于国际公务员地位的职员时，这种权利应该由谁来行使？除了职员的国籍国依据属人优越权仍有资格对他行使外交保护权，他所服务的国际组织是否具有独立的请求权？

国际法院通过本咨询意见，确认了联合国的国际法主体资格，因而确认了联合国具有独立的求偿权。国际公务员在执行职务时，如果在涉及国家责任的情况下受到侵害，其服务的国际组织应有权代表该职员向应负责任的国家提出国际请求。这是保证国际公务员有效、独立地履行其职责的一项有力措施。

国际组织的求偿权可能由于受侵害的职员所属国家同时提出求偿请求而发生冲突。如何解决这种冲突，理论和实践均尚待进一步发展，一般说来，在两种冲突的请求权之间，不存在孰先孰后的国际法规则。一个比较好的解决方法是依善意协商解决。

延伸思考

国际组织不同于国家，国家的权利能力和行为能力是基于国家主权的，是国家固有的权利；虽承认国际组织作为国际法的主体，但其权利能力和行为能力要受组织章程的制约，故从这个意义上来看，国际组织相对于国家而言，其为一个有限的主体。那么，国际组织是仅对成员国具有法律人格，还是对非成员国也具有法律人格？

每一国际组织所享有的权利能力，或由章程明确授权，或由章程暗含赋予，或由成员国通过对其实践的事后承认而设定。权利的范围限于“为实现宗旨所必需”，而划定范围的最终标准是创立国际组织的国家的意志。既然国际组织的法律人格是由成员国通过条约确立的，那么其对非成员国并不当然具有法律人格，除非非成员国以某种方式表示其承认。这就意味着国际组织通常仅在成员国国内法体系内和与

---

① 曾令良. 国际公法学. 北京：高等教育出版社，2018：107.

② 黄惠康，黄进. 国际公法国际私法成案选. 武汉：武汉大学出版社，1987：236.

宗旨相关的国际法体系内具有法律人格，具体范围一般由组织章程或专门条约加以规定。[①]

案例二

刚果（金）案[②]

(FG Hemisphere Associates LLC. V. Democratic Republic of Congo and Others, 2008)

基本案情

刚果民主共和国与中国国有企业中铁股份有限公司（以下简称“中铁公司”）达成协定，以刚果（金）提供开矿权换取中国提供大量基建投资。美国基金公司(FG Hemisphere Associates LLC)[③] 从刚果（金）的若干债权人处获得未偿还的债权，2008 年发现中铁在刚果（金）有大型投资项目。

2008 年 5 月 15 日，美国基金公司向香港法院申请签发对刚果（金）的原诉传票，意欲启动香港法院司法程序以强制执行外国仲裁机构就刚果（金）政府的欠款作出的仲裁裁决。由于刚果（金）在香港没有可执行财产，基于中铁公司及其香港附属公司根据其早前与刚果（金）矿业公司的协议，须向刚果（金）政府支付 1.04 亿美元的入门费，因而美国基金公司也将中铁公司及其香港附属公司列为被告，请求香港法院禁止中铁公司向刚果（金）支付入门费以将该入门费用于抵销刚果（金）对美国基金公司的债务。2008 年 5 月 15 日，香港高等法院原讼法庭邵德炜法官裁定许可美国基金公司向刚果（金）和中铁公司等送达原诉传票。

2008 年 7 月 7 日，刚果（金）以享有国家豁免权为由，主张香港法院对刚果（金）没有管辖权，要求撤销邵法官的判决。原、被告就回归后香港是否实行绝对豁免制度展开争辩。2008 年 12 月 12 日，原讼法庭芮安年法官判决认为虽然其本人倾向于认为香港实行限制豁免制度，但是以本案产生的入门费支付义务不源于商业交易，即使根据限制豁免制度也是不能执行的为由，撤销针对刚果（金）和中铁公司的原讼传票。

原告不认可芮法官关于入门费支付行为不属于商业行为的判决，向香港高等法院上诉庭提起上诉。2010 年，上诉庭以 2∶1 的多数票判决撤销原讼法庭的判决。上诉庭司徒敬法官和袁家宁法官认为，香港地区在回归前奉行限制豁免制度，回归后因没有关于国家豁免的全国性法律在香港地区适用，且限制豁免制度已经成为国际习惯并构成普通法的一部分，故限制豁免制度继续在香港地区适用，本案所涉财产并不全部是商业财产，即使被执行人是主权国家，也是可以执行的。上诉庭的另一位法官杨振权持反对意见，认为中国一向奉行绝对豁免制度，限制豁免没有成为国际习惯，香港法院对本案没有管辖权。

随后，刚果（金）和中铁公司向香港终审法院提出上诉。2011 年 6 月 8 日，香

---

① 曾令良. 国际公法学. 北京：高等教育出版社，2018：109.

② 董立坤，张淑钿. 香港特区法院对涉及国家豁免行为的案件无管辖权. 政法论坛，2012 (6)：80－81.

③ FG Hemisphere Associates LLC 是美国纽约的一家专门对新兴国家和不良资产进行投资的有限公司。

港终审法院以 3∶2 的多数票作出临时判决，并提请全国人大常委会解释以下四个问题：(1) 根据《香港特别行政区基本法》第 13 条第 1 款的真正解释，中央人民政府是否有权力决定中华人民共和国的国家豁免规则或政策。(2) 如有此权力的话，根据《香港特别行政区基本法》第 13 条第 1 款和第 19 条的真正解释，香港特别行政区（包括香港特别行政区的法院）是否：有责任援用或实施中央人民政府根据《香港特别行政区基本法》第 13 条第 1 款所决定的国家豁免规则或政策；或反之，可随意偏离中央人民政府根据《香港特别行政区基本法》第 13 条第 1 款所决定的国家豁免规则或政策，并采取一项不同的规则。(3) 中央人民政府决定国家豁免规则或政策是否属于《香港特别行政区基本法》第 19 条第 3 款第一句中所说的“国防、外交等国家行为”。(4) 香港特别行政区成立后，《香港特别行政区基本法》第 13 条第 1 款、第 19 条和香港作为中华人民共和国的特别行政区的地位，对香港原有（1997 年 7 月 1 日之前）的有关国家豁免的普通法（如果这些法律与中央人民政府根据《香港特别行政区基本法》第 13 条第 1 款所决定的国家豁免规则或政策有抵触）所带来的影响，须按照《香港特别行政区基本法》第 8 条和第 160 条及于 1997 年 2 月 23 日根据第 160 条作出的《全国人民代表大会常务委员会关于根据〈中华人民共和国香港特别行政区基本法〉第一百六十条处理香港原有法律的决定》的规定，在适用时作出必要的变更、适应、限制或例外，以确保关于这方面的普通法符合中央人民政府所决定的国家豁免规则或政策。

2011 年 8 月 26 日，全国人大常委会通过《关于〈中华人民共和国香港特别行政区基本法〉第十三条第一款和第十九条的解释》，对香港终审法院提出的四个问题予以解释。全国人大常委会释法明确指出，国家豁免问题属于国防、外交等国家行为；中央人民政府有权决定国家豁免规则或政策；香港法院有责任予以适用或实施；香港原有有关国家豁免的普通法应得到相应处理才能适用。2011 年 8 月 30 日，香港特别行政区律政司将该释法文本通过司法常务官转交香港终审法院。9 月 8 日，香港终审法院作出终局判决，判决遵循全国人大常委会的释法结果，判令刚果（金）享有豁免权，终结了对刚果（金）案的审理。

争议焦点

国家主权绝对豁免和相对豁免原则的适用问题。

评析

1. 国家豁免也称国家主权豁免，指一国的行为和财产不受另一国法院管辖的特权，包括司法管辖豁免、诉讼程序豁免和强制执行豁免。

2. 从与我国相关的其他案例，如“湖广铁路债券案”、“善后大借款案”和“沃特斯夫妇诉中国工商银行等案”[①] 等，可以看出，我国曾坚持绝对豁免主张，但在某些领域存在例外的情况。

3. 在《外国国家豁免法》生效之前，我国的一些国内法律对豁免问题制定了一

① 何志鹏. 主权豁免的中国立场. 政法论坛，2015 (3)：73－74.

些条文，如 1992 年颁布的《中华人民共和国领海及毗连区法》规定外国政府船舶在从事商业活动时不享有豁免权；2005 年 10 月 25 日颁布并生效的《外国中央银行财产司法强制措施豁免法》是我国在主权豁免事项上进行立法的一个标志，该法确立了对外国中央银行财产给予财产保全和执行的司法强制措施的豁免的一般原则，以放弃豁免为例外，同时对外国中央银行及其财产进行了界定，并规定豁免原则同时受制于互惠原则。

4. 中国曾缔结或参加了一些双边和多边的涉及国家豁免的国际条约，如 1980 年参加的 1969 年《国际油污损害民事责任公约》第 11 条规定，缔约国就油污损害赔偿案件放弃对油污损害所在缔约国法院的管辖豁免；1993 年批准的《国际救助公约》也承认用于商业目的之国有船舶或国有货物不得享有豁免权；1996 年批准的 1982 年《联合国海洋法公约》第 32、95、96 条规定了军舰、政府公用船舶的豁免权。中国积极参与了 2004 年《联合国国家及其财产管辖豁免公约》的起草，并已签署，但全国人大常委会尚未批准该公约，公约所确认的原则在我国还不具有法律效力。

因此，本案中，全国人大常委会认为，中央人民政府行使管理国家对外事务的职权，国家豁免规则或政策属于国家对外事务中的外交事务范畴，中央人民政府有权决定在中国领域范围内统一实施我国的国家豁免规则或政策。根据全国人大常委会对我国在国家豁免立场上的解释，刚果（金）作为主权国家就其相关的行为在我国享有管辖权的豁免，香港法院对该案没有管辖权。

5. 我国从坚持绝对豁免政策到限制豁免制度的转变。2023 年 9 月 1 日，第十四届全国人民代表大会常务委员会第五次会议表决通过了《外国国家豁免法》，并于 2024 年 1 月 1 日起施行。《外国国家豁免法》实现了从绝对豁免原则到限制豁免原则的转变。《外国国家豁免法》共有 23 条，其中第 3 条和第 13 条规定了国家豁免的一般原则，以管辖豁免为原则、以不豁免为例外。第 4 至 12 条同时规定了 7 项得到广泛认可的例外，包括外国国家放弃管辖豁免，外国国家在中国领域内从事商业活动或者在中国领域外从事商业活动但在中国领域内产生直接影响而引起的诉讼，外国国家因在中国领域内全部或部分履行的劳动或者劳务合同引起的诉讼，外国国家在中国领域内造成的侵权赔偿诉讼，外国国家因财产的所有、占有和使用事项在中国领域内引起的诉讼，外国国家在中国领域内因知识产权归属和侵权等事项引起的诉讼，外国国家因仲裁协议、仲裁裁决和其他对仲裁进行审查的相关事项在中国领域内引起的诉讼。①

《外国国家豁免法》确立了中国的外国国家豁免制度，体现了中央人民政府决定采取的国家豁免规则和政策。根据《香港特别行政区基本法》第 13 条、第 18 条和《澳门特别行政区基本法》第 13 条、第 18 条，中央人民政府负责管理与香港特别行政区、澳门特别行政区有关的外交事务。《全国人民代表大会常务委员会关于〈中华人民共和国香港特别行政区基本法〉第十三条第一款和第十九条的解释》明确规定

---

① 李庆明. 论中国《外国国家豁免法》的限制豁免制度. 国际法研究，2023 (5)：28.

国家豁免规则或政策属于国家对外事务中的外交事务范畴。据此，《外国国家豁免法》施行后，香港特别行政区、澳门特别行政区应当随中央人民政府转向《外国国家豁免法》所体现的国家豁免规则和政策。根据《香港特别行政区基本法》第 19 条第 3 款和《澳门特别行政区基本法》第 19 条第 3 款，在遇到涉及《外国国家豁免法》第 19 条规定的国家行为的事实问题时，香港、澳门的法院应取得行政长官就该等问题发出的证明文件，上述文件对法院有约束力。行政长官在发出证明文件前，须取得中央人民政府的证明书。[①]

知识拓展

（一）拓展阅读

1. 龚刃韧. 国家豁免问题的比较研究. 北京：北京大学出版社，2005.

2. 余民才. "科索沃独立咨询意见案"评析. 法商研究，2010（6）.

3. 董立坤，张淑钿. 香港特区法院对涉及国家豁免行为的案件无管辖权. 政法论坛，2012（6）.

4. 何志鹏. 主权豁免的中国立场. 政法论坛，2015（3）.

（二）毕业论文选题指导

1. 个人的国际法地位探析。

2. 跨国文物追索诉讼的国家豁免问题研究。

3. 论中国《外国国家豁免法》的限制豁免制度。

① 李庆明. 论中国《外国国家豁免法》的限制豁免制度. 国际法研究，2023（5）：39.

第四专题　国家领土取得理论与国际实践

基础理论

一、领土主权与国家领土取得

在国家资格四要素中，主权是构成国家的最基本要素，也是国际关系的基石。国家主权的实现主要体现在其对领土主权的掌控上。领土主权是国家主权的核心，是指国家对其领土以及领土上的人、事、物所享有的排他性的最高权力。学界普遍认为，领土主权主要包括以下几个方面：领土管辖权、领土所有权以及领土完整不可侵犯。[①] 领土管辖权主要是指一国对其领土范围内的人、事、物拥有的排他的管辖权，它是领土主权重要的内容。领土所有权是指国家对其所辖领土范围内的一切资源拥有的占有、使用、支配的权利，这种占有、使用和支配不受他国干预。此外，领土主权还意味着尊重一国的领土完整，在国际事务中不得侵犯和损害任何国家的领土完整。这三个方面相互联系，共同构成了领土主权的内涵。

作为领土主权的对象[②]，领土不仅是国家的构成要素之一，而且是国家得以存在和发展的物质基础。《英国法大全》的"领土"一章中有这样的表述："must be able to demonstrate title to its territory"[③]。这体现了主权与领土取得之间的特定关系，即"主权代表国家对领土的法律权能，国家必须要能展现其自身领土的权利来源"[④]。在学界，领土的权利来源常使用"title to territory"来表达，它可以被解释为"领土权利的来源或证明"，同时也可指作为获得领土法律权利的起因或基础的行为、实施或情势。[⑤] 一国的领土主权是建立在一定的领土权源基础之上的。这在实

---

① 《国际公法学》编写组. 国际公法. 北京：高等教育出版社，2018：236.

② 周鲠生. 国际法：上册. 北京：商务印书馆，1981：320.

③ Whitmore Clifford C.. The Doctrine of the Acquisition of Territory by Occupation in International Law. Historical Theses and Dissertations Collection，1896：3.

④ 罗欢欣. 国际法上的领土权利来源：理论内涵与基本类型. 环球法律评论，2015（4）：162.

⑤ 贾兵兵. 国际公法：和平时期的解释和适用. 北京：清华大学出版社，2015：262.

践中体现为国家占有和控制某一领土所具有的优先权和排他性权利，从而构成法律上有效的所有权基础。[①]

二、国家领土取得的具体方式

国家领土取得表示一国在特定的某一领土上建立主权。在一般国际法理论中，先占、割让、添附、征服与时效几种模式被普遍视为主要的国家领土取得权源。然而，随着国际实践与国际法的发展，上述模式已不能完全适用于目前的实践中，但其仍在领土争端的解决中起着重要的作用。

（一）先占

领土先占理论源于罗马法中的先占取得制度。在古罗马法中，先占是物权原始取得的方式，“无主物归先占者所有”即是罗马法先占取得的基本原则。[②] 格劳秀斯在探讨主权者对无主地的取得时，也是以罗马法中的先占取得为基础的。[③] 古代罗马法对先占取得有一定要求：一是先占取得的标的是无主物或抛弃物；二是先占取得主观上要有占有的意图，同时需要将占有物归于自己的实际控制下；三是先占取得在占有的顺序上，必须是第一位进行占有。

随着时代的发展，罗马法中物权取得的先占理论被引入国际法中，成为国家领土取得的依据。国际法中对于先占取得领土规定了下列要件：

1. 先占的主体

根据传统国际法主体说，在国际交往中有能力开展国际活动，享有国际法上的权利，承担国际法上的义务的主体只有国家。因此，先占的主体为国家，先占行为应当是国家行为。

2. 先占的客体

先占的客体是无主地（*terra nullius*）。无主地是指未曾被他国占领或是已被放弃的土地。出于殖民的需要，也曾有西方学者将土著居民居住地纳入无主地范畴。1975年，在“西撒哈拉案”中，国际法院指出，“凡在社会上和政治上有组织的部落或民族居住的土地不能认为是无主地；在这种情况下，通常认为，领土主权不能通过先占取得，而只能通过和当地统治者的协议取得”[④]，从而将土著居民居住地排除在无主地外。

3. 占领的有效性

国际法通说认为，先占取得领土的占领应当为“有效占领”。占领的有效性包含了两个方面的要求：第一，先占主体的主观意图明确，即先占需要占领国作出明确

① 贾兵兵. 国际公法：和平时期的解释和适用. 北京：清华大学出版社，2015：262.

② 张继孟. 罗马法的先占取得原理及其现实意义. 法律科学，1989（5）：62.

③ 格劳秀斯. 战争与和平法. A. C. 坎贝尔，英译. 何勤华，等译. 上海：上海人民出版社，2005：144-160.

④ Western Sahara, Advisory Opinion, I. C. J. Reports 1975.

的占有的意思表示。实践中，这种明确表示的占领意图通常体现在先占行为方的声明、通知、外交公告等中。第二，先占行为需要基于实际的占领，名义上的占领不构成有效占领。有效占领需要以和平的方式无争议地进行，在占领国占有无主地后，没有其他国家就该行为提出异议或抗议。正如“帕尔马斯岛仲裁案”判决中指出的：“对行使领土主权的持续的、和平的（与其他国家的关系是和平的），与权利本身同样重要”[①]。此外，有效占领还需要满足持续占有的条件，即持续地、稳定地对该无主地行使国家主权。

先占取得领土作为领土原始取得的一种方式，盛行于自由资本主义时期，为西方殖民开拓发挥了重要作用。如今，世界已没有无主地，领土的先占取得也失去了现实意义。

（二）割让

割让是一国根据所签署的条约将其领土及其主权转移给另一国的行为。罗伯特·詹宁斯指出：“割让往往通过条约实施，因此，割让是一种双边性的领土取得方式，需要相关的两国进行合作，其他领土取得方式则都是单边性的。”[②]

正是因为割让取得需要主权国家通过类似合同交易的方式进行，所以其与司法中的民事合同性质有一定的相似性。此外，割让的有效性与让渡国家持有的领土主权原始取得的合法性相关，且取得领土的国家不能超越割让国所实际拥有的部分。[③]在“帕尔马斯岛仲裁案”中，胡伯法官指出，西班牙和美国之间的领土割让条约不能被认定为确定的，“西班牙不能转让比它自己更多的权利”[④]。

一般地，我们把割让分为以下两类：

第一，强制性割让。强制性割让是指一国通过武力或以武力相威胁，迫使另一国以签订合约的方式将其领土转移给自己，在主观意思上，战败国对割让领土具有“非自愿”性。历史上，通过强制性割让取得领土的方式并不少见，如 1871 年普法战争，法国战败后与普鲁士签订了《法兰克福和平条约》（Peace Treaty of Frankfurt），法国将阿尔萨斯和洛林地区割让给普鲁士。1894 年甲午战争后，中国与日本签订《马关条约》，将台湾和澎湖列岛割让给日本。随着国际法的发展，二战后《联合国宪章》明确禁止使用武力或以武力相威胁，并强调各国均负有不侵犯他国领土完整的义务，因此通过战争方式获取的土地，即便是通过条约的形式转让，在现代国际法上也是不被认可的。1969 年《维也纳条约法公约》第 52 条也规定，“条约系违反《联合国宪章》所包含的国际法原则，以威胁或使用武力而获得缔结者无效”，确认了强制性割让领土这一方式的非法性。

第二，非强制性割让。非强制性割让是指相关国家在平等自愿的基础上通过和平谈判进行的领土及其主权的转移。非强制性割让的类型主要有赠与、交换和买卖。

---

① Island of Palmas Case，1928，Ⅱ RIAA 829.

② 罗伯特·詹宁斯. 国际法上的领土取得. 孔令杰，译. 北京：商务印书馆，2018：21.

③ 贾兵兵. 国际公法：和平时期的解释和适用. 北京：清华大学出版社，2015：268.

④ 任虎. 领土主权与国际法. 北京：中国政法大学出版社，2018：50.

在历史上，不乏非强制性割让取得领土的例子，如奥地利将威尼斯赠与法国，俄国将阿拉斯加地区卖给美国等。

不论是强制性割让还是非强制性割让，割让领土受让国需接受第三国在被割让领土上的既有权，例如第三国在割让土地上的租赁权。

(三) 征服

学术界对于征服的定义有多种，虽然表述有所区别但内容大致相同。王铁崖教授认为："征服，是国家使用武力占领通过领土的全部或部分，在战争状态结束后将该土地加以兼并的一种领土取得方式"[①]。《奥本海国际法》认为："灭亡，即通过征服并随之兼并而取得领土，并常常被称为由政府取得所有权。这在发动战争被承认为是一种主权权利和战争是合法的时期，被接受为领土主权权利取得的一种方式"[②]。从上述定义可以看出，征服获得领土是通过使用武力或战争来取得的，最终结果都是领土及其主权的转移。需要注意的是，征服与割让有相似之处，但也有较明显的区别——征服不用缔结条约。征服取得领土是在战时占领他国领土，战后宣布对该领土的兼并并行使主权。

征服作为领土取得方式，需要满足以下条件：

第一，征服一方主观上具有占领和征服领土的意图。从历史实践来看，大部分征服国都是为了本国利益而挑起国际争端，在主观上绝大多数征服国具有吞并战败国的意图。20 世纪以前，为获取他国领土而进行的征服行为是战争的主要形态。

第二，征服应以战争结束为标准，同时征服国对被征服的土地实行有效的控制。被征服国与征服国通过签订协议或和约，表明被征服国不再有抵抗行为。在二战中，德国强制合并波兰，但由于波兰的其他盟国没有放弃抵抗，所以普遍认为德国对波兰的合并不是征服。

历史上，国际法对于通过战争和武力征服取得领土的方式经历了从承认合法到禁止的一个过程。16 世纪，当时普遍流行的观点认为，"只要通过占领就可以导致主权的变更"，但从 1713 年《乌特勒支条约》开始，只有和平条约才能完成对征服领土的取得。[③] 一直到国际联盟成立前，诉诸战争的征服取得在国际法上是合法的。[④] 20 世纪初，世界大战的爆发使国际社会开始反思并关注对武力使用的限制问题。1928 年《巴黎非战公约》第一次明确禁止战争作为解决国际争端的方式。[⑤] 该公约第 10 条中，成员国承诺"尊重和保护反对外部侵略领土完整和现有政治联盟的所有成员的独立性"。美国不承认伪满洲国的"史汀生不承认主义"就是对《巴黎非

① 王铁崖. 国际法. 北京：法律出版社，1995：238.

② 詹宁斯，瓦茨修订. 奥本海国际法：第 1 册第 1 分册. 王铁崖，等译. 北京：中国大百科全书出版社，1995：82.

③ 任虎. 领土主权与国际法. 北京：中国政法大学出版社，2018：47.

④ 黄瑶. 论禁止使用武力原则：联合国宪章第二条第四项法理分析. 北京：北京大学出版社，2003：11.

⑤ 沃尔夫刚·格拉夫·魏智通. 国际法. 吴越，毛晓飞，译. 北京：法律出版社，2002：793.

战公约》的适用。[①] 第二次世界大战后，包括《联合国宪章》在内的一系列国际条约和文件均禁止使用武力和以武力相威胁。对于非法使用武力，国际社会不仅不应该承认征服国兼并别国领土的合法性，而且应该采取联合行动，帮助被征服国恢复领土主权。[②]

（四）时效

时效，也称取得时效，源于罗马法。国际法上的时效取得是一个在理论上复杂且极具争议的领土取得方式。《奥本海国际法》认为，时效是"通过在一定时期内持续与和平地行使主权的行为取得领土主权"[③]。罗伯特·詹宁斯在《国际法上的领土取得》一书中将时效定义为"通过长期、持久、不受干扰的占据取得领土权源的一种方式"。综合来看，学界主流观点认为，时效取得领土是一个国家对于他国的一块土地长期不间断地、不受干扰地、公开地占有并行使主权，且一直在历史发展的影响下造成一种一般信念，认为事物的现状是符合国际秩序的，因而取得该土地的权利。[④] 从定义中可以看出，国际法中的时效取得行为并不需要以"善意"为条件。

一般认为，国际法上领土的时效取得需要符合以下适用条件：

第一，一国通过行使立法、司法或行政等主权行为实际占领一片领土，即使所占领土属于其他国家。[⑤] 第二，占领必须公开。时效取得要求占领者的占领行为要公开，为相关国家以及不特定国家所知。公开是确认利益相关国是否默许的前提。没有知晓占领，默许就无从谈起。第三，占领是不受干扰和不间断的，这一点在领土的时效取得中具有重要的意义。这意味着在占领的过程中，被占领国和其他国家都没有对占领的行为和状态提出反对。占领的不间断则是指占领国对一块土地的占领不能中途放弃。如果出现这种情况，那么这种占领将不发生时效效力。在"帕尔马斯岛仲裁案"中，胡伯法官多次反复提及占领的连续性。第四，占领的时间需要持续足够长，以至于可以从中判断出默许的存在与否。然而，目前国际法学界对领土时效取得所需的时限还没有形成一致的意见。在 1899 年"英属圭亚那与委内瑞拉边界案"中，争端双方曾约定占有时效达到 50 年就可创设有效的所有权。[⑥] 但是，仍有很多学者主张时效取得领土的时间应比通过先占取得领土的时间更长。[⑦] 事实

---

① 美国政府在 1932 年 1 月 7 日通知中国和日本，称其"不承认因违反《国际联盟盟约》和《巴黎非战公约》的行为而产生的任何情势、条约或协定"。

② 周忠海. 国际法. 北京：中国政法大学出版社，2008：188.

③ R. Jennings and A. Wartt. Oppenheim's International Law. 9th edition. London：Longman House，1992 (1).

④ 詹宁斯，瓦茨修订. 奥本海国际法：第 1 册第 1 分册. 王铁崖，等译. 北京：中国大百科全书出版社，1995：88.

⑤ Ian Brownlie. Principles of Public International Law. 7th ed. Oxford：Oxford University Press，2008：146 - 148.

⑥ 詹宁斯，瓦茨修订. 奥本海国际法：第 1 册第 1 分册. 王铁崖，等译. 北京：中国大百科全书出版社，1995：148.

⑦ Michael Akehurst. A Modern Introduction of International Law 1987//现代国际法概论. 朴基甲，译. 春川：韩国翰林大学出版社，1997：220.

上，由于国家间领土争端的复杂性，时效取得的时限应视具体情况而定。按照"非法行为不能产生合法权利"的一般法理，时效作为领土取得方式在早期就存在争议。[①] 目前，国际法理论界对时效取得的认识仍未统一。国际司法机构和仲裁机构既未主动适用时效取得规则，也未明确表示对这一规则的态度。随着时代的发展，在领土争端实践中，时效往往是通过与其他规则共同作用来创造权源的[②]，这些规则包括：禁止反言、关键日期、时际法等。

（五）添附

添附是指新土地形成并添附于原有土地的地理过程。[③] 添附取得领土分为两种情况：自然添附和人工添附。

自然添附是指因自然因素作用造成国家领土的增加，例如：因泥沙沉积在河口形成的新三角洲，领海内出现了新生岛屿，等等。按照国际法，因河流冲积形成的土地增加如出现在一国领海基线向陆的一边，则该添附的土地自然地被认为属该国主权所辖的领土。1986 年 1 月日本领海内海底火山喷发，形成一座新岛屿，英国政府发表声明称这座岛屿在日本领海内，是日本的领土。人工添附是指在人类活动的直接干预下国家领土得以增加。实践中，人工添附的情形很多，如围海造田、填海造陆、建筑堤堰等。实践中，人工添附多见于滨海国家填海造陆，如荷兰、新加坡、日本、韩国等。在国际法的理论和司法实践中，不管是自然添附还是人工添附都是取得领土的合法方式，在美国"'安娜号'案"中，添附与属地原则一起构成属地管辖的权源基础。[④]

尽管没有进行统一的编纂，但在一般国际法理论和实践中已经形成了领土取得的特定规则。我国学者的国际法著述将传统领土取得模式统一分为先占、割让、征服、时效与添附五种。然而，随着 20 世纪国际实践和国际法规则的发展，传统领土取得模式已不能满足领土争端及相关实践的需求，大多数不能再被使用。伊恩·布朗利认为，先占、割让、征服等传统领土取得模式是过时的，是反映第一次世界大战以前学术倾向的术语[⑤]，不适用于新的国际实践。现代国际法产生了新的领土变更方式，最常见的主要有民族自决和全民公投两种。

---

① 罗欢欣. 国际法上的领土权利来源：理论内涵与基本类型. 环球法律评论，2015（4）：167.

② R. Jennings and A. Wartt. Oppenheim's International Law. 9th edition. London：Longman House，1992（1）：708.

③ 贾兵兵. 国际公法：和平时期的解释和适用. 北京：清华大学出版社，2015：268.

④ 在英国与西班牙战争期间，英国私掠船在美国密西西比河河口 3 海里外捕获了西班牙船只"安娜号"。英国法院审理该案时，美国提出当时的捕获地处于由河流漂浮物和树木所形成的小岛周边，且在 3 海里范围内，属于美国领海范围，因此主张美国对此案的管辖权。本案法官认为"小岛是邻接海岸的自然附属物，也是产生自该海岸"，同意了美国的诉求。

⑤ Ian Brownlie，The Rule of Law in the International Affairs. the Hague：Martinus Nijhoff Publishers，1998：153. 转引自罗欢欣. 国际法上的领土权利来源：理论内涵与基本类型. 环球法律评论，2015（4）。

三、领土取得的相关考量因素

(一) 时际法

国际法的规则随着时代的发展也在不断产生新的变化，在探析一个很久之前发生的、至今仍具有法律意义的国际法行为时，不能仅使用当前的国际法规则，还需要考虑时际法的因素。时际法理论源自罗马法中的“法不溯及既往”原则。诚然，在国内法上，时际法已存在一千多年之久，但直到 1928 年，担任“帕尔马斯岛仲裁案”法官的胡伯才第一次将其引入国际法。对于时际法的理论，国际法学者们也有着不同的理解。安索尼・达玛托在《国际公法百科全书》中提出，“国际法中的法律规则不溯及既往的原则，通常被称为时际法法理”。李浩培认为：“时际法是指解决法律时间抵触的法律，也就是决定法律时间适用范围的法律”[①]。凯尔森认为：“时际法是规定修改或废除旧法的法律规范效力的时间范围的原则”[②]。

胡伯法官在“帕尔马斯岛仲裁案”中对时际法是这样说明的：“一个法律事实必须依照与之同时的法律，而不是依照因该事实发生争端时或解决该争端时的法律来加以判断”[③]。这提到了一个国际争端的解决可能涉及的三个不同时期的法律：一是法律事实发生时正在实行的法律；二是因该事实发生争端时正在实行的法律；三是解决该争端时正在实行的法律。[④] 胡伯法官认为可以判定该事实的法律应当是该事实发生时正在实行的法律。

在国际实践中，一些情形的发生会导致时际法的适用，且适用的范围包括并不限于领土争端、海洋划界、主权豁免以及条约法。首先，当特定的法律问题涉及很久之前发生的事实，或与已长时间持续存在的事实相关，法律规则会随着社会变迁和时代发展不断变化。当法律事实发生的时间与争议产生的时间相距太大，其间法律规则也会产生变化，因此考虑时际法的适用是较为恰当的。从国际实践来看，涉及领土取得的争端往往延续数十年甚至数百年，容易导致时际法的适用，“帕尔马斯岛仲裁案”就是其中一例。其次，如果法律制度在短时间内发生骤变，尽管法律事实发生的时间并不久远，也会引起时际法的适用。二战后国际法迎来了新发展，禁止使用武力或以武力相威胁原则、大陆架制度、国家主权豁免制度等国际法制度的确立，引起了时际法在国际争端中的适用，例如“西南非洲案”“格里斯巴达纳海洋划界案”等。最后，国际关系的陡然变化也会导致时际法的适用。国际法规则的形成演变离不开国际关系的发展变化，20 世纪后半叶国际关系产生了剧烈变化，特别是二战后新独立国家的出现，对传统国际法制度形成了挑战。在处理因传统国际法和现代国际法制度的冲突，而导致在现代国际关系中传统国际法是否具有合理性的

---

① 李浩培. 论条约法上的时际法. 武汉大学学报（社会科学版），1983（6）：61.

② Hans Kelsen. revised and edited by Robert W. Tucker. Principles of International Law. 2nd ed. New York：Holt，Rinehart and Winston，Inc.，1966：179. note 1.

③ II R. I. A. A.，The Island of Palmas Case，1928（4）：845.

④ 李浩培. 论条约法上的时际法. 武汉大学学报（社会科学版），1983（6）：61.

问题时，时际法无疑是一个重要问题。[1]

虽然在国际法上对时际法的认识仍存在争议，但其在领土取得相关问题上起着重要的作用。正如伊恩·布朗利教授指出的那样，时际法不能在真空中进行操作，时际法理论必定需要与关键日期、禁止反言、先占、征服等国际法理论或规则相结合。[2]

（二）关键日期

在国际争端中往往有一个或几个日期对判断案情及法律事实具有重要的意义。在处理争端过程中，需要顾及争端当事方不同历史时期的权利主张和证据，因此，对争端法律关系的起止日期的裁定非常重要，"何时为止"的日期被称作关键日期。关键日期，又被称为关键时刻、关键期间，这一概念是胡伯法官在"帕尔马斯岛仲裁案"中首次提出的，此后在诸多领土争端问题中被反复提及，例如"如果一方以实际行使主权的事实为权利依据，那么另一方仅以过去某个时期有效取得的领土主权为根据确定所有权是不够的；也必须证明领土主权持续存在着，并且在对解决争端一定视为关键的时刻也的确存在着"[3]。在胡伯法官看来，解决争端时应适用关键日期的时际法。此后，对于关键日期的认识，其他学者也有着相似的看法。伊恩·布朗利指出："在任何争端中，某一或若干日期在评价事实的过程中显得尤其重要"[4]。约翰逊认为关键日期是"在其后当事国的行为或疏忽不再能影响法律情势的日期"。罗奇则将关键日期界定为"当事国其后的行为不再影响判决结果；当事国的所有权只能根据那时存在的法律情势确定"[5]。

设定关键日期的目的主要是在考虑案件所有情势的情况下，根据正义和公平的原则来裁决争端，使争端当事国的真正依据能得到公正对待。[6] 关键日期的主要作用在于对当事方证据的排除。以关键日期为界，之前的证据都可被考虑，在关键日期后所发生的事实均不发生任何实际效果。正如有学者所说："时间在该日期被视为停止了。其后发生的任何事情都不能改变那时存在的情况。无论当时的情况如何，它在法律上都被视为仍然存在，而当时各方的权利受其支配"[7]。

一般来说，根据领土争端案件的个案情况，被选定为关键日期的时间常常包含

---

① Edward Me Whinney. The Time Dimension in International Law, Historical Relativism and Intertemporal Law//Jerzy Makarczyk ed. Essays in International Law in Honour of Judge Manfred Lachs. Leiden: Martinus Nijhoff Publishers, 1984: 195.

② Ian Brownlie. Principles of Public International Law. 7th ed. Oxford: Oxford University Press, 2008: 124 - 125.

③ R. Y. Jennings. The Acquisition of Territory in International Law. Manchester: Manchester University Press, 1963: 91 - 99.

④ Ian Brownlie. Principles of Public International Law. 5th ed. Oxford: Clarendon Press, 1990: 128.

⑤ Roche. The Minquiers and Ecrehos Case. Geneva, 1959: 88.

⑥ Fitzmaurice. The Law and Procedure of the International Court of Justice. Grotius Publications Limited, 1986 (1): 264.

⑦ R. Jennings and A. Watts. Oppenheim's International Law. 9th ed. London: Longman House, 1992 (1): 711.

以下几种：一是双方发生争议的时间；二是提出异议的国家或原告国家对领土首次明确提出主张的日期；三是在当事国之间就领土主权问题发生的争议已明确被确定为争端的日期；四是当事国一方提出领土主张后，为启动争端解决程序，而采取积极措施的日期；五是事实上采取上述第四项任何一个措施的日期；六是当上述所有措施失败，最终决定将争端提交国际司法程序的日期。①

案例分析

帕尔马斯岛仲裁案

基本案情

帕尔马斯岛（米昂哥斯岛）是一个可以居住的小岛，面积约 3 平方千米。它靠近印度尼西亚和菲律宾交界处，距离棉兰老岛圣奥古斯丁海角东南近 50 海里，位于塔劳群岛北部。16 世纪西班牙开拓者最先发现了帕尔马斯岛，在 1666 年明示取得该岛屿的主权。后来因该岛在当时缺乏经济价值，西班牙没有对该岛上实行有效统治。从 17 世纪开始，荷属东印度公司与帕尔马斯岛居民进行来往，岛上的土著民族根据建立宗主权的协议与荷属东印度公司联合，1700 年，荷兰把帕尔马斯岛作为东印度群岛的一部分变为其殖民地，此后一直对该岛进行有效控制。在此期间西班牙对荷兰在帕尔马斯岛的统治没有采取过任何行动也从未表示反对。1898 年美国和西班牙战争结束后，美、西两国于 1898 年 12 月签订《巴黎和约》，《巴黎和约》约定西班牙将其殖民地菲律宾群岛及附属岛屿割让给美国，帕尔马斯岛也在割让的范围内。

该争端起源于当时莫洛省的行政长官伦纳德·伍德上将于 1906 年 1 月 21 日对帕尔马斯岛的参观，在参观时，其发现岛上悬挂荷兰国旗，伍德上将把这次行程的情况报告给美国陆军部部长。此后美国向荷兰提出交涉，由此引发美、荷关于帕尔马斯岛领土主权的争端。美国认为其和西班牙于 1898 年 12 月 10 日缔结的和平条约（即《巴黎和约》）划定并由西班牙割让给美国的菲律宾群岛中，毫无疑问是包含了帕尔马斯岛（米昂哥斯岛）的；而荷兰认为该岛构成其荷属东印度群岛领土的一部分。两国从 1906 年 3 月 31 日开始进行外交磋商，直至 1925 年 1 月 23 日订立特别协议，双方一致同意将争端提交海牙常设仲裁法院。

导读

该案的争议焦点是帕尔马斯岛的主权归属问题，在审查双方的争议点之前，我们先根据双方的书面主张归纳没有争议的事实：

第一，1898 年 12 月 10 日的和平条约和 1925 年 1 月 23 日的特别协议是提交给仲裁员的仅有的明确提及争议岛屿的国际文件，它们精准表述了争议岛屿的地理位

① Gerald Fitmaurice. The Law and Procedure of the International Court of Justice, 1951－4: Points of Substantive Law. British Yearbook of International Law, 1958 (32): 26－29.

置，或明确提及了争议岛屿包括或不包括在相关地理边界线划定的区域之中。涉及“菲律宾”的国际条约的范围，以及同土著首领签订的协议，都将在与依赖特定行为的一方的论点相关联的情况下予以考虑。

第二，1906 年以前，美国或西班牙并没有与荷兰就帕尔马斯岛（米昂哥斯岛）事宜产生过争端，因为这几个国家之间并没有就该岛的主权有过相互冲突的主张。

第三，双方要求争端岛屿的主权在今后永久地属于其中一方的领土主权范围内。

第四，根据特别协议第 1 条①的规定，双方同意为了仲裁，争端岛屿只能由其中一方加以控制。任何第三方在争端解决过程中的权利主张，都只能由双方在各自权力范围内予以授权。

争端已根据特别协议提请仲裁，双方都对争议领土的主权问题提出了主张并提供了相应的证明文件。关于对双方辩论的审查顺序，首先，应当审查的是美国所提出的其根据一项条约所获得的权利，根据美国的主张，美国认为其系根据条约获得领土主权，而该权利源于一项能追溯到很久以前的原始权利，并且该时间先于荷兰提出其权利产生的日期；其次，需要审查的是荷兰为支持其主权所提出的辩论；最后，对双方权利主张的审查结果，将由仲裁员按照特别协议第 1 条第 2 款②的授权作出认定。

由于双方之间缺乏明确认定帕尔马斯岛（米昂哥斯岛）法律地位的国际性文件，因而双方各自的主张大致可以归纳如下：

作为西班牙对菲律宾群岛的权利的继承者，美国首先以发现作为其权利基础。美国认为，其取得的主权不仅能得到最权威的地图制作者和作家的确认，而且能通过协议，特别是 1648 年由西班牙和荷兰所缔结的《明斯特和约》得到确认。美国还认为，在国际法上不存在已经获得的权利消失的情况，因此，美国对于该岛的领土所有权在西班牙通过 1898 年 12 月 10 日的条约将菲律宾割让给美国时是完整的。在美国看来，在这种情况下，根本没有必要采取行动来明确展示对帕尔马斯岛（米昂哥斯岛）的主权。最后，美国坚持认为帕尔马斯岛（米昂哥斯岛）构成菲律宾群岛的一部分。

荷兰认为，西班牙的发现或者其他权利获得方式都是无法证明的，并且即使西班牙曾经拥有过这种权利，这种权利也已经消失了。邻接性原则是有争议的。

荷兰的观点主要是为了证明自 1677 年甚至 1648 年起，东印度公司便在第一段殖民化时期代表荷兰拥有并行使了对该岛的主权，荷兰的主权行使一直持续到今天。这项主权源于与桑吉岛（桑吉群岛的主岛）的土著首领订立的协议，该协议建立了荷兰对这些土著首领的包括帕尔马斯岛（米昂哥斯岛）在内领土的宗主权。这种事实状态在很多国际条约中被确认为具有法律效力。

---

① 特别协议第 1 条规定：美国和荷兰同意将上述争端提交给海牙常设仲裁法庭来作出决定。该仲裁庭由 1 名独任仲裁员组成。该仲裁员的职权在于裁决帕尔马斯岛（米昂哥斯岛）是属于美国还是属于荷兰的领土。两国政府可以从常设仲裁法庭的成员中选定 1 名仲裁员。如果两国无法就指定仲裁员达成一致意见，可以共同请求来自瑞士的仲裁庭主席来指定仲裁员。

② 该仲裁员的职权在于裁决帕尔马斯岛（米昂哥斯岛）是属于美国还是属于荷兰的领土。

美国认为，荷兰用以支持其观点的事实无法得到证明，而即使能够被证明，荷兰也无法因此创造一项主权，或者无法与帕尔马斯岛（米昂哥斯岛）形成联系。

判决理论与思路

作为该案独任仲裁员的马克思·胡伯认为，要解决帕尔马斯岛的主权归属问题，首先要对领土之于主权之关系进行分析。

主权是和独立国家相联系的。主权能够使国家独立地在其领土上行使一个国家的职权，以排除别国的活动。作为国际法发展的必然结果，近几个世纪以来，世界各国的国家机构也不断发展，并且建立了国家对其领土拥有专属权的原则，并以此作为解决有关国际关系问题的纽带。领土主权通常属于一国所有，或者在特殊情况下由几个国家所有，从而排除其他国家的主权。一个国家在特定区域内能行使国家职能这一事实恰好就是那部分区域的法律地位的特征，相反，像公海或无主的土地就不能构成一国的领土。

总之，领土主权是一种在一定区域范围内的权力形态，这种区域的划定和认可，或者是通过国际法上认可的所谓自然边界，或者是通过无争议的界标划界，或者是通过相邻两国之间如边界专约的合法约定，或者是通过国家对固有边界的认可。若对某一区域的主权归属产生争端，通常的做法是审查提出主权要求的国家中，哪一国拥有因割让、征服、先占等而取得的权利，且优先于其他国家提出的用以对抗这种权利的权利。然而，若一方提出争端是由于另一方实际显示了主权，则提出争端的一方仅仅在某一特定时刻取得权利是不够的；领土主权所有国也必须能够显示出领土主权已经持续存在，并且在讨论这一争端时也是存在的，这一点是至关重要的。这种明证是由切实的国家行为构成的，且此类行为专属于领土主权所有国。

目前国际法上领土主权的取得，要么是基于有效的行为，例如先占或征服，要么是基于割让，并且割让是以割让方或受让方或其中任何一方对被割让的领土有实际处理权限为前提。同样地，自然添附只能被认为是某一部分领土的增加，而在这部分领土上存在的主权能够延伸到行动范围的每一点。自然地，主权的持续存在是主权形成的必要因素。因此，尽管在不同的法律框架内以及在必要条件上有一定的区别，但国际实践和国际法原则都认为，对领土主权持续地、和平地（与其他国家间和平相处）展示足以使国家获得一项权利。自 18 世纪中期开始，国际法一般认为，若占领仅仅要求其在取得权利的时候具有有效性，而不要求维持这项权利时的有效性，那么这种有效占领是不可思议的。对于有效性必须满足上述条件，是因为类似的主权争议问题很少存在于已经建立了行政秩序的领土中。正如国际法发展起来以前，地区边界是由一国的权力行使范围来确定的，同样地，在国际法领域内，持续地、和平地显示了权利这一事实，仍旧是划定国家间界限的重要因素之一。

因割让而获得的权利，构成了美国所主张的权利中最基础的部分。因割让而获得的权利，来自《巴黎和约》，该和约规定，西班牙把和约第 3 条规定的其所拥有的区域及主权全部转让给美国，这些区域当然包括帕尔马斯岛（米昂哥斯岛）在内。因此，最基本的问题在于，在《巴黎和约》订立和生效时，帕尔马斯岛（米昂哥斯岛）到底是属于西班牙还是属于荷兰的领土。美国认为帕尔马斯岛（米昂哥斯岛）

在当时是属于西班牙的，并且否认荷兰主权的存在；荷兰则坚持认为自己拥有主权，并且否认西班牙主权的存在。

在中世纪末期到 19 世纪末期的国际法中，关于对无人居住区、野蛮或未开化的居住区，因发现和占有而取得其权利的规定，有过重大的修正，争端双方都认同这样的规定。双方也都认同，一项法律案件的事实应当根据与其同时代的法律进行评判，而不应当适用争端提起或解决时的有效法律。因此，西班牙的发现的效果，应当由 16 世纪前半叶或者更早一点的时期，如 16 世纪 20 年代以前，即葡萄牙人或者西班牙人在西里伯斯海域出现的那个时期的有效国际法原则来判定。

关于在各时期盛行的各种法律体系中的哪一个能适用于某一特定情况（时际法），必须对权利的创设和权利的存在加以区分。创设权利的行为应依权利产生时有效的法律，而权利的存在，即它的持续显示应当不断满足法律演变后所要求的条件。19 世纪的国际法，已经关注到了这样一个状况，即世界上的大部分地区都已被纳入国际社会中各个国家的主权范围之内，无主地已经相当稀少，考虑到先占作为获得领土主权的一种方式，其从 18 世纪中叶开始在实践中存在并得以发展成为一种国际法上的原则，基于主张领土主权的先占应当是有效的。实践中存在一些区域，它们在现有国家主权范围之外，又处于一个国家的排他保护之下，却被认为是无主地，因为该区域领土主权的取得不再为现行法律所认可，即使这项权利曾经被认定为领土主权。由于这些原因，仅仅是发现，而没有后续的行为，是不足以证明如今对帕尔马斯岛（米昂哥斯岛）的主权的；在不拥有主权的情况下，也就不存在一国放弃其主权而另一国可以代替它获得该主权的问题了。

从另一方面来说，若采纳了这样一种观点，即发现不能产生一项明确的主权，而是一种权源，那么即便没有对外宣示权利的行为，这项权利也是确实存在的。但是，根据至少从 19 世纪起便很普遍的一个观点，即在一段合理的时期内对被发现区域实施了有效的占领，那么因发现而取得的原始权利便是完整的。这项原则应当适用于本案，其原因便是如上所述的决定后续法律体系的规则的适用（所谓“时际法”）。而西班牙从没有宣称过对帕尔马斯岛实施先占或者行使主权，因此，即使承认 1898 年时西班牙仍拥有对该岛的原始权利，并包含在《巴黎和约》第 3 条的割让条款中，这项原始权利也不能对抗其他国家持续地、和平地显示其权力。在对荷兰的观点进行考察并对双方关于显示其行政权力的主张进行比较之后，可以发现，仅仅依据 1898 年的条约受让得到帕尔马斯岛主权的美国在提供原始取得主权以及主权的行使的证据上处于不利位置。

在审查双方的争议焦点后，可以总结出如下结论：

美国对于帕尔马斯岛主权的主张来源于西班牙根据发现而获得的权利，以及自身通过条约继受取得而产生的主权，然而这些主权并没有办法体现在每一个时期；而荷兰的主权主张在于荷兰对帕尔马斯岛持续而和平地进行了有效控制，显示了国家主权，所以对于荷兰举证的查明就尤为关键，尤其是在证据的时期问题上。仲裁员所确认的荷兰确定的事实如下：

第一，帕尔马斯岛（米昂哥斯岛），等同于具有相同或近似名称的特定岛屿，至少从1700年起便已形成，先后属于桑吉群岛上两个土著政府的一部分。

第二，这些土著政府从1677年起便因设立宗主权的协议而与东印度公司，也就是荷兰产生了联系，这些协议授予了宗主国合法地将附庸国看作其领土的权利。

第三，无论是附庸国还是宗主国，都曾明确地在1700—1898年间的不同时期，以及1898—1906年期间，对帕尔马斯岛（米昂哥斯岛）作出过确立国家权威的行为。

虽然在上述期间并没有太多荷兰直接在帕尔马斯岛上显示主权的行为，但考虑到地理位置上的距离以及该岛的现实情况（无论是当地居民的构成还是经济战略价值），可以认为荷兰的频繁地展示主权的行为显然是不可能的。那么，若是对关键日期即美国通过条约获得主权的1898年进行考查，1989年是存在主权显示行为的，以及在这一时间以前已经存在持续的和平的主权显示行为，据此就有足够的合理性去确认一国的行为是否与其真实的或声称的权利权反。因此在很长的一段时间里，都应当承认荷兰在对帕尔马斯岛的主权显示是和平的、持续的。

此外，在很长的一段时间里，对于荷兰的此种显示主权的行为，并没有证据表明西班牙或者其他国家进行过抗衡，直至1906年并无冲突等类似行为来显示荷兰有效控制的不稳定性；显然，美国在这种情况下并没能提出比荷兰更加有效的权力属性。

综上所述，荷兰的长时间和平的主权显示行为，在仲裁员看来，是优于美国通过条约受让所得到西班牙来自发现的初步主张的，并且西班牙的这种发现行为并没有实现真正的占有而是被长期的搁置。仲裁员认为："现在从1906年1月21日伍德上将对帕尔马斯岛（米昂哥斯岛）的报告来看，被外部主权迹象证实的荷兰政权的确立，已经达到了这样一种程度：维持现状的重要性应被认为优先于一个可能基于非常久远的发现和不被占有所支持的，或仅仅依据地理位置而提出的主张。"最终仲裁员作出的裁决是：帕尔马斯岛是荷兰领土不可分割的一部分。

知识拓展

（一）拓展阅读

1. 詹宁斯，瓦茨修订. 奥本海国际法. 王铁崖，等译. 北京：中国大百科全书出版社，1995.

2. 格劳秀斯. 战争与和平法. A. C. 坎贝尔，英译. 何勤华，等译. 上海：上海人民出版社，2005.

3. 罗伯特·詹宁斯. 国际法上的领土取得. 孔令杰，译. 北京：商务印书馆，2018.

4. Ian Brownlie. Principles of Public International Law. 7th ed. Oxford：Oxford Press，2008.

5. Surya P. Sharma. Territorial Acquisition，Disputes and International Law.

Leiden：Martinus Nijhoff Publishers，1997.

(二) 毕业论文选题指导

1. 时际法在国家领土取得中的实践。
2. 论时际法在解决领土争端中的作用。
3. 对传统领土取得模式的重新评价。
4. 国际法上关键日期适用问题分析。

第五专题　国际海洋划界

基础理论

国际海洋法发展的过程，尤其是专属经济区制度和大陆架制度的发展，为沿海国家创造了大量资源和利益，各国都试图获得尽可能大的海洋空间，从而引起相邻或相向海岸国家之间重叠海域主张的情形频频出现。若不对国家管辖权重叠的海洋空间进行划界，各沿海国就不能有效地享有海洋空间的合法使用权。国家间划界协议实践从 19 世纪开始发展；国际社会从 20 世纪 30 年代开始规则编纂，自 1945 年，海洋划界领域研究也开始兴起。但海洋划界本身是一个十分复杂的问题，对划界规则的探索很难终止，划界中涉及的各种复杂情形需要划界规则具有灵活性，而为了追求公平划界结果，又需要划界规则具有可预测性。而在具体的案件中，如何运用这些抽象的规则，又是一个复杂的任务。

一、海洋法上的国家管辖海域

随着国际海洋法的发展，以区分领海和公海为特征的传统双重划界制度，逐渐被多元制度所取代。[①] 特别是第三次联合国海洋法会议的召开，诞生了 1982 年《联合国海洋法公约》，确立了现代国际海洋秩序的基本框架。该公约将海洋划分为内水、领海、群岛水域、毗连区、专属经济区、大陆架、公海等，并确立了沿海国在不同海域享有的主权及主权权益和管辖权，以及各国在海洋公域所享有的各种权利。

内水是位于领海基线以内、被基线所包围朝向海岸的那部分水域，属于沿海国的领土组成部分，受国家主权支配。群岛水域是群岛国适用群岛基线所包围起来的水域，属于群岛国的主权范围。根据《联合国海洋法公约》第 49 条，群岛国的主权“及于群岛水域的上空、海床和底土，以及其中所包含的资源”。但国家在群岛水域的主权行使，受群岛海道通行制度的限制，群岛国可以指定适当的海道和空中航道，以便外国船舶和飞机的通行。毗连区制度起源于早先国家实践中设立的各种目的的

① Rainer Lagoni, Daniel Vignes. Maritime Delimitation. Leiden: Martinus Nijhoff Publishers, 2006: 33.

专门管辖区，其法律性质取决于其依附的海域。根据《联合国海洋法公约》第 33 条的规定，毗连区是从测算领海宽度的基线量起不超过 24 海里范围的海域，国家可以在此区域实施海关、财政、移民或卫生方面的管制。

领海，可以说是国际海洋法发展进程中最早被明确的概念。早先，随着人类对海洋的探索和利用，海洋能否从属于单个国家的主权之下的争论日益增多，引起了“海洋自由论”和“海洋封闭论”的分歧。两种主张相互影响，并最终在现代海洋法制度中实现平衡；沿海国对邻近海岸的水域所享有的主权或主权权益，是“海洋封闭论”关于一国海洋控制权的体现；而贸易、航行有关规定则反映了海洋自由原则。① 荷兰法学家宾凯斯霍克曾于 1702 年提出著名的“大炮射程规则”，即陆上国家的权利限于其炮火射程所及的范围，并得到国家的广泛实践。到了 20 世纪初期，许多国家确立了 3 海里或 4 海里的领海宽度，也有少数国家主张更宽的领海范围，但总的来说没有超过 12 海里的实践。国际社会对领海制度进行正式编纂的努力开始于 1930 年的海牙国际法编纂会议。1958 年第一次联合国海洋法会议通过《领海与毗连区公约》，其中第 1 条即定义领海为国家主权及于内水外邻接其海岸的一带海水。但直到第三次联合国海洋法会议通过 1982 年《联合国海洋法公约》，对领海概念作出进一步的规定，才解决了领海宽度问题。② 根据《联合国海洋法公约》第 2 条，领海是沿海国主权所及于的其陆地领土及其内水以外邻接的一带海域或群岛国群岛水域以外邻接的一带海域，国家主权及于领海的上空及其海床和底土，国家有权确定不超过 12 海里的领海宽度。领海基线是测量领海宽度的起算点，划定方法包括正常基线、直线基线和群岛基线。

大陆架概念的出现相对领海概念较晚，它的出现开始改变主导 400 多年的以领海和公海为基本划分的海洋秩序。早先，大陆架更多是一个地质学的概念，第一次提出大陆架概念的是西班牙海洋学家奥登·德·布恩，其认为大陆架是“生存领土的一部分”③。到了 20 世纪初期，人们开始强调沿海国对大陆架区域资源的利用。1923 年，英国法学家西尔·赫斯特主张沿海国对大陆架资源的独家开发权利。④ 1916 年，俄国首次作出了寻求对大陆架权利认可的正式通知。⑤ 1945 年的《杜鲁门宣言》诞生了现代意义的大陆架概念，通过单方声明的形式，宣布了在公海下但毗邻美国海岸的大陆架的底土和海床的自然资源属于美国并受美国管辖和控制。⑥ 宣言的发表引起了许多国家对大陆架主张权利的效仿，随后的国家实践可以分为仅主张对大陆架资源权利的美国模式和对大陆架提出主权要求的阿根廷模式。第一次联

① Malcolm D. Evans. International Law. Oxford：Oxford University Press，2018：636.

② 陈德恭. 现代国际海洋法. 北京：海洋出版社，2009：50-54.

③ Charles Vallée. Le Plateau Continental dans le droit positif actuel. Paris：Pedone，1971：26.

④ Cecil J. B. Hurst. Whose is the bed of the sea. BYL，1923（4）：43.

⑤ The text of the from the Embassy of the Russian Empire to the Spanish Government，Madrid，October 25th，1916. W. Lakhtine. Rights over the Artic. The American Journal of International Law. Vol. 24. No. 4 Oct.，1930：708.

⑥ Proclamation 2667 of September 28，1945.（1945-09-28）[2022-06-29]. https://www.gc.noaa.gov/documents/gcil_proc_2667.pdf.

合国海洋法会议通过的1958年《大陆架公约》，采取深度标准规定了大陆架的概念，以及国家享有对大陆架资源的专属性的主权权利。到了1982年《联合国海洋法公约》，其采用了“自然延伸”标准和距离标准定义大陆架，也明确了沿海国对大陆架固有的权利。

专属经济区是现代海洋法的新概念，由1982年《联合国海洋法公约》确立。专属经济区的概念发展，与渔区概念和20世纪中期沿海国家不断增加的海洋权益主张紧密联系。早在18世纪，就有沿海国主张沿岸的专属渔业权利。第一次联合国海洋法会议没有就渔区宽度达成协议，通过的《公海渔业和生物资源养护公约》也没有满足发展中国家的要求。在第一次联合国海洋法会议后，许多国家通过国内立法建立专属渔区。20世纪40年代后期，拉美国家带头主张建立沿海200海里海洋区域，这一主张在第三次联合国海洋法会议上获得大多数国家的支持。[①] 肯尼亚于1971年1月首次向亚非法律协商委员会提出专属经济区概念，并于次年向联合国海底委员会提出。专属经济区的新概念主要得到大多数发展中国家的支持，这是由于国家之间发展的差异，发展中国家对发达国家的船队对遥远水域的利用越来越感到担忧，发展中国家希望控制其附近水域的经济资源，特别是鱼类资源。到了第三次联合国海洋法会议，海洋大国最终同意认可这一发展，但它们主张新区域不得属于沿海国家的主权区域，并希望在新区域保留传统的公海自由。[②] 专属经济区制度的建立，覆盖了大约占海洋总面积36%的区域，约90%的海洋鱼类资源，以及世界上87%的石油与天然气沉积物和约10%的金属资源，世界上大部分的航运路线都经过这个新的海洋区域。[③]

二、领海的划界规则

关于领海的划界规则，早在19世纪就有了国家实践和理论上的探索发展。在大陆架概念出现以前、以区分领海和公海为特征的传统海洋法律时代里，国际海洋划界问题主要限于领海划界。[④] 早期的领海划界实践以及学者们的倡议形成了五种主要规则：中间线规则、垂直于海岸一般方向规则、陆地边界的延长规则、通航航道中线规则和共同区域规则。在此期间，中间线规则显示出被作为指导原则的趋势。[⑤] 国际社会对领海划界规则的编纂努力，从1930年海牙国际法编纂会议开始，其曾试图对海岸相邻和相向国家间的领海划界问题进行规则制定，但由于是逐案解决还是基于一般规则解决划界问题的两种思想分歧，未能成功制定关于领海划界的规则。

---

① 陈德恭. 现代国际海洋法. 北京：海洋出版社，2009：139-144.

② 吴少杰. 专属经济区概念的提出与美国的反应（1970—1983）. 世界历史，2016（2）：40-52，157-158.

③ Churchill，R. R，A. V. Lowe. The Law of Sea. Manchester：Manchester University Press，2002：162-163.

④ 高健军. 国际海洋划界论：有关等距离/特殊情况规则的研究. 北京：北京大学出版社，2004：8.

⑤ Tanaka Yoshifumi. Predictability and Flexibility in the Law of Maritime Delimitation. Oxford：Hart Publishing，2019：15-17.

到了第一次联合国海洋法会议，编纂领海划界方面的法律规则的努力开始取得成果，体现在1958年《领海与毗连区公约》的第12条第1款："如果两国海岸彼此相向或相邻，两国中任何一国在彼此没有相反协议的情形下，均无权将其领海伸延至一条其每一点都同测算两国中每一国领海宽度的基线上最近各点距离相等的中间线以外。但如因历史性所有权或其他特殊情况而有必要按照与上述规定不同的方法划定两国领海的界限，则不适用上述规定。"这在本质上体现了"协议—等距离—特殊情况"三重规则。① 到了第三次联合国海洋法会议，许多国家的提案甚至直接逐字重复了1958年《领海与毗连区公约》的第12条，其他提案也多是文字上的修改，最终由于对原条文保留的普遍支持，在协商主席仅做文字上的润色下，同样的领海划界三重规则被确定在1982年《联合国海洋法公约》的第15条。②

在缺少划界协议的情况下，领海划界适用等距离/特殊情况规则。这里的等距离规则和特殊情况规则是一种组合式规则，例如国际法院在2001年"卡塔尔诉巴林案"中指出，适用此规则的最有逻辑和广泛运用的方法是首先划定一条临时的等距离线，再根据存在的特殊情况来考虑是否有必要对该临时等距离线作出调整。③ 但在一些案件中，某些特殊情况也可能造成等距离线方法不适宜适用，即需要采用其他方法的情况。在划界实践中，等距离线可以分为严格的等距离线、简化的等距离线和调整的等距离线。严格的等距离线通过国际法允许的领海基线获得，等距离线上的每一点到争议两国最近的基点应当相等。但是出于管理或航行等方面的考虑，可能将其中的一些转折点拉直简化，对一些转折点作出删减，增加线段的长度，得到简化的等距离线。而调整的等距离线，是忽略或消减某些地理特征而获得的等距离线，其中部分转折点不一定是真正的等距离点。④

至于什么属于特殊情况，《联合国海洋法公约》并没有提供一个穷尽的答案。《联合国海洋法公约》第15条列明历史性所有权这一种特殊情况，在存在历史性所有权的情形下，如果当事国认为有必要，可以优先适用等距离方法以外的其他领海划界规则。⑤ 对于条文中的其他特殊情况，《联合国海洋法公约》并没有给出一个确定的答案。对此可以参考国际法委员会报告以及联合国海洋法会议上的讨论。1953年的国际法委员会报告曾将航行利益和渔业资源作为领海划界的特殊情况。⑥ 在第一次联合国海洋法会议上，有英国代表提议将岛屿、航道和海岸的特殊形状作为特

---

① Tanaka Yoshifumi. Predictability and Flexibility in the Law of Maritime Delimitation. Oxford: Hart Publishing, 2019: 27-30.

② 撒切雅·南丹，沙卜泰·罗森. 1982年《联合国海洋法公约》评注：第二卷. 吕文正，毛彬，译. 北京：海洋出版社，2014：108-116.

③ Maritime Delimitation and Territorial Questions between Qatar and Bahrain, Merits, Judgment, I. C. J. Reports 2001, p. 40, para. 176.

④ 高健军. 国际海洋划界论：有关等距离/特殊情况规则的研究. 北京：北京大学出版社，2004：11.

⑤ 李永，张丽娜. 论历史性权利在海洋划界中的作用. 中国边疆史地研究，2020，30（1）：194.

⑥ Yearbook of the International Law Commission. Vol. Ⅱ. Documents of the fifth session including the report of the Commission to the General Assembly: 79.

殊情况考虑。[①] 无论是什么具体情况，目的还是防止机械地适用等距离方法带来的不公平结果。特殊情况并不是一个确定的概念，需要具体案件具体分析，情况本身并不一定就构成特殊情况，当与适用等距离线规则相结合导致不公平的结果时，才可能被认定构成特殊情况。

地理上的因素，例如海岸情况和海上地物的存在，很有可能构成领海划界中需要考虑的特殊情况。比如在“尼加拉瓜和洪都拉斯在加勒比海的领土和海洋争端案”中，国际法院认为，尼加拉瓜和洪都拉斯的陆地边界终点的海岸地理情况构成本案中领海划界所必要考虑的特殊情况。在本案中，尼加拉瓜与洪都拉斯的陆地边界处，是一个呈现两侧凹陷并向外凸出的尖角地形。国际法院认为，从该地形提取基点构建等距离线，由于这些基点彼此接近，在设置它们时的任何变化或误差都会在由此产生的等距离线中不成比例地放大。并且该地形处于河流入海处，持续不断的泥沙沉积导致该海岸地形形态活跃，依据现有状况构建的等距离线在未来很可能变得不合理。鉴于地理和地质方面造成的困难，国际法院认为构建等距离线再作出调整不具备意义，因而放弃了等距离线的方法转而采取平分线的方法，即采取一种几何学上的平分海岸线的方法来对两国的领海进行划界。[②] 除了地理因素，航行利益也十分有可能构成领海划界中的特殊情况。例如在“圭亚那诉苏里南案”中，就双方的领海划界处理，仲裁庭认可了航行利益作为本案的特殊情况。仲裁庭首先回顾了1982 年《联合国海洋法公约》第 15 条的规定，就重叠的领海区域划定一条中线，接着在特殊情况的考量中，排除了对历史性所有权、低潮高地和岛屿存在等情况的考虑，然后对航行利益是否构成本案中的特殊情况作出论证。仲裁庭回顾了国际法委员会就领海划界问题的评论以及第一次联合国海洋法会议的讨论，认可航行利益有可能构成领海划界中需要考虑的特殊情况。最后，仲裁庭结合本案案情，认为航行利益构成此次领海划界的特殊情况，构成本案对等距离线进行偏移的必要理由，将北偏东 10 度线作为双方的领海界线。[③]

三、专属经济区的划界规则

专属经济区的划界规则编纂活动开始较晚，开始于第三次联合国海洋法会议对专属经济区概念的接受。专属经济区划界规则的编纂，不像大陆架划界规则那样，有早先规则的支持和国际司法判例的影响，即便是早期通过协议确定的重叠渔区划界，也并没有形成广泛应用的规则。尽管专属经济区划界与大陆架划界所面临的实际情况和问题不一样，但第三次联合国海洋法会议对专属经济区划界规则的讨论与

---

① United Nations Conference on the Law of the Sea. Official Records. Volume Ⅲ：First Committee (Territorial Sea and Contiguous Zone), summary records of meetings and annexes, Geneva, 24 February - 27 April 1958：189.

② Territorial and Maritime Dispute between Nicaragua and Honduras in the Caribbean Sea (Nicaragua v. Honduras), Judgment, I. C. J. Reports 2007, p. 659, para. 277.

③ Guyana/Suriname, Award of the Arbitral Tribunal (PCA), 17 September 2007 ("Guyana/Suriname Arbitration"), pp. 93 - 97, paras. 297 - 306.

大陆架问题采取了同一原则立场，许多国家的提案都同时提到了专属经济区划界问题和大陆架划界问题，甚至在磋商中各代表团不同立场的原因是出于对大陆架划界问题的考虑。① 为了解决争端，会议形成两种尖锐对立的主张，一种提倡依据公平原则协议进行划界，另一种提倡依据等距离原则进行划界。最后为了协调两种分歧严重的主张，形成了折中的案文，同样的措辞既体现在了大陆架划界规则中，也体现在了专属经济区划界规则中。

关于专属经济区的划界规则规定在了 1982 年《联合国海洋法公约》第 74 条第 1 款："海岸相向或相邻的国家间专属经济区的界限，应在《国际法院规约》第 38 条所指国际法的基础上以协议划定，以便得到公平解决。"这样的折中案文，并没有为专属经济区划界问题提供实质性的指导，在具备十分灵活的特征的同时面临严重缺乏确定性的问题。这样笼统且缺乏划界方法指导的规定，在面临具体划界争议的时候显得十分无力。格罗斯法官在"缅因湾案"的分歧意见中就曾经批评道，这样的条款是"一种空白的公式"②。这样的规定在面临缺乏可预测性问题的同时又给国家和国际司法实践预留了发展的空间。国际法院在"利比亚和马耳他大陆架划界案"中就表述道："赋予这一标准具体内容的任务留给了各个国家自身，或者留给了国际法院"③。

专属经济区与大陆架存在紧密联系，各国也日益希望对大陆架和专属经济区的划界同时进行处理，划定一条单一的界线；在国家实践和国际司法裁判中罕有专门处理专属经济区划界的做法。在"格陵兰和扬马延之间地区的海上划界案"中，丹麦和挪威并没有对大陆架和渔区单一界线的划定达成共识，因此国际法院分别适用不同的法律依据来处理两国争议的大陆架和渔区划界问题：大陆架划界问题适用 1958 年《大陆架公约》的相关规定来处理，渔区的划界问题适用习惯法规定来处理。国际法院观察到双方没有反对将渔区划定问题由调整专属经济区边界的法律来处理，虽然两国签署的 1982 年《联合国海洋法公约》当时还未生效，但是公约中关于专属经济区和大陆架划界的规定的适用是没有问题的，并且反映了习惯法对专属经济区和大陆架划界的要求。对于渔区的划定，国际法院认为《国际法院规约》第 38 条列明的国际法渊源必须被考虑，但排除了 1958 年《大陆架公约》的适用，而应当适用习惯法。关于划定渔区的具体方法，国际法院认为与大陆架划界的方法相似，决定采用临时中线作为划界进程的起始。随后，关于影响渔区的划界因素，国际法院为了获得一个公平的划界结果，考虑了海岸长度的比例和双方渔业资源利益，决定将临时中线向东进行调整。④

---

① 袁古洁. 国际海洋划界的理论与实践. 北京：法律出版社，2001：11；撒切雅·南丹，沙卜泰·罗森. 1982 年《联合国海洋法公约》评注：第二卷. 吕文正，毛彬，译. 北京：海洋出版社，2014：726－735.

② Delimitation of the Maritime Boundary in the Gulf of Maine Area (Canada/United States of America) Dissenting Opinion of Judge Gros, I. C. J. Reports 1984, p. 365, para. 8.

③ Continental Shelf (Libyan Arab Jamahiriya/Malta), Judgment, I. C. J. Reports 1985, p. 13, para. 28.

④ Maritime Delimitation in the Area between Greenland and Jan Mayen, Judgment, I. C. J. Reports 1993, p. 72, para. 76.

四、大陆架的划界规则

1945 年《杜鲁门宣言》的发表，引发了沿海国通过对海底提出管辖权主张来替代通过拓宽领海来扩大海域管辖权的浪潮。其他各国纷纷效仿美国主张大陆架主权权利的做法，这使大陆架划界问题开始产生，大陆架划界问题开始成为海洋划界问题的焦点。在 1958 年《大陆架公约》对大陆架划界问题进行规定前，已经有一些国家就大陆架划界问题进行处理，实践中可见等距离线方法的身影。[①]

1958 年《大陆架公约》中关于大陆架划界规则的条文的核心，源于国际法委员会的努力。1947 年国际法委员会成立后至 1956 年间，国际法委员会在研究大陆架概念的同时，也就大陆架划界问题进行了研究。最初，国际法委员会就大陆架划界问题倾向于不作实质性规定的态度。国际法委员会 1951 年通过的关于大陆架事项的条款草案，就大陆架划界问题规定为由国家协议解决，如果未达成协议则要接受基于公允善良原则的仲裁裁判处理。到了 1953 年会议，国际法委员会开始转向为大陆架划界问题提供实质性的指导的态度，形成了反映“协议—等距离—特殊情况”三重规则的大陆架划界条款草案。到了 1958 年第一次联合国海洋法会议，反映国际法委员会条款草案核心要义的《大陆架公约》获得多数票赞成通过，少量的反对票也并非针对大陆架划界规则的第 6 条，至于对第 6 条进行保留的国家的保留内容反而反映了对规则的接受。国际法委员会报告和第一次联合国海洋法会议讨论都反映了在缺乏划界协议的前提下，等距离规则是首要原则，设置特殊情况是为了保障公平而留有的灵活性空间。

到了第三次联合国海洋法会议，关于大陆架划界规则的制定又发生了变化。在第二期会议上，关于大陆架划界问题形成三种主张，分别是按照等距离原则划界、按照公平原则并考虑特殊情况划界，以及按照“自然延伸”原则划界。经过五年的协商，到了第七期会议，形成了分歧十分明显的等距离线划界顾及特殊情况的主张和公平原则协议确定界线的主张。“等距离集团”认为公平原则过于模糊，等距离规则本身就具有公平的性质。而“公平集团”认为等距离只是一种划界方法，公平原则才是实践和判例都承认的划界原则，并且参考“北海大陆架划界案”的判决措辞，希望以“相关情况”代替“特殊情况”[②]。在后期的会议上，与会国家仍然持有等距离和公平原则的不同主张，未能达成协商一致。最终，在大会主席建议下，形成了没有提供任何实质性指导的折中案文，大陆架划界规则最终反映在 1982 年《联合国海洋法公约》的第 83 条第 1 款：“海岸相向或相邻国家间大陆架的界限，应在《国际法院规约》第 38 条所指国际法的基础上以协议划定，以便得到公平解决。”1982 年《联合国海洋法公约》的笼统规定，将丰富大陆架划界具体规则的任务留给了国家和国际司法机构，由于难以获取国家间达成协议前的重要协商内容，国际司法判例就成为研究大陆架划界规则的重要指导。

---

① 例如 1958 年巴林和沙特阿拉伯的大陆架划界协定，双方大陆架边界是一条调整的等距离线。

② 袁古洁. 国际海洋划界的理论与实践. 北京：法律出版社，2001：15.

首先，虽然大陆架具有“自然延伸”的自然地理特征[①]，“自然延伸”原则能构成地理有利国主张大陆架权利的基础，但在大陆架划界规则中，“自然延伸”原则并不具有主导作用。[②] 在1958年《大陆架公约》的大陆架概念定义中并未明确提及“自然延伸”，原因是在公约草案准备时就担心因此对地理不利国产生歧视效果。在1982年“突尼斯和利比亚案”中，国际法院也强调大陆架的法律概念与地质概念存在差别。[③] 在1982年《联合国海洋法公约》对大陆架的定义中，最终采取了“自然延伸”和距离标准，不论地质情形如何，相邻或相向国家都可以主张200海里的大陆架，因此“自然延伸”原则在大陆架划界问题之中并不具有主导作用。其次，在大陆架划界的司法实践中，已经形成了三阶段方法，以处理大陆架和专属经济区的划界问题。在不具备划界协议的情形下，第一阶段选取适当方法建立临时划界线，第二阶段根据具体情况调整临时线，第三阶段对调整的划线进行比例检测。[④] 国际法院在第一阶段对等距离线的运用十分频繁，在2012年的“尼加拉瓜和哥伦比亚案”中，国际法院就强调等距离线方法是划界的通常方法。这表现出国际司法机构在海洋划界中对具体规则运用的重视态度。[⑤] 第二阶段会考虑案件中的相关情况，来对第一阶段形成的临时划界线进行调整。在关于大陆架划界的相关情况的考虑中，由于大陆架常常是拥有丰富矿产资源的区域，资源往往是争议国家所关心的问题，并且资源的勘探与开发也是大陆架概念的基础，资源问题在某种程度上容易成为划界问题的焦点。例如在1985年的“利比亚和马耳他大陆架划界案”中，该地区的石油资源就成了法院考虑的相关情况。[⑥] 第三阶段，国际法院会对划界的结果进行比例检验，考察各国依照划界线获得海域的面积与各自相关海岸线的长度的比例是否失衡。

五、海洋划界中的特殊问题

（一）岛屿在划界中的效力

岛屿散布于海洋表面，国家间的海上划界很容易会涉及岛屿。1982年《联合国海洋法公约》规定了岛屿制度。根据其第121条，岛屿可以像陆地领土那样主张领海、毗连区、专属经济区和大陆架。但是在公约关于海洋划界的规定中，并没有提供任何关于岛屿在划界中的相关问题的指导。在规定领海划界问题的第15条，规定了依照等距离/特殊情况规则进行划界，但并没有提及岛屿如何才属于领海划界中的特殊情况。在规定专属经济区和大陆架划界问题的第74条和第83条，条文规定十

---

① 公衍芬. 大陆架地质和法律概念的异同探讨. 海洋地质动态，2009，25（9）：19-23.

② Milan Thamsborg and Lilje-Jensen. The role of natural prolongation in relation to shelf delimitation beyond 200 nautical miles. Nordic Journal of International Law，1995，64（4）：622.

③ Continental Shelf（Tunisia/Libyan Arab Jamahiriya），Judgment，I. C. J. Reports 1982，p. 18，paras. 41-42.

④ 张华. 国际司法裁决中的海洋划界方法论解析. 外交评论（外交学院学报），2012，29（6）：144-145.

⑤ 孙传香. 国际海洋划界三阶段理论：形成、实践与检视. 法学评论，2016，34（6）：112.

⑥ Continental Shelf（Libyan Arab Jamahiriya/Malta），Judgment，I. C. J. Reports 1985，p. 13，para. 50.

分笼统，连具体的实质性指导都没有，更遑论岛屿在专属经济区和大陆架划界中的相关问题。

岛屿在国际海洋划界中的效力是指，在相向或相邻的国家的海洋划界中，岛屿能否被作为其所属国主张一定海洋区域的基点。① 对于岛屿在划界中的效力问题，并没有成文的条款作出具体的规定。在第一次联合国海洋法会议上，意大利曾提议相向海岸国家海上划界应基于中间线，不对岛屿作出考虑，但该提议被高比例票数所否决。② 伴随国家实践和国际司法裁判，对岛屿的划界效力问题的处理可以分为三种情况：全效力、部分效力和零效力。③ 根据岛屿的位置、面积、人口和经济发展程度等因素，可能对不同情况的岛屿在划界实践中给予不同的效力。

岛屿在划界中获得全效力是指，岛屿与陆地领土地位一样，被用作划界的基点。通常情形下，距离大陆沿岸较近的岛屿容易在划界中获得全效力，被看作沿海国海岸的组成部分，以该岛屿的外缘作为划界线的出发点。在 1999 年的“厄立特里亚和也门在红海的海洋划界案”中，在仲裁庭为两国划定单一的领海、专属经济区和大陆架界线时，邻近厄立特里亚海岸的达拉克群岛在双方的海洋划界中就被仲裁庭赋予了全效力。达拉克群岛是十分邻近厄立特里亚海岸的一系列岛屿，规模较大，由两个主要岛屿和上百个小岛屿组成。关于是否要从达拉克群岛选取基点出发划定两国的海上界线，仲裁庭考虑了达拉克群岛的位置因素，认为达拉克群岛“是一组岛屿构成一般沿海结构的组成部分的一个典型例子”；并且注意到达拉克群岛在实践中也是被如此对待的，达拉克群岛的外部边缘构成了国家实践的领海基线系统的一部分；仲裁庭还注意到也门并不对此表示反对。最终，仲裁庭决定将两个海上中线的西部基点应用在达拉克群岛上。④ 另外，在领海划界的情形下，岛屿也容易获得全效力。因为，根据 1982 年《联合国海洋法公约》第 121 条，即便是岩礁也可以拥有领海，任何种类的岛屿都可以像陆地领土那样主张领海。此外，领海是国家的主权范围，对于沿海国，尤其是安全利益方面具有重要意义，国际司法机构一般不会轻易限制沿海国的领海权利。⑤ 例如在 2007 年“尼加拉瓜诉洪都拉斯案”中，洪都拉斯有四个面积十分狭小且不稳定的珊瑚小岛，并且还位于等距离线靠近尼加拉瓜一侧，因位于“错误一边”的岛屿，这些岛屿被法院赋予了全效力。尼加拉瓜请求法院限制这些小岛在领海划界中的效力，仅赋予 3 海里领海，被法院拒绝，法院仍认为洪都拉斯有权依据这四个小岛主张 12 海里的领海。⑥

岛屿在划界中获得部分效力是指，岛屿的法律效力没有被完全承认，但也没有

① 张海文. 岛屿在国家间海上划界的效力. 海洋开发与管理，1998 (1)：57.

② Hiran W. Jayewardene. The Regime of Islands in International Law. Dordrecht：Martinus Nijhoff Publishers，1990：341 - 342.

③ 周江. 论海洋划界中的岛屿效力. 江苏社会科学，2011 (2)：128 - 130.

④ Award on maritime delimitation，(1999) XXII RIAA 335，(2001) 40 ILM 983，(1999) 199 ILR 417，ICGJ 380 (PCA 1999)，17th December 1999，Permanent Court of Arbitration，pp. 43 - 44，paras. 139 - 146.

⑤ 卜凌嘉. 从新近国际司法判决看岛屿在海洋划界中的作用. 太平洋学报，2016，24 (2)：9.

⑥ Territorial and Maritime Dispute between Nicaragua and Honduras in the Caribbean Sea (Nicaragua v. Honduras)，Judgment，I. C. J. Reports 2007，p. 659，para. 302.

被完全忽略，相比于全效力的情形其效力有不同程度的减损。岛屿被赋予部分效力，通常有两种情形：一种是作为划界的基点但根据该岛屿享有的权利受到一定程度的削减，另一种是不作为划界的基点但仍然享有一定的海域。[①] 关于岛屿作为划界基点但其效力被削减的情况，例如在1988年的苏联与瑞典的划界实践中，瑞典的哥德兰岛距离中线十分接近，属于典型的中区岛屿，即位于或十分接近等距离线的岛屿，这种类型的岛屿如果获得全效力，可能使界线偏移，产生不公平的划界结果。但哥德兰岛面积较大，岛上人口较多，最终双方协商给予其75％的效力。[②] 关于岛屿获得部分效力但不作为划界基点的情况，通常是位于“错误一边”的岛屿，最后可能使所属国在靠近他国的海域中依据该岛获得一片“飞地”，例如1978年澳大利亚与巴布亚新几内亚之间在托雷斯海峡的划界实践。归属于澳大利亚的三个较大的有人居住的岛屿非常接近巴布亚新几内亚，双方协议没有将它们作为划界基点，仅使三岛各自享有一定的领海区域。[③] 在划界实践中，岛屿获得部分效力是一种较为常见的处理方法，这种处理方法能够更为灵活地兼顾划界各方的利益，有利于争端的解决。

零效力是指岛屿在海洋划界中，其法律效力完全被忽略，不对划界产生影响。这种处理方式，无论是在岛屿主权归属明确还是在有争议的情形下都可以适用。岛屿在主权归属明确的情形下，可能因为岛屿本身的地理位置、规模大小或其他政治经济原因而被划界各方协议或国际司法裁判故意忽略。例如在2001年的“卡塔尔诉巴林案”中，归属于巴林的吉塔特杰拉达岛，距离巴林主岛和卡塔尔半岛均不足12海里，面积较小且无人居住，资源贫乏，国际法院为了避免该岛对划界产生不成比例的效果，赋予该岛零效力。[④] 当岛屿主权归属不明确时，当事国为了先解决海洋划界问题，可能通过忽略该岛屿存在的方式来解决划界问题。例如，在1974年的伊朗和迪拜的划界实践中，双方通过协议忽略主权归属存在争议的阿布穆萨岛在划界中的效力。[⑤] 双方之间的阿布穆萨岛的主权争端问题至今没有解决，在2021年第76届联合国大会上，双方还就此问题爆发争议。

（二）用单一线或不同线划分大陆架与专属经济区

专属经济区制度和大陆架制度是分别规定于1982年《联合国海洋法公约》第五部分和第六部分的两种制度，这两种制度虽然互相独立、有不同点，但也有许多的

---

① 罗国强，叶泉. 争议岛屿在海洋划界中的法律效力：兼析钓鱼岛作为争议岛屿的法律效力. 当代法学，2011，25（1）：115.

② Agreement between the Government of the Kingdom of Sweden and the Government of the Union of Soviet Socialist Republics concerning the delimitation of the continental shelf and of the Swedish fishing zone and the Soviet economic zone in the Baltic Sea.

③ Treaty between Australia and the Independent State of Papua New Guinea concerning Sovereignty and Maritime Boundaries in the area between the two Countries, including the area known as Torres Strait, and Related Matters, Sydney, 18 December 1978.

④ Maritime Delimitation and Territorial Questions between Qatar and Bahrain, Merits, Judgment, I. C. J. Reports 2001, p. 40, para. 219.

⑤ Offshore Boundary Agreement between Iran and Dubai, 31 August 1974.

共同点。沿海国对大陆架的权利是固有的，不取决于有效或象征的占领或者任何明文公告。专属经济区制度由1982年《联合国海洋法公约》创设，沿海国对于专属经济区的权利需要根据《联合国海洋法公约》的规定进行宣告。但沿海国在专属经济区和大陆架区域拥有的权利内容类似，都是以资源勘探和开发为目的的主权权利，在区域内进行海洋科学管理、人工设施建造和管理等权利内容也相同。在范围上，200海里内的大陆架与专属经济区的范围重叠，但符合拥有外大陆架条件的沿海国可以将大陆架外部界限延伸到350海里。1982年《联合国海洋法公约》关于大陆架和专属经济区的划界规定也完全一致，但两区域在划界时侧重考量的相关情况不尽相同，大陆架侧重于海床和底土，专属经济区侧重于水域，因此对于大陆架划界来说合理的界线，不一定能合理地适用于专属经济区。

专属经济区和大陆架制度的互相独立，导致在划界实践中，产生了是用单一线还是用不同的线划分大陆架和专属经济区的问题。运用单一线进行大陆架和专属经济区的划界，意味着遵循一个划界标准，适用一个边界线，长期统一地划定国家间的大陆架和专属经济区的界限。① 单一通用海洋边界的国家实践开始于1952年秘鲁、智利和厄瓜多尔的海洋划界协定，其为海床和底土及上覆水域划定了一条单一通用的海洋边界。② 随着大陆架制度和专属经济区制度的发展，涉及专属经济区和大陆架划界问题的实践越来越多，越来越多的国家选择适用单一线的方式划定边界。并且在国际司法实践中，国际司法机构也大多采用单一线的方式进行裁判。国际司法实践对单一线的运用开始于1984年的“缅因湾案”，美国和加拿大都主张适用一条界线同时作为专属经济区和大陆架的划分界线，法院选择使用中立性的标准，适用一条界线来进行多用途的划界。③ 自此以后的司法实践，正如法院在该案中预料的那样，随着越来越多的沿海国宣告专属经济区，国家对单一划界的要求越来越普遍。这样的做法有利于沿海国的管辖，避免在同一海域内产生管辖权冲突，特别是有利于对资源的开发与管理，因为界线不同容易导致大陆架与上覆水域分属于不同的国家，这会对资源的开发和管理造成很多不便。另外，适用单一线的方法，统一进行划界，还可以提高划界的效率。④

然而，单一线的方式的大量运用，并不代表着形成了应当适用单一线进行大陆架和专属经济区划界的强制性义务，就像国际法院曾在“缅因湾案”中强调的那样。⑤ 对于影响大陆架划界和影响专属经济区划界的考量因素毕竟不同，有时候，

---

① 黄伟. 论单一海洋划界的概念和特征. 武汉大学学报（哲学社会科学版），2010，63（1）：49-54.

② The 1952 Santiago Declaration on the Maritime Zone was signed by Chile, Peru, and Ecuador, and later joined by Costa Rica in 1955.

③ Delimitation of the Maritime Boundary in the Gulf of Maine Area, Judgment, I. C. J. Reports 1984, p. 246, para. 194.

④ 袁古洁. 专属经济区划界问题研究：专属经济区划界与大陆架划界的关系. 中山大学学报（社会科学版），1998（4）：111-116.

⑤ Treaty between Australia and the Independent State of Papua New Guinea concerning Sovereignty and Maritime Boundaries in the area between the two Countries, including the area known as Torres Strait, and Related Matters, Sydney, 18 December 1978.

一条单一的界线可能很难兼顾两区域划界需要考虑的相关情形。运用两条不同的线划分大陆架与专属经济区，在相关案情中是必要的，并且也具有可行性。在国家实践中，存在 1978 年澳大利亚与巴布亚新几内亚之间关于托雷斯海峡的海上边界条约。由于托雷斯海峡复杂的地理地貌特征，以及两国在海洋经济开发利用和环境保护方面的考虑，两国采用两条界线确定专属经济区和大陆架的界限。在国家实践中，还存在 1971 年、1972 年和 1997 年的澳大利亚与印度尼西亚之间的海上边界协定，由于帝汶海槽的存在，两国也没有采用单一界线。[①] 在国际司法实践中，1993 年的"格陵兰和扬马延之间地区的海上划界案"没有适用单一线方法，由于当事国没有就适用单一线方法形成合意，因而法院分别适用不同的法律依据，确定了两条界线，但这两条界线重合在了一起。[②]

案例分析

案例一

中越北部湾划界协议

1. 北部湾基本情况

北部湾是中国南海西北部的一个海湾，位于华南海岸和越南北部附近，是中越两国陆地和我国海南岛环抱的一个半封闭海湾。它的西部和西北部临接越南，北临我国广西壮族自治区，东临雷州半岛和海南岛。北部湾总面积接近 13 万平方千米。北部湾内海底地形平坦，是一个浅海湾，等深线大致与海岸线平行。北部湾内蕴藏丰富的油气资源，分布着我国两个重要的含油气沉积盆地，即湾东北部盆地和湾中的莺歌海盆地。渔业资源也十分丰富，鱼虾、贝类、藻类繁多。

2. 中越谈判焦点和过程

20 世纪 70 年代以前，我国与越南在北部湾还不存在争议，也未发生过相关海洋活动方面的冲突，各自按照国内法律法规和国际习惯法对北部湾进行管辖。当时，我国和越南双方的管辖范围还以各自宣布的领海宽度为限，我国根据 1958 年的领海声明宣布 12 海里的领海，越南自独立后将湾口宽 10 海里以下的海湾划为领湾。此时期，我国还与越南签订过三次渔业协定，均规定距离双方领海基线 3～12 海里以外的海域为两国渔民的共同捕鱼区，两国渔民按照世代相传的古老习惯，可自由进入，进行捕捞作业。20 世纪 70 年代初期，越方希望引入第三国在北部湾海域进行资源勘探，首先建议我国进行划界谈判。我国同意了越南的建议，并提出不要在北部湾中间海域进行勘探活动。越南同意了我国的提议，并暂停了引入第三国勘探

---

① Treaty between the Government of Australia and the Government of the Republic of Indonesia establishing an exclusive economic zone boundary and certain seabed boundaries, 14 March 1997.

② Maritime Delimitation in the Area between Greenland and Jan Mayen, Judgment, I. C. J. Reports 1993, p. 58, para. 45.

的谈判。此阶段，中越双方已经通过外交途径分别表明对北部湾海域的主张，我国与越南在北部湾重叠的海域主张开始出现。根据1982年《联合国海洋法公约》，沿海国可主张200海里的大陆架和专属经济区，而北部湾本身就是一个比较狭窄的海域，最宽处也不超过190海里，我国与越南在此的专属经济区和大陆架全部重叠。

我国与越南的北部湾划界谈判共经历了三个阶段：1974年、1977—1978年和1992—2002年。1974年8月15日，中越双方在北京举行第一轮谈判。越南主张中越双方在北部湾的海上边界已经确定，即由越南前殖民政府法国与清政府于1887年签订的《续议界务专条》关于两国就北部湾的海上边界进行的划定。该协议有“巴黎子午线东经105°43′”和“构成边界”的字样，以及其附图在北仑河河口标示了一小段红线。越南认为，双方在历史上就按照该协议的界线各自行使主权和管辖权。越南还认为北部湾属于双方的历史性海湾。我国的主张与越南的主张有很大分歧，我国并不认为北部湾属于中越两国的历史性海湾，中越双方也从未划定过北部湾界线，《续议界务专条》的红线是岛屿归属线而非海上划界线，两国在历史上也从未按照该线行使主权和管辖权。因此，中越双方应当按照国际法公平地对北部湾进行划界。[①] 第二阶段谈判于1977—1978年进行，处于中越双方国际关系开始紧张以及专属经济区制度还未确立的大背景下。此阶段谈判，双方重申了之前的主张，但仍然分歧较大，没有对划界问题进行实质性讨论。此阶段谈判后，中越双方关系恶化，关于北部湾的资源争议不断。到了1982年，越南发布了关于其领海基线的声明，并主张北部湾属于越南一方的海湾部分构成历史性水域，遵守越南内水的法律制度，与中国在北部湾的海洋边界应当依据1887年《续议界务专条》划定。[②] 后来，随着中越关系正常化，双方就北部湾的划界问题再次开始进行谈判。1992年10月和1993年2月，双方进行了边界专家小组会谈，讨论包括了北部湾划界的原则问题。1993年8月，中越政府级第一轮边界谈判在北京举行，就解决北部湾划界问题的基本原则达成一致，自此划界谈判进入实质性阶段。同年10月，双方签署了《关于解决中华人民共和国和越南社会主义共和国边界领土问题的基本原则协议》，同意根据国际海洋法并参照国际实践，通过谈判划分北部湾，划界应按照公平原则并考虑北部湾的所有有关情况，以取得一项公平的解决办法。2000年12月，北部湾划界问题以双方《中华人民共和国和越南社会主义共和国关于两国在北部湾领海、专属经济区和大陆架的划界协定》（以下简称《中越北部湾划界协定》）的达成得到了解决。

在我国与越南就北部湾海域划界的谈判中，主要有四个焦点问题：第一，1887年的中法条约是否划分了中越两国北部湾海域；第二，北部湾是否有历史性水域存在；第三，中越北部湾划界应适用的原则；第四，白龙尾岛问题。

---

① 陈体强. 国际法论文集. 北京：法律出版社，1986：186-195.

② Statement of 12 November 1982 by the Government of the Socialist Republic of Vietnam on the Territorial Sea Baseline of Vietnam.

1887 年的中法条约确定的是岛屿归属线，没有划分中越两国北部湾海域。结合 1969 年《维也纳条约法公约》第 31 条和第 32 条关于条约解释的规定，首先，1887 年的中法条约文本规定，位于巴黎子午线东经 105°43′以东，即位于通过茶古社岛即万注东部山头并构成边界的北南线以东的岛屿归属中国，这条子午线以西的格多各岛和其他岛屿归属于越南。[①] 综览条约文本可以看出，文本内容限于对领土归属的规定，越南主张的"巴黎子午线东经 105°43′"及附图所示的红线，是为了划分岛屿的主权归属。并且，运用子午线作为岛屿归属线的做法是当时的国家实践中流行的做法，可以参考"几内亚和几内亚比绍海洋边界仲裁案"的类似情形，法庭对此列举了一系列当时确定岛屿归属的国际条约，并阐述道，"在那个时代，人们从未认为这些条约中的任何一个赋予任何签字国对于除了普遍承认的领水以外任何海域的海上主权"[②]。另外，此条约中提到的岛屿概念，结合该条约的谈判背景来看，是出于军事和海防安全考虑的自然地理意义上的概念，并不包括岛屿周边的水域。其次，结合条约文本，以及条约的背景来看，1887 年的中法条约的目的也是划定陆地边界。历史上，法国与西班牙于 1858 年入侵越南后，法国与越南缔结和约，法国承认越南为独立的国家，但越南的外交、军事受法国控制，并由法国驻军越南。1885 年，清政府与越南在天津签订《中法会订越南条约》，承认越南为法国的保护国，并议定 6 个月内划出越南北部和中国的陆上边界。在这样的背景下，1887 年的中法《续议界务专条》产生了。最后，结合 1887 年中法条约的缔约资料可知，谈判代表的授权限于领土归属问题，这与条约文本及附图对应，约文载有"中国与北圻交界处所"为勘界范围，附图红线也没有超过"中国与北圻交界处所"的范围。可以表明，条约限于两国陆地边界及沿海岛屿归属，并没有划分北部湾海域的意图。谈判过程中，法方代表也没有划分北部湾海域的目的，提出海域划界是为了将陆海问题混杂从而实现争夺岛屿归属的真正目的。中方不仅没有将划分北部湾海域纳入谈判范围，反而每每十分明确坚决地对海域划分提议进行反对。[③]

越南主张的北部湾属于越南一方的海湾部分构成越南的历史性水域，并不成立。根据海洋划界的法律规定、相关司法判例和国际实践，历史性权利是海洋划界的考量因素之一。越南在主张 1887 年中法条约构成划界线的基础上，还主张对该线以西的海域拥有历史性所有权。然而，越南的历史性水域主张并不能成立。国家如果要主张历史性水域，通常需要满足对目标水域公开、连续和长时期的行使主权并且得到他国的承认或默认的条件。越南虽然在 1982 年的声明中公开宣布了对北部湾的历史性权利主张，但是缺乏能充分支撑其具有历史连续性的主权行使的证据。[④] 越方

① 王铁崖. 中外旧约章汇编. 北京：生活·读书·新知三联书店，1957：513.

② Case concerning the Delimitation of the Maritime boundary between Guinea and Guinea-Bissau, Decision of 14 February 1985, p. 180, para. 81.

③ 周健. 中越北部湾划界的国际法实践. 边界与海洋研究，2019 (5)：6－37.

④ Zou Keyuan. Maritime Boundary Delimitation in the Gulf of Tonkin. Ocean Dev & Int'l L, 1999 (30): 241.

列举的证据并不具有历史连续性。另外，越南的历史性主张没有得到中国和其他国家的承认或默认，反而遭到中国及其他国家明确反对和抗议。[①]

在谈判的前两个阶段，越南都坚持主张以1887年中法条约为依据正式确定两国在北部湾的海域界线，均遭到我国的反对。我国主张按照国际法，公平地对北部湾海域进行划界。在第二阶段谈判由于两国关系恶化而中止后，越南还单方面进行各种试图加强其主张并干扰划界谈判的行为。到了第三阶段谈判，随着1993年《关于解决中华人民共和国和越南社会主义共和国边界领土问题的基本原则协议》的签署，中越两国终于达成协议，考虑历史和现实情况，通过谈判等方式和平解决两国争议。另外，我国与越南分别于1996年和1994年对1982年《联合国海洋法公约》进行了批准，根据公约对于海域划界的规定，领海划界应当适用等距离/特殊情况规则，专属经济区和大陆架划界在《国际法院规约》第38条所指国际法的基础上公平解决。《联合国海洋法公约》与中越1993年协议在海域划界上立场一致，即根据公平原则并考虑相关情况来划分双方海洋界线。[②]

在中越北部湾划界的相关情况中，白龙尾岛问题是一个重要的相关情况。白龙尾岛也名浮水洲岛，位于北部湾的中部，北纬20°01′和东经107°42′处。白龙尾岛周围渔业资源丰富。岛上有人居住，并且可以维持其经济生活。该岛距离越南海岸110千米，距离中国海南岛130千米。历史上，该岛曾经属于我国，1957年由中国政府转交给越南政府。虽然在后期谈判中越南不再坚持1887年中法条约的界线，但其在谈判中曾提出以白龙尾岛作为中越北部湾海域和大陆架划界的基点。如果以白龙尾岛为划定中间线的基点，越南的海域面积将会极大增加，并且将偏离两国在划界区域有关海岸的一般走向。后来，越方也没有再坚持将白龙尾岛作为划界基点。另外，在划界实践中，位于中线附近位置的岛屿的效力通常会受到限制。经过谈判，中越协商一致对白龙尾岛在划界中的法律效力进行限制，赋予12海里领海以及3海里的专属经济区和大陆架。[③]

3. 划界协议文本介评

我国与越南在北部湾的划界协议，划定了两国领海、专属经济区和大陆架的界线。协议由序言部分和11条约文组成：序言部分回顾了双方互相尊重的友好立场和公平合理解决划界问题的精神。约文第1条阐述了双方划界的依据和原则，根据1982年《联合国海洋法公约》、公认的国际法原则和国家实践基础，采用公平原则并充分考虑所有相关情况，通过协商形式确立双方在北部湾的界线。约文第2条公布了组成的领海、专属经济区和大陆架的21个界点经纬度坐标。约文第7条对跨界线矿产资源的开发和收益分享作出了规定，由双方协商有效开发并公平共享收益。约文第8条作出了双方关于北部湾生物资源利用、养护和管理事项的协商安排。

---

① 沈固朝. 关于北部湾的“历史性水域”. 中国边疆史地研究，2000（4）：53-58.

② 《中越北部湾划界协定》第1条第1款。

③ 周健. 中越北部湾划界的国际法实践. 边界与海洋研究，2019（5）：26.

我国与越南在北部湾的专属经济区和大陆架划界采取了单一线方法，符合绝大多数的国家实践，方便双方的管辖。北部湾的划界过程和结果都体现了划界的公平性。从划界方法来看，双方依据公平原则，采用了等距离线方法以追求公平结果，并考虑了所有相关的情况，最后形成的分界线是一条调整的等距离线。[①] 从划界结果来看，分界线基本反映了两国在北部湾的海岸线的一般走向，中越双方分别取得5.9万平方千米和6.6万平方千米的海域面积，也反映了我方在北部湾海岸线稍短的事实。中越双方各自海域面积比为1∶1.35，而中越在北部湾的海岸线长度比是1∶1.1，大致符合比例要求，反映了划界的公平性。划界协议对于北部湾资源的相关安排也非常合理。对于渔业安排，考虑了北部湾渔业资源，特别是鱼类在湾内短距离洄游的特点，双方在协议中设定了在北部湾进行渔业合作的框架，遵循了1982年《联合国海洋法公约》规定的闭海或半闭海沿岸国的合作义务。对于油气和其他矿产资源，协议也作出了安排。双方以对在各自大陆架上进行油气和矿产资源勘探开发享有主权和专属管辖权为基础，对于跨越分界线的矿产资源进行协商开发并公平分享惠益，这样的安排符合国际实践，并且有利于避免冲突，实现互利合作共赢。[②]

案例二

孟加拉国、缅甸海洋划界案

案例导入

孟加拉国位于孟加拉湾的北部和东北部，位于恒河和布拉马普特拉河河口三角洲的东部平原地带，它的陆地领土与印度和缅甸接壤，面积约为14.7万平方千米。缅甸位于孟加拉湾的东部，其陆地领土与孟加拉国、印度、中国、老挝和泰国接壤，面积约为67.7万平方千米。孟加拉国和缅甸之间有海上划界争端，涉及双方在孟加拉湾的领海、专属经济区和大陆架的划分。孟加拉湾位于印度洋东北部，面积约为217万平方千米，与斯里兰卡、印度、孟加拉国和缅甸相邻。孟加拉国和缅甸要划定的海域位于孟加拉湾的东北部。孟加拉国、缅甸海洋划界案是国际海洋法法庭审理的第一个海上边界案件。1974年至2010年，孟加拉国和缅甸之间曾就划定双方在孟加拉湾的海洋边界进行了谈判，但没有成功解决双方的海上边界问题。

孟加拉国独立之前和缅甸就边界划分于1966年5月9日签订了《纳夫河边界协定》。然而，这只是在纳夫河三角洲确立了一个边界，直到河口进入孟加拉湾。在1974年至1986年期间，双方举行了八轮双边谈判，以划定领海、专属经济区和大陆架边界。在1974年11月23日的第二轮谈判中，缅甸和孟加拉国各自的代表签署

① 吴珈慧，刘昆，张烨. 中越北部湾划界双赢结果对解决南海划界问题的启示. 热带地理，2009，29（6）：601.

② 周健. 中越北部湾划界的国际法实践. 边界与海洋研究，2019（5）：26－33.

了划定两国间海上边界达成的会议记录（简称“1974 年商定会议记录”），并附上了特别图表，以图形方式说明了双方的边界，边界线是一条平行于缅甸若开邦沿岸并且与属于孟加拉国的圣马丁岛之间保持等距离的线。30 多年之后，这一争端再次出现，主要因为两个因素：孟加拉湾碳氢化合物天然气储量的新发现和两国对天然气需求的增加。孟加拉湾的大部分碳氢化合物天然气储量是在 2002 年至 2007 年间发现的，孟加拉国经常受到停电困扰所以正在寻找能源以缓解国内电力短缺，而缅甸需要向我国和印度出口天然气。在紧张的局势下，双方于 2008 年到 2010 年进行了六轮谈判。2008 年 4 月，双方共同签署了一份类似于 1974 年商定会议记录的文件（简称“2008 年商定会议记录”）。2008 年商定会议记录根据《联合国海洋法公约》第 121 条对岛屿进行了分类，并通过指定 1974 年商定的一系列具体的纬度和纵向点，进一步重申和澄清了 1974 年提出的界线；提议将孟加拉国南端的圣马丁岛视为岛屿，而缅甸海岸的牡蛎岛由于缺乏淡水无法维持经济生活或人类居住因而不视为岛屿。2008 年 10 月 17 日，两艘缅甸海军舰艇护送四艘调查船，在圣马丁岛西南约 50 海里的争议海域开始勘探钻探。孟加拉国呼吁缅甸暂停勘探钻探，直到确定海上边界《联合国海洋法公约》，并威胁派遣三艘孟加拉国海军船只对孟缅使用武力。虽然为期一周的对峙没有导致任何直接冲突，但缺乏解决方案。这导致了孟加拉国寻求第三方争端解决机制来解决双方的海上划界争议。

孟加拉国与缅甸均是 1982 年《联合国海洋法公约》的缔约国，2009 年 10 月 8 日，孟加拉国根据《联合国海洋法公约》附件七提起仲裁程序，后在缅甸的建议下，双方选择转而将案件提交给国际海洋法法庭。孟加拉国和缅甸分别于 2009 年 12 月 12 日、2009 年 12 月 14 日，声明接受国际海洋法法庭的管辖，以解决孟加拉国和缅甸之间在孟加拉湾有关海洋划界的争端。孟加拉国认为基于这些声明，根据《联合国海洋法公约》第 287 条第 4 款的规定，国际海洋法法庭成为有权解决双方争端的唯一法庭。

在领海划界部分，国际海洋法法庭依据《联合国海洋法公约》第 15 条，先考察并确认本案中没有历史性所有权或其他特殊情况存在，然后在考虑给予圣马丁岛领海划界全效力的情形下，划定一条等距离线直到双方领海不再有重叠的范围，作为双方的领海界线。在双方同意划定单一边界的前提下，法庭进一步就专属经济区和 200 海里内大陆架的单一界线作出裁定，且考虑到孟加拉国海岸凹形的相关情况，该分界线将呈 215 度角延伸，并延伸至 200 海里。在外大陆架划界部分，法庭决定双方均可享有超 200 海里的外大陆架，孟加拉国海岸凹形对 200 海里外大陆架划界有持续影响，继续呈 215 度角延长分界线到 200 海里外，直到到达第三国权利可能受到影响的区域。①

---

① Delimitation of the maritime boundary in the Bay of Bengal (Bangladesh/Myanmar), Judgment, ITLOS Reports 2012, p. 226, para. 92.

争议焦点和法官释法

(1) 领海划界部分。

在领海划界部分，双方主要有两个争议焦点：第一个是是否有已经划定双方领海的“协议”存在。孟加拉国和缅甸均是1982年《联合国海洋法公约》的缔约国。公约在第15条对领海划界进行了规定：“如果两国海岸彼此相向或相邻，两国中任何一国在彼此没有相反协议的情形下，均无权将其领海伸延至一条其每一点都同测算两国中每一国领海宽度的基线上最近各点距离相等的中间线以外。但如因历史性所有权或其他特殊情况而有必要按照与上述规定不同的方法划定两国领海的界限，则不适用上述规定。”

孟加拉国认为1974年的商定会议记录有约束力，构成了《联合国海洋法公约》第15条的“协议”，第15条的“协议”不一定只能是正式形式的条约。其还认为会议记录名称使用“商定会议记录”字样就是为了对应第15条的“协议”术语。领海内的海上边界为1974年首次商定并重申于2008年商定会议记录的界线，1974年已经就此达成条款并将边界线绘于特别图表。记录文本条款明确并清楚地确定了位于圣马丁岛和缅甸海岸之间的边界，并绘于特别图表所示的1－7点。其1974年还向缅甸提交了一份起草的条约草案，但缅甸没有签署并非因为不同意，而是因为倾向于将缔约方的协定纳入包括专属经济区和大陆架在内的全面海洋划界条约。并且，在随后，双方都将领海问题视为已经解决。2008年9月，缅甸才第一次表示1974年协议不再生效。双方代表有权达成这样一项简化的协议，尽管缅甸代表在1974年的时候缺乏权利，但2008年记录的重申可以视为《维也纳条约法公约》第8条的国家确认。另外，孟加拉国认为双方30多年来按照商定的划界办法行事的事实表明，关于领海的边界线存在一种默认的或事实上的协议。每一方都在和平行使未被挑战的对商定领海的管理和控制。沿海渔民在圣马丁岛和缅甸海岸之间的地区依靠这条1974年界线进行捕鱼活动，并提交渔民的宣誓书，证明他们认为双方在领海商定的边界活动。并且，孟加拉国认为，双方在国家层面上也按照商定线活动，例如限制对方船旗渔船偏离商定线的活动。孟加拉国还提交了其海军舰艇、空中巡逻力量以及海军和海岸警卫队在商定的界线西边进行活动的宣誓书。另外孟加拉国还提供了缅甸外交部长提及商定线的声明，以及在2008年1月16日的照会中，缅甸通知孟加拉国打算开展边界调查。孟加拉国引用“柏威夏寺案”中采用的禁止反言原则，认为出于正义的基本考虑，必须禁止缅甸声称1974年的协议不是有效的和有约束力的。且根据1974年的商定会议记录，缅甸所享有的利益不仅包括稳定的海上边界，还包括在孟加拉国海域自由通行的权利。

缅甸否认存在《联合国海洋法公约》第15条意义上的“协议”，认为会议记录是双方谈判的一部分，仅是临时性质的和有条件的谅解。“商定的会议记录”一词经常在国际关系中用来“作为会议记录”，而且“这不是与会者打算构成一项条约的文件的共同名称”。记录中使用的记录性质的普通语言，也能表明其不打算被当作一项有约束力的协议。会议记录的内容也能表明其是谈判的组成部分，例如“注意到缅甸方的通航立场待以后解决”的内容及“专属经济区和大陆架的边界讨论还在进行”

的措辞。并且在重申类似内容的2008年记录中，载有“双方同意进行全民公投”的措辞，这也表明双方还需要提交各自政府处理；并承认打算在适当的时候将1－7点构成的领海界线纳入全面协定，但全面协定目前还未达成。缅甸政府一开始就表达了立场，在就专属经济区和大陆架达成协议之前，不打算达成领海问题的单独协议，孟加拉国也了解缅甸的此立场。另外，会议记录不符合两国的宪法规定。双方均未将会议记录按照《联合国海洋法公约》第16条第2款的要求公布或提交联合国秘书长，这恰恰说明双方没有这方面的意图。关于孟加拉国默示协议的观点，缅甸指出，孟加拉国提供的海军军官和渔民的宣誓书不能被认为包含了本案中的有关证据。缅甸还指出，其外交部长声明是表达要达成全面协议的立场，照会是为了寻求合作而非同意所谓的界线。关于孟加拉国禁止反言的主张，缅甸认为，禁止反言规则的适用要求相关行为与在先的、明确且具有一致性的行为相违背，同时考虑到孟加拉国尚未基于先前照会而作出相应的、可能因缅甸当前行为而受损的行为，因而孟加拉国禁止反言的主张不合理。孟加拉国没有证据支持其主张，例如自由通过孟加拉国领海，没有证据表明其遵循了1974年记录，也没有显示出这些所谓的事实对其有什么损害。

国际海洋法法庭首先对《联合国海洋法公约》第15条的“协议”进行了解释，回顾了2007年的“日本诉俄罗斯迅速释放案”和“卡塔尔诉巴林案”，认为“协议”一词是指具有法律约束力的协议，重要的不是文书的形式或名称，而是它的法律性质和内容。关于双方的争议，国际海洋法法庭首先考察了双方的立场，根据相关资料，认可了缅甸不打算达成单独协议的立场。对此，国际海洋法法庭认为海洋边界协议是一个敏感的问题，并引用了国际法院在“尼加拉瓜和洪都拉斯划界案”中的观点：“建立永久海上边界是一个非常重要的问题，不轻易假定达成协议”。然后，国际海洋法法庭通过对相关事实和资料的考察，支持了缅甸的观点，认为签署1974年商定会议记录的缅甸代表不具有充分的权利，双方也未按照各自宪法履行具有约束力的国际协议所要求的程序。因此，国际海洋法法庭认为本案相关的会议记录不构成具有约束力的协议，也无须履行《联合国海洋法公约》第16条第2款的公布或交存程序。关于誓言证据，国际海洋法法庭回顾了“尼加拉瓜和洪都拉斯划界案”，考察誓言证据出自什么主体，例如出自官员还是无利益相关的私人主体，以及可以证明事实还是仅仅代表对事件的意见，并采用了国际法院在此案中证明默示协议的标准必须是令人信服的标准。渔民宣誓书仅代表对于商定边界的意见，而海军军官宣誓书的主体对于事件存在利害关系。在对声明和照会考察后，国际海洋法法庭认为，该声明和普通照会并不表明缅甸就1974年商定的会议记录中所述的路线达成默认或事实上的协议。因此，国际海洋法法庭认为孟加拉国没有提供令人信服的证据来支持当事各方就其领海划界达成协议的主张。至于是否应当运用禁止反言原则，国际海洋法法庭注意到，在国际法中，当一个国家的行为，使某一情况造成某一特定情况，而另一个国家依靠这种行为，采取或放弃了损害它的行动时，就存在禁止反言的情况。禁止反言的效果是，一个国家因其行为而不能断言它不同意或承认某种情况。国际海洋法法庭认为孟加拉国提交的双方按照商定线管理水域的证据不是决定性的，孟加拉国也没有因缅甸的行为受到损害。因此，国际海洋法法庭不支持孟加拉国的禁止反言主张。[①]

在国际海洋法法庭拒绝了双方之间存在已经划定的领海界限的主张之后，此案开始进入根据《联合国海洋法公约》第15条的等距离线/特殊情况规则划界的程序，在此阶段，双方围绕孟加拉国的圣马丁岛是否构成领海划界中的特殊情况产生了争议。

缅甸提出将圣马丁岛问题作为缔约国之间领海划界时的一种特殊情况，并认为圣马丁岛是一种重要的特殊情况，必须偏离中线。圣马丁岛紧靠缅甸海岸，在纳夫河的南面，纳夫河标志着缅甸和孟加拉国之间陆地边界的终点，也是它们海洋边界的起点。缅甸承认圣马丁岛构成《联合国海洋法公约》第121条意义上的岛屿，构成本案中的特殊情况，但认为不应当赋予圣马丁岛在整个领海划界过程中发挥特殊作用的权利，这将引起由一个相对较小的地物导致对海岸线的总体结构的严重扭曲。缅甸认为，一般来说，当主要的海岸关系是邻接关系时，岛屿会产生更夸张的扭曲，当海岸彼此相反时，扭曲则不那么极端，而缅甸大陆和圣马丁岛之间的海岸关系是介于相对与邻接之间的。缅甸指出，由于孟加拉国大陆海岸、缅甸大陆海岸和圣马丁岛之间的空间关系，因而该岛位于界线的缅甸一侧，是位于“错误的一边”的岛屿。缅甸还认为在国家实践中，中小岛屿通常被忽视，这也形成一种趋势。

孟加拉国不认为圣马丁岛构成特殊情况，并且是缅甸自己构造了所谓的界线来声称圣马丁岛位于缅甸海域。这与缅甸长期接受的圣马丁岛有权拥有12海里领海的主张相背离。缅甸引用的国家实践不能充分支持它的主张。孟加拉国指出，圣马丁岛根据《联合国海洋法公约》第121条能够享有领海、专属经济区和大陆架，并且各国要求在岛屿拥有领海的权利也是一个公认的习惯国际法原则，这也得到了缅甸的承认。孟加拉国指出，圣马丁岛接近孟加拉国海岸，有可维持人口、经济生活的能力，且在国家安全方面具有重要地位，应当在领海划界中具有全效力。

国际海洋法法庭认为划界时对岛屿产生的影响，取决于划界是否涉及领海或领海以外的其他海域；沿海国家权利的性质及其向海范围可能与这方面有关。虽然圣马丁岛位于缅甸海岸前，但在孟加拉国领海宽度内。国家实践中忽略岛屿的做法多出现在专属经济区和大陆架划界中，与本案的领海划界没有关系。由于圣马丁岛的规模、人口以及经济和其他活动的范围，因而该岛是一个重要的海上地物。国际海洋法法庭认为，在这种情况下，没有令人信服的理由可以将圣马丁岛作为《联合国海洋法公约》第15条的特殊情况，或阻止国际海洋法法庭基于完全效果划设当事人之间的领海界线。[②]

（2）专属经济区和200海里内大陆架划界部分。

由于《联合国海洋法公约》提供的专属经济区和大陆架划界规则文本十分笼统，

---

① Delimitation of the maritime boundary in the Bay of Bengal (Bangladesh/Myanmar), Judgment, ITLOS Reports 2012, pp. 24 - 42, paras. 56 - 125.

② Delimitation of the maritime boundary in the Bay of Bengal (Bangladesh/Myanmar), Judgment, ITLOS Reports 2012, pp. 47 - 51, paras. 153 - 169.

没有具体的指导方法，因而双方首先就划界方法产生争议。缅甸建议采等距离线方法；自1982年《联合国海洋法公约》通过以来，定界法“已相当完善、发达和变得更加具体”，现代海洋法的划界常规方法之第一步就是构建临时等距离线。“‘等距离线/特殊情况’是一种通常会产生公平结果的方法”，因其内在价值、科学特性和相对容易而广泛应用，本案中没有任何情况使等距离线不可行。孟加拉国的角平分线提议会产生不公平结果。而孟加拉国认为等距离线方法并不是优先方法，应用于本案会产生截断效应，应当采用角平分线方法作为替代。孟加拉国认为，角平分线的划界方法，尤其是具体到其与缅甸在200海里内大陆架和专属经济区划界中所采用的215度方位线，应当“避免固有的等距离问题不产生任何不平等”。

国际海洋法法庭注意到，《联合国海洋法公约》第74条第1款和第83条第1款规定，专属经济区和大陆架的划界必须根据国际法进行，以便实现公平的解决办法，但没有说明适用的办法。国际法院和国际海洋法法庭制定了一套关于海洋划界的判例法，减少了在确定海洋边界和为此目的所采用的方法的选择方面的主观性和不确定性因素。从“北海大陆架划界案”开始，其说明了等距离线方法可能会产生不公平结果，后来这也同样适用于专属经济区划界的情况。随着时间推移，由于缺乏一种确定的划界方法，因而人们越来越有兴趣提高这一过程的客观性和可预测性。国际法院结合大量判例说明，等距离线/特殊情况方法随着实践发展，这种先确定临时等距离线再根据特殊情况调整的一般方法已被证明适用于随后的大多数司法和仲裁案件。国际海洋法法庭也注意到，在不可能或不适当的情况下，作为等距离线/特殊情况方法的替代办法，国际法院和国际海洋法法庭采用了角平分线法，这实际上是近似等距离法的。国际海洋法法庭认为在实现公平目标的指导下，应当根据案情考虑应适用什么方法。国际法院认为，角平分线方法不能对孟加拉国海岸的向南突起产生足够影响，故本案将采取等距离线/特殊情况方法，并参照最新判例采取三阶段方法。①

在国际法院决定划界方法后，双方就构成本案专属经济区和200海里内大陆架划界的特殊情况产生争议。孟加拉国认为专属经济区和大陆架划界中需要考虑的特殊情况有三个：第一个是孟加拉国海岸线的凹形，孟加拉国认为，如果不考虑孟加拉国海岸线的凹形，等距离线的适用会产生截断效应，对孟加拉国十分不利，并引用“几内亚和几内亚比绍海洋边界仲裁案”中法院为了不截断几内亚而给予几内亚的救济以及大量国家实践来支持自己的主张。第二个是圣马丁岛的存在，该岛不会对等距离线产生扭曲效应或截断缅甸的入海口，所以不应当忽视或者减少其效力。第三个是孟加拉国的沉积系统，孟加拉国的陆地领土在物理、地质和地貌上与孟加拉湾海底的连接是清晰且直接相关的，如果采纳200海里内边界将会截断孟加拉国。如果不充分考虑这三个情况中的每一个，就不可能以一种实现公平解决问题的方式来划定边界。

而缅甸方面则认为，不存在任何可能导致临时等距离线进行调整的特殊情况。缅甸虽然承认孟加拉国海岸是一个整体的凹形，但不认为这种凹度需要被视为一种

① Delimitation of the maritime boundary in the Bay of Bengal (Bangladesh/Myanmar), Judgment, ITLOS Reports 2012, pp. 61 - 67, paras. 206 - 240.

调整等距离线的情况。缅甸认为圣马丁岛靠近陆地边界，靠近等距离线的起点，位于等距离线的错误一侧，且双方大陆海岸是相邻的，这些因素导致圣马丁岛会产生扭曲效应，划界实践中一般不会发生这样的岛屿专属经济区和大陆架划界的相关情况。缅甸否认孟加拉国的沉积系统主张，并回顾了《联合国海洋法公约》定义大陆架的距离标准。

国际海洋法法庭仅支持了孟加拉国凹形海岸构成本案特殊情况的主张。国际海洋法法庭认为，凹度本身并不一定是一种特殊情况，但是，当两个国家之间的等距离线对其中一个国家的海洋权利产生截断效应时，就有必要对这条线进行调整，以便达到公平的结果。孟加拉国的海岸是一个凹面海岸的典型例子，采取等距离线，确实会给孟加拉国产生截断效应，需要考虑调整临时等距离线，从而减轻该线对孟加拉国凹形海岸的截断效应；至于圣马丁岛，国际海洋法法庭认为，由于其位置，如果圣马丁岛在专属经济区和大陆架的划界上生效，将导致一条阻断缅甸海岸向海洋投射的线，从而导致划界线的不合理扭曲，因此决定圣马丁岛不构成特殊情况，不给予其在专属经济区划界和大陆架划界中的效力。关于孟加拉国的沉积系统，国际海洋法法庭不认为其与 200 海里范围内的专属经济区和大陆架的划分有关，适用于海床和底土以及适用于 200 海里范围内的上层水域的单一海洋边界的位置和方向，应根据缔约方海岸的地理位置来确定，而不应根据划界区海床的地质或地貌来确定。①

（3）外大陆架划界部分。

在此阶段，双方主要产生了三个争议：一是法院是否具有就外大陆架事项的管辖权，二是关于《联合国海洋法公约》“自然延伸”含义的解释分歧，三是关于灰区问题的分歧。

首先大陆架界限委员会应就建立外大陆架的事项向沿海国家提出建议，沿海国家根据这些建议确定的大陆架的界限是最终的并具有约束力的。缅甸 2008 年 9 月 16 日向委员会提出申请，并认为此举不影响划界争端。而孟加拉国认为边界未划定构成委员会议事规则的争议，要求不考虑缅甸的文件。到了 2009 年 11 月委员会正式暂停对缅甸申请的审议。孟加拉国又于 2011 年 2 月向委员会提出主张，并要求在不影响当前争端的情况下考虑其主张。对此缅甸认为双方都没有在大陆架界限委员会的建议下确定边界，国际海洋法法庭不应当在外部界限不确定的情形下，以假设基础确定界限。孟加拉国认为国际海洋法法庭管辖权不限于领海、专属经济区和大陆架的划界，还包括 200 海里外大陆架的界限问题。

《联合国海洋法公约》第 76 条、第 77 条、第 83 条将大陆架视为一个整体，没有对 200 海里内或外的大陆架作出区分。因此，国际海洋法法庭具有划定整个大陆架的管辖权。国家对建立 200 海里外大陆架有固有权力，《联合国海洋法公约》只是提供了一个建立外部界限的程序性机会。国际海洋法法庭认为自己有助于委员会而非妨碍其职能，并将在《联合国海洋法公约》和委员会建议下这么做。并且，国际

---

① Delimitation of the maritime boundary in the Bay of Bengal (Bangladesh/Myanmar), Judgment, ITLOS Reports 2012, pp. 78 - 90, paras. 275 - 340.

海洋法法庭认为自己应当对200海里外大陆架事项进行管辖，根据《联合国海洋法公约》第288条第1款和《国际海洋法法庭规约》第21条，国际海洋法法庭的管辖权包括根据《联合国海洋法公约》提交的所有争端和所有申请。目前的争端需要解释和适用《联合国海洋法公约》的有关规定，特别是《联合国海洋法公约》第15条、第74条、第76条和第83条。如果不对超过200海里的大陆架争端行使管辖权，不仅不能解决长期存在的争端，而且也不利于《联合国海洋法公约》的有效运作。并且，如果委员会和国际海洋法法庭作为《联合国海洋法公约》为确保有效执行其规定而设立的两个机构都不作为，将使缔约方可能无法从其在大陆架上的权利中充分受益。为了履行《联合国海洋法公约》第15部分第2节规定的责任，国际海洋法法庭认为有义务划定双方200海里以外大陆架，但这种划界并不影响根据《联合国海洋法公约》第76条第8款设立大陆架的外部界限。①

其次，双方都不认为对方可以主张200海里外大陆架，围绕"自然延伸"的含义产生争议。孟加拉国认为依照《联合国海洋法公约》第76条，自己可以拥有超200海里的大陆架，缅甸因为其"自然延伸"没有超过200海里而不可以拥有超200海里的大陆架，双方没有重叠的外大陆架，仅孟加拉国可拥有双方所主张的外大陆架。超200海里大陆架是一个物理概念，需要地质地貌证据来佐证。孟加拉国认为，其海底地质、地貌呈不间断的特征，其外大陆架是沉积岩广泛沉积的恒河—雅鲁藏布江系统的"自然延伸"，应当属于其主权权利范围；并提交了科学证据，证明孟加拉国的陆地块与孟加拉湾的海床和底土之间存在着地质和地貌的连续性，根据沉积物厚度公式计算，其拥有的范围远远超过200海里。印度板块和缅甸板块之间的构造板块边界显然是"海床的明显破坏或中断"，这是"两个独立的大陆架或两个独立的自然延伸的极限的无可争辩的迹象"。然而，缅甸强调，在缅甸海岸前存在的地质不连续性与本案完全无关。根据缅甸的说法，一个沿海国家拥有超过200海里的大陆架，并不依赖于任何"自然地质延长的测试"，"自然延伸"是法律术语而没有科学内涵。诸如海床或底土中沉积物的起源、沉积物的性质以及大陆下的基底结构或构造等科学事实，与确定根据《联合国海洋法公约》第76条享有大陆架的程度无关。决定大陆架权利的是物理上的大陆边缘的范围，应根据《联合国海洋法公约》第76条第4款的两个公式确定。根据《联合国海洋法公约》第76条第4款（a）（1）提供的公式计算，缅甸大陆边缘的外边缘超过200海里。

国际海洋法法庭拒绝了孟加拉国的观点，认为外大陆架权利基于"大陆边的外缘"确定，孟加拉国和缅甸都有权拥有一个超过200海里的大陆架，并且它们的权利有重叠。根据《联合国海洋法公约》第76条第1款可以得出，虽然本段中提到了"自然延伸"一词，但从其语言中可以清楚地看出，"大陆边的外缘"的概念是决定大陆架范围的一个基本因素。《联合国海洋法公约》第76条第3款和第4款进一步阐述了大陆边缘的外边缘的概念。特别是，该条第4款介绍了使沿海国家能够精确

① Delimitation of the maritime boundary in the Bay of Bengal (Bangladesh/Myanmar), Judgment, ITLOS Reports 2012, pp. 92-116, paras. 341-449.

地确定大陆边缘的外边缘的具体公式。通过适用《联合国海洋法公约》第 76 条第 4 款，一个沿海国家将能够确定大陆边缘的外边缘的精确位置。相比之下，在后面的各段中并没有详细说明第 76 条第 1 款中所提到的“自然延伸”的概念。在这方面，国际海洋法法庭回顾说，虽然最初“自然延伸”作为支撑北海案件中大陆架制度的一个基本概念被提出，但它从未被明确过。第三次联合国海洋法会议期间，采用了“自然延伸”的表述作为一个概念，以支持在大陆边缘扩大国家管辖权的趋势。因此，“自然延伸”的概念与《联合国海洋法公约》第 76 条第 1 款和第 4 款所规定的大陆边界的概念是密切相关的。此外，《联合国海洋法公约》第 76 条的主要目标和目的之一是界定大陆架的精确外部界限，即大陆架的范围。因此，国际海洋法法庭认为很难接受第 76 条第 1 款所述的“自然延伸”是一个沿海国家必须满足的独立的标准，其只有满足这一标准才有权拥有超过 200 海里的大陆架。国际海洋法法庭还注意到大陆架界限委员会在确定外大陆架的界限时采取的测试是依据《联合国海洋法公约》第 76 条第 4 款的。基于这些理由，国际海洋法法庭认为，《联合国海洋法公约》第 76 条第 1 款中提到的“自然延伸”应根据界定大陆架和大陆边缘的条款的后续规定来理解，因此对超过 200 海里的大陆架的权利应根据第 76 条第 4 款确定，即确定“大陆边缘的外边缘”①。

最后，本案是国际司法机构宣布灰区的第一次实践。国际海洋法法庭指出，大陆架的划定超过 200 海里，造成了一个“灰色区域”，该区域位于孟加拉国的 200 海里弧以外或西南部，但在缅甸的 200 海里弧内。缅甸认为，孟加拉湾北部海域边界划界中不应该出现灰区问题，孟加拉国不应当将大陆架延伸至 200 海里外。如果分配给孟加拉国超过 200 海里大陆架，将会影响缅甸的专属经济区和 200 海里内大陆架的权利。即便主张一个假定的超 200 海里的大陆架优先，也违反了缅甸依据《联合国海洋法公约》第 77 条自动享有的距离内的大陆架的主权权利和延展专属经济区的权利，这违反《联合国海洋法公约》和国际实践。国际海洋法法庭援引了巴巴多斯与特立尼达和多巴哥之间的仲裁案。该案中海洋界限结束在 200 海里范围内，从而表明特立尼达和多巴哥没有超过 200 海里大陆架的权利。孟加拉国认为《联合国海洋法公约》没有提供任何文本表明一个国家在 200 海里以内的权利一定超过另一个国家 200 海里外大陆架的权利。不能因为一个国家的专属经济区一部分超过另一个国家的外部限制，就不让后者依据法律享有超 200 海里的大陆架权利。

首先，国际海洋法法庭认定灰区的出现是由不规则领海基线进而以等距离线划界形成的。任何海域边界的划界都可能导致复杂的法律纠葛和司法实践问题，各国以公正平等的原则进行协商或者以其他合作的方式来解决划界产生的新问题并不罕见，双方可以协商达成解决方案。其次，在海岸相邻或者相向的地理状况下 200 海里外大陆架和对方国专属经济区重叠中，缅甸的专属经济区并非在孟加拉国的专属经济区内，《联合国海洋法公约》对大陆架主权权利和专属经济区经济权利作出了明

---

① Delimitation of the maritime boundary in the Bay of Bengal (Bangladesh/Myanmar), Judgment, ITLOS Reports 2012, pp. 110 - 116, paras. 424 - 449.

确界定，孟加拉国拥有大陆架的主权权利完全不影响缅甸的专属经济区权利，在尊重缅甸对专属经济区内的经济权利的同时，也完全可以实现对孟加拉国的大陆架主权权利的尊重。国际海洋法法庭认为，由于海洋的特殊性，无论是大陆架、专属经济区还是公海的海域组成部分，都可能存在相互影响、相互制约的情况，每个国家都应该根据实际情况，在考虑其权利和义务的情况下，行使其权利并履行其职责，可以根据公平公正的原则达到共赢的目的。此外，为实现仲裁结果的执行，双边国家以政治关系为媒介进行协商，达成合作协议来维护双边海域权益并实现共同开发。最后，在探讨海岸相邻或相向国家间 200 海里外大陆架与专属经济区可能存在的重叠问题时，应先予明确的是，《联合国海洋法公约》为大陆架主权权利与专属经济区经济权利设定了清晰的法律界限。针对缅甸与孟加拉国之间的具体情况，尽管两国海域相邻，但缅甸的专属经济区与孟加拉国的专属经济区并未重叠。根据《联合国海洋法公约》所明确区分的两种权利，孟加拉国对其大陆架享有主权权利，这一权利是基于对自然资源的勘探和开发等主权行为；而缅甸则在其专属经济区内享有经济权利，这包括了对区域内自然资源的勘探、开发、养护及管理等活动。该公约的此项规定确保了缅甸的专属经济区权利不受孟加拉国大陆架主权权利的干扰，反之亦然，缅甸在行使其专属经济区内的经济权利时，也完全能够体现对孟加拉国大陆架主权权利的尊重。进一步地，国际海洋法法庭在处理类似争议时，强调了海洋环境的复杂性和特殊性，指出大陆架、专属经济区及公海作为海域的不同组成部分，其间的权利行使是相互关联且需相互协调的。各国在行使各自权利时，应秉持公平公正的原则，充分考虑自身权利与义务的平衡，力求在维护各自利益的同时，促进区域合作与共同发展，实现双赢局面。为实现这一目标，并有效执行可能涉及的仲裁裁决或协议，双边国家应积极利用政治外交渠道，通过友好协商建立合作机制。这包括但不限于达成双边合作协议，明确双方在重叠海域的权益划分、共同开发方案及争端解决机制等，以确保双方海域权益得到有效保护，并推动资源的可持续利用与共同开发。通过这样的方式，不仅能够缓解紧张局势，还能促进两国间的友好关系与长期合作。①

知识拓展

（一）拓展阅读

1. Thomas Cottier. Equitable principles of maritime boundary delimitation：the quest for distributive justice in international law. Cambridge：Cambridge University Press，2015.

2. Rainer Lagoni. Maritime Delimitation. Leiden：Martinus Nijhoff Publishers，2006.

3. Yoshifumi Tanaka. Predictability and Flexibility in the Law of Maritime De-

① Delimitation of the maritime boundary in the Bay of Bengal (Bangladesh/Myanmar)，Judgment，ITLOS Reports 2012，pp. 119－121，paras. 463－476.

limitation. Oxford：Hart Publishing，2019.

4. 袁古洁. 国际海洋划界的理论与实践. 北京：法律出版社，2001.

5. 高健军. 国际海洋划界论：有关等距离/特殊情况规则的研究. 北京：北京大学出版社，2004.

6. Fisheries case，Judgment of December 18th，1951，I. C. J. Reports 1951.

7. North Sea Continental Shelf，Judgment，I. C. J. Reports 1969.

8. Continental Shelf (Tunisia/Libyan Arab Jamahiriya)，Judgment，I. C. J. Reports 1982.

9. Delimitation of the Maritime Boundary in the Gulf of Maine Area，Judgment，I. C. J. Reports 1984.

10. Maritime Delimitation in the Area between Greenland and Jan Mayen，Judgment，I. C. J. Reports.

11. Award of the Arbitral Tribunal in the First Stage-Territorial Sovereignty and Scope of the Dispute October 9，1998.

12. Maritime Delimitation and Territorial Questions between Qatar and Bahrain，Merits，Judgment，I. C. J. Reports 2001.

13. Land and Maritime Boundary between Cameroon and Nigeria (Cameroon v. Nigeria：Equatorial Guinea intervening)，Judgment，I. C. J. Reports 2002.

14. Maritime Delimitation in the Black Sea (Romania v. Ukraine)，Judgment，I. C. J. Reports 2009.

15. Territorial and Maritime Dispute (Nicaragua v. Colombia)，Judgment，I. C. J. Reports 2012.

16. Dispute concerning delimitation of the maritime boundary between Ghana and Côte d'Ivoire in the Atlantic Ocean (Ghana/Côte d'Ivoire).

17. Dispute concerning delimitation of the maritime boundary between Mauritius and Maldives in the Indian Ocean (Mauritius/Maldives).

18. Maritime Delimitation in the Caribbean Sea and the Pacific Ocean (Costa Rica v. Nicaragua) and Land Boundary in the Northern Part of Isla Portillos (Costa Rica v. Nicaragua)，Judgment，I. C. J. Reports 2018.

19. Territorial and Maritime Dispute between Nicaragua and Honduras in the Caribbean Sea (Nicaragua v. Honduras)，Judgment，I. C. J. Reports 2007.

20. Maritime Dispute (Peru v. Chile)，Judgment，I. C. J. Reports 2014.

(二) 毕业论文选题指导

1. 大陆国家远洋群岛领海基线划设问题研究。

2. 外大陆架划界的法律问题研究。

3. 涉海领土争端解决机制问题研究。

4. 海洋划界规范基础的发展沿革研究。

第六专题　专属经济区生物资源的利用、养护与管理

基础理论

一、专属经济区的概念及法律地位

（一）专属经济区的概念

专属经济区是领海以外并邻接领海的一个区域，从领海基线量起，不应超过200海里。[①] 在专属经济区，沿海国享有对自然资源勘探、开发、养护和管理的主权权利，以及从事经济型开发和勘探的主权权利，并对人工岛屿、设施和结构的建造和使用，海洋科学研究和海洋环境保护及保全具有管辖权。[②] 而其他国家在该区域享有航行、飞越、铺设海底管道和电缆的自由。[③]

专属经济区制度是《联合国海洋法公约》制定的制度，其雏形源于20世纪中叶美洲国家对海洋的一系列主张。1945年杜鲁门总统发布了2668号公告《美国关于公海特定区域沿海渔业的政策》。该公告提到，考虑到保全和养护渔业资源的紧迫需求，美国政府认为在渔业资源受到或可能受到过度开发危险的毗邻美国海岸的公海区域建立保护区是合理的。在该保护区内，只有美国国民可以对渔业资源进行开发且渔业开发活动受到美国法律的规制。[④] 之后拉丁美洲很多国家也对海洋提出了权益主张。阿根廷于1946年提出对大陆架和边缘海的权益主张。[⑤] 海岸线绵长的智利为了应对远洋捕鱼国家可能导致鲸类资源耗竭的问题，于1947年6月23日发布了

---

① 《联合国海洋法公约》第55条和第57条。

② 《联合国海洋法公约》第56条。

③ 《联合国海洋法公约》第56条。

④ The provisions of Proclamation 2668 of Sept. 28, 1945. [2022－06－27]. https://www. archives. gov/federal-register/codification/proclamations/02668. html.

⑤ The United Nations Convention on the Law of the Sea: A Historical Perspective. [2022－06－12]. https://www. un. org/depts/los/convention_agreements/convention_historical_perspective. htm.

总统宣言，主张对大陆架和 200 海里近海的所有生物资源的主权。[①] 同年 8 月 1 日，秘鲁发布总统宣言表示其国家主权和管辖权将延伸至邻接秘鲁海岸 200 海里的海域。[②] 同时，为了增强之前对海洋主张的合法性和有效性，保护近海渔业资源，1952 年智利、秘鲁和厄瓜多尔三国发布了《圣地亚哥宣言》，同意在海岸和岛屿建立海洋生物站，加强国内国际科学研究协作，发布海洋区内保护渔业资源的法规并授权在海洋区内的捕鱼活动。[③] 作为近海渔区、保护区主张的先锋，拉美九国[④]还于 1970 年在乌拉圭首都蒙得维的亚召开关于海洋法的会议，全体一致通过了《蒙得维的亚海洋法宣言》，再次确认沿海国对 200 海里邻近海域的各项权利。[⑤]

专属经济区概念的首次提出则是在 1971 年肯尼亚为亚非法律协商委员会编写的《专属经济区概念》的工作文件中。[⑥] 随后，1972 年 6 月的加勒比国家海洋问题专门会议通过的《圣多明各宣言》提出了承袭海的概念，承袭海与此前的专属经济区在性质上几乎是等同的概念。[⑦] 1972 年 6 月 20 日至 30 日，专属经济区概念正式在喀麦隆首都雅温得举行的海洋法区域研讨会上被提出。会后报告指出，非洲国家拥有建立专属经济区的平等权利，建议所有非洲国家将主权延伸至毗邻领海的公海中的自然资源上，并呼吁非洲国家在下一次国际海洋法会议上支持这一延伸原则。[⑧] 1972 年 8 月，肯尼亚向国际海底委员会提出了《专属经济区概念的条款草案》，草案共 11 条，详细阐述了专属经济区的性质、沿海国和其他国家的权利义务等内容。[⑨] 至此，专属经济区的概念完整地呈现在国际社会的视野中，并在第三次联合国海洋法会议上引起激烈讨论，最终被写入《联合国海洋法公约》第五部分。

回溯专属经济区概念的形成过程，可以发现虽然该概念缘起于美国，但其发展于拉美，成熟于非洲，本质上代表着广大发展中沿海国家的利益，而最终《联合国海洋法公约》中的专属经济区概念却是发展中沿海国与远洋捕鱼国和航海大国激烈

---

① Declaration by the President of the Republic of Chile, regarding Chilean Territorial Claims, June, 1947; Paul Stanton Kibel. Alone at Sea: Chile's Presencial Ocean Policy. Journal of Environmental Law, 2000 (1): 43 - 64.

② Gabriel Gonzalez Videla. Presidential Decree No. 781 Concerning Submerged Continental or Insular Shelf of 1 August 1947. The International Law Quarterly, 1948 (1): 135 - 137.

③ Joint Declaration Concerning Fishing Problems in the South Pacific, Signed at Santiago on 18 August 1952.

④ 包括召集国乌拉圭，参加国阿根廷、巴西、智利、厄瓜多尔、萨尔瓦多、尼加拉瓜、巴拿马、秘鲁。

⑤ Montevideo Declaration on the Law of the Sea. The American Journal of International Law. Vol. 64, No. 5, Oct. 1970: 1021 - 1023.

⑥ 张晏瑲. 国际海洋法. 北京：清华大学出版社，2015：177；Senjin Tsuruoka. Report on the Thirteenth Session of the Asian-African Legal Consultative Committee. [2022 - 06 - 19]. https://digitallibrary. un. org/record/1475019.

⑦ Specialized Conference of Caribbean Countries Concerning the Problems of the Sea: Declaration of Santo Domingo. The American Journal of International Law, 1972 (5): 918 - 920.

⑧ African States. Conclusions of the Regional Seminar on the Law of the Sea. International Legal Materials, 1973 (1): 210 - 213.

⑨ Kenya. Draft Articles on the Concept of an Exclusive Economic Zone beyond the Territorial Sea. International legal Materials, 1973 (1): 33 - 35.

斗争后的妥协结果。

（二）专属经济区的法律地位

首先，专属经济区不属于领海。《联合国海洋法公约》第55条规定，专属经济区是邻接领海的区域，故该条已经明确排除了专属经济区成为领海的可能性。此外，无论是沿海国还是其他国家，在沿海国专属经济区和领海享有的权利亦不同。沿海国在专属经济区仅享有对自然资源的主权权利和由该权利衍生的管辖权，并不享有在领海才有的主权。而其他国家在沿海国专属经济区享有航行、飞越、铺设海底电缆和管道的自由，在沿海国领海仅享有无害通过权。

其次，专属经济区也不属于公海。主张专属经济区属于公海的理由主要基于《联合国海洋法公约》第58条第2款的规定。该条款认为，第88条至第115条有关公海的规定只要不与第五部分专属经济区的规定相抵触，就适用于专属经济区，这意味着除了专属经济区特有的限制，其他国家在专属经济区所享有的自由与公海自由是一样的。但专属经济区并不属于公海，虽然《联合国海洋法公约》并没有明确规定公海的定义，但《联合国海洋法公约》第86条用排除法排除了《联合国海洋法公约》有关公海的规定适用于专属经济区、领海、内水和群岛国的群岛水域。因此，《联合国海洋法公约》并不认可专属经济区属于公海的范畴。

由此可见，专属经济区既不属于领海也不属于公海，而是“自成一体”的区域。专属经济区“自成一体”论，已经成为国际法上的通说。

二、沿海国对专属经济区生物资源的权利与义务

沿海国对专属经济区内的生物资源拥有专属的勘探、开发、养护和管理的主权权利。[①] 一方面，未经沿海国的许可，其他国家不能对沿海国专属经济区内的生物资源进行勘探与开发。沿海国在行使勘探和开发权利时，有促进生物资源最适度利用的义务。最适度利用并不是“全面”、“充分”或“最大限度”的利用，而是维持一个较低程度的利用，以避免因过度捕捞而危及生物资源的可持续发展。[②] 同时，沿海国应决定其捕捞专属经济区内生物资源的能力。在本国的捕捞能力不足以支持专属经济区内的全部捕捞量时，应允许其他国家捕捞剩余量。沿海国在给予其他国家利用其专属经济区资源时，应考虑到所有有关因素，如该区域的生物资源对有关沿海国的经济和其他国家利益的重要性。[③] 这包括四个类别的国家的利益：内陆国；地理不利国；位于专属经济区或专属经济区附近的发展中国家；以及那些因为该国国民惯常在专属经济区捕鱼，或已在该区域为研究和确定生物资源方面作出实质努

① 《联合国海洋法公约》第56条第1款a项。

② 撒切雅·南丹，沙卜泰·罗森，等. 1982年《联合国海洋法公约》评注：第二卷. 北京：海洋出版社，2014：578.

③ 《联合国海洋法公约》第62条第3款。

力，而因此将蒙受经济失调影响的国家。[①] 为了更好地管理和利用专属经济区内的生物资源，沿海国拥有制定专属经济区内生物资源管理和利用的法律法规的权利。[②]

另一方面，沿海国对专属经济区内的生物资源还拥有养护和管理的权利。养护和管理不仅仅是沿海国的权利，还是沿海国的义务。与勘探、开发的主权权利不同的是，这种义务并不是沿海国专属的，沿海国只是在生物资源的养护和管理上负有主要的义务。[③] 这种主要义务也并不排除沿海国与其他国家和国际组织对专属经济区内的生物资源的养护和管理进行协作，尤其是针对跨界种群和高度洄游鱼种的养护和管理。[④] 对生物资源进行养护和管理的义务要求沿海国考虑生物和经济因素，科学地决定专属经济区内生物资源的可捕量，并采取适当的生物资源养护和管理措施以及与其他国家在资料共享等方面进行合作。[⑤]

三、其他国家对专属经济区内生物资源的权利与义务

其他国家对专属经济区内生物资源的权利与义务散见于《联合国海洋法公约》有关生物资源利用与养护的条款中。从《联合国海洋法公约》第 62 条第 2 款规定的沿海国有允许其他国家捕捞剩余量的义务推知其他国家在专属经济区内拥有捕捞剩余量的权利。但其他国家有权捕捞剩余量的前提是沿海国的捕捞能力不足以支持其捕捞专属经济区内的全部捕捞量。[⑥] 当然，对剩余量的要求并非绝对，如《联合国海洋法公约》第 69 条第 3 款和第 70 条第 3 款规定发展中内陆国和发展中地理不利国可以与同一分区域或同一区域捕捞能力接近全部捕捞量的国家合作制定公平安排，容许前者参与开发该分区域或区域的沿海国专属经济区内的生物资源。其他国家的剩余捕捞权需要沿海国与其他国家通过协定或其他安排设定。[⑦]

其他国家在获准进入沿海国专属经济区捕捞后，需要履行相应的养护生物资源的义务。根据《联合国海洋法公约》第 61 条第 5 款的规定，其他有关国家应该与沿海国交换养护鱼的种群的资料。第 62 条第 4 款规定在专属经济区捕鱼的其他国家的国民应该遵守沿海国法律和规章中所制定的养护措施和其他条件及条款。因此，虽然沿海国对专属经济区内的生物资源的利用与养护负有主要的义务，但也并不排除其他在该专属经济区内享有一定权利的国家履行相应的养护义务。

---

① 撒切雅·南丹，沙卜暴·罗森，等. 1982 年《联合国海洋法公约》评注：第二卷. 北京：海洋出版社，2014：579.

② 《联合国海洋法公约》第 62 条。

③ Request for Advisory Opinion Submitted by the Sub-Regional Fisheries Commission, Advisory Opinion, 2 April 2015, ITLOS Reports 2015, pp. 4, 34.

④ 《联合国海洋法公约》第 61 条、第 63 条、第 64 条。

⑤ 《联合国海洋法公约》第 61 条第 5 款。

⑥ 理论上，沿海国可以利用引进外国资本和技术使其捕捞能力与可捕量持平，但是这种操纵方式滥用了权利和违背了最适度利用的义务。Yoshifumi Tanaka. The International Law of the Sea. Cambridge: Cambridge University Press, 2019: 286.

⑦ 《联合国海洋法公约》第 62 条第 2 款。

四、沿海国与其他国家对专属经济区特定生物资源的利用和养护

《联合国海洋法公约》通过人为设立区域来管理海洋生物资源的利用和养护，然而海洋生物的流动并不受限于法律划定的区域。[①] 因此，为了弥补区域管理的缺陷，《联合国海洋法公约》还采取了种群管理的方式来利用和养护特定生物资源。区域管理侧重强调沿海国和捕捞国在不同区域的权利与义务，种群管理更强调种群不同生命周期所处的国家及捕捞国家之间的合作利用和养护。此外，1995 年签订的《执行 1982 年 12 月 10 日〈联合国海洋法公约〉有关养护和管理跨界鱼类种群和高度洄游鱼类种群的规定的协定》也对跨界种群和高度洄游种群的养护和管理作出了更为详细的规定，但其主要适用于公海中的跨界种群和高度洄游种群[②]，只有少数条款也可以适用于专属经济区，如对跨界种群和高度洄游种群采取预防的养护和利用措施、在公海和国家管辖地区制定的养护和管理措施不应抵触等规定。[③]

（一）跨界种群的利用与养护

跨界种群是指出现在两个或两个以上专属经济区的种群或既出现在专属经济区内又出现在专属经济区外的邻接区域内的种群。[④] 针对前者，《联合国海洋法公约》规定各沿海国应直接或者通过适当的分区域或区域组织，设法就必要措施达成协议，以协调并确保这种种群的养护和发展。针对后者，《联合国海洋法公约》认为更为必要的是沿海国与其他在专属经济区邻近区域捕鱼的国家直接或者通过适当的分区域或区域组织，设法就必要措施达成协议，以养护在邻近区域中的种群。相对于专属经济区内的生物资源，邻近公海区域的生物资源更易受到过度捕捞的威胁，从而从整体上削弱跨界种群的养护和管理。

专属经济区内各沿海国建立分区域或区域组织以协调跨界种群总捕捞量的分配和养护较为成功的例子是 1976 年建立的挪苏共同渔业委员会（苏联解体后更名为挪俄共同渔业委员会，Joint Norwegian-Russian Fisheries Commission）。该委员会主管区域为北冰洋边缘海巴伦支海国家管辖领域（除领海外），主要管理该区域内三种最重要的鱼种：鳕鱼（cod）、黑线鳕（haddock）、毛鳞鱼（capelin）。对于区域内渔业资源的利用问题，挪威和苏联的渔业部长在委员会召开会议的前一年就委员会未来的渔业分配工作达成一项重要的原则，即两国平分巴伦支海中鳕鱼、黑线鳕的总捕捞量，挪威、苏联分别享有毛鳞鱼 60%、40%的总捕捞量。[⑤] 此外，两国还约定

① Lawrence Juda. The 1995 United Nations Agreement on Straddling Fish Stocks and Highly Migratory Fish Stocks: A Critique. Ocean Development and International Law，1997（2）：147－166.

② 《执行 1982 年 12 月 10 日〈联合国海洋法公约〉有关养护和管理跨界鱼类种群和高度洄游鱼类种群的规定的协定》第 3 条。

③ 《执行 1982 年 12 月 10 日〈联合国海洋法公约〉有关养护和管理跨界鱼类种群和高度洄游鱼类种群的规定的协定》第 6 条和第 7 条。

④ 《联合国海洋法公约》第 63 条。

⑤ 挪俄共同渔业委员会官网.［2022－07－09］. https://www. jointfish. com/eng. html.

相互允许对方渔船在本国国家水域进行捕鱼。[①] 由于幼龄的鳕鱼主要分布在苏联水域的东部，因此，苏联可以到挪威更西边的水域捕捞成熟的鳕鱼。[②] 根据挪威与苏联/俄罗斯签订的一系列条约[③]的规定，两国协调区域内的渔业措施，采取预防方法对生物资源进行养护和利用，加强对渔业活动的监测、控制和监视以及渔业活动信息交换。随着一系列养护措施的实施，巴伦支海中的鳕鱼产量有所增长，生物资源养护效果显著。

（二）高度洄游种群的利用与养护

高度洄游种群是指《联合国海洋法公约》附件一规定的金枪鱼、枪鱼、旗鱼、鲨鱼及鲸鱼等。多数高度洄游种群在其生命周期内会跨越多个专属经济区和公海，具有高度洄游性。[④] 沿海国拥有对专属经济区内高度洄游种群的主权权利，根据《联合国海洋法公约》第 64 条第 1 款的规定，沿海国和其国民在区域内捕捞高度洄游种群的国家应直接或通过适当国际组织进行合作，确保在区域内外促进该种群的养护和适当利用。

目前管理高度洄游种群的专门性区域渔业管理组织有养护大西洋金枪鱼国际委员会（ICCAT）、中西太平洋渔业委员会（WCPFC）、美洲间热带金枪鱼委员会（IATTC）、养护南方蓝鳍金枪鱼委员会（CCSBT）以及印度洋金枪鱼委员会（IOTC）等。其中，美洲间热带金枪鱼委员会是各养护金枪鱼委员会中建立最早的一个，其依据美国与哥斯达黎加签订的《建立美洲间热带金枪鱼委员会公约》于 1949 年建立。随着不断地演变与发展，该委员会的功能从最初的科学研究扩展到对目标种群的养护与管理。[⑤] 根据该委员会于 2010 年生效的《安提瓜公约》[⑥] 的规定，委员会的成员应该采取预防措施对目标种群进行养护，不应以缺乏科学信息为由而延迟或不对目标种群进行养护和管理。同时为了便于管理，国家管辖区内和公海的养护与管理措施应该兼容。[⑦] 美洲间热带金枪鱼委员会经过多年的努力，通过了一系列具有法律约束力的决议，并采取了相应的养护与管理措施，如禁渔期、许可渔

---

① Agreement Concerning Mutual Relations in the Field of Fisheries Between Union of Soviet Socialist Republics and Norway, signed at Moscow on 15 October 1976, Art. 1.

② Bahri T., Vasconcellos M., et al. Adaptive Management of Fisheries in Response to Climate Change, FAO Fisheries and Aquaculture Technical Paper No. 667. p. 196.

③ 包括 1975 年《渔业合作协定》（Agreement on Cooperation in the Fisheries Industry）、1976 年《渔业领域共同关系协定》（Agreement concerning Mutual Relations in the Field of Fisheries）以及 2010 年《挪威王国和俄罗斯联邦关于海洋划界和在巴伦支海和北冰洋合作的条约》（Treaty between the Kingdom of Norway and the Russian Federation concerning Maritime Delimitation and Cooperation in the Barents Sea and the Arctic Ocean）等。

④ 张晏瑲. 国际海洋法. 北京：清华大学出版社，2015：313.

⑤ 美洲间热带金枪鱼委员会官网. [2022－07－11]. https://www.iattc.org/en-US/About/Role.

⑥ Convention for the Strengthening of the Inter-American Tropical Tuna Commission Established by the 1949 Convention between the United States of America and the Republic of Costa Rica (Antigua Convention), entered into force on 27 August 2010.

⑦ 《安提瓜公约》第 4 条和第 5 条。

船清单、规范渔具和捕捞技术、观察员监测机制、对发展中成员能力建设提供援助等，还通过了《港口检查最低标准》，该标准要求成员和合作非成员对进入港口的渔船实施检查，并就检查结果编制报告，以打击非法、未报告和无管制（illegal，unreported，and unregulated，IUU）捕捞。

（三）海洋哺乳动物的利用与养护

海洋哺乳动物包括鲸类、海狮、海豹、水獭以及北极熊等。由于海洋哺乳动物易受人类活动影响，其大多数种群处于濒临灭绝和严重耗竭的状态[①]，因此，《联合国海洋法公约》第 65 条规定沿海国和相关国际组织可以对海洋哺乳动物实行较第五部分专属经济区更为严格的禁止、限制或管制。同时，某些鲸类也属于《联合国海洋法公约》附件一第 17 项的高度洄游种群，所以某些鲸类也适用《联合国海洋法公约》第 64 条。但第 64 条的目的在于最适度利用高度洄游种群，而《联合国海洋法公约》第 65 条并没有这样的目的。因此，为了使第 64 条与第 65 条相适应，应该将第 65 条理解为特别法。基于特别法优先于一般法的原理，对于鲸类应优先适用第 65 条。[②]

1948 年 11 月 10 日，《国际捕鲸管制公约》生效，并据此成立了国际捕鲸委员会（International Whaling Commission，IWC），该委员会是管理捕捞和养护鲸鱼的主要国际组织。该委员会规定自 1986 年起暂时禁止商业捕鲸，仅允许土著居民为了生存而捕鲸[③]以及为了科学研究而捕鲸。[④] 然而，允许土著居民为了生存而捕鲸和为了科学研究而捕鲸并不意味着相关国家及其国民可以肆无忌惮地进行捕鲸。为此，相关国家及其国民应该遵守捕捞的数量、种类及体长等限制，同时履行报告义务。除《国际捕鲸管制公约》和国际捕鲸委员会以外，还存在区域协定对特定地区特定鲸目进行养护，如《保护野生动物迁徙物种公约》[⑤] 项下的《关于保护波罗的海、东北大西洋、爱尔兰和北海小鲸目动物的协定》（ASCOBANS）[⑥] 及《关于保护黑海、地中海和毗邻大西洋地区鲸目动物的协定》（ACCOBAMS）[⑦] 等。然而，实践中仍有少数国家滥用捕捞权限，削弱国际社会保护鲸类的成效。[⑧]

---

① Gregory M. Travalio，Rebecca J. Clement. International Protection of Marine Mammals. Columbia Journal of Environmental Law，1979（2）：199－235.

② 撒切雅·南丹，沙卜泰·罗森，等. 1982 年《联合国海洋法公约》评注：第二卷. 北京：海洋出版社，2014：604.

③ International Convention for the Regulation of Whaling，Art. 8.

④ Schedule of International Convention for the Regulation of Whaling，Art. 13.

⑤ Convention on the Conservation of Migratory Species of Wild Animals，signed at Bonn on 23 June 1979，entered into force on 1 November 1983.

⑥ Agreement on the Conservation of Small Cetaceans of the Baltic，North East Atlantic，Irish and North Seas，approved in Geneva in September 1991.

⑦ Agreement on the Conservation of Cetaceans of the Black Sea，Mediterranean Sea and Contiguous Atlantic Area，signed on 24 November 1996.

⑧ Whaling in the Antarctic（Australia v. Japan：New Zealand intervening），Judgment，I. C. J. Reports 2014，p. 226.

（四）溯河产卵种群的利用与养护

溯河产卵种群在一国管辖的淡水中产卵，该种群的生命周期的一部分用来向大海洄游，然后它们回到出生的河流产卵，有时在途中会经过其他国家管辖的水域。[①]常见的溯河产卵种群是鲑鱼。《联合国海洋法公约》规定只能在专属经济区外部界限向陆一面捕捞溯河产卵种群，但该规定会引起鱼源国以外国家的经济失调的情形除外。[②] 考虑到鱼源国要承担溯河产卵种群的管理和维持责任，鱼源国对溯河产卵种群的捕捞有主要利益与责任。[③] 鱼源国的这种主要利益和责任并不排除其他国家对溯河产卵种群的权利与义务。鱼源国拥有制定专属经济区外部界限向陆一面捕捞措施的管制权力。在与相关国或受影响的国家协商后，鱼源国可以确定源自其河流的溯河产卵种群的总可捕量。鱼源国还被赋予了管理专属经济区外部界限以外的溯河产卵种群的捕捞的主要权力，但要求与相关国保持协商。[④] 此外，鱼源国应与捕捞这些种群的其他国家通过区域组织对这些种群进行养护和管理。[⑤] 如根据《北太平洋养护溯河产卵种群公约》[⑥] 建立的北太平洋溯河产卵鱼种委员会，其管辖海域为成员国专属经济区以外区域，该公约禁止对成员国专属经济区以外区域的溯河产卵种群进行捕捞，并要求缔约方在公约管辖海域内开展科学研究以养护溯河产卵种群。[⑦]

（五）降河产卵种群的利用与养护

降河产卵种群是指在淡水中度过大半生后，回到海洋产卵的种群，典型的降河产卵种群是淡水鳗鱼。[⑧] 根据《联合国海洋法公约》第 67 条第 1 款的规定，降河产卵种群在其水域内度过大部分生命周期的沿海国，有责任管理该种群，并确保洄游鱼类的出入。然而该条并未排除其他国家参与管理的可能性。根据该条第 3 款的规定，若该降河产卵种群的幼鱼或成鱼游经其他国家的专属经济区，降河产卵种群在其水域内度过大部分生命周期的沿海国应与其他国家就管理和捕捞该种群进行协商。此外，就降河产卵种群的利用而言，只能在专属经济区外部界限向陆一面的水域捕

---

① 撒切雅·南丹，沙卜泰·罗森，等. 1982 年《联合国海洋法公约》评注：第二卷. 北京：海洋出版社，2014：607.

② 《联合国海洋法公约》第 66 条第 3 款 a 项。

③ 撒切雅·南丹，沙卜泰·罗森，等. 1982 年《联合国海洋法公约》评注：第二卷. 北京：海洋出版社，2014：610.

④ 撒切雅·南丹，沙卜泰·罗森，等. 1982 年《联合国海洋法公约》评注：第二卷. 北京：海洋出版社，2014：617.

⑤ 《联合国海洋法公约》第 66 条第 5 款。

⑥ Convention for the Conservation of Anadromous Stocks in the North Pacific Ocean, signed on 11 February 1992, took effect on 16 February 1993.

⑦ Convention for the Conservation of Anadromous Stocks in the North Pacific Ocean, Art. 1 and Art. 7.

⑧ 撒切雅·南丹，沙卜泰·罗森，等. 1982 年《联合国海洋法公约》评注：第二卷. 北京：海洋出版社，2014：619.

捞降河产卵种群[①]，而且捕捞该种群不仅受《联合国海洋法公约》第 67 条的限制，还要受《联合国海洋法公约》关于在专属经济区内捕鱼的其他规定的限制，如沿海国决定可捕捞量和剩余量、促进该种群的最适度利用等。仅允许在专属经济区外部界限向陆一面捕捞是因为在公海会捕捞到幼鱼，有悖于养护降河产卵种群的目的。[②]因此，就捕捞区域而言，《联合国海洋法公约》对降河产卵种群的限制比对溯河产卵种群的限制更为严格，没有任何的例外情形。

五、沿海国与特殊国家对专属经济区生物资源的利用与养护

《联合国海洋法公约》第 69 条和第 70 条规定了两种特殊国家对沿海国专属经济区生物资源的利用与养护，分别是内陆国和地理不利国。由于内陆国和地理不利国在《联合国海洋法公约》谈判阶段是组成同一联盟与其他国家进行谈判的，所以《联合国海洋法公约》对两者拥有生物资源的权利与义务的规定并无二致。[③]

内陆国是指没有海岸的国家。[④] 目前世界上有 44 个内陆国，包括 16 个非洲国家、12 个亚洲国家、14 个欧洲国家以及 2 个南美洲国家。[⑤] 赞比亚、尼泊尔、瑞士以及巴拉圭是典型的内陆国。除少数欧洲国家外，大部分内陆国均为发展中国家，内陆国的经济状况在不同程度上受到没有入海口和缺乏近海资源的影响。因此，利用沿海国专属经济区内的生物资源对内陆国而言尤为重要。地理不利国是指其地理条件依赖于开发同一分区域或区域的其他国家专属经济区内的生物资源，以供应足够的鱼类来满足其人民或部分人民的营养需要的沿海国，以及不能主张有自己的专属经济区的沿海国。[⑥] 地理不利国包括闭海与半闭海国家。闭海与半闭海是指“两个或两个以上国家所环绕并由一个狭窄的出口连接到另一个海或洋，或者全部或主要由两个或两个以上沿海国的领海和专属经济区构成的海湾、海盆或海域”[⑦]。世界普遍承认的地理不利国有刚果（金）、新加坡以及牙买加等。[⑧] 目前，我国也有部分学者基于我国人均海洋资源匮乏、专属经济区难以延伸等理由主张我国为地理相对不利国。[⑨]

---

① 《联合国海洋法公约》第 67 条第 2 款。

② Yoshifumi Tanaka. The International Law of the Sea. Cambridge：Cambridge University Press，2019：300.

③ Thomas M. Franck，Mohamed El Baradei，George Aron. The New Poor：Land-Locked，Shelf-Locked and other Geographically Disadvantaged States. New York University Journal of International Law and Politics，1974（1）：38.

④ 《联合国海洋法公约》第 124 条第 1 款 a 项。

⑤ [2022-07-23]. https://www. worldatlas. com/articles/landlocked-countries-of-the-world. html.

⑥ 《联合国海洋法公约》第 70 条第 2 款。

⑦ 撒切雅·南丹，沙卜泰·罗森，等. 1982 年《联合国海洋法公约》评注：第二卷. 北京：海洋出版社，2014：692.

⑧ Thomas M. Franck，Mohamed El Baradei，George Aron. The New Poor：Land-Locked，Shelf-Locked and other Geographically Disadvantaged States. New York University Journal of International Law and Politics，1974（1）：38.

⑨ 邢望望. 海洋地理不利国之中国视角再审视. 太平洋学报，2016，24（1）：18-19；傅崐成，李敬昌. 南海若干国际法律问题. 太平洋学报，2016，24（7）：10.

在充分考虑了沿海国的利益后，内陆国和地理不利国应有权在公平的基础上，与同一分区域或区域的沿海国通过双边、分区域或区域协定开发该沿海国专属经济区内生物资源的适当剩余部分。① 与《联合国海洋法公约》第 62 条的规定不同，内陆国与地理不利国只能捕捞同一分区域或区域沿海国专属经济区生物资源的适当剩余部分，然而《联合国海洋法公约》并没有对“适当”作出具体的界定，给予了相关国家谈判空间。②《联合国海洋法公约》还区分了发达内陆国、地理不利国与发展中内陆国、地理不利国在沿海国专属经济区内的不同权利。发达内陆国与地理不利国被排除在发展中沿海国专属经济区之外，除非发展中沿海国主动给予其优惠。③而即使沿海国捕捞能力接近可捕量的全部，发展中内陆国与地理不利国也可以和沿海国就参与捕捞制定公平安排。这一规定体现了对发展中内陆国和地理不利国的特殊照顾。

内陆国与地理不利国对沿海国专属经济区生物资源的养护义务参照《联合国海洋法公约》第 61 条和第 62 条的规定，即应遵守沿海国制定的养护措施，履行科学情报、渔获量、渔捞努力量等资料的交换义务等。基于闭海或半闭海沿海国渔业资源易枯竭的特性，《联合国海洋法公约》还规定闭海或半闭海沿海国应尽力直接或通过适当区域组织协调海洋生物资源的管理、养护、勘探和开发。④ 然而，内陆国和地理不利国享有的优待并非绝对。《联合国海洋法公约》第 71 条规定了内陆国和地理不利国的权利不适用于经济上极为依赖其专属经济区内生物资源的沿海国，比如冰岛。这意味着这类经济上极为依赖自身专属经济区内生物资源的沿海国可以不必为内陆国和地理不利国提供可捕量。《联合国海洋法公约》第 72 条禁止内陆国和地理不利国以任何方式向第三国及其国民转让其参与开发其他沿海国专属经济区生物资源的权利，防止对同一分区域或区域的其他沿海国及其国民造成不利后果。

六、专属经济区内权利和管辖权冲突的解决

（一）解决冲突的基础

专属经济区内权利和管辖权冲突不仅包括确定权利产生的冲突，还包括剩余权利产生的冲突。前者指《联合国海洋法公约》已经明确权利和管辖权归属后产生的冲突，后者指因《联合国海洋法公约》未能明确或未规定权利和管辖权归属而引起的冲突。对于由确定权利产生的冲突而言，由于权利和管辖权的归属已经确定，故冲突解决的基础主要在于确定违法事实及适用的法律。在渔业冲突和海洋污染冲突中，为了便于对相关事实的调查，沿海国对相关船只及船员往往会采取逮捕和拘留的措施。因此，在冲突解决前，很可能还会涉及迅速释放程序。对于剩余权利产生的冲突而言，由于相关权利和管辖权归属的不确定性，冲突的解决往往会更加复杂。

---

① 《联合国海洋法公约》第 69 条第 1 款和第 2 款、第 70 条第 1 款和第 3 款。

② 《联合国海洋法公约》第 69 条第 1 款和第 70 条第 1 款。

③ 《联合国海洋法公约》第 69 条第 3 款和第 5 款。

④ 《联合国海洋法公约》第 123 条。

目前《联合国海洋法公约》只是对冲突的解决作出原则性的规定，即由剩余权利产生的冲突的解决应基于公平并参照所有一切有关情况，考虑所涉利益对各方和整个国际社会的重要性。①

（二）船只和船员的迅速释放

迅速释放程序是争端解决的特殊程序，独立于其他所有的程序②，主要应用于非法捕捞和海洋污染案件中。该程序的主要目的是平衡沿海国实施相应管理措施的利益和船旗国确保船舶迅速释放以及船员免于受拘留的利益。③ 根据《联合国海洋法公约》第 73 条第 2 款、第 220 条第 7 款以及第 226 条第 1（b）款等的规定，被逮捕的船只和船员在提供适当的保证书或其他担保后，应迅速获得释放。因此，逮捕国在被逮捕船只的船主和船长满足担保条件后有迅速释放的义务。根据国际海洋法法庭审理的所有关于迅速释放的已决案件，所有的迅速释放案件都是由违反《联合国海洋法公约》第 73 条第 2 款引起的，由此，该事实强调了实践中违法捕捞现象的严重性。④

迅速释放案件主要涉及以下几个问题：（1）案件管辖机构。根据《联合国海洋法公约》第 292 条第 1 款的规定，释放问题可向争端各方协议的法院或法庭提出，如自扣留起 10 日内不能达成协议的，可向扣留国依据《联合国海洋法公约》第 287 条选择的法院或法庭，或者向国际海洋法法庭提出。该条特意强调了国际海洋法法庭处理迅速释放案件的管辖权，实践中迅速释放案件也多由国际海洋法法庭处理。⑤（2）案件提出主体。根据《联合国海洋法公约》第 292 条第 2 款的规定，迅速释放案件的提出主体应为船旗国或以该国名义提出。“以该国名义提出”指经由船旗国授权的个人以船旗国名义提出。⑥ 同时，船主变更并不影响船舶国籍，因此变更船主后的船舶释放问题还是应由船旗国或以该国名义提出。⑦（3）案件提出的条件。《联合国海洋法公约》第 292 条第 1 款规定，扣留国在合理的保证书或其他财政担保提供后仍然没有遵从本公约的规定，将该船只或其船员迅速释放，释放问题可向相关管辖机构提出。然而，事实上担保提供并非案件提出的前置条件，只要扣留国提出了可能的保证要求，不管被扣押船舶的船主或船长是否提供保证，均可以向法院或法庭提出迅速释放案件。⑧（4）合理的保证书或其他财政担保的评估因素。在“‘卡

---

① 《联合国海洋法公约》第 59 条。

② M/V “SAIGA” (Saint Vincent and the Grenadines v. Guinea), Prompt release, Judgment, ITLOS Reports 1997, p. 16, para. 50.

③ “Monte Confurco” (Seychelles v. France), Prompt Release, Judgment, ITLOS Reports 2000, p. 86, para. 70.

④ Yoshifumi Tanaka. The International Law of the Sea. Cambridge: Cambridge University Press, 2019: 532.

⑤ 屈广清，曲波. 海洋法. 4 版. 北京：中国人民大学出版社，2017：269.

⑥ Rules of the Tribunal, Adopted on 28 October 1997 (last amended on 25 March 2021), Art. 110 (2).

⑦ “Tomimaru” (Japan v. Russian Federation), Prompt Release, Judgment, ITLOS Reports 2005 - 2007, p. 74, para. 70.

⑧ MIV “SAIGA” (Saint Vincent and the Grenadines v. Guinea), Prompt release, Judgment, ITLOS Reports 1997, p. 16, para. 75 and 76.

莫科号'案"（"Camouco" case）中，国际海洋法法庭认为"合理"的评估因素包括被指控犯罪的严重性、拘留国法律规定的或可实施的处罚、被拘留的船只和被扣押货物的价值以及拘留国规定的保证数额和形式。[①] 这些评估因素并不是绝对的和完全的，具体案件中的"合理"评估因素应具体考量。[②]

案例分析

案例一

智利和欧洲共同体东南太平洋箭鱼可持续利用和养护案

案例导入

高度洄游鱼种箭鱼在东南太平洋智利国家管辖区域内和邻近专属经济区的公海区域内储量丰富。然而自20世纪90年代以来，箭鱼在智利专属经济区的捕捞量逐年下降。[③] 智利将原因归咎于西班牙渔船在箭鱼产卵水域大肆捕捞幼鱼。[④] 为了箭鱼资源的可持续利用，《智利渔业法》第165条、430号法令以及随后的598号法令禁止在智利港口卸载和转运因违反智利渔业保护措施而捕捞的高度洄游鱼种。[⑤] 由于多轮谈判无果，西班牙国家深海延绳渔船船东协会于1998年5月26日向欧洲共同体委员会投诉，委员会在作出调查后，认为智利禁止在其港口卸载箭鱼渔获物构成了对欧洲共同体的贸易障碍，决定依据世界贸易组织（World Trade Organization，WTO）《关于争端解决规则与程序的谅解》（Understanding on the Rules and Procedures for the Settlement of Disputes）和其他相关的WTO文件提起对智利的争端解决程序。[⑥] 于是，2000年4月19日，欧洲共同体请求与智利进行磋商程序，磋商进展不顺后，在欧洲共同体的请求下，WTO争端解决机构于2000年12月12日建立了关于该案的专家组。随后，智利也于2000年12月18日将该案提交到了国际海洋法法庭，法庭最终依据《国际海洋法法庭规则》第15条第2款的规定组建了一个特别分庭来处理该案。[⑦]

由于双方的主张依据的主要公约不同，智利与欧洲共同体有关箭鱼的争议同时

---

① "Camouco" (Panama v. France), Prompt Release, Judgement, ITLOS Reports 2000, p. 10, para. 67.

② "Monte Confurco" (Seychelles v. France), Prompt Release, Judgment, ITLOS Reports 2000, p. 86, para. 76.

③ Marcos A. Orellana. The Swordfish Dispute between the EU and Chile at the ITLOS and the WTO. Nordic Journal of International Law, 2002 (1): 57-58.

④ Marcos A. Orellana. The Swordfish Dispute between the EU and Chile at the ITLOS and the WTO. Nordic Journal of International Law, 2002 (1): 58.

⑤ Commission Decision of 5 April 2000 under the provisions of Council Regulation (EC) No 3286/94 concerning the Chilean prohibition on unloading of swordfish catches in Chilean ports.

⑥ Commission Decision of 5 April 2000 under the provisions of Council Regulation (EC) No 3286/94 concerning the Chilean prohibition on unloading of swordfish catches in Chilean ports.

⑦ Conservation and Sustainable Exploitation of Swordfish Stocks, (Chile/ European Community), Order of 20 December 2000, ITLOS Reports 2000, p. 148.

出现在了不同的争端解决机制之中。其中，争议涉及生物资源利用、养护与管理的部分主要由国际海洋法法庭来解决。智利请求特别分庭判决：(1) 欧洲共同体是否根据《联合国海洋法公约》第 116 至 119 条有关公海生物资源养护与管理的规定，履行了确保悬挂其成员国旗帜的船只在邻近智利专属经济区的公海进行渔业活动时遵守保护箭鱼的义务；(2) 欧洲共同体是否根据《联合国海洋法公约》第 64 条的规定，履行了在邻近智利的专属经济区公海内与作为沿海国的智利进行直接合作的义务以及提供捕捞量和其他有关信息的报告义务；(3) 欧洲共同体是否挑战了沿海国在其国家管辖区域内制定箭鱼保护法律并确保该法律在其港口实施的主权权利，以及该挑战是否符合《联合国海洋法公约》的规定；(4) 欧洲共同体是否履行了《联合国海洋法公约》第 300 条有关诚意和不滥用权利的义务，以及第 297 条第 1 (b) 款关于遵守智利按照《联合国海洋法公约》制定的不与公约相抵触的法律规章的义务。而欧洲共同体则请求特别分庭判决：(1) 智利在公海实施关于箭鱼保护的 598 号法令是否违反了《联合国海洋法公约》第 87 条有关公海捕鱼自由的规定、第 89 条有关对公海主权主张无效的规定，以及第 116 至 119 条有关公海生物资源养护和管理的规定。(2)《加拉帕戈斯协定》[①] 的谈判是否与《联合国海洋法公约》条款保持一致，以及该协定的实质性条款是否与《联合国海洋法公约》第 64 条以及第 116 至 119 条协调。(3) 智利保护箭鱼的行为是否符合《联合国海洋法公约》第 300 条的规定，以及智利与欧洲共同体是否还存在《联合国海洋法公约》第 64 条项下有关高度洄游鱼种的合作义务。(4) 特别分庭的管辖权是否及于智利的第三个请求。[②]

然而，由于智利和欧洲共同体双方在磋商中就箭鱼保护和港口利用达成了临时协定，特别分庭并未对双方的请求作出进一步的审查。该临时协定规定：(1) 欧洲共同体和智利双边科技委员会[③]将继续它的工作。(2) 为了探索渔业共同开发，4 艘智利渔船和 4 艘欧洲共同体渔船将基于自愿参与东南太平洋国际水域渔业共同研究项目。参与该项目的渔船应该装备卫星船舶监控系统，配备科学观测员。每组渔船捕捞限额为每年 1 000 吨且参与项目的欧洲共同体渔船可以使用智利境内的部分港口。(3) 全体相关利益方应参与 2001 年秋在智利举办的国际磋商，以便在箭鱼保护方面通过建立新的国际组织或加入已有的区域渔业组织加强合作。[④] 2009 年，经过数年的谈判，双方就箭鱼保护和港口利用达成了谅解，终止了在国际海洋法法庭和

---

① Galapagos Agreement, signed in Santiago de Chile on 14 August 2000. 该协定由智利、厄瓜多尔、秘鲁等南太平洋常设委员会 (Permanent Commission for the South Pacific, CPPS) 成员国缔结而成，其主要内容为寻求保护东南太平洋公海的生物资源，尤其是跨界鱼种和高度洄游鱼种。

② Letter from Mr. Antonio Skarmeta, Ambassador of Chile to Germany, to the Registrar dated 18 December 2000.

③ 双边科技委员会 (Bilateral Scientific and Technical Commission, BSTC) 是智利和欧洲共同体直接合作的一个尝试。该委员会的目的主要是分享信息，以便在可持续利用和保护剑鱼方面加强合作。1998 年 7 月 10 日，欧洲共同体通知智利已开始开展关于智利拒绝港口准入的审查程序，智利认为双方的争论已经正式确立，故该尝试由于双方的不信任，宣告失败。Marcos A. Orellana. The Swordfish Dispute between the EU and Chile at the ITLOS and the WTO. Nordic Journal of International Law, 2002 (1): 61 - 63.

④ Marcos A. Orellana. The Swordfish Dispute between the EU and Chile at the ITLOS and the WTO. Nordic Journal of International Law, 2002 (1): 70.

WTO的争端解决程序。

评析

本案最具研究价值的点是争端双方将案件提交给了两个不同的争端解决机构，而两个争端解决机构在保护生物资源和贸易自由的优先级上又各有偏好。从WTO专家组和上诉机构的以往裁决来看，虽然GATT第20条g款规定为了有效保护可能用竭的天然资源，不禁止缔约方采取与国内限制生产和消费措施相配合的有关措施，但在缔约方援引该例外为其制定生物资源保护措施而限制贸易自由抗辩时均被WTO专家组和上诉机构所否定。[①] 故WTO被认为是对环境问题相当不敏感的机构。[②] 而国际海洋法法庭在其之前的“南方蓝鳍金枪鱼临时措施案”中裁定，虽然法庭并不能确定性地评估各方提出的科学证据，但澳大利亚、日本和新西兰都不得实施涉及捕捞南方蓝鳍金枪鱼的试验捕鱼计划，除非与其他当事方另有协议或者该试验渔获量被计算在每年各国的配额之内。[③] 因此，国际海洋法法庭被认为高度关注环境问题，为环境友好型法庭。所以，若该案继续在两个不同的机构进行审理，很有可能会得到不一致的结果。

思考题

（1）若WTO与国际海洋法法庭均对该案作出了有法律拘束力的报告和判决，针对其中相抵触的部分该如何适用？

（2）其他国家在邻近智利专属经济区的公海内捕捞高度洄游鱼种，如箭鱼等，需要履行哪些义务？这些义务是否与《联合国海洋法公约》规定的公海捕鱼自由相冲突？

案例二

“富丸”（“Tomimaru”）号迅速释放案[④]

案例导入

“富丸号”是日本金井行宫株式会社拥有和运营的一艘渔船，该船的船旗国为日本。根据俄罗斯主管当局发放给“富丸号”的捕鱼许可，该船从2006年10月1日起到12月31日止，在俄罗斯专属经济区内西白令海享有的捕鱼配额为狭鳕1 163吨、鲱鱼18吨。2006年10月31日，“富丸号”在上述区域捕鱼时，被俄罗斯巡逻船“沃罗夫斯基”（“Vorovskii”）号的官员登临，同时俄罗斯联邦安全局东北边境海岸警卫处的官员对该船进行了登船检查，初步发现该船装载有5.5吨未申报的狭

---

① 戴瑜. WTO框架下环保条款的判理演进及挑战. 中国海商法研究，2021，32（1）：102－112.

② John Shamsey. ITLOS vs Goliath: The International Tribunal for the Law of the Sea Stands Tall with Appellate Body in the Chilean-EU Swordfish Dispute. Transnational Law & Contemporary Problems, 2002 (2): 518.

③ Southern Bluefin Tuna (New Zealand v. Japan; Australia v. Japan), Provisional Measures, Order of 27 August 1999, ITLOS Reports 1999, p. 288.

④ “Tomimaru” (Japan v. Russian Federation), Prompt Release, Judgment, ITLOS Reports 2005－2007, p. 74.

鳕。于是该船改道，被护送至阿瓦钦斯基湾（Avachinskiy Bay）接受进一步检查，最终该船被确定总的非法捕捞量为 62 186.9 千克，对俄罗斯生物资源造成的损失达 880 万卢布（当时折合 34.5 万美元）。

2006 年 11 月 8 日，依据《俄罗斯联邦刑法典》第 253 条第 2 款，因“富丸号”未经俄罗斯允许在其专属经济区内捕捞，造成生物资源巨大损害，“富丸号”船长被提起刑事诉讼。船长被要求待在堪察加彼得罗巴甫洛夫斯克直到完成预审和对刑事案件审判的审查。“富丸号”也被当作该案的物证被扣押在阿瓦钦斯基湾。11 月 14 日，“富丸号”船东因违反《俄罗斯联邦行政违法法典》第 8. 17 条第 2 款被提起行政诉讼。11 月 30 日，“富丸号”方提出缴纳保证金释放渔船的请求，并指出保证金的数额由俄罗斯方面考量。12 月 12 日，俄罗斯自然保护地区间检察官办公室在给船东的函件中指出，“富丸号”给俄罗斯联邦造成的损失为 880 万卢布，一旦该数额的保证金缴纳至保证金账户，地区间检察官办公室将不会阻碍“富丸号”的自由。但该保证金并未被缴纳。后船东又向东北边境海岸警卫处和彼得罗巴甫洛夫斯克-堪察斯基市法院请求为“富丸号”船东所涉行政案件设定保证金数额。但该请求被法院拒绝，理由是扣留渔船是保证诉讼程序正常进行的措施以及《俄罗斯联邦行政违法法典》并未规定迅速释放的程序。12 月 28 日，彼得罗巴甫洛夫斯克-堪察斯基市法院对船东所涉行政诉讼作出判决，除判处罚金外，“富丸号”及其所有的设备也被没收。2007 年 1 月 6 日，船东向堪察加地区法院提起上诉，但该判决被地区法院维持。3 月 26 日，船东又向俄罗斯联邦最高法院提出审查程序。4 月 9 日，“富丸号”被俄罗斯收归国库。7 月 26 日，俄罗斯联邦最高法院驳回了对没收判决的申诉。

2007 年 7 月 6 日，日本向国际海洋法法庭提起了针对俄罗斯的“富丸号”迅速释放案。法庭围绕管辖权、可受理性、船被没收是否引起船籍变化以及船被没收是否使该案没有了标的物进行了审理，最终法庭因该案已经没有了标的物而未对该案作出判决。

法官释法

(1) 没收是否对船的国籍有影响？

国际海洋法法庭认为没收这个行为自身并不导致船旗的自动改变或丧失。没收改变船的所有权，但船的所有权和船籍是两个不同的问题。根据《联合国海洋法公约》第 91 条的规定，每个国家应对给予船舶国籍、在其领土内登记船舶以及悬挂其船旗确定条件。由此可见，船籍与船舶登记国和船旗国相关。正如《联合国海洋法公约》第 94 条所规定的那样，一个国家和悬挂其旗帜的船舶之间会产生一种权利与义务的关系。考虑到《联合国海洋法公约》第 94 条规定的船旗国的重要作用和《联合国海洋法公约》第 292 条中船旗国提起迅速释放程序的关键角色，并不能认为船舶所有权的转变会自动导致船旗的改变或丧失。

(2) 船舶的没收是否会导致迅速释放申请丧失标的物？

《联合国海洋法公约》第 292 条第 3 款规定，法院或法庭应该毫不迟延地处理迅速释放的申请，并且应仅处理释放问题，而不影响在主管的国内法庭对该船只、船主或船员的任何案件的是非曲直的判定。同时，虽然《联合国海洋法公约》第 73 条并未谈及船舶的没收，但事实上很多国家的国内法律都有没收船舶的规定。迅速释放程序是平衡沿海国和船旗国利益的措施，法庭认为船舶没收不能作为打破沿海国和船旗国利益平衡的手段来使用。没收的判决消除了船舶扣留的临时性质，导致迅速释放程序丧失标的物，但是并不阻止船东寻求国内司法救济，也不阻止船旗国诉诸《联合国海洋法公约》规定的迅速释放程序。在这个背景下，法庭强调虽然《联合国海洋法公约》第 292 条课以了船旗国及时行动的义务，但考虑到迅速释放程序的目的和宗旨，当国内的诉讼程序尚未完成时，没收的判决并不能阻止船旗国诉诸迅速释放程序。在本案中，由于俄罗斯联邦最高法院的监督复审程序已经结束，且该案的申请人并未对案件的国内程序终结和程序的正当性提出异议，也没有提出没收程序导致其不能诉诸国内、国际司法救济的指控，若法庭作出第 292 条的迅速释放的判决，就会与俄罗斯国内的诉讼结果相矛盾且会损害其国内法庭的权威。因此，法庭认为在该申请已经丧失标的物时，没有必要对当事人的意见进行明确表态。

类案练习

在日本向国际海洋法法庭提出“富丸号”案时，也提起了针对俄罗斯的“丰进丸”（“Hoshinmaru”）号迅速释放案，请阅读该案判决（https://www.itlos.org/fileadmin/itlos/documents/cases/case_no_14/14_judgment_060807_en.pdf）回答下列问题：

（1）在案情大致相同的情况下，两案作出不同判决的原因是什么？这给了你什么启示？

（2）两案传达出国际海洋法庭对迅速释放程序考量的最重要价值是什么？

案例三

次区域渔业委员会①咨询建议案②

案例导入

2013 年 3 月 27 日至 28 日，第 14 届次区域渔业委员会部长会议通过了一项决议。该决议的主要内容为：根据《次区域渔业委员会成员国海洋区域内确定最低准入条件及开发渔业资源公约》（以下简称《最低准入条件及开发渔业资源公约》）③第 33 条④的规定，授权次区域渔业委员会常任秘书向国际海洋法法庭寻求咨询建议。3 月 27 日，次区域渔业委员会常任秘书向国际海洋法法庭提出征询咨询建议的

---

① 次区域渔业委员会（Sub-Regional Fisheries Commission，SRFC），是由佛得角、几内亚等七个西非国家成立的旨在促进渔业合作、共同开发和养护渔业资源的区域性国际组织。

② Request for Advisory Opinion submitted by the Sub-Regional Fisheries Commission，Advisory Opinion，2 April 2015，ITLOS Reports 2015，p. 4.

③ Convention on the determination of the minimum access conditions and exploitation of fisheries resources within the maritime zones under the jurisdiction of SRFC Member States，MAC Convention，adopted on 8 June 2012 in Dakar，Senegal.

④ 《最低准入条件及开发渔业资源公约》第 33 条规定，次区域渔业委员会部长会议应该授权次区域渔业委员会常任秘书向国际海洋法法庭寻求具体的法律问题的咨询意见。

请求，请求国际海洋法法庭就以下四个问题提出咨询建议：(1) 当悬挂一国旗帜的船舶在他国的专属经济区从事非法的、不报告的和不受管制的捕捞（以下简称 IUU 捕捞）时，船旗国应当承担怎样的义务？(2) 船旗国对悬挂其旗帜的船只进行的 IUU 捕捞承担何种程度的责任？(3) 在船旗国或国际组织的船舶依据国际协定取得捕捞许可的情况下，该船旗国或国际组织是否应当就这些船舶违反沿海国渔业法律法规而承担责任？(4) 在确保共享种群（shared stocks）和共同利益种群（stocks of common interest），尤其是小型深海鱼种（small pelagic species）和金枪鱼的可持续养护和管理方面，沿海国的权利与义务是什么？

2013 年 4 月 8 日，书记官根据《国际海洋法法庭规则》（以下简称《规则》）第 133 条第 1 款[①]向《联合国海洋法公约》成员国通告了该征询咨询建议的请求。5 月 24 日，法庭发布命令决定邀请公约成员方、次区域渔业委员会以及可能就该问题提供信息的政府间组织提供书面声明。命令发出后，书记官收到了来自沙特阿拉伯、德国、中国以及欧盟等 27 个成员方，以及次区域渔业委员会、太平洋岛国论坛渔业局[②]及世界自然保护联盟[③]等 7 个组织的书面声明。此外，非公约成员方美国也提出了书面声明，该声明被法庭单列在以 1995 年《执行 1982 年 12 月 10 日〈联合国海洋法公约〉有关养护和管理跨界鱼类种群和高度洄游鱼类种群的规定的协定》成员方命名的文件之下。虽然世界自然基金会也申请作为法庭之友提交了书面声明，但由于世界自然基金会作为非政府间组织并不符合《规则》第 133 条第 2 款的关于可能能够提供消息的政府间国际组织的规定，故该声明并未被列入案件文件中，而是转发给了公约成员方、次区域渔业委员会以及上述政府间组织，并以案件相关文件命名发布在了法庭官网上。2014 年 9 月 2 日至 5 日，法庭对该案进行了庭审，次区域渔业委员会、德国、阿根廷、澳大利亚等发表了口头意见。2015 年 4 月 2 日，法庭发布咨询建议。

法官释法

(1) 法庭全庭有无咨询管辖权？

由于该案是国际海洋法法庭（除海底争端分庭外）的第一个咨询建议案，因此法庭全庭有无咨询管辖权的问题引发了很多争议。最主要的反对意见认为《联合国海洋法公约》并未明示或暗示法庭的全庭咨询管辖权，如果法庭全庭行使咨询管辖权，属于超越权限。此外，有的意见认为，法庭并没有暗含的权力赋予自己本来没有的咨询管辖权，因此程序性条款《规则》第 138 条[④]不能作为法庭行使咨询管辖

---

① 《国际海洋法法庭规则》第 133 条第 1 款规定，书记官应立即将征询咨询建议的请求通知所有缔约方。

② 太平洋岛国论坛渔业局（The Pacific Islands Forum Fisheries Agency）：总部位于所罗门群岛首都霍尼亚拉，成员国包括澳大利亚、库克群岛等 17 个太平洋岛国的政府间国际组织，该组织的愿景是推动区域合作，从可持续利用我们共享的远洋渔业资源中创造并实现最大的长期的社会效益和经济效益。

③ 世界自然保护联盟（International Union for Conservation of Nature），创立于 1948 年，目前已经发展成世界上最大和最多样化的环境网络，是唯一一个将政府和民间社会聚集在一起的机构，其宗旨是推动可持续发展，创造一个重视和保护自然的公平世界。

④ 《国际海洋法法庭规则》第 138 条第 1 款规定，如果与《公约》宗旨有关的国际协定明确规定可向法庭提出咨询意见的请求，则法庭可就某一法律问题发表咨询意见。第 2 款规定，征求咨询意见的请求应由协定授权或根据协定向法庭提出请求的任何机构转达给法庭。第 3 款规定，法庭应比照适用第 130 至 137 条。

权的法律基础。即使《规则》第 138 条可以作为法庭行使咨询管辖权的法律基础，有的国家也认为次区域渔业委员会的征询咨询建议请求并不满足第 138 条规定的必要条件，如澳大利亚认为法庭只能对法律问题发表咨询意见，因此次区域渔业委员会只能在确定法律权利和义务、法律规则的正确解释和适用上寻求指导。然而次区域渔业委员会提出的问题通过解释现行国际法规则并不能得到解决。还有的意见认为，《国际海洋法法庭规约》（以下简称《规约》）第 21 条①和《联合国海洋法公约》第 288 条第 1 款、第 2 款②所规定的管辖权均指争端管辖权，《规约》第 21 条中"事项"（matters）一词的含义和《国际法院规约》第 36 条第 1 款③、《国际常设法院规约》第 36 条④中"事项"一词的意思一样，均指争端案件。因此，法庭全庭对咨询建议并无管辖权。中国政府也对该案发表了书面声明，反对法庭全庭行使咨询管辖权。

首先，法庭认为，对法庭有无咨询管辖权的争议集中在对《规约》第 21 条中的"将管辖权授予法庭的任何其他国际协定中具体规定的一切事项"的理解上。该条中的"事项"一词不应被理解为"争端"，否则《规约》会直接使用"争端"一词，因此应将"事项"一词理解为超出"争端"含义的词，该词应包括咨询建议的意思。因此，该条表明法庭可以拥有咨询建议的管辖权。值得注意的是，法庭的咨询建议的管辖权并不是《规约》第 21 条授予的，而是其他国际协定授予的，本案中的其他国际协定是指《最低准入条件及开发渔业资源公约》。其次，法庭认为那些认为《规则》属于程序性文件，因此《规则》第 138 条不能建立法庭咨询建议管辖权的观点是一个误解，因为该条并未建立法庭咨询建议管辖权，只是为行使咨询建议管辖权规定了前提条件，目前本案已经满足了该条规定的前提条件。因此，法庭对该案拥有咨询建议管辖权。

（2）第一个问题：当悬挂一国旗帜的船舶在他国的专属经济区从事 IUU 捕捞时，船旗国应当承担怎样的义务？

值得注意的是，国际海洋法法庭在解释此处的"他国"时，认为《最低准入条件及开发渔业资源公约》规定该公约适用于次区域渔业委员会成员国管辖的海域。因此国际海洋法法庭认为，就地理范围而言，第一个问题仅与成员国的专属经济区相关，即在他国专属经济区内进行的 IUU 捕捞是指在次区域渔业委员会成员国专属经济区内进行的此类活动。

在回答第一个问题时，国际海洋法法庭认为，首先，船旗国有适当注意义务，即尽一切努力，确保悬挂其旗帜的船舶不在次区域渔业委员会成员国专属经济区内

① 《国际海洋法法庭规约》第 21 条规定，法庭的管辖权包括按照本公约向其提交的一切争端和申请，和将管辖权授予法庭的任何其他国际协定中具体规定的一切事项。

② 《联合国海洋法公约》第 288 条第 1 款规定，第 287 条所指的法院或法庭，对于按照本部分向其提出的有关本公约的解释或适用的任何争端，应具有管辖权。其第 2 款规定，第 287 条所指的法院或法庭，对于按照与本公约的目的有关的国际协定向其提出的有关该协定的解释或适用的任何争端，也应具有管辖权。

③ 《国际法院规约》第 36 条第 1 款规定，法院的管辖包括各当事国提交的一切案件，及《联合国宪章》或现行条约及公约中所特别规定的一切事项。

④ 措辞同《国际法院规约》第 36 条第 1 款。

进行 IUU 捕捞。据此，第一，船旗国有义务采取包括执行在内的必要措施，确保悬挂其旗帜的船舶遵守由次区域渔业委员会成员国制定的在其专属经济区内养护和管理生物资源的措施。第二，船旗国还有义务根据《联合国海洋法公约》第 58 条第 3 款关于其他国家的适当顾及义务及遵守义务、《联合国海洋法公约》第 62 条第 4 款关于其他国家国民的遵守义务和第 192 条[①]关于各国保护和保全海洋环境的一般义务的规定，采取必要措施确保悬挂其旗帜的船舶不参与 IUU 捕捞。第三，船旗国在根据《联合国海洋法公约》第 94 条有效实施船旗国管辖权时，有义务采取必要的行政措施确保悬挂其旗帜的船舶不在次区域渔业委员会成员国专属经济区内参与危害海洋环境的活动。此外，船旗国和次区域渔业委员会成员国有在次区域渔业委员会成员国专属经济区内合作打击 IUU 捕捞活动的义务。当船旗国收到来自次区域渔业委员会成员国的报告，指控悬挂其旗帜的船舶涉及在次区域渔业委员会成员国专属经济区内实施 IUU 捕捞活动时，船旗国有义务对该事件进行调查，在适当的时候采取任何必要行动以救济 IUU 捕捞所造成的后果，并将采取的行动通知次区域渔业委员会成员国。

(3) 第二个问题：船旗国对悬挂其旗帜的船只进行的 IUU 捕捞活动承担何种程度的责任?

根据国家责任的原理，国家只为可归因于国家的国际不法行为或国际法不加禁止的行为所产生的损害性后果负责。在本案中，船旗国责任并不是由于悬挂其旗帜的船舶未能遵守次区域渔业委员会成员国的法律规章，在其专属经济区内进行 IUU 捕捞活动而产生的，并不能将船舶违反此类法律和规章的行为本身归因于船旗国。船旗国责任产生于其未能履行第一个问题中提到的适当注意义务。船旗国只有在悬挂其旗帜的船舶在次区域渔业委员会成员国专属经济区内实施 IUU 捕捞活动可归因于船旗国时才承担国际责任。如果船旗国已经采取了所有必要和适当的措施来履行其适当的注意义务，以确保悬挂其旗帜的船舶不在次区域渔业委员会成员国专属经济区内实施 IUU 捕捞活动，那么船旗国不应该承担任何责任。

(4) 第三个问题：在船旗国或国际组织的船舶依据国际协定取得捕捞许可的情况下，该船旗国或国际组织是否应当就这些船舶违反沿海国渔业法律法规而承担责任?

关于国家责任已经在上一个问题中给出了解答，因此，第三个问题只涉及国际组织的责任问题。首先，要注意此处所提到的国际组织指的是根据《联合国海洋法公约》第 305 条第 1 (f) 款、第 306 条以及附件九的规定，已经完成公约签字批准和正式确认程序，其成员国均为公约缔约方且成员国已经将某些事项的权限转让给该实体的国际组织。在本案中转让事项应为渔业相关事项，满足上述条件的国际组织仅有欧盟。根据《欧盟关于养护和管理海洋渔业资源的宣言》，欧盟成员国将海洋

---

① 养护海洋生物资源是保护和保全海洋环境的要素之一。Southern Bluefin Tuna (New Zealand v. Japan; Australia v. Japan), Provisional Measures, Order of 27 August 1999, ITLOS Reports 1999, p. 280, p. 295, para. 70.

渔业资源养护和管理的权限让渡给了欧盟，欧盟拥有成员国管辖范围内的渔业资源养护和管理的专属管辖权。

国际组织在渔业事项上行使其专属管辖权，与次区域渔业委员会成员国缔结渔业准入协定，以便悬挂国际组织成员国旗帜的船舶能够在次区域渔业委员会成员国专属经济区内进行捕鱼。此时，船旗国的义务就成了国际组织的义务。国际组织作为与次区域渔业委员会成员国缔结协定的缔约方，必须确保悬挂其成员国旗帜的船舶遵守次区域渔业委员会成员国的渔业法律和规章以及不在次区域渔业委员会成员国专属经济区内进行 IUU 捕捞活动。因此，如果国际组织不履行其适当的注意义务，就只有国际组织能够为违反渔业准入协定义务的行为负责，而不是其成员国。同时，根据《联合国海洋法公约》附件九第 6 条第 2 款的规定，次区域渔业委员会成员国可以请求国际组织或其成员国提供关于哪一方应对某一事项负有责任的信息，国际组织或其成员国必须提供该信息，如果不能在合理的时间提供或提供的信息相矛盾，那么国际组织和其成员国将承担共同责任。

(5) 第四个问题：在确保共享种群和共同利益种群，尤其是小型深海鱼种和金枪鱼的可持续养护和管理方面，沿海国的权利与义务是什么？

次区域渔业委员会在其提交的书面声明中，对提出该问题的背景作出了详细说明：小型深海鱼种和金枪鱼均属于洄游鱼种，其根据环境条件季节性聚集在多个沿海国的管辖区域内，因此相关国家应该采取协调一致的行动对小型深海鱼种和金枪鱼进行可持续管理。然而，实际上次区域渔业委员会各成员国往往独立行动，分别发放捕鱼许可，削弱了邻国利益和次区域渔业委员会对共享资源的管理和养护成效。由此可见，次区域渔业委员会各成员国在可持续养护共享种群和共同利益种群方面缺乏合作。

在解答沿海国的权利与义务之前，法庭首先阐明了第四个问题中“沿海国”“共享种群”“共同利益种群”等几个概念的内涵。由于本案管辖权仅限于次区域渔业委员会成员国专属经济区，因此，第四个问题中所指的沿海国的权利与义务应为次区域渔业委员会各成员国的权利与义务。《联合国海洋法公约》中虽然没有“共享种群”和“共同利益种群”的概念，但根据《最低准入条件及开发渔业资源公约》第 2 条第 12 款[①]的规定和次区域渔业委员会的书面声明的解释，“共享种群”和“共同利益种群”指的是《联合国海洋法公约》第 63 条第 1 款和第 2 款规定的在次区域渔业委员会成员国专属经济区内洄游的跨界种群。

法庭认为虽然《联合国海洋法公约》是从义务的视角来探讨生物资源的养护和管理，但履行这些义务时需要相对应的权利。故次区域渔业委员会成员国的权利和义务具有同质性。次区域渔业委员会成员国有与其他国家直接或者通过国际组织合作的义务。根据《联合国海洋法公约》第 63 条第 1 款的规定，次区域渔业委员会成员国有权直接或者通过适当的分区域或区域组织，与其他次区域渔业委员会成员国

① 《最低准入条件及开发渔业资源公约》第 2 条第 12 款规定，共享种群指出现在两个或多个沿海国专属经济区或同时出现在专属经济区和毗邻公海的种群。

设法就必要的措施达成协议，以协调和确保对出现在两个或多个专属经济区的跨界种群的养护和管理。为了遵守该合作义务，根据《联合国海洋法公约》第 61 条关于生物资源的养护和第 62 条关于生物资源的利用的规定，必须确保共享资源免受过度开发的危害，应基于最佳的科学证据采取养护和管理措施，养护和管理措施应将种群维持或恢复到能够产生最大可持续产量的水平。在采取这些措施时，应该考虑对依赖种群和附带种群的影响以及注意通过国际组织定期交换信息。对于金枪鱼种群，根据第 64 条关于高度洄游鱼种的规定，次区域渔业委员会成员国有权寻求与在其专属经济区内捕捞金枪鱼鱼种的国家的直接合作或通过国际组织的合作，以确保金枪鱼的养护和促进金枪鱼的最佳利用。

思考题

（1）请阅读《国际法院规约》、《国际海洋法法庭规约》以及《国际海洋法法庭规则》等文件，总结国际海洋法法庭咨询管辖权与国际法院咨询管辖权的异同。

（2）《联合国海洋法公约》在海洋生物资源的利用、养护与管理方面规定了哪些船旗国的适当注意义务？

知识拓展

（一）拓展阅读

1. 高健军. 国际海洋法. 北京：法律出版社，2022.

2. 张艾妮. 我国专属经济区的海洋渔业资源养护相关法律问题研究. 武汉：湖北人民出版社，2017.

3. 路易斯. B. 宋恩，约翰. E. 诺伊斯著. 海洋法精要. 傅崐成，等译. 上海：上海交通大学出版社，2014.

4. 戴瑜. WTO 框架下环保条款的判理演进及挑战. 中国海商法研究，2021，32（1）：102－112.

5. Marcos A. Orellana，The Swordfish Dispute between the EU and Chile at the ITLOS and the WTO，71 NORDIC J. INT'l L. 55，2002.

（二）毕业论文选题指导

1. 内陆国分享专属经济区生物资源的实现路径研究。

2. 地理不利国分享专属经济区生物资源的国际法检视与完善。

3. 中国参与高度洄游种群的利用与养护的国际法问题研究。

4. 国际海洋法法庭迅速释放程序中保证金制度研究。

5. 国际海洋法法庭咨询管理权研究。

第七专题　空间法律制度

基础理论

一、国际航空法律体系及其发展

（一）国际航空法律体系框架

体系，一般指若干事物或某些意识互相关联而构成的整体。国际航空法律体系主要指国际社会调整与航空器飞行相关的航空关系的法律规定形成的有机整体。

1919年第一次世界大战后的巴黎和会上，国际社会制定了第一个国际航空法典——《巴黎航空管理公约》（通称1919年《巴黎公约》）。公约第1条规定，各国对其领土之上空气空间具有完全的和排他的主权，即确立了地面国家享有“空中主权”，为现代国际航空法的发展奠定了基石。现代国际航空法的核心条约是1944年在美国芝加哥签订的《国际民用航空公约》（以下简称《芝加哥公约》），该公约于1947年4月4日正式生效，基于该公约，国际民用航空组织（International Civil Aviation Organization，ICAO）正式成立，并于同年5月13日正式成为联合国专门机构。

现行有效的国际航空公约主要由三个条约（群）构成：（1）1944年《芝加哥公约》为主体的序列。该公约是目前国际民用航空的基础性文件，对国际法在航空领域的具体适用作出了整体性规定。（2）1929年华沙《统一国际航空运输某些规则的公约》，以及一系列修订文件形成的序列，规定了国际航空运输中有关民事责任的国际私法规则。（3）由1963年东京《关于在航空器上犯罪和其他某些行为的公约》（以下简称1963年《东京公约》）、1970年海牙《关于制止非法劫持航空器的公约》（以下简称1970年《海牙公约》）和1971年蒙特利尔《关于制止危害民用航空安全非法行为的公约》（以下简称1971年《蒙特利尔公约》）等所形成的航空刑法序列。[1] 这三个序列形成的法律规则构成了国际航空法的规则基础。

---

① 赵维田. 国际航空法. 北京：社会科学文献出版社，2000：7.

除此之外，目前国际航空法律体系中还存在大量双边协定，主要为国家之间双边航空运输协定，存在于国际航空运输管理领域。同时国际组织的立法或准立法文件，也是国际航空法的一种渊源。最显著的是国际民用航空组织和国际航空运输协会（IATA）的立法或准立法活动。

（二）航空器的相关问题

1. 航空器的法律性质

1919 年《巴黎公约》认为航空器属于“大气层中依靠空气反作用力支撑的任何机器”①。1967 年国际民用航空组织对该定义进行了适当修改：“能从空气反作用而不是空气对地（水）面的反作用在大气中获得支撑的任何机器。”

区分航空器的法律性质是主权国家以及国际社会制定规范航空活动的国际法律框架的前提，也是国际航空法律规则适用的基础。航空器的法律性质已经成为继航空器本身定义之后最为重要的法律问题之一，但迄今为止，民用航空器与国家或公共航空器的划分仍不明晰。在国际法层面上，1944 年《芝加哥公约》作为国际航空法的“宪章”类条约，依航空器的用途区分航空器的法律性质。《芝加哥公约》第 3 条将航空器的法律性质区分为国家航空器和民用航空器，将国家航空器定义为用于军事、海关和警察部门的航空器，并明确该公约仅适用于民用航空器。② 可见，《芝加哥公约》采取了特定用途标准作为区分航空器法律性质的依据。该公约通过列明军事、海关和警察部门特殊用途的方式排除了对国家航空器的适用，我国目前也参考了这一立法逻辑。

纵观各国航空立法，对航空器性质的分类一般采用“二元分类法”，即主要将航空器划分为民用航空器和公用航空器、民用航空器和军用航空器、民用航空器和国家航空器两个类别。但各国分类的方法和标准则各有不同，主要包括国家利益标准、特定用途标准、所有权标准、传统功能论以及折中路线标准。③ 值得注意的是，随着国际民用航空活动的不断发展及复杂程度的增加，民用航空器即便正在执行运送旅客、货物和邮件的民用航空运输任务，当航空器上的人员（机上人员）从事某些特殊行为时，也可能改变航空器的用途，进而可能改变航空器的法律性质。④

确认航空器的法律性质是适用国际航空法的先决条件，《芝加哥公约》以及其他国际航空类条约均明确其适用客体主要为民用航空器，故国际航空法也被称为国际民用航空法。

---

① Annex A of Convention Relating to the Regulation of Aerial Navigation Signed at Paris, October 13, 1919.

② 1944 Convention on International Civil Aviation, Article 3.《芝加哥公约》第 3 条“民用航空器和国家航空器”中规定：“一、本公约仅适用于民用航空器，不适用于国家航空器。二、用于军事、海关、警察部门的航空器，应认为是国家航空器”。

③ 贺富永. 航空法学. 北京：国防工业出版社，2008：48.

④ 张政. 论航空器用途与航空器法律性质的关系. 武大国际法评论，2018（4）：120.

2. 航空器的国籍

《芝加哥公约》在第三章专门规定了“航空器的国籍”，使用第 17～21 条共 5 个条款进行表述。国籍规则也被视为关于航空器的一项基本规则。第 17 条明确规定，“航空器具有其登记的国家的国籍”，该条款一定程度上参考或借鉴了海洋法中船舶登记制度。第 18 条规定，“航空器在一个以上国家登记不得认为有效，但其登记可以由一国转移至另一国”，即每一架航空器只能拥有一个国籍，该项规定主要希望避免航空器的双重或多重国籍。第 19 条规定，“航空器在任何缔约国登记或转移登记，应按该国的法律和规章办理”。第 20 条规定了国籍标志和登记标志。第 21 条则规定了应将国籍登记及所有权情况向国际民用航空组织报告的制度。

另一个与航空器国籍密切相关的概念是航空器的管辖权。虽然依据《芝加哥公约》的规定在一国登记的航空器即拥有该国国籍，然而《芝加哥公约》并未赋予该国对该航空器在国际航行中机上的人和事民事或刑事管辖权。从这个意义上说，《芝加哥公约》的国籍原则，与海洋法上由习惯国际法形成的“船旗国原则”（船舶国籍国对悬挂其旗帜的在公海上行驶的船舶，具有专属管辖权）是两种不同的法律概念。① 对航空器的管辖权的真正关注应是在关于国际航空活动的安全保障制度中。

（三）国际航空保安法律问题

国际航空运输是全球经济走向的风向标和晴雨表，近年来，伴随着经济全球化的不断深入以及科学技术的突飞猛进，国际社会关系一定程度上出现动荡，频现新的威胁，例如局部武装冲突硝烟四起，恐怖主义似有抬头之势，气候异常导致自然灾害频发，新型传染疾病全球流行，等等，这些都对国际航空运行安全和空防安全形成了新一轮压力并带来更复杂的挑战。由于国际航空安全对国家或地区乃至全球的稳定有着重要指针作用，国际社会一直致力于民用航空安全保障的立法工作。1963 年《东京公约》、1970 年《海牙公约》、1971 年《蒙特利尔公约》、1988 年《蒙特利尔公约补充议定书》和 1991 年《在炸药中添加识别剂公约》这五个国际民用航空保安公约与《国际民用航空公约》附件 17 构成了国际民用航空保安法律体系的核心。2010 年 8 月 30 日至 9 月 10 日，国际民用航空组织在北京举行了航空保安外交会议，共有来自 76 个国家的代表和 4 个国际组织的观察员与会。大会通过了《制止与国际民用航空有关的非法行为的公约》（简称《北京公约》）② 和《关于制止非法劫持航空器公约的补充议定书》（简称《北京议定书》）③，其中《北京公约》对 1971 年《蒙特利尔公约》和 1988 年《蒙特利尔公约补充议定书》进行了现代化和整合，《北京议定书》是对 1970 年《海牙公约》的修订。《北京公约》和《北京议定书》与之前五个国际公约初步构建起国际航空保安条约群。

---

① 赵维田. 国际航空法. 北京：社会科学文献出版社，2000：66.

② 2018 年 7 月 1 日正式生效。2023 年 10 月 1 日正式对我国生效。

③ 2018 年 1 月 1 日正式生效。2023 年 12 月 1 日正式对我国生效。

1. “劫机”定义

1970 年《海牙公约》第 1 条第 1 款规定了劫持航空器罪：凡在飞行中的航空器内的任何人用暴力或用暴力威胁，或用任何其他恐吓方式，非法劫持或控制该航空器，或企图从事任何这种行为。《北京议定书》将此定义修订为：“任何人如果以武力或以武力相威胁、或以胁迫、或以任何其他恐吓方式，或以任何技术手段，非法地和故意地劫持或控制使用中的航空器，即构成犯罪。”①

2. 犯罪行为类型

1971 年《蒙特利尔公约》第 1 条第 1 款规定了危及航空器飞行安全的五种犯罪行为类型，包括：对飞行中的航空器内的人从事暴力行为，如该行为将会危及该航空器的安全；破坏使用中的航空器或对该航空器造成损坏，使其不能飞行或将会危及其飞行安全；用任何方法在使用中的航空器内放置或使别人放置一种将会破坏该航空器或对其造成损坏使其不能飞行或对其造成损坏而将会危及其飞行安全的装置和物质；破坏或损坏航行设备或妨碍其工作，如任何此种行为将会危及飞行中航空器的安全；传送他明知是虚假的情报，从而危及飞行中的航空器的安全。

1988 年《蒙特利尔公约补充议定书》在第 1 条中补充了两种犯罪行为类型：任何人使用一种装置、物质或武器，非法地和故意地在用于国际民用航空的机场内对人实施暴力行为，造成或足以造成重伤或死亡的；任何人使用一种装置、物质或武器，非法地和故意地破坏或严重损坏用于国际民用航空的机场的设备或停在机场上未在使用中的航空器，或者中断机场服务危及或足以危及该机场的安全。

2010 年《北京公约》新增了五种犯罪行为类型：以使用中的航空器为武器造成死亡、严重人身伤害，或对财产或环境的严重破坏；从使用中的航空器内释放或者排放生化核武器或者其他危险物质造成或可能造成死亡、严重人身伤害，或对财产或环境的严重破坏；对一使用中的航空器或在一使用中的航空器内使用生物武器、化学武器和核武器或者其他危险物质造成死亡、严重人身伤害或对财产或环境的严重破坏；在航空器上运输、导致运输或便利运输炸药、放射性材料、生物武器、化学武器和核武器以及原材料、特殊裂变材料以及辅助设备、材料等物品；当情况显示作出的威胁可信时，行为人威胁实施公约规定的一种犯罪行为，或者非法和有意地造成任何人收到这种威胁。

3. 犯罪实施方式

2010 年《北京公约》在原有的非法、故意的直接实施行为、预谋以及从犯行为的基础上，增补了主导行为、威胁行为与协助行为三个新的行为方式。

第一，“共同犯罪”。1971 年《蒙特利尔公约》和 1988 年《蒙特利尔公约补充议定书》都规定了共同犯罪：任何人如果他是犯有或企图犯任何此种罪行的人的同犯，也是犯有罪行。但是，这两个公约对共同犯罪形态的规定过于简单和概括，没有明确“共同犯罪”的概念是否可解释为涵盖犯罪的组织者、指使者和财务支持者。

---

① 《北京议定书》第 2 条。

《北京公约》首次将组织或指挥他人实施犯罪者，非法和有意协助他人逃避调查、起诉或惩罚者纳入了公约的制裁范围。其第 1 条第 4 款第 2 项规定：“组织或指挥他人实施公约所列之罪行”；第 1 条第 4 款第 4 项规定：“非法和故意协助他人逃避调查、起诉或惩罚……”①

《北京公约》还将与他人共谋实施国际航空犯罪，或者协助团伙实施犯罪等共同犯罪形式纳入制裁范围。

第二，“犯罪预备”。《蒙特利尔公约》第 1 条第 2 款规定了“企图”实施的犯罪未遂行为也会受到公约约束。《北京公约》第 1 条第 3 款规定在作出的威胁可信的条件下，任何人若威胁实施第 1 款前 8 项（第 5 项除外）和第 2 款中的罪行，或非法或故意使任何人受到这种威胁，均构成犯罪；同时第 1 条第 4 款规定，任何人企图实施本条第 1 款或第 2 款中所列的任何罪行则亦构成犯罪。

4. 管辖权及引渡规则

第一，管辖权。

1963 年《东京公约》中最具特色的是规定了航空器登记国管辖权的第 3 条。②1970 年《海牙公约》和 1971 年《蒙特利尔公约》关于管辖权的内容规定比较相似。1971 年《蒙特利尔公约》第 5 条第 1 款规定了四种强制性管辖理由：第一，罪行是在该国领土内发生的；第二，罪行是针对在该国登记的航空器，或在该航空器内发生的；第三，在其内发生犯罪行为的航空器在该国降落时被指称的罪犯仍在航空器内；第四，罪行是针对租来时不带机组的航空器，或是在该航空器内发生的，而承租人的主要营业地，或如承租人没有这种营业地，则其永久居所是在该国。

1970 年《海牙公约》第 4 条第 2 款和 1971 年《蒙特利尔公约》第 5 条第 2 款规定了一种事实上的普遍管辖权。1970 年《海牙公约》第 4 条第 3 款和 1971 年《蒙特利尔公约》第 5 条第 3 款规定了与 1963 年《东京公约》相同的并行管辖权。

《北京公约》第 8 条第 1 款增加规定：在下列情况下，每一当事国应当采取必要措施，以确立其对第一条确定的犯罪的管辖权：……（e）犯罪是由该国国民实施的。同时，增加一款作为第 2 款，该款规定了两条任择性管辖理由：在下列情况下，每一当事国也可对任何此种犯罪确立其管辖权：（a）犯罪是针对该国国民实施的；（b）犯罪是由其惯常居所在该国境内的无国籍人实施的。

---

① 2010 年《北京公约》第 1 条规定：“……四、任何人如果作出以下行为，则亦构成犯罪：（一）企图实施本条第一款或第二款中所列的任何罪行；或（二）组织或指挥他人实施本条第一款、第二款、第三款或第四款（一）项中所列的罪行；或（三）作为共犯参与本条第一款、第二款、第三款或第四款第（一）项中所列的罪行；或（四）非法和故意地协助他人逃避调查、起诉或惩罚，且明知此人犯有构成本条第一款、第二款、第三款、第四款（一）项、第四款（二）项或第四款（三）项中所列的一项罪行的行为，或此人因此项罪行被执法当局通缉以提起刑事起诉或因此项罪行已经被判刑。”

② 1963 年《东京公约》第 3 条规定：（1）航空器登记国有权对在该航空器内的犯罪和所犯行为行使管辖权。（2）缔约国应采取必要的措施，对在该国登记的航空器内的犯罪和行为，规定其作为登记国的管辖权。（3）本公约不排斥根据本国法行使刑事管辖权。

第二，引渡规则。

1971 年《蒙特利尔公约》第 7 条[①]和第 8 条[②]规定了“或引渡或起诉”原则，并明确规定危害国际民用航空安全和危害用于国际民用航空机场安全的罪行是可引渡的罪行。《北京公约》第 13 条规定：为引渡或相互司法协助的目的，第 1 条中确定的任何犯罪均不应当被视为政治罪，与政治罪有关的犯罪，或政治动机激发的犯罪。第 14 条还规定：如果被请求的缔约国有重大理由认为，要求为第 1 条确定的犯罪进行引渡或要求为此种犯罪进行司法互助的目的，是因某人的种族、宗教、国籍、族裔、政见或性别而对该人进行起诉或惩罚，或认为顺从这一请求将使该人的情况因任何上述原因受到损害，则本公约的任何规定均不应当被解释为规定该国有引渡或提供司法互助的义务。

此类规则要求当事国不得再以政治犯罪为借口庇护危害国际民航安全的罪犯，避免了“政治犯不引渡”规则的适用，强化了公约的国际司法协助机制。这一规定解决了《海牙公约》和《蒙特利尔公约》未明确“公约中规定的罪行”不属于政治犯罪的遗留问题，进一步完善了全球反恐怖主义条约体系。

5. 增加“法人”作为犯罪主体

1971 年《蒙特利尔公约》和 1988 年《蒙特利尔公约补充议定书》秉承了国际法自然人犯罪主体的传统，对犯罪主体问题没有作出任何特别的规定。但是，随着国际形势的变化，许多国际公约也开始规定法人可以成为国际犯罪的犯罪主体，《北京公约》吸纳了这一国际法发展成果，增加规定了法人犯罪主体。

《北京公约》和《北京议定书》较之在先的五大公约或议定书，还在人权保障[③]、环境保护等领域作出了明确规定，顺应国际社会发展方向，符合构建人类命运共同体的重要目标。

(四) 我国民用航空立法

我国民用航空立法相对滞后，改革开放前仅制定了《飞行基本规则》等限于飞行规则和技术的一些航空法规。1980 年，民航脱离军队建制，开始企业化管理，民航立法步伐随之加快。1995 年颁布的《中华人民共和国民用航空法》（以下简称《民航法》）是我国民航立法的里程碑，由此初步建立了中国民航法律体系。截至 2020 年，中国民航法律体系包含 1 部法律、30 部行政法规、129 部部门规章，以及各地颁布的关于民航的地方性法规和规章、相关部门制定的规范性文件和对外签署、

---

① 1971 年《蒙特利尔公约》第 7 条规定：在其境内发现被指称的罪犯的缔约国，如不将此人引渡，则不论罪行是否在其境内发生，应无例外地将此案件提交其主管当局以便起诉。该当局应按照本国法律，以对待任何严重性质的普通罪行案件的同样方式作出决定。

② 1971 年《蒙特利尔公约》第 8 条第 1 款规定：前述罪行应看作是包括在缔约各国间现有引渡条约中的一种可引渡的罪行。缔约各国承允将此种罪行作为一种可引渡的罪行列入它们之间将要缔结的每一项引渡条约中。

③ 2010 年《北京公约》第 11 条规定：应当保证依据本公约被拘留、被采取任何其他措施或正被起诉的任何人获得公平待遇，包括享有符合该人在其领土内的国家的法律和包括国际人权法在内的适用的国际法规定的所有权利和保障。

批准的多部国际公约、议定书、双边协定等（见图 7-1）。

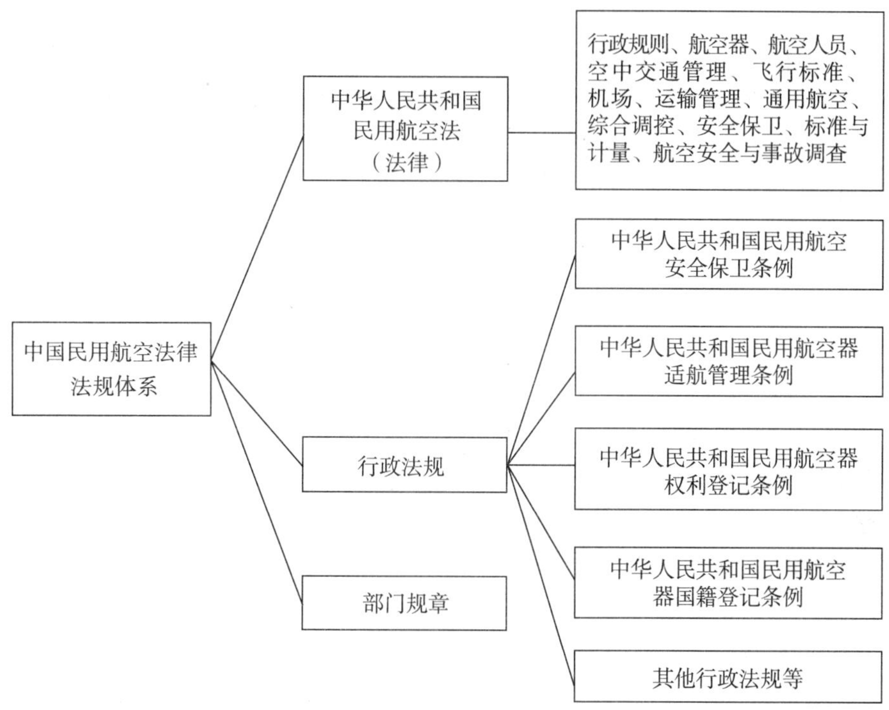

图 7-1 中国民用航空法律法规体系

现有民用航空法律法规仍滞后于行业的发展。1995 年颁布的《民航法》对于规范当时的民航行业有着重要的作用，极大地促进了我国民航事业的发展。如今，国内和国际航空形势发生了重大变化，我国运输飞机数量已从 1995 年的 416 架增长到 2023 年的 4 161 架，定期航班条数由 797 条增加到 5 206 条（2023 年），其中国际航线通航 57 个国家的 127 个城市。民航市场化改革不断加深，旅客权益保护意识不断加强，民航科技化水平不断提高。与此同时，民航发展也出现了一些新的问题，面临新的挑战。在通用航空方面，缺乏专门的法规和标准体系，很多都是参照甚至直接套用运输航空法规标准。《无人驾驶航空器飞行管理暂行条例》于 2024 年 1 月开始施行，《民用无人驾驶航空器实名制登记管理规定》等“打补丁”式规范性文件的出台能否实现对无人驾驶航空器的全面有效监管还有一定差距。现有制度不足以保障旅客合法权益，如作为国内民航赔偿标准的《国内航空运输承运人赔偿责任限额规定》对每名旅客人身伤害的赔偿责任以 40 万元为限额，而规定了国际航空赔偿标准的《蒙特利尔公约》则要求承运人对其造成的旅客人身伤亡承担无限制责任。国内航空赔偿标准较低，不仅与社会经济发展水平和人均收入水平不协调，而且与国际赔偿标准差距较大。此外，民航纠纷解决机制不健全，仲裁尤其是临时仲裁的适用空间比较小，而诉讼方式的适用周期长且成本高，法院的判决尤其在国外得到承认和执行的难度大。而且较多民航案件涉及民航专业知识，而这些专业知识是一般法院的法官所不具备的。因此许多民航案件审理过程曲折且费时费力。

二、外层空间法及其发展

1957年10月4日，苏联成功发射第一颗人造卫星，标志着人类进入了空间时代。自1959年联合国设立“和平利用外层空间委员会”，现代国际空间法律体系在其主导下逐步形成。外层空间法作为一个年轻的国际法分支，是各国探索和利用外层空间活动依据的国际法原则、规则和制度的总和。它与空间技术应用和人类外空活动的发展相生相伴，共同发展。近年来，外层空间探索活动掀起新高潮，但外层空间法律制度发展相对滞后，二者之间的矛盾愈加凸显。

（一）条约体系

联合国框架下制定的规制空间活动的5个国际条约处于外层空间法的核心地位，其中1967年《关于各国探索和利用包括月球和其他天体在内外层空间活动的原则条约》（简称《外空条约》）是当前外层空间法的基石。该条约是第一个规定各国从事外层空间活动的基本法律原则的普遍性多边国际公约，同时为国际外层空间法构建了基本原则框架。联合国框架下从1968年到1984年陆续制定的其他4个空间条约包括1968年《营救宇宙航行员、送回宇宙航行员和归还发射到外层空间的物体的协定》（简称《营救协定》）、1972年《空间物体所造成损害的国际责任公约》（简称《责任公约》）、1976年《关于登记射入外层空间物体的公约》（简称《登记公约》）、1984年《指导各国在月球和其他天体上活动的协定》（简称《月球协定》），相关联合国大会决议等都是根据《外空条约》的基本原则派生出来的。正因为此，《外空条约》也被称为“外空宪章”。但是联合国5个外层空间条约都诞生于20世纪60—70年代，此后国际外层空间立法基本处于停滞状态。外层空间法与联合国及《联合国宪章》有着密切联系：首先，在整个外空法的发展过程中，联合国始终发挥着建设性的主导作用。联合国不仅主持召开了三次外空会议，适时为外空法的发展指明了方向，而且制定和通过了一系列国际公约和原则宣言，确立了现行外空法的基本法律框架。其次，《联合国宪章》优于会员国缔结的各类外空条约。根据《联合国宪章》第103条的规定，各国在《联合国宪章》下应履行的义务与各国“依其他国际协定所负之义务”相比，有优先适用地位。同时，该项规定也被认为《联合国宪章》的义务可能优于习惯国际法。因此，《联合国宪章》作为“更高阶”法律规定，其法律效力应高于以国际条约、已发展成为习惯国际法的部分原则宣言以及习惯国际法为主要法律渊源的外空法律体系。

当前普遍认为，外层空间法律体系具有“硬法”与“软法”并存的特点。这里的“硬法”主要是指对国家有法律约束力的国际法规范，最典型的硬法是前述五大外空相关条约，其所确立的外空法的一般原则、空间物体造成损害的责任制度、空间物体登记制度、营救宇宙航行员制度及在月球和其他天体进行活动的有关制度等，各缔约国必须遵守（见图7－2）。“软法”则主要指不具有法律约束力的决议、宣言或行为准则等文件。联合国通过的决议和宣言涉及在外层空间使用核动力源、关于地球静止轨道使用、空间碎片减缓等内容，也有关于外空活动国际合作的一般性宣言，这些文件可视为对现有外空条约体系的重要补充（见图 7－3）。

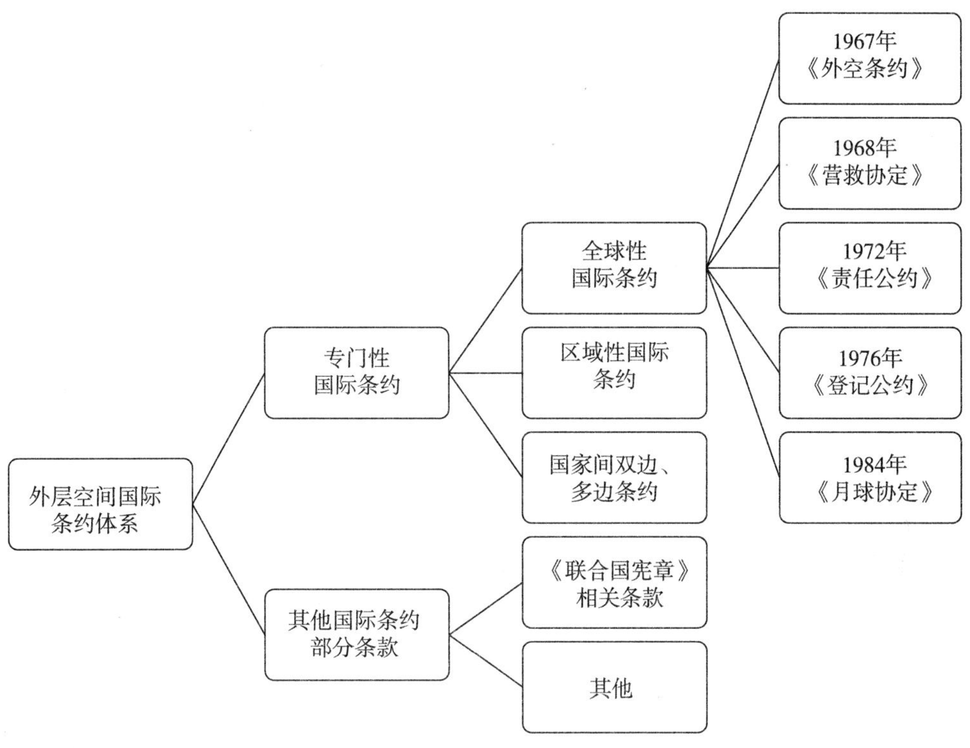

图 7－2　外层空间“硬法”

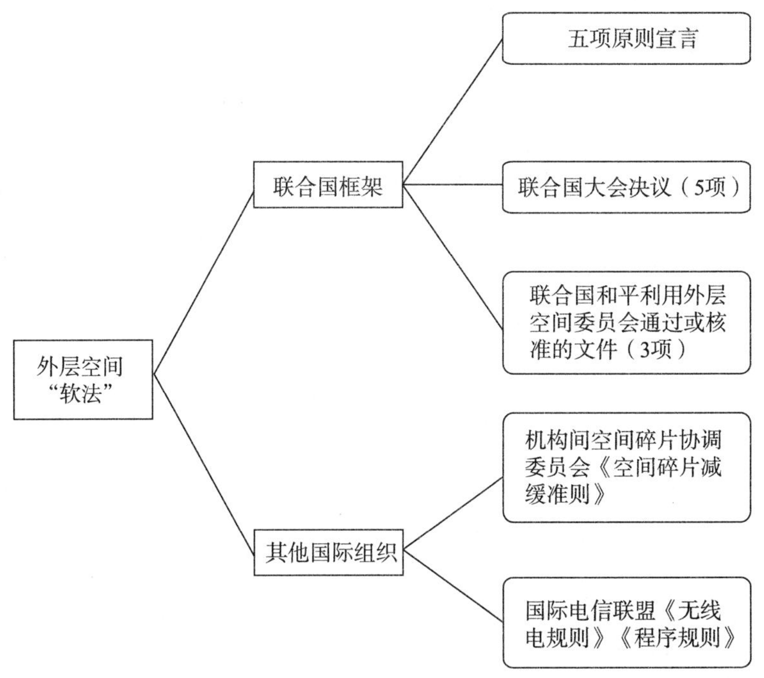

图 7－3　外层空间“软法”

联合国的五项原则宣言，即1963年《各国探索和利用外层空间活动的法律原则宣言》（简称《外空法律原则宣言》）、1982年《各国利用人造地球卫星进行国际直接电视广播所应遵守的原则》（简称《电视广播原则》）、1986年《关于从外层空间遥感地球的原则》（简称《遥感原则》）、1992年《关于在外层空间使用核动力源的原则》（简称《核动力源原则》）和1996年《关于开展探索和利用外层空间的国际合作，促进所有国家的福利和利益，并特别要考虑到发展中国家的需要的宣言》（简称《国际合作宣言》）。

联合国大会通过的有关决议主要有：（1）1961年12月10日第1721A和B（XVI）号决议《外空和平使用的国际合作》；（2）2000年12月8日第55/122号决议第4段和平利用外层空间的国际合作（关于使用地球静止轨道的一些问题）；（3）2004年12月10日第59/115号决议《适用“发射国”概念》；（4）2007年12月17日第62/101号决议《关于加强国家和国际政府间组织登记空间物体的做法的建议》；（5）2013年12月11日第68/74号决议《就有关和平探索和利用外层空间的国家立法提出的建议》。

联合国和平利用外层空间委员会通过或核准的有关文件主要有：2007年《空间碎片减缓准则》、2009年《外层空间核动力源应用安全框架》和2019年《外层空间活动长期可持续性准则》。

其中，1967年《外空条约》作为纲领性和指导性的“宪章式”法律文件，确立了各国外层空间活动应当遵循的多项基本原则，包括全人类共同利益原则[①]、自由探索和利用原则[②]、不得据为己有原则[③]以及为和平目的使用月球和其他天体的原则[④]等共十项原则。其中，全人类共同利益原则意味着人类探索外层空间的活动，不应专属于某一个国家、某一个国际组织或某一个自然人，任何国家、国际组织或个人的外层空间活动都代表着全人类。在面临可能威胁地球及人类的危险时，个体利益必须服从全人类的共同利益，并且有义务同其他国家、国际组织等分享探索外层空间之获益。该原则明确了目前各国外层空间活动的宗旨及目标。自由探索和利用原则主要以法律形式为世界各国探索和利用外层空间的活动提供了合法有力的保障。不得据为己有原则禁止各国以宣示主权、使用和占有等方式将外层空间的任何部分以及任何天体据为己有，该原则奠定了外层空间“非主权化”的法律地位。为和平目的使用月球和其他天体的原则规定，禁止在环绕地球的轨道上及外层空间放置核武器或其他任何大规模毁灭性武器，不得在天体上建立军事基地、军事设施和工事，禁止进行武器试验和军事演习。该原则主要旨在禁止某些军事大国企图延伸至外层空间的军备竞赛，以及企图从传统的制空权上升到对外层空间的控制权的争夺，是对外层空间明确的“非军事化”要求。

---

① 《外空条约》第1条第1款。
② 《外空条约》第1条第2款。
③ 《外空条约》第2条。
④ 《外空条约》第4条。

（二）基本制度

第一，外层空间的“非主权化”。

1967 年《外空条约》第 2 条规定：“各国不得通过主权要求、使用或占领等方法，以及其他任何措施，把外层空间（包括月球和其他天体）据为己有。”这一原则性规定被普遍认为是关于外层空间法律地位“非主权化”的重要表述。外层空间包括月球及其他天体，属于具有专门特殊法律地位的国际公域。外层空间法与关于公海、国际海底区域、南极洲等国际公域的国际法律规则具有共同特点，都涉及普遍义务，属于全体国家和全人类的共同利益，应由各国和全人类共享，且应尊重未来几代人的需要。国际公域不属于任何国家的主权管辖范围，不能由某个国家所有和占有，各国对国际公域都享有自由利用的权利，也有义务予以保护，防止其受到损害。①

与外层空间及其“非主权化”法律地位联系密切的另一个问题是目前尚没有划定“空气空间”与“外层空间”界限的统一标准，但划定该界限已越来越具有重要的法律意义及实践意义。首先，这对于各地面国家在垂直高度主张空中主权有着重要作用，可以明确某一空域是地面国家的主权范围，还是已进入外层空间范围。其次，随着在各个垂直高度的空域中运行的航空器越来越多样化，引发的各类争端数量越来越多，从而导致法律责任问题亦越来越突出。目前比较常见的说法为，人造地球卫星运行轨道的最低值，即高度在距海平面 100 至 110 千米处作为空间的分界标准。另一种为冯-卡曼管辖线，即依据航行器械依赖的动力作用，将离心力取代空气作为飞行动力的地方作为划分的界线，该界线在 83 千米左右的高空，但是随着科技的发展，该界线也会发生变化。关于空域垂直界限的学说与理论比较丰富，但目前仍不是给出明确标准的时机。

第二，登记制度。

在国际法律制度中，主要在海洋法、国际航空法和外层空间法中明确规定有登记制度。这些登记规则主要旨在确保用于海洋航行、航空和航天活动的运载器物既处于本国管辖和控制之下，也能遵守相关国际法规定，避免对其他国家、地区或国际组织的相关活动构成影响。

空间物体登记制度的国际法基础主要包括 1967 年《外空条约》和 1976 年《登记公约》。《外空条约》确立了各国从事外空活动的基本原则，其第 8 条确立了空间物体登记的一般外空法原则②，其后的《登记公约》则是对这一原则进行细化和完善，确立了缔约国对空间物体的强制登记义务。此外，具有建议性质的联合国大会第 1721B（XVI）号决议（1961 年）、联合国大会第 62/101 号决议（2007 年）以及联合国大会 2013 年通过的第 68/74 号决议为从事空间活动的国家提供了相关空间物体登记

---

① 马新民. 外层空间法的发展：框架、目标与方向. 国际法研究，2015（2）：26.

② 1967 年《外空条约》第 8 条第 1 款规定：“凡是条约缔约国为射入外层空间物体的登记国者，对于该物体及其所载人员，当其载外层空间或在某一天体上时，应保有管辖权和控制权。”

的立法和实践指导。

《外空条约》第 8 条把发射国、登记国、空间物体、管辖权和控制权、国际责任这些关键要素进行了关联，即空间物体的登记国有义务对其空间物体进行批准和监督，并有权对其登记的空间物体及其搭载的人员行使管辖权和控制权，作为发射国的登记国，当其名下空间物体造成财产和人员损害时，应当承担单独赔偿责任或同其他发射国一起承担连带赔偿责任。第 11 条则规定了一项适用于缔约国开展外空活动的普适义务，即各缔约国应尽最大努力向联合国和公众告知其外空活动的具体信息，特别是对于其他缔约国有利害相关性的空间活动。

《登记公约》作为一部外层空间法律体系的特殊法规定了空间物体登记的具体内容，确立了空间物体的强制登记义务，并与联合国大会第 1721B（XVI）号决议确立的“自愿基础上的‘国际登记’（UN Register）制度”组成了现有的完整的空间物体登记制度。首先，《登记公约》第 2 条确立了空间物体的国内登记义务。通过该公约第 2 条第 1 款可以看出，公约的缔约国有义务对其空间物体建立和不断完善国家登记册，具体包括国内相关空间物体登记的法律法规以及程序方面的安排和措施，从而更好地履行缔约国的登记义务。[①] 其次，《登记公约》第 4 条确定了空间物体的国际登记义务，其第 1 款规定每个登记国应在切实可行的范围内尽快向联合国秘书长提供下列空间物体的信息：“（a）发射国或几个发射国的国名；（b）空间物体的适当标记或其登记号码；（c）发射的日期、区域或地点；（d）基本的轨道参数，包括波节周期、倾斜角、远地点、近地点；（e）空间物体的一般功能。”第 4 条第 2、3 款规定，每个登记国还可以随时向联合国秘书长提供有关其登记册内所载外空物体的其他信息，以及在切实可行的最大范围内尽速通报其空间物体轨道变化的情况。这两款规定完善了登记国对其空间物体的后续登记义务，具体的通报信息包括但不限于空间物体的碰撞、爆炸、原有功能的丧失、脱轨、再入地球大气层等重大状态的变化。[②]

第三，营救制度。

1968 年《营救协定》是紧随 1967 年《外空条约》所订立的特殊规则条约，来源于《外空条约》确立的营救制度。除了对空间物体的援救，其更重要的还涉及对航天员的援救。

首先，《营救协定》中的“宇宙飞船人员”。《营救协定》在其标题和文本中分别采用了两个不同的词语来描述营救的对象。协定的标题使用“宇宙飞行员”（astronaut），而文本中则使用了“宇宙飞船人员”（personnel of spacecraft）。许多学者都认为文本中的用语要广于标题所涵盖的范围，也就是说，宇宙飞船人员不仅包括宇宙飞行员，还包括宇宙飞船上的其他工作人员，例如在飞船上执行任务的科学家等。[③] 根据《外空条约》的立法精神，宇航员被视为“人类的使者”，因此无论宇航员的国籍或飞行器的“发射国”为何国，宇航员都代表着全人类且应享受最高的关

---

① 《登记公约》第 2 条第 1 款规定：“发射国在发射一个外空物体进入或越出地球轨道时，应以登入其所须保持的适当登记册的方式登记该外空物体，每一发射国应将其设置此种登记册的情事通知联合国秘书长。”

② 龙杰. 外层空间物体登记制度的立法问题. 地方立法研究，2019（3）：97，98.

③ 李寿平，赵云. 外层空间法专论. 北京：光明日报出版社，2009：44.

注和保障。因此，1968 年《营救协定》规定了当宇宙飞船人员在公海、在不属于任何国家管辖的其他任何地方发生意外、处于灾难状态、进行紧急或非预定的降落时，缔约国营救的步骤。根据该协定的规定，各缔约国有义务对发生意外、处于灾难状态或者紧急降落的宇宙飞船人员进行营救，且这是法定义务，可能引起法律责任。

随着空间技术的不断发展和空间活动尤其是空间商业活动的日渐蓬勃，关于外空游客、外空商务人员等是否可以被界定为“宇宙飞船人员”而成为营救对象，日益受到关注，但目前尚无定论，现行营救制度亟待进一步解释和完善。

其次，《营救协定》中缔约国的义务。针对宇宙飞船人员及空间物体的营救和归还问题，《营救协定》在第 1 条到第 4 条就航天员的营救和归还作出规定，对缔约方设定了三项基本义务：通知的义务、营救的义务以及归还的义务。其一，通知的义务。《营救协定》第 1 条规定了缔约国最低限度的通知义务。缔约国在获悉或发现空间物体或其组成部分返回地球，或宇宙飞船人员在其管辖的区域、在公海、在不属任何国家管辖的其他任何地方，发生意外，处于灾难状态，进行紧急或非预定的降落时，要立即通知发射当局和联合国秘书长。如果不能判明或不能立即通知发射当局，应立即动用其所拥有的一切适用的通信手段公开通报，传播这个信息。[①] 该国对宇宙飞船人员采取的措施和所取得的结果，也应通知发射当局和联合国秘书长。其二，营救的义务。《营救协定》第 2 条规定，宇宙飞船人员降落在缔约国管辖的区域内，该国应立即采取一切可能的措施营救宇宙飞船人员，给予他们一切必要的帮助，并将所采取的措施和结果通知发射当局和联合国秘书长。发射当局如果能帮助有效寻找和营救，应与该缔约国合作进行寻找和营救工作。《营救协定》第 3 条规定，如获悉或发现宇宙飞船人员在不属任何国家管辖的地方降落，力所能及的缔约国，均应协助寻找和营救这些人员，保证他们迅速得救。这项规定与在公海及南极、北极等地区可能进行的营救活动有关。该条规定并没有规定缔约国有义务开展工作，但是缔约国在力所能及的范围内应协助寻找和营救这些人员。其三，归还的义务。就归还的时间和方式而言，《营救协定》的规定较为灵活，仅为“安全的”和“即时的”。从具体情形看，也只能如此规定，不可能再有一个更为清晰的时间和方式的规定。事实上，有关宇宙飞船人员归还的方式和程序往往是通过相关国家外交谈判的方式解决的。《营救协定》第 4 条进一步规定了宇宙飞船人员的交还问题：缔约国有义务确保宇宙飞船人员的安全并立即将其交还给发射当局的代表。

第四，责任制度。

空间物体造成损害的赔偿制度主要体现在 1967 年《外空条约》[②]、1972 年《责

---

① 贺其治. 外层空间法. 北京：法律出版社，1992：80-81.

② 《外空条约》第 6 条规定：“本条约各缔约国对本国在外层空间，包括月球与其他天体在内的活动应负国际责任，不论这类活动是由政府机构或是由非政府团体进行的。它并应负国际责任保证本国的活动符合本条约的规定。非政府团体在外层空间，包括月球与其他天体在内的活动，应经本条约有关缔约国批准并受其不断的监督。一个国际组织在外层空间，包括月球与其他天体在内进行活动时，遵守本条约的责任应由该国际组织和参加该国际组织的本条约各缔约国共同承担。”第 7 条规定：“凡发射或促使发射物体进入外层空间，包括月球与其他天体在内的缔约国，以及以其领土或设备供发射物体用的缔约国，对于这种物体或其组成部分在地球上、在大气空间或在外层空间，包括月球与其他天体在内，使另一缔约国或其自然人或法人遭受损害时，应负国际责任。”

任公约》及相关国际文件中。

空间活动中空间物体造成的损害主要包括三种类型：第一种是空间物体对本国或者本国自然人或法人的财产或人身造成的损害；第二种是空间物体对他国或者他国自然人或法人的财产或人身造成的损害；第三种是空间物体造成空间环境损害。但空间活动中空间物体造成损害的责任只包括空间物体造成人身、财产损害的赔偿责任和空间物体造成空间环境损害的国际责任。空间活动中空间物体造成损害的责任制度包括两个层次：各国的国内立法主要解决空间物体对本国或者本国自然人或法人的财产或人身造成的损害赔偿问题；同时，也涉及外国自然人或法人通过当地救济办法向本国求偿的相关制度。外层空间法主要确立空间物体对他国或者他国自然人或法人的财产或人身造成损害的赔偿责任制度及空间物体造成空间环境损害的国际责任制度，解决国家间通过外交、国际司法途径承担空间损害责任及相关程序问题。

在《外空条约》确立的损害赔偿原则的指导下，《责任公约》主要对空间物体对其他国家人身、财产等造成损害的责任主体、求偿主体、赔偿范围和标准、归责原则及赔偿程序等问题进行了具体规定。

首先，责任主体和求偿主体。《外空宣言》第 8 条和《外空条约》第 7 条明确规定了“凡发射或促使发射物体进入外层空间以及以其领土或设备供发射物体用的缔约国”对其空间物体造成涉外损害应承担国际责任。《责任公约》第 1 条第 3 款规定：“‘发射国’是指：(1) 发射或促使发射空间物体的国家；(2) 从其领土或设施发射空间物体的国家；(3)‘空间物体’，包括空间物体的组成部分、物体的运载工具和运载工具的部件”。《责任公约》第 4、5 条及第 22 条规定了共同责任主体的情况。其第 4 条规定，在一国空间物体对他国空间物体或人员造成的损害从而对第三国或者第三国的自然人和法人造成损害时，上述两个空间物体的发射国应对第三国共同承担赔偿责任。第 5 条则规定，两个或两个以上的国家共同发射空间物体对外造成损害时，所有的发射国应共同承担赔偿责任。第 22 条主要是规定，国际组织发射空间物体造成涉外损害时，该国际组织及其成员国是共同的责任主体，只是要求受害国在求偿过程中按照第 22 条规定的顺序进行。

《责任公约》对于空间物体造成涉外损害的求偿主体进行了详细的分类。根据该公约的规定，直接遭受损害的国家当然是求偿主体，直接遭受损害的自然人或法人也具有求偿主体资格。直接遭受损害的国家不仅包括国家财产遭受损害的国家，也包括其国民或法人的人身或财产遭受损害的国家，即国籍国。此外，自然人或法人所遭受的损害的发生地国和自然人或法人的居所地所在国在《责任公约》第 8 条规定的条件下具有求偿资格。

其次，归责原则问题。《责任公约》对空间物体造成涉外损害规定了两种归责原则：空间物体对地球表面或飞行中的飞机造成损害适用绝对责任原则，对地球表面以外造成的损害适用过失责任原则。

《责任公约》第 2 条就明确规定了发射国对于其空间物体对地球表面或飞行中的飞机造成损害负有绝对责任。此即只要空间物体对地球表面或飞行中的飞行器造成损害，不论发射国是否具有过失，发射国对此都应承担赔偿责任。只有出现《责任公约》第 6 条中的情形，发射国才可以免除责任，即在发射国证明全部或部分是因为要求赔偿国，或者其所代表的自然人或法人的重大疏忽，或者因为它（他）采取行动或不采取行动蓄意造成损害时，该发射国对损害的绝对责任，应依证明的程度予以免除。同时需注意，若发射国因为进行不符合国际法，特别是不符合《联合国宪章》及《外空条约》的活动而造成损害，其责任理当不能予以免除。

《责任公约》第 3、4 条规定了在以下两类情况下，适用过失责任原则：第一类情况是空间物体在地球表面以外的其他地方对另一发射国的空间物体，或者其所载人员或财产造成损害，根据过失来确定责任；第二类情况是在地球表面以外的其他地方对第三国的空间物体，或者其所载人员或财产造成损害，也是根据过失来判断责任。在过失责任原则下，发射国承担责任的条件是受害国不仅要证明其受到的损害具有可赔性，还必须证明发射国对此损害的产生具有过失。一般只要行为违反国际法义务，即可认定为过失。

《责任公约》第 11 条规定，任何受害国或者受害的自然人或法人都有权利直接向发射国的法院、行政法庭或机关提出求偿请求。《责任公约》第 9 条规定了受害国家通过外交途径解决责任争端，第 14 条则规定了类似于仲裁的途径解决责任争端。

（三）发展趋势

空间碎片减缓、外空资源开发和利用、行星保护、频率和轨道资源分配、空间核动力源以及微小卫星等均是当前空间科学探索领域具有代表性的国际热点争议法律问题，也是近年来联合国和平利用外层空间委员会年度会议的法律议题。商业化、军事化、外空物体武器化是近年外层空间活动的明显特点。空间碎片减缓、行星保护、频率和轨道资源分配、空间核动力源等领域已经基本形成从国际条约/软法到国家法律/规定/程序性文件的完整体系，国际法的相关原则需要通过各国国内法律法规或机构文件等在空间项目的实施中得到贯彻。外空资源开发和利用、微小卫星等涉及的法律问题在国际法层面尚存争议或缺失，但某些国家立法走在了国际立法之前，或者在缺乏国际法的明确指导下，先行开展实践。这些与空间科学探索相关的国际热点法律问题目前在实践中仍然存在争议，部分学术界的声音值得参考。

1. 频率和轨道资源分配

联合国《外空条约》第 2 条规定："各国不得通过主权要求、使用或占领等方法，以及其他任何措施，把外层空间（包括月球和其他天体）据为己有"。国际电信联盟（ITU）的《国际电信联盟组织法》《国际电信联盟公约》《无线电规则》等均是关于频率和轨道资源分配的国际条约，对于其成员国具有法律约束力。《国际电信联盟组织法》规定，无线电频率和任何相关轨道（包括对地静止卫星轨道）均为有限的自然资源，必须按照《无线电规则》的规定合理、有效和经济地使用。此外，联合国《和平利用外层空间的国际合作关于使用地球静止轨道的一些问题》决议就如何协调各国分配频率和轨道资源提出了建议，强调轨道利用必须以平等的方式加以安排，并遵照国际电信联盟的《无线电规则》。

如何确保公平合理地分配和使用频率与轨道资源是国际社会长期关注的问题，20 世纪 70 年代针对地球静止轨道产生的国际争议便极具代表性。由于担心在其有需要并有能力使用卫星之前，发达国家会占满静止轨道上的位置，哥伦比亚等 8 个赤道国家于 1976 年发表《波哥大宣言》，主张位于其领土之上的静止轨道的各部分属于其主权范围。该宣言遭到了大多数国家的反对和抵制，认为违反了《外空条约》有关外空不得据为己有的原则，该事件同时也反映了人们对国家主权所及高度问题的思索。“与外层空间的定义和划界以及地球静止轨道性质利用有关的事项，包括审议在不妨碍国际电信联盟职能的情况下确保合理公平利用地球静止轨道的方式和方法”也是联合国和平利用外层空间委员会年度会议的重要议题。

2. 空间碎片减缓

《外空条约》第 9 条规定：“本条约各缔约国对外层空间，包括月球与其他天体在内进行的研究和探索，应避免使它们受到有害污染以及将地球外物质带入而使地球环境发生不利变化，并应在必要时为此目的采取适当措施”。这一规定可视为明确了缔约国的外空环境保护义务。目前对外层空间环境可持续发展利用的威胁之一即为空间碎片问题，其已超过化学污染、生物污染、电磁污染和核放射污染等“传统外层空间环境污染源”。碎片的减缓和主动移除问题是人类外层空间发展和进行外层空间活动的当务之急。

空间碎片指的是散布在近地轨道和同步轨道上的非功能性的（无功能的）人造物体。[①] 空间碎片的来源主要有：因爆炸或碰撞等异常情况致航天器解体产生的碎片、航天任务中产生的碎片、宇航员的遗失物或丢弃物、被废弃或丧失功能的卫星或火箭体等。据欧洲航天局的统计，从 1957 年至 2021 年 1 月，人类共成功发射火箭 6 000 余次，送入地球轨道的卫星超过 10 000 颗。这些卫星中，约有 6 250 颗仍然在轨，其中约有 3 600 颗仍在工作。据此统计，目前被空间碎片监测网络定期跟踪、编目的碎片超过 28 000 个，近地轨道人造物体的总质量超过了 9 200 吨。自 1999 年以来，国际空间站为避免轨道碎片碰撞实施了超过 25 次避障机动。

在空间碎片减缓方面尚未缔结有法律约束力的国际条约，目前相关规则包括联合国大会决议、宣言、原则、指南和部分国际组织的工作文件等，主要有联合国《关于空间碎片的技术报告》（1999 年）、机构间空间碎片协调委员会（IADC）[②]《空间碎片减缓准则》（2002 年）、联合国《空间碎片减缓准则》（2007 年）、《外空建立信任和透明度专家组报告》（2013 年）、《外层空间活动长期可持续性准则》（2019 年）、国际标准组织（ISO）关于空间碎片减缓的标准、国际电信联盟关于静止轨道卫星碎片减缓的建议等。相关规则及条款旨在使国家或国际组织在执行外层空间任务过程中，有效预判任务风险，尽可能降低产生空间碎片的概率；在产生空间碎片以后，应采取

---

① 黄韵. 空间碎片的国际法治理. 长春：东北师范大学出版社，2018.

② 1993 年，美国国家航空航天局（NASA）、日本宇宙事业开发团（NASDA）、欧空局（ESA）和俄罗斯联邦航天局（RKA）发起成立了机构间空间碎片协调委员会（Inter-Agency Space Debris Coordination Committee，简称 IADC），中国国家航天局于 1995 年 6 月加入。

合理的应对措施，包括碎片监测及减缓，并且与其他现有外空条约条款相适应。

以机构间空间碎片协调委员会的《空间碎片减缓指南》为例，空间碎片减缓措施主要包括：1）消能。消能即将空间系统所储存的全部能源释放以减少解体的机会。典型的消能措施包括排放剩余的推进剂、蓄电池放电和释放压力容器。消能是空间系统额定任务的一部分，因此，只有在消能完成以后，空间系统寿命才终止。2）离轨。故意地或强制地使空间系统再入地球大气层，通常用推进系统产生减速力。3）变轨。空间系统运营寿命结束时故意改变其轨道，一般是把空间系统送入一条预期不会有危害的轨道。4）避免解体。避免任何产生碎片并被释放到地球轨道上的事件。IADC 所拟定的这套减缓指南，反映了若干国家和国际组织形成的一系列现行做法、标准、规则，已经得到国际社会的广泛认可。①

案例分析

案例一

关于防空识别区的法律事件及分析

中华人民共和国国防部 2013 年 11 月 23 日发布：中华人民共和国政府根据 1997 年 3 月 14 日《中华人民共和国国防法》、1995 年 10 月 30 日《中华人民共和国民用航空法》和 2001 年 7 月 27 日《中华人民共和国飞行基本规则》，宣布划设中华人民共和国东海防空识别区。中国政府按照国际通行做法，划设东海防空识别区，目的是捍卫国家主权和领土领空安全，维护空中飞行秩序。

2013 年 1 月 22 日，菲律宾共和国政府单方面就中菲在南海的有关争议提起仲裁。2013 年 6 月，菲方不顾中方强烈反对，成立了由 5 名人员组成的中菲南海争议仲裁庭。南海问题是将争端当事国之间的领土争议转换成为国际性的海洋争端。在坚持“不接受、不承认”南海仲裁的前提下，为加强对南海地区的有效管控，中国作为主权国家，完全有权根据自身面临的空中安全形势，采取包括划设南海防空识别区在内的任何措施。

评析

仅从目前国际条约的视角出发，关于防空识别区的专门国际条约或国际条约的专章、专条仍然处于空白状态，同时也缺乏关于防空识别区这一具体概念的统一规范和界定。根据国际民用航空组织理事会的定义，防空识别区是“在特定地理范围内要求航空器在遵守提供空中交通服务所需的程序的同时遵守特别识别和（或）报告程序的特设空域”②。

目前，关于防空识别区的认识和界定还主要存在于各国国内法。在没有违反普

① 李寿平，赵云. 外层空间法专论. 北京：光明日报出版社，2009：116.

② Annex 15 to the Convention on International Civil Aviation, Sixteenth Edition, July 2018: Chapter 1, 1－2.《芝加哥公约》的附件由国际民航组织理事会制定。

遍适用的国际法原则和规则的情况下，国际法未明文禁止国家在领空以外空域划设防空识别区这一行为。与之最密切相关的国际法规则包括禁止使用武力或以武力相威胁、空中主权原则，以及尊重领空外飞行自由等。[①] 同时，为寻找授权性法律规定，更有学者试图援引自保权或比照 1982 年《联合国海洋法公约》中的毗连区、专属经济区制度。防空识别区实践是否满足习惯国际法的必备要件——国家实践和法律确信？是否可认为因其相关实践很少受到其他国家抗议，故国家划设防空识别区的权利已成为习惯国际法的一部分？

通说认为，国际法主体行为的法律依据应来源于《国际法院规约》的相关规定。《国际法院规约》第 38 条规定："一、法院对于陈诉各项争端，应依国际法裁判之，裁判时应适用：（子）不论普通或特别国际协约，确立诉讼当事国明白承认之规条者。（丑）国际习惯，作为通例之证明而经接受为法律者。（寅）一般法律原则为文明各国所承认者。（卯）在第五十九条规定之下，司法判例及各国权威最高之公法学家学说，作为确定法律原则之补助资料者。二、前项规定不妨碍法院经当事国同意本'公允及善良'原则裁判案件之权。"可见，对于国际争端的解决可首先从国际条约和国际习惯两大重要渊源入手。

（1）国际条约。

1）1944 年《芝加哥公约》。

1944 年《芝加哥公约》第 1 条就阐明了所有成员国必须承认各个国家在各自领空享有"完全且排他的主权"。《芝加哥公约》第 12 条规定了航空器的注册国对航空器的管辖及控制原则，但这条规定并未明确国家对拥有本国国籍的航空器行使管辖及控制权利的具体范围。这为各国对在领空以外其他空域飞行的本国航空器进行管控和监督提供了可能，也并未与防空识别区设立的合法性相违背。此外，《芝加哥公约》第 20 条也强调，每一航空器在进行国际飞行时都应载有相应的注册和国际标志，并且在履行这个义务时不以领空为限制。例如，在我国东海防空识别区的划设规定中，航空器的标志识别要求可以被理解为履行该国际义务所选择的恰当方式。但必须指出的是，1944 年《芝加哥公约》明确区分了民用航空器与国家航空器，且明确规定，公约只适用于民用航空器，不适用于国家航空器。并且以列举方式规定，即将用于军队、海关、警察等领域的航空器归属于国家航空器。由此可见，用于军事等领域的航空器的法律地位与法律制度在《芝加哥公约》及国际航空制度中暂没有明确表述。

2）1982 年《联合国海洋法公约》。

由于受到"空气空间与地（水）面法律地位应相一致"的学说影响，防空识别区作为空气空间的部分区域，若与其下面的水域相关联，则应受 1982 年《联合国海洋法公约》的约束。虽然该公约中规定了专属经济区、公海上空的飞越自由，但这样的飞越自由并不能视为完全无条件或绝对性质的自由，航空器在公海等海域上空

① Jinyuan Su. The East China Sea Air Defense Identification Zone and International Law. Chinese Journal of International Law，2015（2）.

飞行之自由必须是在沿海国对其自身安全并未产生恐慌或者不安的情况下。除此之外，航空器在飞行过程中仍然必须遵守与其相应的飞行线路、航空秩序。沿海国对海域上空防空识别区的划设，一般要求航空器在进入该国防空识别区时主动报告与之相关的规定信息，这并未明显构成对《联合国海洋法公约》中的飞越自由的限制。同时，《联合国海洋法公约》也强调各个国家的航空器在专属经济区上空行使飞越自由权利时，应当服从和尊重沿海国家的权利与义务。所以，飞越自由应当尊重防空识别区的设立，并对其具体的规定和约束予以肯定与尊重。

（2）国际惯例。

各国设置类似防空识别区的相关制度由来已久，1958 年第一次联合国海洋法会议讨论中曾提到了防空识别区的设立，但是因为关系到在公海上空的飞行自由，各个国家分别立足于自身的国家利益，无法达成一致的认同。

但是防空识别区是否已经成为世界长期普遍适用的国际习惯了呢？我国国际法知名专家周鲠生教授认为："各国的长期实践和这种实践的被接受为法律构成国际习惯的两个不可分的因素"①。目前，明确设立防空识别区的国家仅有二十多个，而截至 2023 年全世界有 233 个国家和地区，其中联合国会员国达到 193 个，因此设立防空识别区的国家数量仅占全世界国家数量 10%左右，距离"各国长期实践"还有一定距离。而从"法律确信"的角度看，设立防空识别区的国家的主要法律依据主要来源于国内法，其法律根源和约束力都来源于国内法，无法被视为形成广泛的国际层面的法律认可。

发展趋势：目前防空识别区制度缺乏国际条约明确规定，各国在这一问题上尚不存在普遍共识，相关规定仅存在于部分国家的国内法规定中。但从我国复杂的海洋问题及其国家安全管控需要，以及国家外交全局的通盘考虑，继设立东海防空识别区以后，设立南海、黄海等海域防空识别区仍具有实践紧迫性。鉴于海洋争端的长期性，国际关系日渐复杂性，我国需要多部门配合，尽可能采集多海空航行及飞行数据，细化防空识别区规则，在防空识别区划定范围、识别对象、识别程序、法律责任等方面建立明确标准和规范，为未来确立防空识别区法律制度提供基础。

类案练习

2021 年 6 月 16 日，美军多架军机在中国海域周边展开侦察活动，包括 1 架 RC－135U电子侦察机前往黄海、东海侦察，1 架 E－3B 预警机在东海侦察，1 架 RC－135W 电子侦察机前往南海侦察，值得注意的是还有一架 MQ－4C 无人侦察机在东海进行侦察活动，并且在进入东海后改用虚假识别码。MQ－4C 无人机属于 RQ－4"全球鹰"无人机的改版，专门为适配海军所开发。据获悉，MQ－4C 无人机一次能飞 30 多个小时，还可以在空中停留 20 个小时，并且能飞抵 1.8 万米的高空，可以说是全球最先进的无人侦察机之一，而 MQ－4C 无人机单次最大侦察范围能达到 700 万平方千米，并且其先进雷达可以克服恶劣天气以及云层的干扰，这使得 MQ－4C 无人机的隐蔽性很强。

① 周鲠生．国际法：上．武汉：武汉大学出版社，2009：10.

通过路线图可以看到，当天美军无人机进入我国的东海防空识别区。按照我国关于东海防空识别区声明，位于东海防空识别区飞行的航空器，必须提供飞行计划识别、无线电识别、应答机识别、标志识别，他国飞机飞越防空识别区虽享有飞行自由，但需要打开识别码让防空识别区国家掌握信息，以便确认其安全，否则该国有权派出军机对识别区内的飞机进行拦截、迫降与驱离行动。

案例二

中国空间站紧急避碰美国星链卫星

美国太空探索技术公司（Space X 公司）首席执行官马斯克于 2015 年 1 月提出"星链"（Star link）计划，拟于 2019—2024 年共发射约 12 000 颗卫星至近地轨道，分别位于 340 千米、550 千米和 1 150 千米轨道上，构成三层结构的卫星网络。卫星通过星间链路互联，用户可在地面任何位置直接接入互联网。该计划旨在为用户提供全天候、高速率、低成本的卫星互联网服务。2019 年 10 月，Space X 公司又向国际电信联盟提出申请，增加部署 3 万颗，如果全部给予批准，将部署超过 4 万颗卫星，是迄今为止规模最大的星际项目。截至北京时间 2022 年 8 月 31 日，"星链"升空卫星数量已达到 3 208 颗。

中国 2010 年出台《载人空间站工程实施方案》，启动载人航天工程研制建设工作，就载人空间站工程作出战略性部署。随着天宫一号空间实验室于 2011 年 9 月发射升空，中国空间站的建造即进入实质性实施阶段。2016 年中国空间站的核心舱完成组装，2021 年 4 月 29 日，"天和"核心舱均成功升空，中国空间站进入全新的发展阶段。

2021 年 12 月 3 日，中国常驻联合国（维也纳）代表团致送联合国秘书长照会。[①] 照会严正指出，美国太空探索技术公司发射的星链卫星先后两次接近中国空间站，我空间站出于安全考虑在 2021 年 7 月 1 日和 2021 年 10 月 21 日实施了紧急避碰机动。第一次紧急避碰：美国星链- 1095 卫星自 2020 年 4 月 19 日起稳定运行在平均高度约 555 千米的轨道上。2021 年 5 月 16 日至 6 月 24 日，该卫星持续降轨机动至平均轨道高度 382 千米后，保持在该轨道高度运行。7 月 1 日，该卫星与中国空间站间出现近距离接近事件。出于安全考虑，中国空间站于 7 月 1 日晚主动采取紧急避碰，规避了两目标碰撞风险。第二次紧急避碰：2021 年 10 月 21 日，美国星链- 2305 卫星与中国空间站发生近距离接近事件。鉴于该卫星处于连续轨道机动状态，机动策略未知且无法评估轨道误差，存在与空间站碰撞风险。为确保在轨航天员安全，中国空间站于当日再次实施紧急避碰，规避了两目标碰撞风险。

评析

目前，针对卫星或其他外空物体碰撞预警以及避碰，暂时没有直接的空间法规

---

① 联合国和平利用外层空间委员会 2021 年 12 月 10 日依照《外空条约》递交的资料：《2021 年 12 月 3 日中国常驻联合国（维也纳）代表团致秘书长的普通照会》，A/AC. 105/1262，2021 年 12 月 6 日。

则依据，各国之间一般通过协商加以解决。根据《外空条约》第 9 条[①]规定的提前磋商义务，一般应由发现碰撞风险的一方及时主动与对方磋商，但该条并未明确规定由哪一方承担主动避碰的义务。即一个有序、及时、有效的太空交通管理规则体系目前暂未形成。随着在轨卫星数量快速增长，尤其是低轨巨型星座建设数量明显增加，未来在外层空间运行的卫星的碰撞风险将持续加大。

卫星或其他外空物体碰撞预警以及避碰协商机制是未来太空交通管理规则的重要组成部分，该机制的构建应当考虑以下几个问题：

一是透明度要求。发射国不仅应依据《登记公约》对卫星发射时的轨道信息进行登记，还应采取《外层空间活动中的透明度和建立信任措施问题政府专家组报告》中提出的提升空间活动透明度措施，及时交流与通报卫星的轨道参数、变轨计划、交会等信息。

二是提前预警。在卫星发生碰撞前若有地面观测方能够及时发现并进行有效预警，则是从安全、经济成本、责任承担等方面出发的最佳解决方案。而这里的预警方并不一定局限于卫星的登记国或发射国。

三是安全至上。即能够有效避免碰撞发生的一方一般应主动采取避碰机动，若双方都具有机动能力则都应采取积极有效措施及时机动避免碰撞。避免碰撞和保障各方活动安全应是该机制的核心目标。

四是基于经济成本考虑。当双方都有避碰能力时，由能以更低成本避免碰撞发生的一方主动采取避碰措施。或者万一无法避免碰撞，以“牺牲”更低成本的空间物体保全对方的空间物体，但可酌情要求相对“获利方”给予主动避碰方适当的经济补偿。值得注意的是，这里的“更低成本”不是简单地计算各方采取规避措施将耗费的成本，还需要综合考虑卫星本身的科研价值以及对全人类空间技术发展的影响，碰撞后给各自空间物体及其执行的空间任务带来的不利影响，以及对全人类共同利益的影响等。

五是保障人权。对于正在执行载人任务的空间物体应当予以特别和优先的照顾，由于载人航天任务涉及人员生命，在一般情况下，危及载人航天任务的一方应当主动避让。根据《外空条约》《营救协定》的立法精神，宇航员被称为前往外层空间的“人类的使者”，宇航员代表着人类整体且应享受最高的关注及安全保障。

六是礼让精神与国际合作原则。即在前述规则均无法适用时，基于国际合作的国际法基本原则和道德礼让精神，如果一方主动提出避让，那么再出现相同主体间的空间物体交会风险时，则应当由另一方主动避让。这也可视为避碰领域的互惠原则。[②]

① 《外空条约》第 9 条规定：如果本条约某一缔约国有理由认为，该国或其国民在外层空间，包括月球与其他天体在内计划进行的活动或实验可能对其他缔约国和平探索和利用外层空间，包括月球与其他天体在内的活动产生有害干扰时，则该缔约国在开始进行任何这种活动或实验之前，应进行适当的国际磋商。如果本条约某一缔约国有理由认为，另一缔约国在外层空间，包括月球与其他天体在内计划进行的活动或实验，可能对和平探索和利用外层空间，包括月球与其他天体在内的活动产生有害干扰时，则该缔约国可请求就该活动或实验进行磋商。

② 王国语，卫国宁. 低轨巨型星座的国际空间法问题分析. 国际法研究，2022 (2)：94－95.

类案练习

我国国家航天局空间碎片中心2022年1月19日在其官微平台通报了一起俄罗斯卫星碎片与我国清华科学卫星的“极危险交会事件”。通报称，一个编号为49863的空间碎片为俄罗斯反卫星试验所产生的解体碎片。其于北京时间2022年1月18日与清华科学卫星（编号46026）“擦肩而过”，最近距离仅为14.5米。据此前公开信息，俄罗斯的该次反卫星试验产生了估计1 600多个尺寸大于10厘米的解体碎片，这些碎片大部分都分布在400到1 100千米轨道高度范围内。在这个轨道高度我国有几百颗卫星，理论上这些空间碎片有可能对我国的航天器造成威胁。自从2021年俄罗斯反卫星试验后，我国一直在密切监测这些试验后产生的空间碎片，并根据每天最新的数据进行计算，然后预测这些碎片和我国卫星是否有碰撞的风险。我国空间碎片专家认为：“如果有的话，就需要赶紧提前做一些规避机动的方案，把这些碎片避开，这是目前最可行的方法”。

知识拓展

（一）拓展阅读

1. 赵维田. 国际航空法. 北京：社会科学文献出版社，2000.
2. 王瀚，张超汉，孙玉超. 国际航空法专论. 北京：法律出版社，2017.
3. 中国民航科学技术研究院法律标准研究所. 变革中的民航法：新秩序与新前景. 北京：中国民航出版社，2017.
4. 国际空间法的理论与实践新发展：国际空间法模拟法庭竞赛案例与诉状（多本）.
5. 李寿平，赵云. 外层空间法专论. 北京：光明日报出版社，2009.
6. 马新民. 外层空间法的发展：框架、目标与方向. 国际法研究，2015（2）.
7. 李寿平. 21世纪空间活动新发展及其法律规制. 北京：法律出版社，2016.
8. 联合国外层空间事务厅. 国际空间法：联合国文书.

（二）毕业论文选题指导

1. 全球传染病疫情防控与国际航空运输问题。
2. 国际民用航空安全保障制度的发展及完善。
3. 航空旅客“黑名单”制度的完善。
4. 多种空间碎片损害责任问题。
5. 外层空间交通安全治理问题。
6.《外空条约》中某原则的发展困境与解决方案。
7. 中国空间站建设的国际合作路径、方向。
8. 私人实体开发利用外层空间资源问题研究。

第八专题　海外利益保护中的领事保护和外交保护

基础理论

一、海外利益保护概述

海外利益是国家利益，存在于一国主权管辖范围之外，是境内利益向国土外的延伸与拓展，多依附于国际法原则、国家间条约、合约所确定，与对外主权的独立性、平等性相关联。

（一）海外利益的分类

海外利益的外延实际上是利益归属问题，根据海外利益的主体和内容的不同，海外利益可分为：

（1）海外政治利益。保护海外政治利益，维护国家在国际社会中的地位是维护国家独立性，保障公民、境内市场主体正当权益的首要前提。国家主权和领土完整是海外政治利益的前提要素，政治制度和意识形态是海外政治利益的基础要素。

（2）海外经济利益。海外经济利益包括宏观层面上国家作为主体订立的各类合同，也包括微观层面上市场主体间的经贸往来，涉及领域涵盖政府采购、国际货物买卖、跨境投资、跨国劳务、物流运输往来、数据安全流动、能源采购和知识产权保护等。

（3）海外公民利益。海外公民利益可分为海外人身利益和海外财产利益。海外人身利益是对公民人身权的保护，包括人格权和身份权，其中常被关注的是海外侨胞的人身自由与生命安全。海外财产利益即对公民财产安全的保护，包括公民的财产所有权、协议履行可得利益、预期利益、损害赔偿请求权、获得赔偿的权利和社会福利保障等。

（二）海外利益保护的模式

（1）激进型的保护模式。该模式以美国为代表，主要特征包括主张扩大适用管辖权，重视国内法律的海外适用，不断完善涉外法治和对外援助体系建设，通过经济制裁手段获取利益，以国家行为打击潜在具有威胁性域外高新技术企业。这种主动出击的保护方式也存在一定缺陷，这种保护模式包裹着法律外衣，实际上常常与霸权主义、强权政治相关联，主动保护的背后往往是利益相对方的被动和“双重标准”的运用。

（2）平衡型的保护模式。该模式代表国家是英国。其特点包括对外援助法律体系完备，外交保护的主体和适用范围扩大，注重以程序性方式对抗侵害，重视风险补偿机制构建等，这是英国基于殖民体系瓦解、新兴国家日益崛起以及综合国力下降等客观因素的理性选择。

（3）合作型的保护模式。该模式以印度为代表。作为南亚的发展中国家，印度受地理环境、殖民历史的影响，海外利益的保护起步较晚，但印度利用地区和全球性合作机制拓展海外利益保护渠道，注重保障能源安全与经济利益，且成立专门的海外印度人高级委员会以保护印侨与印裔的海外利益。自 20 世纪实行经济自由化以来，印度逐渐开展全方位地缘战略与大国外交方略，追求国际合作机制，这与我国构建大国形象、和平发展的目标相似，因此印度的海外利益保护模式值得我国研究学习。

（三）海外利益保护的方法

（1）外交方法：领事保护、外交保护、交涉、谈判、斡旋、调查等。

（2）法律方法：仲裁、司法解决等。以法律方法保护海外利益是必不可少的手段。在强调加强和完善法律途径，确保法律措施在海外利益保护上的首要地位的同时，更应重视领事保护、外交保护这两种手段。因为领事保护、外交保护这两种手段在国际法上具有普遍认可性以及适用难度低等优势，可以将其作为保护海外利益的重要渠道推行。而领事保护较之于外交保护，具有政治标准要求低、非要式、启动灵活、流程便捷等特点，更贴合微观层面海外利益的要求，可以作为重点发展方向。

二、领事保护方法

（一）领事保护的概念

领事保护一词虽已在国际实践中被广泛使用，但迄今国际文献尚未给出明确的定义。《维也纳领事关系公约》第 5 条为领事保护提供了权威性法律依据。另外，根据《维也纳外交关系公约》第 3 条第 2 款和《维也纳领事关系公约》第 3 条的规定，领事职务由一国驻外使（领）馆行使。由此，可以对领事保护作出如下一般性界定：一国驻外使（领）馆及其外交与领事官员和代表在接受国内，于国际法许可之限度内，有权保护本国及本国国民正当权益。在新的主权观下，国家负有保护本国国民的责任，无论其在国内，还是国外。实践充分证明，领事保护是一国海外利益保护最主要、最现实、最直接的途径，中国政府更是将其定位为国家的“海外民生工程”。根据自 2023 年 9 月 1 日起施行的《中华人民共和国领事保护与协助条例》的规定，领事保护与协助，是指在国外的中国公民、法人、非法人组织正当权益被侵犯或者需要帮助时，驻外外交机构依法维护其正当权益及提供协助的行为。中华人民共和国驻外国的使馆、领馆等代表机构承担领事保护与协助的职责。该条例完善了安全提醒制度、领事登记制度、日常安全防范与机制等内容，在保护我国海外公民的合法利益方面具有重要意义。

派遣国在接受国国内享有领事保护权，这已为《维也纳领事关系公约》以及各国间签订的双边或区域性领事条约（协定）中的相关规则所确认。并且，一直以来，国际社会普遍认为，领事保护权的基础是国籍国的属人管辖权。海外国民应遵守其国籍国法，相应地，国籍国亦负有保护本国海外国民生命财产安全与合法正当权益的义务与责任。

领事保护是对公民权利保护的具体体现，使（领）馆是帮助公民实现权利的辅助者，并不是权利的所有者。在多数情况下，使（领）馆的工作是在公民个人提出权利问题后协助其维护自身合法权益，并不可以代替公民个人进行权利主张。因此领事保护具有一定的被动性，其根本是为了保护海外本国公民的合法权益。这里的合法权益主要包括：人身安全、财产安全、合法居留权、法定社会福利、人道主义待遇等，以及当事人与国籍国驻当地使（领）馆保持正常联系的权利。领事保护还包括向本国公民或法人提供帮助和协助的行为，如提供国际旅行安全方面的信息、协助聘请律师和翻译、探视被羁押人员、协助撤离危险地区等。

近年来，中国政府保护本国公民海外权益的实践较之前具有显著变化：一是重大海外突发事件中频繁实施海外撤离，甚至突破性地动用了军事力量撤离，例如在2011年的利比亚撤离和2015年的也门撤离中，中国就动用了军事力量。二是在多次撤侨行动中，中国还协助撤离其他国家的海外国民，例如在2015年也门撤离中，中国协助撤离了巴基斯坦、埃塞俄比亚、新加坡、意大利、德国、波兰、爱尔兰、英国、加拿大、也门等国公民。国际社会从中国海外撤离实践中已然察觉并开始关注中国外交政策的人本化转向。由国家实践可知，一国实施海外撤离的根本目的在于保护在海外重大突发事件中海外国民的人身安全，此目的不但与领事保护的目标相契合，而且显然可为后者所吸收。综观各国相关立法与实践，海外撤离事务基本均由主管对外事务的部门，尤其是其中的领事部门负责。

（二）海外撤离

海外撤离是领事保护的一种方式，也是海外利益保护的一种重要方式。

海外撤离，也称海外国民紧急撤离，是指在某国或某地区发生特大或重大突发事件（统称“海外重大突发事件”）时，受灾（害）人员国籍国为保护在该国或该地区内本国国民的人身安全，在满足一定条件时将处于困境的相关人员紧急撤离回国或转移至安全地区的国家行为。

在海外撤离过程中，若涉及动用军事力量，则具有领事保护与非战争军事行动的双重行为属性，一些国家亦称之为“非战斗人员撤离行动”（Non-combatant Evacuation Operations，NEO）。20世纪90年代，NEO兴起。为保护在海外生命受到威胁的本国国民，在得到相关主权国家同意，甚至有时在没有征得同意的情形下，许多国家派遣本国军队在他国领土上实施撤侨，此类军事行动在一些国家的国防部对外发布的文件中被称为 NEO；非战斗人员撤离行动被认为是有别于战争的军事行动。

英国、美国等国家均发布了非战斗人员撤离行动规则。我国也在国防白皮书中对军队参与海外撤侨予以规定，并建立了行动的专门性机构。

例如，2001 年，英国国防部发布的《非战斗人员撤离行动》规定，女王陛下政府将保护海外英国公民安全的事务交由英国外交与联邦事务部负责，其承担在危机中从国外撤离英国国民的责任。根据危机的性质，外交部可以要求政府其他部门的支持，包括国防部在内。国防部的支持模式包括，从有限的支持撤离计划实施直至采取完全的非战斗人员撤离行动。该文件中将非战斗人员撤离行动界定为：把在外国受到威胁的指定非战斗人员重新安置到安全地点的行动，其性质是“有限的干预行动”。2013 年，英国国防部发布了第二版《非战斗人员撤离行动》，继续维持这些规定。

2010 年，美国国防部参谋长联席会议更新的《非战斗人员撤离行动》中再次指出：非战斗人员撤离行动是为了“协助国务院”，通常是指重新安置在某一国家受到威胁的非战斗人员，其执行是为了将“在外国生命处于危险中的非战斗人员、非必要的军事人员和第三国国民”撤离到适当的安全港和（或）美国，主要是为美国公民而实施。该行动通常包括“武力迅速介入，临时占领目标，以及在任务完成后有计划的撤退”。

2013 年，我国首部专题型国防白皮书《中国武装力量的多样化运用》在“树立综合安全观念，有效遂行非战争军事行动任务”这一“基本政策和原则”部分提到，加强建设包括撤离海外公民在内的海外行动能力；并在“维护海外利益”部分进而明确，开展海外公民撤离等海外行动是解放军维护中国的国家利益与履行中国承担的国际义务的重要方式。此外，其还具体以 2011 年我国实施的利比亚撤离行动为例说明军事力量的动用情况。2016 年我国军队改革成立了新机构“中央军委联合参谋部作战局海外行动处”，其主要职能是：统筹海外军事行动，协调组织国际维和、海外护航、国际救援、护侨撤侨以及相应的中外联演联训，建立与中央国家机关海外军事行动的协调机制，参与和组织海外军事行动领域的国际交流合作。自此，军队参与海外撤侨进入了在我国军事部门中有专门机构负责的阶段。

1. 海外撤离的法律依据

第一，国际条约。

领事保护属性方面的国际条约：海外撤离行动的实施可从《维也纳外交关系公约》《维也纳领事关系公约》关于外交职务与领事职务的一般性规定中获得规则支持（于国际法许可之限度内，在接受国中保护派遣国及其国民之利益；帮助及协助派遣国国民——个人与法人；执行派遣国责成领馆办理而不为接受国法律规章所禁止，或不为接受国所反对，或派遣国与接受国间现行国际协定所订明之其他职务）。

保护海外国民的人身安全方面的国际条约：《联合国宪章》规定了“联合国的宗

旨”之一是“增进并激励对于全体人类之人权及基本自由之尊重”。《公民及政治权利国际公约》第 6 条规定，人人皆有天赋之生存权，此种权利应受法律保障。第 9 条规定，人人有权享有身体自由及人身安全。2016 年国际法委员会二读通过的《发生灾害时的人员保护条款草案》中明确规定，受灾人员有权依国际法得到对其人权的尊重和保护；应对灾害应按照人道、中立和公正的原则，在不歧视的基础上进行，同时考虑到特别弱势者的需要；本条款草案适用于受灾国境内所有人员，不论其拥有何种国籍。

海外撤离中运输工具跨境飞行或航行的问题，会涉及在内水、领海、毗连区、专属经济区、群岛水域、用于国际航行的海峡、公海等各海域航行以及在相应海域上空飞行的规则。《联合国海洋法公约》《国际民用航空公约》等对此作出相关规定。

第二，国际习惯。

军事力量参与海外撤离方面：紧急情况下使用外国军事和民防资源方面形成的一些国际习惯规则为军队参与海外撤离提供了一定的国际法依据。自然灾害及和平时期技术或环境紧急情况下使用外国军事和民防资源的指导方针——联合国人道主义事务协调厅 2008 年《在救灾中使用外国军事和民防资源的准则》（2008 年《奥斯陆准则》）规定，国际救灾援助包括准许和便利通过过境国领土（包括其领水和领空）所必需的一切行动。该准则进而规定，过境国是指外国军事和民防资源为在受灾国开展行动而往返途中经过其国界、领水、领空的国家。过境国，特别是与受灾国交界的国家，将便利受灾国所要求的外国军事和民防资源的通过，与便利救灾物资和人员的通过相同。过境国应负责外国军事和民防资源在过境期间的安全，应完全承认其地位和给予相应特权和豁免，并在其过境期间提供安全。另外，2008 年《奥斯陆准则》还规定，只有在没有相应民用手段，并且只能用军事或民防资源才能满足一项危急的人道主义需求的时候才能请求外国军事或民防资源。对于武装冲突形势下使用外国军事和民防资源的指导方针——联合国人道主义事务协调厅 2003 年《在复杂紧急情况下使用军事和民防资源支助联合国人道主义活动的指导方针》（2003 年《军事民防资产指导方针》）中也有相应规定。联合国人道主义事务协调厅主持下制定的这些规则虽然不属于国际条约，但在国际实践中获得了普遍的认可与适用，一定程度上为军队在特定情形下参与海外撤离以及撤离中所需军事和民防资源的过境提供了依据与保障。这些国际社会中已然存在与正在编纂和发展的国际条约与国际习惯为海外撤离提供了一定的国际法依据。

第三，国内法律依据。

2023 年《中华人民共和国领事保护与协助条例》第 15 条规定，驻在国发生战争、武装冲突、暴乱、严重自然灾害、重大事故灾难、重大传染病疫情、恐怖袭击等重大突发事件，在国外的中国公民、法人、非法人组织因人身财产安全受到威胁需要帮助的，驻外外交机构应当及时核实情况，敦促驻在国采取有效措施保护中国公民、法人、非法人组织的人身财产安全，并根据相关情形提供协助。

确有必要且条件具备的，外交部和驻外外交机构应当联系、协调驻在国及国内有关方面为在国外的中国公民、法人、非法人组织提供有关协助，有关部门和地方人民政府应当积极履行相应职责。

2. 海外撤离的实施要件

当前国际条约中并不存在关于海外撤离实施要件的具体条款，国家实践中亦尚无法识别已存在同时满足“通例”与“法律确信”这两个要素的足可认定为国际习惯的相关规则。从一些国家的相关规定与实践做法可见，各国实施海外撤离一般较谨慎，通常会综合考虑如下因素：东道国政府的态度，尤其是是否同意撤离或为撤离提供安保；依据具体的危机情境决定撤离是否实施；当地的公共运输方式和其他民用手段将被优先考虑；在极端情形下才动用军事力量撤离。

另外，如何判定重大突发事件发生，人身安全遭受严重威胁？如何认定撤离的必要性与可行性？军队参与海外撤离的要件的必要性与比例性要求如何？种种问题在实践中需要厘清。

第一，关于东道国的同意。

海外撤离的国家实践中，由于行动环境的危机性与复杂性，东道国同意有时存在客观不能，因此，其是否应成为海外撤离或军队参与海外撤离的一个必要条件，在各国间难以形成统一观点与实践。

国家实践中，各国实施海外撤侨一般较谨慎，通常会考虑东道国政府的态度，尤其是，其是否同意实施撤侨或者为撤侨提供协助或支持。例如，英美等北约国家实施非战斗人员撤离行动时，区分了三种威胁环境：其一，在“允许”（permissive）的环境中，东道国对行动预定区域内的法律与秩序能够控制，并且政府有意愿也有能力协助非战斗人员撤离行动；其二，在“不确定”（uncertain）的环境中，东道国，无论是反对还是支持非战斗人员撤离行动，都无法完全有效地控制行动预定区域内的领土和居民，并且，东道国政府的合作和东道国的支持可能有限或根本不存在，该环境状况有进一步升级的可能；其三，在“敌对”（hostile）的环境中，东道国的民事和军事当局已失去控制或完全停止运作，法律和秩序普遍崩溃，需要撤离的人可能直接成为目标，他们的生命受到越来越大的威胁，不能指望东道国安全部队支持行动，他们甚至还可能阻碍行动。

第二，关于未取得东道国同意的相关规定。

同样地，一些国家也在行动规则中设定了没有得到东道国同意的情形。例如，美国《非战斗人员撤离行动》中声明：非战斗人员撤离行动必须“不侵犯除东道国以外的任何国家的主权”。加拿大《非战斗人员撤离行动》中规定，“只要有可能，加拿大政府打算在东道国政府的同意和协助下进行撤离”。法国《武装冲突法手册》中指出，撤离行动可能构成对东道国主权的侵犯，因此应在目标、时间与方式上予以严格限定。英国《非战斗人员撤离行动》中规定，法律理由可能以不同方式出现：(a) 接受国当局可以明确准许进入本国领土内以实施撤离，在某些情况下甚至可以缔结“部队地位协议”；(b) 在法律和秩序已经崩溃，不再存在一个持续性政府，或这样的政府存在但不能或不愿意保护英国公民，那么依据《联合国宪章》第 51 条以自卫为由为保护英国国民而进行的干预可以是正当的。澳大利亚在其关于撤离行动的规定中也提及，澳大利亚国防军被部署到外国主权领土内实施撤离行动的法律依据可能是以下之一：(a) 外国的同意；(b) 行使澳大利亚保护其国民的固有自卫权（澳大利亚可同意在某些情况下营救其他国家国民）；或 (c) 根据联合国安理会的一项决议。

必须务实地思考：在无法取得东道国同意的情形下，军队参与海外撤离可否纳入联合国安理会维持国际和平与安全的监管机制下？这是军队参与海外撤离合法性判定中必须面对的国际法问题。

综上，有必要构建应对海外重大突发事件的非常态法律秩序的机制，明确海外撤离的实施要件与合法性评判标准。在国际实践中，在重大突发事件发生国无正当理由拒绝相关受灾（害）国实施海外撤离，造成需撤离的受灾（害）国公民人身损害或死亡，满足条件时，该受灾（害）国有权行使外交保护援引该国责任。

三、外交保护方法

重大突发事件发生国对处于其境内的人员，不区分国籍地负有保护其生命与人身安全的义务。因而，若其未能履行该国际义务，在符合外交保护的行使条件时，海外国民的国籍国有权通过外交行动或其他和平解决手段援引该国的责任。

外交保护和领事保护都是国籍国保护其海外公民的重要方式。虽然外交保护与领事保护的根本出发点都是保护海外公民的合法正当权益，但两者的具体目的有所不同。外交保护意在追究国家责任，损害实际发生后方可行使，并且该损害是所在国的行为造成，而非因自然灾害等非人为因素；依据《外交保护条款草案》对外交保护的界定，存在他国对本国国民的国际不法行为是国籍国行使外交保护权的前提条件。而对领事保护而言，他国的国家责任是否存在并非必要，其目的是协助在接受国境内的本国公民维护权益，因此，并不要求损害实际发生，甚至存在领事保护预警机制，且面临非人为因素造成的侵害时亦可实施领事保护。领事保护更多的是一种公民权利的体现，而使（领）馆则是帮助公民实现权利的辅助者，并不是权利的所有者。

在多数情况下，使（领）馆的工作是在公民个人提出权利问题后协助其维护自身合法权益，并不可以代替公民个人进行权利的主张。因此领事保护具有一定的被动性，其根本是为了保护海外本国公民的合法权益。

《外交保护条款草案》将外交保护定义为：一国对于另一国国际不法行为给属于本国国民的自然人或法人造成损害，通过外交行动或其他和平解决手段援引另一国的责任，以期使该国责任得到履行。

外交保护是国家根据属人管辖原则，对其在国外的国民所进行的保护，是国家以自己名义利用外交手段来使本国和公民权益得到尊重和维护。外交保护更具有主动性。行使外交保护，可以看作主权国家在行使自己的权利，而不是履行某种义务。外交保护在一定意义上可以是主权国家的一种权力体现，这使得主权国家在行使外交保护的时候拥有更多的裁量权和主动权。

（一）行使外交保护的条件

从《外交保护条款草案》对外交保护的界定中可知，国籍国为其海外国民行使外交保护应满足三个条件。

其一，被保护的自然人应具有保护国国籍，被保护的法人应是保护国的居民法人。由于外交保护权与领事保护权一样源自属人管辖权，因此，被保护人必须具有保护国的国籍，除非保护国与被保护人所在国间有相反的协议。被保护人具有保护国国籍要求满足国籍持续原则，即自受侵害时起到保护国提出求偿时止，被保护人必须持续地拥有保护国国籍。除该原则外，在“诺特波姆案”中还确立了有效或实际国籍原则。但需注意到，《外交保护条款草案》体现出外交保护领域的人本化发展，不再强求实际国籍，而是规定：双重或多重国籍国民的任何一个国籍国可以针对非国籍国为该国民单独或共同行使外交保护，但一国籍国不能对另一国籍国主张外交保护权。

其二，用尽所在国当地救济。在提出外交保护之前，受害人必须用尽当地法律规定的、全部的、有效的、可采用的救济方法。“安巴蒂洛斯案”中还进一步提及：用尽所在国当地救济，还包括充分正确使用各种救济方法。领事保护由于并不意在追究他国的国家责任，因此在适用条件上不如外交保护审慎、严格，并不要求用尽当地救济。

其三，所在国的行为构成国家责任。外交保护最早是源于国家负有保护本国境内外国人的普遍义务，如不履行该义务则构成国家责任。因此，外交保护理论与对外侨造成损害的国家责任理论密切相关。

（二）海外撤离适用外交保护的可能性

领土主权国家对其境内的所有人员，包括外国国民在内，负有保护其生命与人身安全的义务，这是国际人权保护条约与习惯法规则要求每个国家承担的义务。如果重大突发事件发生国在自身无足够能力应对突发事件对其管控下的人员产生损害的情形下，无正当理由任意拒绝当事人的国籍国基于保护生命处于危险中的本国公民的目的而提出的实施海外撤离的请求，或在当事人国籍国在其境内实施海外撤离时有能力提供便利或安全保障却不提供，由此造成其境内生命与人身安全面临严重威胁的该当事人遭受进一步的人身损害或死亡，在这些人身权或生命权遭受损害的当事人已经用尽该国当地救济方式后，其国籍国可通过行使外交保护权援引该国的国家责任。

但是，如果重大突发事件发生国能证明其对此种情形下外国公民的损害不存在过失或这属于不可抗力造成的损害，则不构成国家责任。格劳秀斯最早将过失责任原则引入国际责任的归责原则，并得到了许多学者的认同；而且，其在“科孚海峡案”中也得到了确认。由此，国家内部发生的叛乱团体或叛乱机关的行为造成在其境内的外国国民人身或财产损害的，在通常情况下，该国应因对其管控领土内的叛乱运动缺乏“适当注意”，没有履行事前防范、事后惩治违法者的义务而对受侵害的外国国民承担国家责任，除非叛乱机关已控制了该国境内的部分领土，该国合法政府失去了对这部分领土及人员的有效控制。

此外，在国际习惯法中，不可抗力一直被认为可解除国际不法行为的不法性，构成国家责任中的免责事由。2001 年《国家对国际不法行为的责任条款草案》第 23 条对此作出明确规定。

一般认为，不可抗力构成免责事由有三个条件：其一，不可抗力构成损害发生的唯一原因，即当事人对于损害的产生和扩大没有起促进作用，只有在损害结果与不可抗力存在直接的、唯一的因果关系时，不可抗力才构成对此损害的免责理由。其二，不可抗力的情况必须是真正非故意的，不存在任何促成的情况。其三，不可抗力必须是国家控制范围外的因素或事件。如一国的部分领土陷于叛乱机关的控制中，这一特殊情况使该国不能履行国际义务，该国以不可抗力为由免除责任显然是恰当的；但如果是在该国有效控制下的领土内发生了临时性骚乱而使该国无法履行其国际义务，则不能免除责任。同样地，若因地震、海啸等自然灾害而导致该国无法履行国际义务的，应视为国家控制范围外的因素。例如，中国因某国发生严重地震而实施撤离在该国境内的中国公民的行动，在撤离过程中若该国再次出现震情而导致中国公民伤亡，则此种损害属于重大突发事件发生国控制范围外的因素造成的无法履行保护其境内海外国民人身安全的义务的情况，可构成免责事由。

案例分析

案例一

2015 年中国在也门实施的撤离行动

2015 年 1 月底，也门胡塞武装占领总统府并控制首都萨那。中国驻也门外交代表机构迅速开始确认在当地的中国公民的国籍。2015 年 3 月，也门局势更为紧张，与中国政府相关部门一直进行密切联系与沟通协调的中国驻也门使（领）馆制定了撤离计划。3 月 26 日，在萨那遭遇空袭之后，中国使（领）馆马上启动领事保护应急机制，通知相关中国公民按计划撤离。2015 年 3 月 29 日至 4 月 6 日期间，中国政府派出 3 艘军舰共搭载 613 名中国公民撤出也门，并协助巴基斯坦、埃塞俄比亚、德国等 15 个国家的共 279 名外国公民撤离。

这是中国军舰第二次实施海外撤离，也是首次直抵外国港口实施撤离，同时还是中国军舰首次协助外国国民撤离。当军舰到达吉布提码头时，吉布提外交部部长、中国驻吉布提大使、德国驻吉布提大使、埃塞俄比亚驻吉布提大使、巴基斯坦驻埃塞俄比亚大使等都亲自迎接。在此次也门撤离行动中，中国驻也门使（领）馆事先做好了也门政府部门的相关工作，并在撤离中得到也门政府军方、内政部等各部门的积极配合与协助，他们为中国公民和中国使（领）馆人员的顺利撤离提供了安全保障。

评析

此次海外撤离行动合法，是以紧急撤离处于生命危险中的海外国民为唯一目标，且经过撤离行动所在国的同意，行动自身符合必要性与比例性的要求。

案例二

2011年英国在利比亚实施的撤离行动

2011年利比亚内战期间，对各国而言，一个迫切的问题是：如何保护在利比亚的本国国民安全？面对日益升级的武装冲突，英国政府决定从危险地区采取措施撤离本国国民。2011年2月底，英国特种部队进入利比亚境内撤离了英国国民以及部分第三国国民。但是，英国的行动并未事先取得利比亚政府的同意，是秘密和私下实施的。特种部队在撤离前多日已抵达的黎波里，为他们的预定任务做准备。当利比亚局势恶化，并致在当地的英国国民的生命安全威胁加剧时，撤离行动才开始实施。英国特种部队从的黎波里的基地开始，前往整个利比亚境内搜集英国和第三国的国民，在反卡扎菲政府的武装力量所控制的区域，支付酬劳给该区域的跨国石油公司私人安保专业人员，以协助特种部队将这些海外国民带至预定的机场以实施航空撤离。这些人员被运往英国在马耳他的空军基地，由专门配备的支持英国特种部队此次海外撤离行动的英国皇家空军大力神运输机负责后续的撤离任务。据媒体报道，在本次撤离的最后阶段发生了交火，但没有持续性伤亡，仅一架小型航空器受到了轻型武器的攻击而产生了些无关紧要的损害。直至实施海外撤离的航空器在马耳他着陆时，英国政府才对外宣布了该次撤离行动，并宣称行动圆满成功。在关于此次海外撤离行动的事后说明会上，英国政府确认利比亚局势不稳，暴力行动引起特别危险，从而实施了撤离；政府是在公众的舆论压力下为保护英国在利比亚的海外国民而采取了该行动。然而，英国政府并未提及与评论该行动在国际法上的地位问题。

评析

此次撤离行动不合法但可容忍，是以紧急撤离处于生命危险中的海外国民为唯一目标，虽未经撤离行动所在国合法政府的同意，但行动自身符合必要性与比例性的要求。具体理由如下：

其一，那些生活在利比亚内乱中的人，无论是利比亚人还是外国国民，都面临着普遍性的暴力威胁与危险。从英国政府的角度而言，普遍的不稳定性与对利比亚境内的外国国民存在的相当广泛的危险威胁是英国在事先未征求撤离行动所在国同意而派遣武装力量进入该国领土的足够正当的理由。然而，依据国际法，海外撤离缺乏行动所在国的事先同意，将构成对《联合国宪章》第2条第7项所确立的不得干涉内政原则的初步违反。该原则的唯一例外是安理会授权采取行动。除英国以外，国际社会还有其他国家，包括中国在内，在利比亚冲突中采取了类似的撤离其国民的行动。并且，国际社会，包括利比亚政府在内，均未对英国的撤离行动表示反对。

其二，为了证明尚未取得利比亚时任合法政府同意的英国在利比亚实施的撤离其海外国民和一些其他国家海外国民的行动是否合法，就有必要审查这些海外国民是否已遭受《联合国宪章》第51条所规定的“武力攻击”，以及英国的反应与行动是否满足必要性与比例性要求。然而，至英国采取撤离行动时止，并未有相关报道指出在利比亚的英国国民遭遇了具体的侵害、危险威胁或实际攻击。此外，也未有相关报道披露被救援的英国国民具有受雇于英国政府的官方身份，他们在利比亚均是基于个人身份。由此，有学者提出，在利比亚的英国国民所面临的无论是伤害还是危险均是基于个人身份，并且是利比亚国内秩序普遍瘫痪所产生的结果；该情形并未达到对英国国民构成“武力攻击”所要求的重大或具体的程度。至于英国的干预行动是否符合必要性与比例性，也是一个需要审查的要素。

首先，对英国国民的威胁是否足以令英国特种部队采取行动？答案似乎是否定的。相较利比亚国内秩序瘫痪和陷入内战所产生的普遍性危险而言，并不存在对在利比亚境内的英国国民更为特殊的威胁情况，民用航空运输和其他交通工具仍在运转，即使是不动用英国特种部队，英国也可能顺利地从利比亚撤离英国国民和第三国的国民。因此，在评判该行动是否属于自卫范围而审查其必要性的要求时，证据显然是有限的。其次，英国特种部队实施的撤离行动是否满足比例性的要求？即英国的行动是否仅限于从利比亚撤离其国民？从表面上看，英国的行动并未超越保护与安全撤离其国民这一目标所必需的范围。虽然英国军事人员在利比亚全境搜寻以确保英国国民的安全和实施完全的撤离，但是，并未有关于其动用武力的报道。并且，英国的撤离行动显然不包含任何不可告人的动机或意图，由此，英国军事力量的介入并非对一项武力攻击的反应，也不符合自卫的必要性要求，尽管该行动符合自卫的比例性要求。即便如此，实践证明，英国特种部队在利比亚实施的限定于撤离英国国民和其他外国国民的行动已被作为应对利比亚危机事件的务实反应而为国际社会所容忍，因为该行动既没有引起国际社会的反对，利比亚也没有提出明显的反对意见。

案例三

1976 年以色列在乌干达恩德培机场实施的“撤离行动”

1976 年 6 月 27 日，一架法国航空公司的客机在从雅典飞往巴黎的途中被不法分子劫持。随后，该飞机转往乌干达恩德培机场。除持有以色列护照的乘客被劫持作为人质外，机上其他乘客均被释放。就释放和送回以色列人质事宜，以色列和乌干达两国政府的代表进行了为期一周的谈判，但未有实质成效。而后，以色列派出了属于其空军和突击队的飞机对乌干达发动了军事行动。该次军事行动极其迅速，仅在乌干达领土内持续了约 90 分钟，营救并撤离了剩余的以色列人质；行动中，造成了一名以色列军队成员、几名乌干达军队成员、几名人质和一些劫持人质者的死亡。

评析

此次营救与撤离行动是国际实践中适用海外国民保护原则和动用军事力量保护海外国民最典型的案例。

（1）该案例在联合国安理会引发了关于一国为保护其国民而在另一国领土上实施的军事行动是否违反《联合国宪章》第 2 条第 4 项的激烈争论。在以色列采取军事行动之后，其驻联合国大使对外宣称：《联合国宪章》第 2 条第 4 项未受侵犯，如果一国政府的军事干预是为了“保护国家的完整及其国民的切身利益”，那么《联合国宪章》所确立的禁止使用威胁或武力的机制在这种情形下是不适用的。美国认为：通常情况下违反《联合国宪章》规定的军事行动是不被允许的，但当军事行动是为保护受伤害威胁的国民时是可接受的。法国提出了意图与主权之间的关联性意见，认为该行动即使违反《联合国宪章》的规定，也并不是为了非法侵害任何会员国或国家之领土完整或政治独立。虽然安理会对一些国家适用海外国民保护原则采取了模棱两可的立场，但关于以色列此次行动没有违反《联合国宪章》第 2 条第 4 项规定的提议却遭到广泛反对。例如，瑞典认为，在以色列行动与《联合国宪章》的严格规定之间无法调和，但在该案中，瑞典无法加入谴责以色列的一方。

（2）《联合国宪章》第 2 条第 4 项在一国对其处于生命危险中的海外国民予以保护时是否存在适用例外？这个问题在理论界也存在争议。有学者支持存在例外的观点，提出在保护海外国民的情形下，应当考虑三个要素：一是需要存在拯救生命的紧急情形；二是保护海外国民行动中的自卫行为合法；三是在一国领土上实施的行动没有侵害该国的领土完整或政治独立。其中，在第三个要素中，有学者还试图通过“没有侵害”这一用语的使用来证明一国动用军事力量保护其海外国民的正当性。《联合国宪章》第 2 条第 4 项的核心在于“领土完整或政治独立”，如果在使用武力的情形下没有侵犯国家主权，就没有违反该规定。就动用军事力量保护海外国民的行动而言，实施行动的国家其意图并不在于篡夺一国的政权或领土，而在于营救其海外国民。但是布朗利提出了相反的观点：“领土完整或政治独立”的用语是禁止使用武力的进一步要求，是对弱小国家的进一步保障，而不能将其解释为是对该原则适用的限制性条件要求。

（3）从各国对以色列在恩德培行动后对外宣称该条款存在例外的反应中亦可说明，那些没有谴责以色列的国家也并未对该条款加以狭义解释以明确支持该行动的合法性。

（4）本案因仅涉及被劫持者问题，一般被称为海外营救。此次行动以紧急营救与撤离处于生命危险中的海外国民为唯一目标，不但未经行动所在国同意，而且行动自身不符合必要性或比例性的要求，故应视个案具体情形判定是否可容忍。

案例四

2015 年美国“也门撤离诉讼案”

2015 年年初，也门安全局势突然恶化，战火迅速蔓延，16 000 多人在也门境内身处困境，提出协助撤离本国国民的国家和地区有近 40 个，包括中国在内的多个国家都实施了也门撤离行动。然而，美国却始终坚持不实施撤离，当时有超过 450 名美国公民被困也门，但美国国务院已关闭了其驻也门使馆，最后一批美军也已撤离。美国国务院为此次不启动也门撤离而对外发表声明：美国国务院此前曾多次警告美国公民暂勿前往也门，直至 2015 年 4 月还在发布相关警告，并且持续地为当地美国公民提供撤离建议，例如，国际移民组织未来将安排航班飞离也门首都萨那。在也门局势持续恶化之下，调动美国的力量进行撤离将危及他人的生命安全，美方目前不会冒险实施。

由此，2015 年 4 月，相关美国公民分别在密歇根东区联邦地区法院与哥伦比亚特区联邦地区法院提起了两起关于寻求也门撤离的集体诉讼，分别是："萨迪诉奥巴马政府案"（Sadi v. Obama）和"默巴雷兹诉奥巴马政府案"（Mobarez v. Obama）。这是美国联邦政府首次因海外公民与国民的紧急撤离事务面临司法层面的指控，国务院与国防部均成为被告，时任国务卿克里与国防部部长卡特均被要求承担责任。

在诉讼中，原告质疑在也门美国公民撤离事务中联邦政府相关行政部门当时的立场是否明智，请求法庭审查评估该项对外政策与国家安全判断的适当性，并请求法庭指示美国总统、国务院和国防部实施也门撤离。最终，该两起诉讼的两个受理法院均以政治问题原则的适用为由分别于 2015 年 6 月、2016 年 3 月驳回原告的起诉。

美国法院认为：原告提起了不可诉的政治问题，这些问题超越了司法权适用的范围；法院不是重新审查在对外政策或国家安全领域由联邦政府行政部门所作出的自由裁量决定是否明智适当的合适场所。

评析

（1）政治问题原则是美国法院认定可诉性审查的阻却事由之一。法院认为，即使法律规定当海外美国公民生命处于危险中，在必要和可行的情形下确保安全有效的撤离，但是对这些先决条件的判断属于宪法明文规定授予联邦政府行政部门的关于国家对外政策事务的自由裁量权范围，国务院和国防部已经在对也门局势分析的基础上作出了"撤离并非必要可行与安全有效，不满足法定先决条件"的决定。原告不仅要求法院解释相关法律条款是否确立海外撤离是一项"不可自由裁量的法定强制性义务"，而且更重要的是，要求法院据此判定被告的不作为违反了该义务，这显然不是一项纯粹的法律问题，实质上涉及法院对行政部门的政策决定进行审查，明显超越了司法权的适用范围。并且，引导对这些对外政策事务进行司法审查的可操作的司法标准缺乏，仅国会才有权力制定指导行政部门在对外政策领域行动的标准，司法机关无权自行创设与发展该类标准。美国国务院与国防部签署的协议备忘录中规定：成功的撤离行动必须考虑撤离人员与美军二者的风险，在自由裁量时务必顾及两者利益间的平衡，这是国务院与国防部职权内的一种独特平衡。但是，对实施也门撤离的风险与利益的判断缺乏明确的非司法裁量的先决政策决定。

（2）《美国法典》在第 22 卷"对外关系与交往"部分规定了海外撤离事务。美国国务卿负有如下责任：制定与实施政策与计划，以确保生命处于危险中的美国政府工作人员及其家属和一般美国公民、国民得到安全而有效的撤离。此外，其还授权国务卿为撤离行动支出的经费必须服务于对外政策目标的进一步实现。但是，无论是法典还是美国政府发布的相关行政令中都未明确联邦政府行政部门是否有实施海外撤离的强制性义务或符合什么标准时应当实施海外撤离。由此，在上述海外撤离诉讼中，受理案件的美国法院指出：国务卿承担的保护或撤离海外美国公民和国民的责任是包括在美国对外关系行动这一职责范围内的，并且其在决定此项对外政策事务时拥有自由裁量权，而非必须履行的法定强制性义务。据此，法院认定：海外撤离计划的制定与实施应确定为属于宪法明文规定委托给联邦政府行政部门处理的美国外交与对外事务，基于自由裁量权行使而作出的海外撤离决定的明智性与正当性的判断问题应被认定为一项不可诉的政治问题，排除于司法审查的范围之外。

(3) 需要思考的问题是：美国立法将基本目的在于保护海外美国公民和国民安全的海外撤离划归联邦政府行政部门的对外关系行动，作为一项国家外交政策目标，这一法律规制模式是否恰当？是否影响到美国公民和国民的个人权益？是否有需要改进与发展的空间？需明确的是，联邦政府行政部门作出海外撤离决定后，其在处理与撤离行动所在国以及可能涉及的其他过境国和相关邻国间的关系上可以被认为是对外关系行动，是在实现美国海外撤离这一对外政策目标；而美国联邦政府行政部门与美国公民和国民间的关系无论如何均只能被认为是国内法律关系，两者间不存在对外关系因素。但是，不可否认的现实是，海外撤离行动极具特殊性，有别于其他行政行为，是实施于本国领土之外且交织着多重国际与国内法律关系的行动。行政部门作出的是否实施以及如何实施撤离的决定既受限于与他国间的对外交往关系，又必须在国际法允许的限度内实施。因此，海外撤离不能被简单地认定为仅是国内法范畴内的行政行为，还应务实地考虑其实质上还具有外交行为的特性，在涉及动用军事资源时，甚至还是一项非战争军事行动。因此，虽然美国的法律规制模式弱化海外撤离的行政行为性质，不将其设置为行政部门的一项不可自由裁量的法定强制性义务，淡化对个人权益的尊重，强化其外交行为性质，从而使政治问题原则得以适用；但是，从联邦政府行政部门海外撤离实践的角度而言，该规制模式确实更为恰当，体现了海外撤离并非仅关系到海外公民和国民的权益，还关涉整个国家利益，乃至他国的国家利益，需要考虑国际法的许可度。由此，将行政部门的海外撤离决定排除于司法审查范围之外具有合理性。然而，美国对海外撤离的法律规制中充满了诸如“在必要和可行的情形下”“在海外美国国民受威胁的地区”“生命处于危险中”“安全有效的撤离”等先决性条件用语，却未在相关立法中确立明确、具体和可行的衡量标准，从而导致对行政部门在作出是否实施海外撤离决定时的自由裁量权缺乏必要的限制，这是必须解决的问题，实质上，这也是引发“也门撤离诉讼案”中美国公民对联邦政府行政部门海外撤离决定提出质疑的症结所在。值得注意的是，提议由国会制定公正的行政标准以指导行政部门在对外政策领域的决定与行动，从而对这些法定标准的解释与合宪性审查当然进入了司法权的适用范围，目标在于不受政治问题影响的该类运动已然在美国国内被提上了议事日程。

(4) 2015 年美国“也门撤离诉讼案”的审理情况再次确认了美国法院在司法实践中所逐步形成的观点，即司法鲜少介入与对外政策和国家安全事务密切相关的争议。但是，在对该领域不可诉的政治问题的认定中，美国法院并非适用绝对的“对外政策规则”，而是依据涉及对外政策领域事务的个案的具体情形，对该案的诉讼请求是属于可诉的法律问题还是不可诉的政治问题进行认定，例如，请求法院判定行政部门作出的自由裁量决定是否明智审慎的诉讼就应被认定为不可诉的政治问题，而请求法院判定行政部门的行为是否有法定授权的诉讼或请求法院对国会相关立法进行解释的诉讼就是纯粹的法律问题。由此，“也门撤离诉讼案”中，原告提出，国务院和国防部在对也门局势分析的基础上作出的“撤离并非必要可行与安全有效，不满足法定先决条件”这一决定，违反了撤离是一项不可自由裁量的法定强制性义务的规定，并要求法院签发命令以指示联邦政府行政部门对在也门的美国公民实施撤离。美国法院认为原告的诉讼请求实质是要求法院就行政部门作出的不实施也门撤离的决定是否明智和合理作出判定，这是一个戴着法律问题面具的政治问题，不属于司法审查的范围。

（5）美国法院这种就对外政策事务不进行一刀切，使之被绝对排除于司法审查之外，而是结合个案的诉讼请求予以分别认定处理的做法值得肯定；并且，其关于对外政策事务中不可诉的政治问题的认定标准以及在涉及此类问题时主动限制司法的做法值得借鉴。

知识拓展

（一）拓展阅读

1.《中国领事工作》编写组. 中国领事工作. 北京：世界知识出版社，2014.

2. 梁宝山. 实用领事知识. 北京：世界知识出版社，2001.

3. 王永明. 多种能力：提高非战争军事行动能力. 北京：长征出版社，2014.

4. 基思·波恩，安东尼·贝克. 美国非战争军事行动指南. 杨宇杰，庞旭，朱帅飞，等译，北京：解放军出版社，2011.

5. 李宗周. 领事法和领事实践. 梁宝山，黄屏，潘维煌，等译，北京：世界知识出版社，2012.

6. 李志永. “走出去”与中国海外利益保护机制研究. 北京：世界知识出版社，2015.

7. 黎海波. 海外中国公民领事保护问题研究（1978—2011）：基于国际法人本化的视角. 广州：暨南大学出版社，2012.

8. 夏莉萍. 领事保护机制改革研究：主要发达国家的视角. 北京：北京出版社，2011.

9. 王秀梅. 国际法人本化趋向下海外中国公民保护的性质演进及进路选择. 现代法学，2010（4）.

（二）毕业论文选题指导

1. 中国海外撤离的国内司法救济问题研究。

2. 中国海外风险预警机制及其法律保障问题研究。

第九专题　外交与领事关系法

基础理论

外交关系法与领事关系法是国际法中密切相关的部门法，也是国际法中相当古老的分支，其产生和发展是为了适应国家对外交往活动的需要。外交与领事关系法在第二次世界大战以前，主要以习惯国际法的形式存在，第二次世界大战以后，这些习惯国际法规则绝大多数被编纂成 1961 年《维也纳外交关系公约》和 1963 年《维也纳领事关系公约》(以下简称“两公约”)。两公约成为国际法调整外交关系和领事关系的主要依据，对于两公约没有明文规定的事项，则继续适用习惯国际法。

外交关系，通常指国家间经由互访、谈判、缔约、互派常驻外交代表机构、参加国际会议和国际组织等方式进行交往所形成的关系。官方性质的外交关系可以分为正式外交关系、半外交关系、非正式外交关系。正式外交关系以互派常设外交代表机构为主要特征；半外交关系以互派代办级使节为主要特征；非正式外交关系常见于未正式建交的国家间，双方直接进行外交谈判和设置一定的联络机构以实现相互接触。除官方性质的外交关系以外，还存在通过不具有官方性质的个人或团体的友好交往所形成的民间外交关系。

领事关系是国家之间根据协议，相互在对方一定区域设立领事馆和执行领事职务所形成的国家间的关系。

外交关系与领事关系既有联系又有区别。就二者的联系而言，外交关系与领事关系同属一个国家的对外关系范畴，均服务于本国的对外政策。两国同意建立外交关系，即同意建立领事关系，但断绝外交关系并不必然断绝领事关系。外交代表与领事同属外交人员组织系统，外交代表可以同时执行领事职务，而领事经特别授权，也可处理外交事务。就二者的区别而言，使馆全面代表派遣国，侧重保护派遣国国家及其国民的整体利益，与接受国中央政府进行外交往来；领事馆只在接受国特定区域内代表派遣国，其活动范围局限于领事辖区，侧重就侨民、商业和航务等领事职务范围内的事务与接受国地方当局交往。

一、外交特权和豁免与领事特权和豁免及二者的区别

特权和豁免是外交与领事关系法的核心内容，不仅关涉接受国与派遣国的利益，而且可能影响整个国际社会秩序的稳定。

(一) 外交特权和豁免

1. 概念内涵

外交特权和豁免是一般习惯用法，就语词含义而言，外交特权可以包括外交豁免，但外交豁免不能包括一切外交特权。外交特权和豁免是外交代表机关及其人员根据国际法或有关协议，为有效执行其职务，在接受国享有的特别权利和优惠待遇，主要包括使馆及使馆人员享有的特权和豁免。广义上的外交特权和豁免还包括国家元首、政府首脑和外交部部长享有的特权和豁免。其他国家官员虽然不享有外交特权和豁免，但由于其职务代表国家，因而一般也享有豁免于外国司法管辖的权利。

不同于使馆及使馆人员的外交特权和豁免，《维也纳外交关系公约》等国际条约没有明确界定国家元首、政府首脑、外交部部长以及与其有同等身份的国家官员所享有的外交特权和豁免，这些人员的外交特权和豁免依据习惯国际法确定。在刚果（金）和比利时的“逮捕令案”中，国际法院认为，习惯国际法确认外交部部长在任职期间，为不妨碍其履行职责，在国外享有充分的刑事管辖豁免权和不可侵犯权，且此权利的享有，不论其行为是基于官方身份还是私人身份，也不论其行为是任职期间还是任职之前发生。

卸任国家元首在外国法院享有的刑事管辖豁免权与在职时的豁免不同。通常认为，在职国家元首在外国法院享有的刑事管辖豁免属“身份豁免”或“属人豁免”(*ratione personae*)，即绝对的豁免权，而卸任国家元首在外国法院享有的刑事管辖豁免权属“职能豁免”或“属事豁免”(*ratione materiae*)，即仅就其任职期间基于官方身份作出的官方行为享有外交豁免权。至于何为“官方行为”，国际法上尚无明确定义。英国上议院上诉法庭对“皮诺切特引渡案”的判决表明，官方行为不包括明显违反国际法的行为。卸任国家元首对其任职期间所犯的国际严重罪行，是否在国际法庭享有同样的豁免权，取决于相关国际法庭规约的具体规定。

外交豁免与国家豁免同属国际法上的特权与豁免，存在一定的联系和区别。一方面，以国家代表身份行事的，其行为可归因于国家，并受国家豁免的保护；另一方面，就制度发展史而言，国家元首和外交代表等的外交豁免制度是独立发展的，尤其是豁免可以延伸至这些人员在职时的私人行为。换言之，外交豁免与国家豁免有重叠的可能，但各有其独立的体制。一般而言，外交豁免与使馆和外交代表的人身和行动自由有关，涉及刑事、行政和民事管辖豁免，而国家豁免与国家行为及其财产有关，主要涉及外国法院民事管辖与强制措施的豁免。

2. 理论依据

外交特权和豁免的理论依据包括治外法权说（exterritorial theory）、代表性说

（representative character）和职务需要说（functional necessity theory）。治外法权说是历史上外交特权和豁免的主要理论依据，其将使馆拟制为派遣国的领土，因而使馆及使馆人员仍然接受派遣国而非接受国的管辖。治外法权说与使馆所在地属于接受国领土的事实不符，现已被摒弃。代表性说主张，外交代表作为派遣国的代表，被给予特权和豁免是为了维护国家的尊严，符合“平等者之间无管辖权原则”。代表性说有一定的事实根据，但无法解释为何外交代表的家属等不具有外交职衔的人员同样享有豁免。职务需要说是晚近发展起来的，认为给予外交代表特权和豁免，是保障外交代表在接受国不受干扰、自由地代表派遣国执行其职务所必需的。职务需要说无法解释为何外交代表的一些非公务行为同样享有豁免。1961 年《维也纳外交关系公约》兼采代表性说和职务需要说，即确认外交特权和豁免的目的是“确保代表国家之使馆能有效执行职务”。

3. 权利内容

根据 1961 年《维也纳外交关系公约》的规定，使馆、外交代表及使馆其他人员享有的特权和豁免如下：

1）使馆的特权和豁免。

a. 使馆馆舍不得侵犯。

使馆馆舍是“供使馆使用及供使馆馆长寓邸之用之建筑物或建筑物之各部分，以及其所附属之土地”。未经使馆馆长许可，接受国执法人员不得进入使馆馆舍。使馆馆舍、设备、交通工具及馆舍内其他财产，免受接受国的搜查、征用、扣押或强制执行。使馆馆舍的不可侵犯性是绝对的，不允许有任何例外。即便是火灾或疫情等紧急情况，接受国执法人员也须先征得使馆馆长同意后，方可入内。

b. 使馆档案及文件不得侵犯。

使馆档案及文件不论何时，也不论位于何处，均不得侵犯。

c. 通讯自由。

接受国应允许并保护使馆为一切公务目的的自由通讯。使馆可以使用一切适当方法，包括外交信差和明码电信。外交信差享有人身不可侵犯权，外交邮袋不得开拆或扣留。

d. 行动自由。

除接受国的法律规章为国家安全设定的禁止或限制进入的区域，接受国应确保所有使馆人员在其境内行动自由。

e. 免纳捐税、关税。

使馆公务用品入境免纳关税，使馆馆舍、使馆办理公务所收规费及手续费免征一切捐税，但使馆无法定权利而受益的特定服务不在免除之列，如清除垃圾费等。

f. 使用国旗和国徽。

使馆馆舍、使馆馆长寓邸以及使馆交通工具有权使用派遣国国旗和国徽。

2）外交代表的特权和豁免。

a. 人身不可侵犯。

外交代表不受接受国任何形式的逮捕或拘禁。接受国应给予外交代表尊重，并采取一切适当措施防止对外交代表人身、自由以及尊重的任何侵犯。同使馆的不可侵犯性一样，外交代表的人身不可侵犯性也是绝对的，不允许例外。如果出现外交代表从事间谍活动、闯入禁区，或者行凶、挑衅等情况，接受国只可采取临时性制止措施或正当防卫。

b. 私人寓所和财产不可侵犯。

外交代表的私人寓所同使馆馆舍一样不得侵犯。外交代表的文书、信件以及财产，也不可侵犯。

c. 管辖豁免。

外交代表在接受国享有的管辖豁免包括刑事、行政以及民事管辖豁免。外交代表的刑事管辖豁免与其人身不可侵犯性紧密相关，是绝对的、无例外的。对于外交代表的犯罪行为，接受国不能以本国的司法程序加以解决，一般是通过外交途径与派遣国交涉，或者宣布相关外交代表为“不受欢迎人员”，又或者将其驱逐出境。

外交代表对接受国的民事和行政管辖一般也享有豁免，但存在几个例外情况：第一，外交代表主动提起的诉讼，则不得对与主诉直接相关的反诉主张豁免；第二，外交代表在接受国境内的私有不动产的物权诉讼，不得主张豁免；第三，外交代表以私人身份作为遗嘱执行人、遗产管理人、继承人、受遗赠人之继承事件的诉讼，不得主张豁免；第四，外交代表在公务范围之外从事的专业或商业活动之诉讼，不得主张豁免。

外交代表的管辖豁免权不能由其个人放弃，但可以由派遣国明示放弃。派遣国放弃外交代表的管辖豁免，不得视为执行豁免的默示放弃，即便是外交代表败诉，也仍享有判决的执行豁免权。

d. 免除作证义务。

外交代表没有以证人身份在接受国任何诉讼程序中作证的义务。

e. 免除捐税。

外交代表免纳接受国对人或物课征的国家、区域或地方性捐税，但通常计入商品或劳务的间接税、私有不动产捐税、遗产取得税、继承税、商业投资等私人所得捐税等，不在免税之列。

f. 免纳关税、行李免受查验。

外交代表的私人用品在入关时免纳关税，其私人行李免受检查。但有重大理由怀疑行李中装有非免税物品、禁止进出口或管制物品的，须有外交代表或其授权的代理人在场的情况下查验。

g. 其他特权和豁免。

外交代表不受接受国的社会保险办法拘束，免除一切个人劳务和各种公共服务义务。

3）其他人员的特权和豁免。

a. 外交代表的家属。

与外交代表构成同一户口的配偶、未成年子女，如果不是接受国国民，且不在接受国永久居住，享有各项外交特权和豁免。

b. 行政和技术人员及其家属。

行政和技术人员，以及与其构成同一户口的配偶和未成年子女，如果不是接受国国民，且不在接受国永久居住，享有特权和豁免。但是，职务范围之外的行为、就任后的自用物品、行李不享有特权和豁免。

c. 服务人员。

使馆雇用的服务人员，如果不是接受国国民，且不在接受国永久居住，其执行公务的行为享有豁免，受雇所得酬金免纳捐税，不受接受国社会保险办法约束。

d. 私人仆役。

使馆人员的私人仆役，如果不是接受国国民，且不在接受国永久居住，受雇所得免纳捐税。其他方面，只能在接受国许可的范围内享有特权和豁免。

（二）领事特权和豁免

领事特权和豁免，是指领事馆及其人员为有效地执行领事职务，在接受国享有的特别权利和优惠待遇。同外交特权和豁免一样，领事特权和豁免也是基于代表性说和职务需要说。领事不是派遣国的外交代表，领事官员是派遣国派遣到接受国特定区域执行领事职务的官员，虽不是外交官，但也区别于一般外国人。领事馆和领事官员享有的特权和豁免，整体上低于使馆和外交代表享有的特权和豁免。

领事制度的历史发展过程中曾有过“领事裁判权”的概念。“领事裁判权”，是派遣国的领事根据不平等条约享有的，按照派遣国法律，对在接受国的其本国侨民进行司法管辖的片面特权。“领事裁判权”严重违反国家主权平等原则，已被现代国际法所摒弃。现代国际法在习惯国际法的基础上，将大部分的领事关系内容编纂进1963年《维也纳领事关系公约》。

根据1963年《维也纳领事关系公约》的规定，领馆及领馆人员享有以下特权和豁免：

1）领事馆的特权和豁免。

a. 领馆馆舍在一定限度内不可侵犯。

接受国官员非经领馆馆长或其指定人员或派遣国使馆馆长同意，不得进入领馆馆舍中专供领馆工作之用的部分。“专供领馆工作之用”意味着，如果接受国有理由认为领馆不是专供领事公务目的之用，则对领馆的侵犯就有可能不被视为违法。领馆如果遇到火灾或其他灾害须迅即采取保护行动的，可以推定领馆馆长已表示同意。接受国有义务采取一切适当措施保护领馆馆舍免受侵入或损害，并防止任何扰乱领馆安宁或有损领馆尊严的事件。领馆馆舍、设备、交通工具以及领馆馆舍其他财产，免受接受国为国防或公用目的而实施的任何形式的征用。如确有征用必要，应由接受国予以迅速、充分和有效的赔偿。

b. 领馆档案及文件不可侵犯。

领馆档案及文件不论何时，也不论位于何处，均不得侵犯。

c. 通讯自由。

接受国应准许领馆为一切公务目的的自由通讯。领馆往来的公文不得侵犯。领馆邮袋不得开拆或扣留。如果有重大理由认为邮袋装有公文文件及用品之外的物品，可以请派遣国授权代表一人在场的情况下开拆邮袋，派遣国拒绝此项请求的，应将邮袋退回原发送地点。

d. 与派遣国国民通讯及联络。

领事官员可以自由与派遣国国民通讯及会见。派遣国国民被逮捕、监禁、羁押候审或被采取任何形式拘禁的，经其本人请求，接受国主管当局应迅即通知派遣国领馆。接受国主管当局应将此项权利告知当事人。领事官员有权按照接受国法律规章的规定，探访受监禁、羁押或拘禁的派遣国国民，与之交谈或通讯，并为其安排法律代表。但当事人明确表示反对的，领事官员应避免采取相关行动。

e. 行动自由。

除接受国国内法规定的为国家安全而设定的禁止或限制进入区域外，接受国应确保领馆人员在其境内行动自由。

f. 免纳捐税、关税。

领馆馆舍和领馆馆长寓所免纳一切捐税，但为此等馆舍和寓所所提供的特别服务收费不在免税之列。领馆办公所收规费、手续费免纳捐税。领馆公务用品入境免纳关税。

g. 使用国旗或国徽。

在领馆馆舍、领馆馆长寓所和执行公务时所用交通工具上，可以使用派遣国国旗或国徽。

2）领事官员及其他人员的特权和豁免。

a. 一定限度的人身不可侵犯。

接受国应该对领事官员表示适当尊重，并采取一切适当措施保障其人身自由或尊严不受侵犯，但以下几种情况例外：第一，犯有严重罪行；第二，为了执行有效判决；第三，非执行领事职务的行为不受刑事管辖豁免，如被提起诉讼，应到管辖法庭出庭。除犯有严重罪行外，诉讼程序的进行应尽量避免妨碍领事职务的执行。

b. 一定限度的管辖豁免。

领事官员及领事雇员为执行领事职务所实施的行为，不受接受国司法和行政管辖，但下列民事诉讼除外：第一，因领事官员或雇员并未明示或默示以派遣国代表身份而订立的契约所引起的诉讼；第二，第三者因车辆、船舶或航空机在接受国内所造成的意外事故而要求损害赔偿的诉讼。

c. 一定限度的作证义务免除。

领事官员不得拒绝作证。但是，领事官员就其执行职务所涉及的事项，不具有作证义务和提供来往公文及文件的义务；领事官员有权拒绝以鉴定人身份就派遣国的法律提供证言。

d. 免纳捐税、关税和免受查验。

领事官员及雇员以及与其构成同一户口的家属免纳捐税。领事官员及与其构成同一户口家属的私人用品入境时免纳关税，所携带行李免除查验。

e. 其他特权和豁免。

领事官员、雇员及与其构成同一户口的家属，免除有关外侨登记、居留证、工作证、适用社会保险办法、个人劳务、公共服务等义务。

(三) 外交特权和豁免与领事特权和豁免的区别

外交关系具有的全面代表性和重要性，决定了外交特权和豁免整体高于领事特权和豁免，二者之间的不同主要体现在以下几个方面：

(1) 馆舍的不可侵犯性不同。使馆的不可侵犯性是绝对的，不允许例外，而领馆的不可侵犯性局限于专供领馆工作之用的部分，且存在一定例外，即发生火灾或其他灾害须迅即采取行动时，可以推定已获得领馆馆长同意。此外，使馆馆舍的不可侵犯性延伸至外交代表的私人寓所，而领馆官员的私人寓所不享有此类特权。

(2) 人身不可侵犯性不同。外交代表的人身不可侵犯性是绝对的、无例外的，而领事官员只享有一定限度的人身不可侵犯性。如，在犯有严重罪行时，领馆官员不免除接受国的刑事管辖。

(3) 作证义务不同。外交代表无作证义务，而领事官员对于不涉及其执行领事职务的事项有作证义务。

(4) 通讯自由不同。不同于外交邮袋，领事邮袋虽然也强调不得开拆或扣留，但如果有重大理由认为邮袋装有不被允许的物品，可以在领事官员授权的人员在场的情况下开拆，派遣国拒绝的，应该退回原发送地点。

(5) 交通工具的免受强制措施不同。使馆交通工具免受搜查、征用、扣押或强制执行，而领馆交通工具仅仅免受国防或公用目的的征用（确有必要征用时，应提供相应的赔偿），没有免受搜查等的规定。

二、领事通知和探视权的性质以及其在诉讼程序中的定位

领事的主要职责之一是在接受国为派遣国国民提供领事保护。领事通知是领事保护的重要前提，领事探视是领事保护的常见形式。随着各国间人员往来和交往的频繁和深化，领事通知和探视问题不断被提及和讨论。从早期的“布雷德案”“拉格朗案”“阿维纳案”，再到近期的“贾达夫案”，都围绕着此问题。争议的焦点是领事通知和探视权是否具有个人权利性质，以及如何在诉讼程序中对其定位。

1963 年《维也纳领事关系公约》第 36 条规定，派遣国国民被逮捕、监禁或羁押候审的，接受国应告知当事人其有联络本国领馆的权利，且经其本人请求，接受国当局应迅即将此情势通知派遣国领馆。派遣国领馆有权按照接受国法律规章的规定，探视被逮捕、监禁或羁押候审的本国国民，与其交谈或通讯，并可为其代聘法律代表。对此条款的解释，不同观点持不同见解。传统观点认为，国际法上的权利和义务主体主要是国家，1963 年《维也纳领事关系公约》第 36 条所规定的领事通知和探视权应该是接受国的义务、派遣国的权利，个人虽然可以从此权利中受益，但不能直接等同于个人权利。不能仅凭条约提及个人或通过对条约的简单字面解释，确立国际法上的个人权利。随着人本化趋势和人的因素在国际法中的不断凸显，领

事通知和探视权具有个人权利属性或人权权利性质的主张，似乎得到越来越多的认同。一些国际公约已将领事通知和探视权纳入公约的人权保护范围，如《保护所有移徙工人及其家庭成员权利国际公约》第16条第7款、《保护所有人免遭强迫失踪国际公约》第17条第2款、《禁止酷刑和其他残忍、不人道或有辱人格的待遇或处罚公约》第6条以及《关于防止和惩处侵害应受国际保护人员包括外交代表的罪行的公约》第6条等。《联合国预防犯罪和刑事司法标准和规范简编》等联合国相关机构的文件，将领事通知和探视权视为正当程序的内容，并作了相应规定。国际法院在"拉格朗案""阿维纳案"中确认，《维也纳领事关系公约》第36条的领事通知和探视权，既是国家的权利，也是个人的权利，领事通知和探视权被侵犯的，当事人可以直接在接受国主张对此个人权利的救济，接受国则可能被要求道歉、保证不再犯以及复核重审等。

领事通知和探视权的定性影响着其权利救济。领事通知和探视权的救济遇阻，又反过来进一步引起对此权利性质认定的争议。国际司法判决多数都得到很好的遵循，但与领事通知和探视权相关的判决却是个例外。如果领事通知和探视权仅仅是国家权利，则国家有权放弃此权利的行使，接受国侵犯此权利的，只能由派遣国加以追究，接受国不需要在其国内为当事人提供法律救济；而如果领事通知和探视权具有个人权利属性或人权属性，则派遣国无权放弃此权利，接受国侵犯此权利的，不仅需要承担国家责任，还需要向当事人提供相应的国内法律救济。领事通知和探视权救济的阻碍主要体现在两个方面：第一，1963年《维也纳领事关系公约》本身没有对权利救济作出规定。国际法院虽确认领事通知和探视权具有个人权利属性，但未正面肯定此权利是人权权利，同时对违反领事通知和探视义务是否构成对正当程序规则的违反，保持沉默。第二，国际法院的判决不一定能直接约束缔约国的国内法院。"拉格朗案"后，类似的案件相继被提出，作为被告的美国拒绝履行国际法院的判决，甚至退出了《维也纳领事关系公约关于强制解决争端之任择议定书》。美国的理由是，国际法院的判决虽然为其创设了义务，但判决不会自动约束其国内法院。而且，美国国内对于个人享有领事通知和探视的权利并未形成共识，即便承认违反领事通知和探视义务的事实，也不构成对正当程序规则的违反，除非当事人能够证明损害确实存在，否则难以引起"程序倒流"。换言之，违反领事通知和探视义务与当事人的死刑判决之间不具有必然联系，违约不能构成美国法上的诉由，正当程序规则和复核重审不是侵犯领事通知和探视权的救济途径。

各缔约国在加入《维也纳领事关系公约》时，对其他条款或许有各式各样的保留，但对于第36条的内容，没有一个缔约国提出保留。即便在国际法院通过一系列的判决，确认领事通知和探视权具有个人权利属性后，这一现象也没有改变。由此足可说明，各缔约国普遍认同领事通知和探视权，而有权利就应有救济，只是对于具体的救济措施各缔约国尚未达成一致意见。目前，双边领事协定被认为是解决领事通知和探视权性质争议和程序定位问题的最有效方式。根据《维也纳领事关系公约》第73条第2款的规定，公约并不禁止各国间另订国际协定以确认、补充、推广或引申公约各项的规定。在不违反《维也纳领事关系公约》的基础上，双边领事协定可以有效地促进领事通知和探视权的实施。例如，有些双边领事协定通过两国间的相互同意，将《维也纳领事关系公约》第 36 条的任意性规定转变为强制性规定。根据该公约第 36 条的规定，领事通知和探视权的启动和实施需要以当事人主动请求为前提，如果当事人拒绝，接受国不应采取相关行动。当事人有可能对领事通知和探视权缺乏足够的了解，以当事人的请求为前提，并不必然有益于当事人。双边领事协定将领事通知转变为接受国的主动义务，没有违背《维也纳领事关系公约》第 36 条的目的。

根据最高人民法院办公厅《关于转发中外领事条约（协定）和设领协议有关采取强制措施的领事通报和探视时限的通知》（法办〔2017〕89 号），与中国签订双边领事条约（协定）的 50 个国家，除克罗地亚、澳大利亚外，和中国均互为强制性通知国家。也就是说，对违法的对方的国民采取限制人身自由强制措施后，主管当局无须询问涉案人意见，即通知对方驻本国的领馆。如《中华人民共和国和美利坚合众国领事条约》第 35 条第 2 款规定：领事区内遇有派遣国国民被逮捕或受到任何形式的拘禁，接受国主管当局应立即通知，最迟于该国民被逮捕或拘禁之日起的 4 天内通知派遣国领事馆。如果由于通讯设备方面的困难在 4 天内无法通知派遣国领事馆，也应设法尽快通知。应领事官员要求，应告知该国民被逮捕或受到任何形式拘禁的理由。

随着中国对外开放持续扩大以及“一带一路”建设、国际产能合作稳步推进，海外中国公民和机构不断增多，领事保护的需求快速增长。2018 年 3 月 26 日外交部发布了《关于〈中华人民共和国领事保护与协助工作条例（草案）〉（征求意见稿）公开征求意见的通知》，明确强调：“获知驻在国有中国公民被拘留、逮捕或以其他方式被驻在国官方限制人身自由的情形的，驻外外交机构和驻外外交人员应当根据情况，与驻在国有关部门联系核实，要求给予该中国公民人道主义待遇和公正待遇，并对其进行探视或者与其通讯。”

案例分析

案例一

华盛顿邮报记者卡舒吉被杀案

卡舒吉（Jamal Khashoggi）原是沙特记者，长期为沙特政府建言献策，但在萨勒曼王储（Mohammed Bin Salman）上台后，因与沙特政府政见不同，出走并定居在美国，为华盛顿邮报供稿，时常批评沙特政府的专制统治。2018 年 10 月 2 日，卡舒吉在未婚妻陪同下进入沙特驻土耳其伊斯坦布尔的领事馆，领取再婚所需的相关文件，此后再也没有从领事馆出来。卡舒吉消失后，土耳其方面认为卡舒吉可能已被杀害。沙特否认此消息，声称卡舒吉早已离开领事馆。几个星期后，土耳其方面获得了卡舒吉遇害的关键录音录像，证实卡舒吉是被沙特的 15 名特工组成的团队所杀害并肢解，这 15 名特工中包括一名专门从事快速解剖的法医专家。据悉，沙特特工持有外交护照，入境时所携带的包裹没有经过人工检查。在卡舒吉被害后，监控录像显示有挂有外交牌照的车辆驶离领事馆开往总领事宅邸。录音还显示，总领事奥泰比（Mohammad al-Otaibi）可能参与或见证了整个杀害过程。15 名特工及总领事事后都离开了土耳其。2018 年 10 月 17 日，土耳其方面在取得沙特政府的同意后，进入领馆搜查。沙特最终承认卡舒吉遇害的事实，但否认国际上关于沙特王储萨勒曼授权和指示此谋杀事件的指控。迫于国际社会的压力，2019 年 1 月 3 日，沙特对 11 名相关人士提起刑事审判。2019 年 6 月 19 日，联合国特别报告员向人权委员会提交报告，指责沙特谋杀卡舒吉，并认为萨勒曼个人指使了这起谋杀。2019 年 12 月，沙特判处 5 名涉案人员死刑，之后因为卡舒吉儿子签署的“谅解书”而改判有期徒刑 20 年。

评析

（1）领事馆的不可侵犯性。

根据 1963 年《维也纳领事关系公约》第 31 条的规定，领馆馆舍具有不可侵犯性，接受国官员在没有获得领馆馆长或其指定人员或派遣国使馆馆长同意的情况下，不得进入领馆馆舍专供工作之用的部分。但该条文也规定，如果发生火灾或其他灾害，可以推定已取得领馆馆长同意。这也是领馆不可侵犯性区别于使馆不可侵犯性最主要的一点。公约没有进一步对“其他灾害”进行明确界定。通常认为，“其他灾害”应该与火灾作同类解释，可以包括水灾、地震、瘟疫等。然而，“其他灾害”能否包括非自然因素引起的情势，尚有争议。

领馆的不可侵犯性不能等同于治外法权，领馆并不是派遣国的领土组成部分。基于属人管辖，沙特可以对其国民进行管辖，但不能在他国领土上实施其法律和政策。沙特命令其特工在土耳其的领土上谋杀卡舒吉，很大程度上侵犯了土耳其的领土主权，也违反了《维也纳领事关系公约》很重要的一项规定，即领馆只能用于与其职务相符的用途。

本案中，卡舒吉是在沙特驻土耳其伊斯坦布尔的领事馆内被杀，领馆馆舍所在地属于土耳其领土是毋庸置疑的，但基于领馆的特殊性，土耳其不能径直进入领馆，而须先取得沙特的同意。事实上，土耳其也是如此做的。土耳其在质疑卡舒吉遇害后，并没有立即要求进入领馆搜查，而是直到取得沙特同意后才采取行动。对此，有观点指责土耳其过于保守，懈怠了及时进行调查和保护人命的义务。领馆的不可侵犯性不像使馆的不可侵犯性，不是绝对的。土耳其完全可以将卡舒吉遇害的情势视为“其他灾害”，推定领馆馆长的同意，而无须等待沙特的明示同意。此类观点的理论依据是：“其他灾害”并不必然是自然因素引起的。例如，一个恐怖团体袭击领馆内的领事官员，这时接受国派遣警力进入领馆解救，应该被视为取得了领馆馆长的默示同意。类似的，将对卡舒吉的谋杀视为“灾害”并不为过。保护人命应该被允许成为领馆不可侵犯性的例外。就使馆的不可侵犯性而言，即使使馆被用于提供庇护或其他违反接受国法律的用途，实践中也不会将此作为使馆绝对不可侵犯性的例外以允许接受国进入使馆。因为《维也纳外交关系公约》已经就此提供了相应的救济措施，如，接受国可以将相关外交代表宣布为不受欢迎人员等。但即便如此，仍有不少观点认为，人命不同于其他事物，如果出于保护人命的迫切需要，进入使馆是最后的手段，则不排除接受国可以在推定使馆馆长同意的情况下进入使馆。使馆的不可侵犯性尚且如此，领馆的不可侵犯性似乎更有理由将保护人命的迫切需要作为其例外情势。换言之，如果已经、正在或即将发生针对人命的暴力犯罪，则有可能将其视为“需要立即采取保护行动的灾难”。

还有类似观点从国际法规范冲突的角度，支持土耳其利用领馆不可侵犯性的例外，推定领馆馆长同意，进而及早进入领馆搜查或采取相关行动。根据此类观点，土耳其是1966年《公民权利和政治权利国际公约》和1950年《欧洲人权公约》的缔约国，有义务保护卡舒吉的生命权。土耳其要履行此义务，不可避免需要进入领馆以阻止沙特特工的行动，而这又与土耳其在《维也纳领事关系公约》下所承担的尊重领馆的不可侵犯性的义务相冲突。但是，这个规范冲突不是真实的规范冲突，可以通过规范解释加以避免。即《维也纳领事关系公约》已经预设了例外，而这个例外可以很好地协调土耳其在人权公约下所承担的保护卡舒吉生命权的义务和其在《维也纳领事关系公约》下所承担的尊重领馆不可侵犯性的义务。

此外，对总领事奥泰比宅邸的搜查，土耳其同样被认为存在懈怠的情况。奥泰比是总领事，不是外交代表，其宅邸不具有不可侵犯性。土耳其无须先取得同意再启动调查。尤其是，本案中，奥泰比被质疑有很大的概率参与或至少见证了卡舒吉遇害的过程，这种情况下要取得其同意后再搜查，难免会造成不必要的拖延。

（2）领事官员的特权和豁免。

1963年《维也纳领事关系公约》第41条规定，领事官员人身不得侵犯，接受国应表示适当尊重，并采取一切适当措施防止领事官员人身自由或尊严受到任何侵犯。但其同时明确，如果领事官员犯有严重罪行，则不受此限，领事官员有可能被逮捕或羁押候审。《维也纳领事关系公约》在起草的过程中曾试图对“严重罪行”进行界定。一种观点认为，所谓“严重罪行”，概指应被判处5年及以上监禁的犯罪行为。另一种观点认为，具体定义“严重罪行”是不现实的，因为各国做法差异太大。《维也纳领事关系公约》最终只保留了“严重罪行”的抽象概念而未作具体定义。

本案中，卡舒吉在领事馆内被沙特特工团队杀害并肢解，此罪行的严重性不存在太多争议。奥泰比作为总领事虽享有一定限度的豁免权，但如果参与了谋杀，则难以再享有人身不可侵犯和领事豁免权。如果奥泰比没有参与谋杀，但见证了此过程，则根据《维也纳领事关系公约》第44条的规定，奥泰比很难被免除作证义务。

沙特特工入境土耳其时持有外交护照，但持有外交护照与国际法上的外交特权和豁免并不等同。国际法上个人享有的豁免权，被认为可以区分为属人豁免权和属事豁免权。前者取决于身份，不考虑行为是否为公务行为，后者以公务行为为基础，与身份无关。在外交豁免权中，被普遍接受享有属人豁免权的是国家元首、政府首脑和外交部部长，其他国家官员能否享有属人豁免权虽存在一定的争议，但往往以部长级及以上更高级别官员且行使一定的对外职能为限。换言之，多数其他国家官员享有的是属事豁免权。不论沙特王储萨勒曼是否授权指示了对卡舒吉的谋杀，其在土耳其都享有完全的外交豁免，即属人豁免权。涉案沙特特工中，可能的最高级别官员是沙特情报部副部长以及萨勒曼的顾问，他们享有的豁免应该是属事豁免权而非属人豁免权。属事豁免权不是绝对的豁免权，仅保护公务行为。谋杀并肢解卡舒吉显然不会是土耳其所接受和认同的沙特官员在其领土范围内的公务行为，因此，他们的行为很难受到属事豁免权的保护。

领事交通工具享有的特权和豁免，主要是免于基于接受国国防或公共目的的征用；如果确有必要征用，接受国必须提供及时、全面的补偿，但没有包括免除搜查的义务。本案中，监控录像显示，沙特特工曾乘坐挂有外交牌照的车辆离开领事馆前往奥泰比宅邸。对此车辆，土耳其本应该进行及时搜查，但其并没有采取相关行动。在卡舒吉被害后，总领事奥泰比和沙特特工都离开了土耳其，土耳其也没有对他们采取任何措施，或者要求他们作证等。凡此种种，土耳其被指责不作为以及放任沙特滥用领事特权和豁免。

案例二

贾达夫案

（印度诉巴基斯坦）

案情导入

贾达夫（Kulbhushan Sudhir Jadhav）自印度海军退役后，就在伊朗定居和从事商业活动。2016 年 3 月 3 日，贾达夫在巴基斯坦与伊朗的交界处，被巴基斯坦当局逮捕。巴基斯坦指控贾达夫为印度政府工作，从事了间谍和恐怖活动。贾达夫被捕时持有印度护照，护照上的名字是 Hussein Mubarak Patel，与其真实姓名有出入。2016 年 3 月 25 日，巴基斯坦将此事告知驻伊斯兰堡的印度高级专员，并播放了一个视频。视频中，贾达夫承认自己代表印度对外情报机构 RAW（Research and Analysis Wing）在巴基斯坦从事了一系列的间谍和恐怖行为。当天，印度通过其高级专员向巴基斯坦外交部发了普通照会，表示巴基斯坦所逮捕的是印度人，并且请求立即探视该人。

2016 年 7 月 22 日，贾达夫作了认罪声明。

2016 年 9 月 21 日，巴基斯坦在其国内一个战地高等军事法庭，依据巴基斯坦 1952 年军事法第五十九节以及 1923 年官方机密法第三节，启动对贾达夫的审判。审判开始后，巴基斯坦额外给予贾达夫三周时间准备其抗辩，并为其指定了一名合法的战地军官协助其参与审判。

2017 年 1 月 23 日，巴基斯坦外交部向伊斯兰堡的印度高级专员发去一份“关于贾达夫刑事调查的协助书”，寻求印方提供有关贾达夫从事相关活动的证据、资料和记录。这份文书是依据印度在先的协助保证以及安理会 1373（2001）号决议拟定的。印度对此文书未作任何回复。印方在两份照会中强调，巴基斯坦的请求没有任何法律依据和可信的证据支撑。2017 年 3 月 21 日，巴基斯坦外交部通过照会向印度驻伊斯兰堡的高级专员明确：印度的探视权取决于印方对巴基斯坦上述调查协助请求的回应。2017 年 3 月 31 日，印方回复称，探视贾达夫是确证事实和了解贾达夫在巴基斯坦情况的前提条件。

2017 年 4 月 10 日，巴基斯坦宣布贾达夫被判处死刑，并明确贾达夫可以从以下方式寻求救济：在判决生效后的 40 天内向军事上诉法庭上诉；在军事上诉法庭决定生效的 60 天内向军事首长提交赦免请求书；在军事首长所作决定生效后的 90 天内向巴基斯坦总统提交赦免请求书。2017 年 4 月 26 日，印度驻伊斯兰堡的高级专员代表贾达夫母亲提出上诉。2017 年 6 月 22 日，巴基斯坦发布新闻称，贾达夫在军事上诉庭的上诉被驳回，已向军事首长提出赦免请求。印度声称，印方没有收到任何有关此次上诉或有关贾达夫赦免的信息。

2017 年 11 月 10 日，巴基斯坦通知印度，允许贾达夫的妻子探望贾达夫。之后，也同样允许了贾达夫母亲的探望。基于印方的请求，巴基斯坦保证它会确保探望者的自由行动、人身安全和健康，并允许印方外交代表在场。

2017 年 5 月 8 日，印度依据《国际法院规约》以及《维也纳领事关系公约关于强制解决争端之任择议定书》在国际法院起诉巴基斯坦，主张巴基斯坦违反了 1963 年《维也纳领事关系公约》的规定，没有告知贾达夫关于该公约第 36 条 1（b）项的权利，没有迅即通知印度关于贾达夫被逮捕、拘禁的情况，没有为印度提供领事探视。同时，印度请求国际法院就巴基斯坦对贾达夫死刑判决的执行指示临时措施。

争议焦点

（1）《维也纳领事关系公约》第 36 条的保护对象没有例外。

巴基斯坦认为，《维也纳领事关系公约》不适用于当事人从事间谍活动的情况。在巴基斯坦看来，《维也纳领事关系公约》不可能涵盖所有的领事关系问题，且公约的起草工作资料显示，间谍问题不在公约的考虑范围内。因此，在关涉间谍和国家安全问题时，接受国可以对派遣国与派遣国被逮捕国民的通讯自由进行合理限制。

印度则认为，《维也纳领事关系公约》第 36 条并不允许任何例外。即便在公约起草过程中讨论过间谍问题，公约的起草工作资料并没有明示任何不适用第 36 条的例外情况。相反，公约的起草者们默示，间谍活动也应该适用领事通知和探视的规定。如果国际法院支持巴基斯坦的诉请，则接受国难免会以间谍问题为借口，否决《维也纳领事关系公约》第 36 条所赋予的权利。

由于印度不是 1969 年《维也纳条约法公约》的缔约国，而巴基斯坦签署了但没有批准该公约，因此，国际法院对本案中条约问题的解释是根据条约解释的习惯规则进行，即对条约的解释应该根据其用语的通常含义按照其上下文并结合条约目的善意解释。

首先，就《维也纳领事关系公约》第 36 条的解释，国际法院认为，不论是《维也纳领事关系公约》第 36 条，还是其他条款，都没有提及间谍问题，且根据上下文和条约目的解释第 36 条，也无法得出公约将间谍活动排除出其约束范围的结论。《维也纳领事关系公约》在其序言中规定，公约意在“促进国家间的友好领事关系的发展”。第 36 条的目的也正如其标题所显示，是为了便于领馆执行其对派遣国国民的职务。因此，领事官员可以在任何情况下，为派遣国国民行使此条文所规定的与领事探视相关的权利。如果接受国可以基于指控派遣国国民从事间谍活动而减损公约所给予的权利，将背离公约的目的。

其次，关于公约起草资料的解释。国际法院认为，1960 年国际法委员会在讨论“领事交往和豁免”时，并没有建议将包括间谍在内的特定人员，排除出《维也纳领事关系公约》第 36 条的适用范围。草案第 30A 条是《维也纳领事关系公约》第 36 条的基础，该条规定，地方当局应该迅即通知派遣国领事关于派遣国国民在其辖区内被拘留的情形。此条曾引起热议的问题是：当派遣国国民被拘留而与外界隔绝时，怎样判断接受国的通知是否迅即（without delay）。对此，国际法委员会成员之一 Tunkin 先生认为，最好删除“迅即”这一表述。因为在间谍类案件中，对于被逮捕、拘留的派遣国国民，接受国是不太可能立即通知派遣国领事的。在这些案件中，地方当局应该有权不向派遣国通知相关情况。关于间谍案件，国际法委员会主席作了以下评论：一般法律原则的表述不太可能涵盖所有的案件。如果国际法委员会要考虑间谍问题是否构成例外，有关领事保护和与国民通讯的原则都需要被重新解释。事实上，国际法委员会并没有就间谍问题在后续的会议中继续讨论，领事保护和与国民通讯的原则也没有被重新解释。国际法委员会在讨论国家安全领域问题时，同样提及间谍案件，但没有建议在间谍案件中不给予领事探视。1961 年，国际法委员会决定将“without delay”改为“without undue delay”。国际法院认为，这个决定对《维也纳领事关系公约》第 36 条的范围并没有任何暗示。国际法委员会对草案第 36 条 1（b）的评论，只是提道：这里所用的不得无故拖延，主要是考虑到有些案件中基于刑事调查的需要，而使被逮捕人员在一定的期间内不得与外部通讯。

在 1963 年维也纳领事关系会议上，会议主席邀请专家对为何加上“without undue delay”进行解释。专家认为，这样做的目的是允许接受国在一些案件中对犯罪人员进行羁押候审一段时间。例如，如果一个走私犯被质疑控制整个关系网，警察会希望对其被逮捕的信息进行保密，直到他们能找到走私犯的联络者。同样的措施也可能在间谍案件中被采用。根据专家给出的解释，虽然在间谍案件中，需要考量接受国在什么时间通知派遣国是合理的，但间谍案件并没有被排除出《维也纳领事关系公约》的适用范围。在对草案第 36 条进行修正时，英国曾提案将“undue”一词从“without undue delay”中删除。这一提案最终被接受了，但并不能说明间谍等特定人员被排除在《维也纳领事关系公约》的适用范围之外。

综上，国际法院支持了印度的主张，认同《维也纳领事关系公约》第 36 条同样适用于被质疑从事间谍活动的人员。

（2）双边领事协定与《维也纳领事关系公约》的关系。

2008 年，印巴签订了一份双边领事协定，约定基于人道主义，印巴政府对对方国民的逮捕、拘留和监禁，达成以下领事互惠便利：……（ii）任何对对方国民的逮捕、拘留和监禁都应该立即通知派遣国高级专员……（iv）对对方国民的逮捕、拘留或监禁应该在三个月内提供领事探视；（v）两国政府都应该在确证对方国民的国籍和完成审判后释放和遣返对方国民；（vi）对于基于政治或国家安全理由的逮捕、拘留或审判，各方可根据其需要进行审查。

巴基斯坦认为，本案中印巴之间的领事探视问题，应该适用 2008 年印巴领事协定，而不是《维也纳领事关系公约》。贾达夫所从事的间谍和恐怖活动，其性质和情形使得对其的逮捕正好符合上述2008年协定第（vi）项规定。巴基斯坦有权根据其需要自行决定领事探视问题。

印度则强调，双边领事协定的存在与确定《维也纳领事关系公约》下的领事探视权无关。双边领事协定不能修改《维也纳领事关系公约》第36条所规定的权利和相应的义务。2008年印巴领事协定没有任何表述，表明双方有意减损《维也纳领事关系公约》第36条的效力。2008年印巴领事协定是对《维也纳领事关系公约》的补充和扩展，符合《维也纳领事关系公约》第73条的规定。协定第（vi）项“基于其需要审理”是针对第（v）项而言的，即出于政治和国家安全的考量，双方国家可以根据其需要，在对被逮捕、拘留或审判的人员完成审判后，保留将其释放和遣返的审查权利。

国际法院认为，从2008年印巴领事协定的序言可以看出，此协定的目的是希望保障本国国民被对方逮捕、拘留或监禁时的人道待遇。因此，协定第（vi）项不应该被解释为，出于政治或国家安全的考量，对于被逮捕、拘留或监禁的对方国民，可以拒绝领事探视。如果双方有意要限制《维也纳领事关系公约》第36条赋予的权利，应该在协定中明示，但显然协定并无这类表示。而且，如前所述，如果认为间谍活动可以构成《维也纳领事关系公约》的例外，那么接受国任何基于政治或安全目的的考量，都可能减损该公约第36条的领事探视权，这将给予接受国拒绝领事探视的权利。根据《维也纳领事关系公约》第73条的规定，在不违背公约的基础上，缔约国可以制定相关协议，这些协议可以就条约未规定的事项进行确认、补充、推广或引申。双方当事国在签订2008年印巴领事协定时，已然知悉《维也纳领事关系公约》第73条。2008年印巴领事协定是《维也纳领事关系公约》的后续补充协议，而非巴基斯坦所称的、取代《维也纳领事关系公约》第36条的规定。

（3）领事通知和探视权并不以派遣国履行其他国际义务为前提。

巴基斯坦称，印度的领事探视应该以其回应巴基斯坦的协助调查请求为前提。印度认为，派遣国享有的领事探视权利，并不以配合接受国的相关调查为前提。《维也纳领事关系公约》第36条所规定的义务是绝对义务，不存在任何例外。

国际法院认为，印度没有配合巴基斯坦的调查协助请求，不会解除巴基斯坦的领事通知义务，也不能使巴基斯坦拒绝印度领事探视的行为合法化。在《维也纳领事关系公约》下，一个国家履行其义务不以另一国履行其他国际义务为前提，否则整个领事保护体系会被严重削弱。

知识拓展

（一）拓展阅读

1. 周鲠生. 国际法. 武汉：武汉大学出版社，2009.
2. 黄德明. 现代外交特权与豁免问题研究. 武汉：武汉大学出版社，2005.
3. L. T. 李. 领事法和领事实践. 傅铸，译. 北京：商务印书馆，1975.

（二）毕业论文选题指导

1. 论国际法中的领事探视制度。
2. 国际法的人本化与中国的领事保护。
3. 我国领事保护机制的困境与出路。

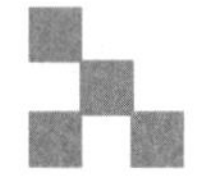

第十专题　国际组织的权力

基础理论

国际组织的权力这一问题与国际组织的人格高度相关。一方面，国际组织无法脱离权力而运作；另一方面，国际组织的权力范围通常决定了其人格程度。这些权力可能是规制政策领域的广泛性权力，也可能是解决成员间争议的限制性权力，但无论何种情形，完全没有权力的国际组织无法以任何有意义的方式存在。

功能主义理论在现行国际组织法的研究中居于主导地位。在功能主义理论下，国际组织的存在仅仅是为了行使某些职能，且其需要权力或权限来执行相应的任务。是故，国际组织的权力从何而来成为国际组织法最主要的问题之一。

实践中，对国际组织权力的概念化分析较少，更多的探讨集中在法院判决与法律意见中。概括而言，这主要包含三种理论：权力归属原则（又称权力授予原则或授权原则）、隐含权力原则与权力固有原则。其中，权力归属原则与隐含权力原则虽存有差异，但其共同之处在于承认成员对国际组织牢固的控制权；相比之下，权力固有原则将国际组织置于国际法律秩序的控制之下，其很难适应功能主义的逻辑，因此本专题的分析更偏重于前两者。

一、权力归属原则

（一）权力归属于国际组织

国际组织法的一项基本规则是，较之于国家可根据国际法在其规定范围内自由行动，国际组织仅能在成员赋予其权力的情况下才有权采取行动。此规则与国际法中盛行的实证主义思维模式契合良好，后者首次的形成时间与前者被司法承认的时间几乎一致。1926 年的“莲花号案”中，常设国际法院明确表示，作为一项基本原则，不能轻易假定对主权自由的限制；相反，国际法规则源自主权国家的自由意志。[①] 基于此

① Case of the SS Lotus, PCIJ Reports 1927 Series A, No. 10.

可推理得知国际组织必须保持在其授权范围内行事，因为既然国际法规则不能违背国家意志，那么国际组织也必然须依成员意愿运作。

权力归属原则要求国际组织的活动必须基于赋予其的某种权力，此权力通常规定在组织章程或其他国际法律文件中。国际组织的权力具有“职能性”，这意味着国际组织不具有主权权力，亦缺乏与追求特定目标无关的无限权力，其权限范围仅可延伸至履行组织职能所必不可少的所有行为。①

在 1996 年“世界卫生组织咨询意见案”中②，国际法院认为：“国际组织是国际法的主体，与国家不同，它们不具有一般性的权限。国际组织受制于‘特殊性原则’，即它们由创建国赋予权力，其权力的界限即为创建国委托推进的共同利益的函数”。

该案中，世界卫生组织请求国际法院就以下问题给予咨询意见：“鉴于对环境和健康的影响，一国在战争或其他武装冲突中使用核武器是否违反包括世界卫生组织章程在内的国际法?”摆在法院面前的主要问题是，该提问根据《联合国宪章》第 96 条第 2 款的规定，是否是“在世界卫生组织活动范围内产生”。法院对此得出否定结论，认为此事项不在世界卫生组织的活动范围内，因此其无法就本案发表咨询意见。

国际法院在其判例中首次提到的“特殊性原则”与权力归属原则同义。有学者根据国家授予权力程度的差异，将其分为三种类型：其一，建立代理关系的授予，委托人授权代理人代表其行事，改变其某些权利和义务；其二，权力下放，与代理不同，成员不得就组织被赋予的权力的行使施以直接控制；其三，权力转移，与权力下放不同，权力转移通常涉及国际组织的专属权力且不可撤销。③ 在实践中，具体的权力授予往往并不完全属于这三种类型中的一种，而是具有其中的两种要素。

从理论上讲，很显然，国际组织仅能在被赋予的权力所允许的范围之内行为，且其不得将此权力用于被赋予权力之外的目的。然而，实践往往更为复杂。

尚未生效的 1996 年《全面禁止核试验条约》规定建立一个新的国际组织——全面禁止核试验条约组织。该条约旨在通过禁止核武器试验与任何其他核爆炸来防止核武器扩散，而该组织负责核查有无此类测试进行。《全面禁止核试验条约》生效前即成立了一个筹备委员会进行必要的准备，以使在条约生效后即可实施核查制度。该筹备委员会自身即为国际组织，负责在世界各地建造或设立 337 个设施点（321 个监测站和 16 个实验室）以验证对条约的遵守情况。这些设施点采用了先进的技术——地震、水声、次声和放射性核素站等用于检测地球振动、海洋、大气以及空气中反射性核素的存在。这些设施收集的信息直接被发送至总部位于维也纳的国际数据中心，并被传输给签署国以处理、分析与报告。显然这些数据的收集与分析是用以核查对禁止核武器试爆或其他任何核爆炸规定的遵守，但它们可被用于其他目的吗？权力归属原则应对该问题给予否定的答案——为 A 目的赋予的权力不能被用

---

① P. Reuter, Institutions Internationales. 7th ed., 1972: 214 - 216.

② Legality of the Threat or Use of Nuclear Weapons, Advisory Opinion of 8 July 1996, I. C. J. Reports 1996, p. 78, para. 25.

③ D. Sarooshi. International Organizations: Personality, Immunities and Responsibility. [2024 - 07 - 15]. http://dx. doi. org/10. 1163/1875 - 8096_pplcdu_ej. 9789004268029. ch01.

于B目的。

虽然各国在1996年签署《全面禁止核试验条约》时，可能会同意给上述问题以否定答案，但在2004年12月26日因印度尼西亚海岸地震引发灾难性海啸，造成14个国家超过23万人丧生后，实践给出了另外一个回答。现有《全面禁止核试验条约》下的设施生成的数据可比其他信息来源更快地提供给海啸预警中心，在海啸来临时，人们可因此提前2～2.5分钟收到警告。2005年3月，全面禁止核试验条约组织筹备委员会决定将设施用于此目的，很显然其与禁止核武器试验无关。此后，筹备委员会与一些成员国签订了海啸预警协议与安排。2010年，它与联合国教科文组织签署了加强该领域合作的协议，后者的海洋学委员会自1965年起即负责海啸预警的政府间协调。截至2018年1月，14个成员国的海啸预警中心从近100个全面禁止核试验组织站点接收数据，这些数据在严格保密的基础上提供，并仅能用于海啸预警的目的。

这表明，在诸如上述的极端情形下，强烈的社会需求可突破通常所遵守的对国际组织权力的严格解释。虽然在理论上这可被视为国际组织“使命蔓延”的一个例子，但在实践中这种使命蔓延应被肯定。国际组织章程的正式调整当然是扩大国际组织活动范围的常规方式，但其过程通常长达数年。与此同时，如果禁止国际组织如此行为，那就过于形式化了。因此，成员之间应就所作选择达成广泛共识，同时国际组织权力的使用不应违反其组织规则。在全面禁止核试验条约组织筹备委员会的例子中，对组织权力的“海啸式使用”不应妨碍将这些权力用于其最初目的。此外，由于筹备委员会执行的是《全面禁止核试验条约》生效前的准备工作，其所作出的安排应得到全面禁止核试验条约组织的最终批准。

权力归属原则包含并解释了国家与国际组织的根本差异，因此其亦有助于澄清为何欧盟应仍被归为国际组织——欧盟不具有在任何领域采取任何措施或任何立法的一般性权力，而仅具有成员国赋予它的权力。

正如德国宪法法院于2009年关于2007年《里斯本条约》中包含的欧盟条约修正案所作出的确认，“欧盟必须如以前般遵守授权原则……尤其是在欧洲宪法计划失败后。《里斯本条约》清楚表明这一原则依然有效，成员国依旧是条约的主人”①。

与其他国际组织一样，根据权力归属原则，欧盟的活动须始终具备法律依据。正如欧洲法院就欧共体缔结国际协议的法律基础所指出的，“选择适当的法律依据具有宪法性意义。因为欧共体仅具有被授予的权力，其须将寻求签订的协议与授权其批准该措施的条约条款联系起来”。法律依据须为条约条款，仅参考实践是不够的。欧洲法院曾多次表示，“仅依欧洲理事会的做法不得减损条约确定的规则，亦不能创设约束欧共体机构的正确法律依据的先例”②。

在欧洲一体化进程中，权力归属原则在条约中逐步明确。如今欧盟条约比其他

---

① Henry G. Schermers, Niels M. Blokker. International Institutional Law: Unity Within Diversity. Fifth Revised Edition. Leiden: Martinus Nijhoff Publishers, 2011.

② Opinion 1/08 of 30 November 2009, European Court Reports 2009, p. I-11171, para. 110; Opinion 1/13 of 14 October 2014, European Court Reports 2014, para. 74.

任何国际组织的宪章都更强调这一点。《欧洲联盟条约》第 1 条第一句话就提到权力归属原则："根据本条约，缔约方之间建立一个欧洲联盟，以下称为'联盟'，其由成员国归属权限以实现各方之共同利益"。根据《欧洲联盟条约》第 5 条第 1 款第一句话，"联盟权限的界限受权力归属原则的约束"。该条约第 13 条第 2 款以及许多其他条款，如第 3 条第 6 款进一步规定了权力归属原则。《欧洲联盟条约》第 5 条第 2 款明确，"根据权力归属原则，联盟应仅在成员国以条约赋予其的权限范围内行为，以实现条约所设定目标。未在条约中赋予联盟的权限仍由成员国保有"。本款最后一句话中的"非归属原则"对成员国而言是基础性的，因其在第 4 条第 1 款以及第 18 条被再次提及。除"非归属原则"外，《里斯本条约》还引入了《欧洲联盟条约》中的条款，其一方面赋予了联盟新的权限，但另一方面又补充道，这不得"以任何方式扩展"或"影响"联盟由条约所界定的权限。此外，《里斯本条约》承认欧盟权限归还给成员国的可能性。因此，欧盟不仅较之于其他国际组织有更广泛的权限，其组织性文件中亦具有更多诸如"非授予原则"的"制衡"条款。

（二）国内管辖权的概念

权力归属原则的存在似乎意味着国际组织不会适用除成员赋予的权力以外的权力。然而，在"一般性"或"政治性"的国际组织中，此类权力往往被宽泛定义。是故，成员会在这些组织的章程中寻求额外的保障，以确保国际组织的权力不会被解释为允许国际组织干预其内部事务。这解释了国际组织章程为何引入条款来划定属于成员"国内管辖权"或保留域的范围，即国际组织不应涉及的范围。以《美洲国家组织宪章》为例，其在第 1 条第二段同时规定了权力归属原则与"国内管辖权条款"："美洲国家组织不具有除宪章明确授予之外的权力，其任何条款均未授权干预属于成员国内部管辖权的事项。"国际组织章程中第一个真正意义上的国内管辖权条款是《国际联盟盟约》第 15 条第 8 段"如当事一方声称且理事会认定当事各方间争端依据国际法系属仅因该方国内管辖范围内事项而起，理事会应如是报告，并不得就此解决给予建议。"显然该条款仅与争端解决有关，并不涵盖所有的联盟活动。《联合国宪章》第 2 条第 7 款范围更广，其包含除第七章内执行办法外的所有联合国活动："本宪章不得认为授权联合国干涉在本质上属于任何国家国内管辖之事件，且并不要求会员国将该项事件依本宪章提请解决；但此项原则不妨碍第七章内执行办法之适用。"扩大本条款范围主要是基于联合国在社会与经济领域的权力以及赋予经社理事会的权限；相较之下，《国际联盟盟约》几乎在社会与经济合作事项上缄默。然而，尽管《联合国宪章》纳入此领域的权力被广泛支持，以作为"创造国际间和平友好关系所必要之安定及福利条件"的基础，但与此同时，这些新的权力引发了对联合国可能渗透到成员国经济和社会生活中的恐惧。实践中，《联合国宪章》第 2 条第 7 款虽常被成员国援引，但其几乎从未成为该组织在处理有关问题时的绊脚石，安理会第 688（1991）号决议即是一个例子。该决议谴责伊拉克对库尔德人的镇压，并呼吁成员国提供人道主义援助。决议序言中对《联合国宪章》第 2 条第 7 款的提及似乎已成为其通过前外交博弈的一个要素，不少国家担心该决议可能在未来被用作干预其内部保留事项的先例。

一些其他国际组织章程中亦包含类似条款。例如《联合国教科文组织组织法》第1条第3款规定："为了维护本组织成员国文化和教育体系的独立性、完整性和成果多样性，本组织不得干预本质上属于成员国国内管辖范围的事项。"类似的条款亦被用于美洲国家组织、非洲联盟和欧洲安全与合作委员会等区域性国际组织的章程中。

在国际经济组织中，所谓保障条款与国内管辖权条款的作用基本相同。保障条款的存在可促使成员承诺承担较之无此条款更为深远的义务。如若未来义务程度被认为超出了其意欲承担的范围，此类保障条款可提供可能的规避路径。1994年《关税与贸易总协定》有关国际收支限制与保护国内生产者免受竞争性进口的紧急行动的规定即为此种保障条款。保障条款与国内管辖权条款具有相同的危险：其可能被过于频繁地调用，且经常在其未被写入的情况下被调用。鉴于此，拥有与不拥有司法机关的国际组织之间存在关键差异：司法机关有权维护国际组织权力范围与成员权力范围之间的平衡，尤其是欧盟法院，其严格监督保障条款的适用，强调对例外情况应作限制性解释；缺乏司法机关的国际组织则面临着成员在平衡组织目标与其自身短期利益时会优先考虑后者的风险，其并无内置的保障机制。

欧盟没有类似于国际联盟或联合国的国内管辖权条款，但如同国际经济组织的章程，《欧洲联盟条约》与《欧洲联盟运作条约》中有许多保障条款，例如《欧盟运作条约》第36条和第143条。然而，如上文所言，在共同体活动范围和权力扩大的同时，成员国亦在寻求保护国内领域免受欧盟过度渗透的保障，"附属"一词因而进入了欧盟词汇。1992年建立欧洲联盟的条约规定，联盟的目标应在"尊重建立欧共体的条约第5条所规定的附属原则"基础之上实现。2007年《里斯本条约》在将此定义稍作改动后，移至《欧洲联盟条约》第5条第3款："根据附属性原则，在不属于其专属权限的领域，联盟只有在成员国中央、区域或地方层面无法充分实现拟议行动目的，而在联盟层面基于规模或拟议行为效果会更好实现该目的的情况下，方可采取行动。"

附属性原则的功能类似于国内管辖权条款，即保护成员国的保留领域，确保联盟的现有权力不被过于宽泛地解读。爱丁堡欧洲理事会（1992年12月）在主席结论中亦肯定该原则，认为其"有助于尊重成员国的国家身份并保障其权力"，"它与法院所解释的条约赋予欧洲共同体的权力无关且并不能用以质疑后者。该原则为权力在共同体层面如何行使提供了指南"。然而此种解释使该原则的确切内容、性质和范围与之前一样具有不确定性。

显而易见的是，该原则的适用范围有限，其并不适用于欧盟享有专属性权限的领域，诸如公共商业政策，大多数的农业、渔业、交通政策等，亦不适用于欧盟完全不享有权限的领域，其仅仅适用于两者具有共同权限的领域。在这些领域，这一原则要求欧盟立法者在提出立法时，证明"欧盟目标可以在欧盟层面更好地实现"。成员国的国家议会可通过向欧洲议会、理事会及委员会主席发送合理意见来质询这一点。虽然此种质询无法律约束力，但可能引发对拟议立法的抵制，联盟立法的理由亦可能被法院审查。然而，《欧洲联盟条约》第 5 条第 3 款可能为欧盟立法者留下相当大的解释空间，尤其是“足够”“更好”等词，限缩了法院的审核空间。这一点在一些附属性原则成为争议焦点的案件中得以体现。归根结底，附属性原则作为一项政治原则可能更为重要，其可促使更多活动和权力的窗口向欧盟打开，而并非限制欧盟权力的法律原则。

总结关于国内管辖权的几点意见，这些条款似乎都具有一种特定的政治或心理功能，以消除国家在创设国际组织时对其超出创建国意图的担忧。由于缺乏精确性，这些条款不适合作为阻止国际组织采取行动的有效法律工具。但若不包含此类条款，成员可能更不愿意将权力归属于国际组织。此外，在国际组织的生命周期中，这些条款可能构成政治妥协的一部分，作为获取支持以许可国际组织进入保留领域的代价。国内管辖权条款是主权的象征，它们可被视作“法律和政治的交叉点，以及国内与国际管辖权的交叉点”。

通常而言，尽管这些条款经常被援引，却很少阻止国际组织开展行动。这部分取决于其所采取的措辞。国内管辖权条款并不包含属于国际组织或成员的特定领域的清单，因为普遍观点认为此种领域的划分并非一成不变，而是会随着国际关系与国际法的发展而调整。早在 1923 年，常设国际法院就曾就《国际联盟盟约》第 15 条第 8 款指出，“某一事项是否仅属于一国管辖这一问题是相对的，其取决于国际关系的发展”①。

通常情况下，了解欧盟在这方面的经验是有用的。特别是，就欧盟与成员国之间的权力划分而言，法院的作用非常重要。法院在界定欧盟是否有资格排除成员国而加入涉及对外关系的国际协议的一个重要判决中认为，该协议“必须基于基本目标，而非完全附属或辅助性的个别条款而作出评估”②。总体来说，法院的工作表明了在国际组织的体制结构内设立司法机关的重要性，其在划定保障条款的范围以及解决组织和成员有关权限范围的意见分歧上格外有用。

(三) 将权力归属于国际组织机构

有的国际组织将所有权力都赋予其代表大会，但大多数国际组织在其一般权限范围内，会将更具体的权限赋予其组织机构。这些特定的权限往往用模糊的术语表达，因此可能会出现不同机构都有权处理某特定事项的冲突。

《国际联盟盟约》的起草者拒绝在联盟的两个主要机关之间明确分工。因此，大会和理事会被赋予了完全相同的权限：“可在其会议上处理联盟行动范围内或影响世界和平的任何事项”③。

《联合国宪章》的起草者决定在大会和安理会之间进行真正的分工。联合国大会“得讨论本宪章范围内之任何问题或事项”，其可就所有问题提出建议，但明确归于

---

① Nationality Decrees Issued in Tunis and Morocco, PCIJ Reports 1923, Series B, No. 4, p. 23.

② Opinion 1/78 of the Court, given pursuant to the second subparagraph of Article 228 (1) of the EEC Treaty (International Agreement on Natural Rubber), European Court Reports 1979, at 2917.

③ The Covenant of the League of Nations, Art. 3. 3 and Art. 4. 4.

安理会的事项除外。

机构权限界定模糊往往是由于其仅可提出建议，而无权作出可约束成员的决定。一旦机构有权作出有约束力的决定，其权力通常会被更严格地界定。

无论一个机构的权力是具有约束力还是仅具建议性，都可能出现有关某决定权限的冲突。当一机关权限被质疑时，通常是由该机关自身决定质疑是否有可取之处。在大多数国际组织中，对此类决定无法进行司法审查。就联合国而言，国际法院认为："在宪章起草期间所提出的将宪章的最终解释权赋予国际法院的提议未被接受…… 因此，正如 1945 年所预期的那样，每个机关应至少首先确定自己的管辖权。"①

实践中，若对某一机构是否具有特定权力存有疑惑时，有时可咨询该国际组织的法律顾问或秘书处的法律官员，其可能影响机构对自身权限的判定。例如，联合国秘书处法律事务办公室曾被咨询难民署执行委员会是否有权驱逐成员或暂停其资格，它给出了否定的答案，"执行委员会由经济与社会理事会设立，后者选择其成员。因此，决定与执行委员会成员有关的任何问题均专属于理事会的职权范围"②。

在这方面，欧盟是个例外。欧盟法院曾多次审议某机构是否越权或侵犯其他机构的权力。在此过程中，欧盟法院引入了规制议会、委员会和理事会关系的机构平衡原则。根据该原则，机构在行使其职权时，须尊重彼此的职权，其使得法院能够"确保一个机构不采取自我扩张的行为，从而'剥夺其他机构由条约本身所赋予的特权'"③。1990 年，欧盟法院首次明确了其在确保该原则得以被尊重上的作用："遵守机构平衡意味着每个机构在行使自身权力时应适当考虑其他机构的权力。它还要求应该有可能对潜在违反该规则的行为施以惩处……法院有责任确保条约中有关机构平衡的规定得以充分实施，并确保议会的特权如其他机构的特权般不被侵犯。"

机构平衡原则并未在创设欧盟的条约中被明确提及，但在《欧洲联盟条约》第 13 条第 2 款第一句话中有所体现："每个机构均应在条约赋予的权力范围内行为"。该条第 2 款则规定了与之密切相关的相互真诚合作原则，即"机构应相互真诚合作"。

尽管机构平衡原则在世界贸易组织争端解决程序中被提及，但除欧盟外，没有其他国际组织制定了类似原则，这种情况符合没有其他国际组织拥有与欧盟同等权力的事实。然而，有趣的是，司法审查和组织机构之间关系的问题再次出现在联合国内部。冷战结束后，联合国安理会变得前所未有地活跃，其广泛解释自身的管辖权，将各种冲突，包括一些几乎完全属于内部的冲突，定性为"对国际和平与安全的威胁"。国际法院对安理会决议进行司法审查的可能性并非由联合国创建者设立。尽管如此，国际法院在其判例中始终强调，安理会正在着手处理案件的事实并不妨碍法院如此，其原因主要在于两机构在联合国体系内履行不同的职能。安理会是政

① Legality of the Threat or Use of Nuclear Weapons, Advisory Opinion, I. C. J. Reports 1996, pp. 82 - 83.

② United Nations Judicial Yearbook, 1982: 180. The United Nations Judicial Yearbook provides many other examples of such questions; e. g. . United Nations Judicial Yearbook, 1992: 440 - 443.

③ D. Curtin. Executive Power of the European Union-Law, Practices, and the Living Constitution. Oxford: Oxford University Press, 2009: 57.

治机构，而国际法院是主要的司法机构，“两机构因而可就同一事件履行各自独立但互补的职能”[①]。

联合国秘书处法律事务办公室曾准备了一份关于秘书长作为联合国首席行政官作用的法律意见书，其中关注了秘书长较之大会的职能界限。该办公室将大会称为“准立法机关”，将联合国秘书长称为“准行政机关”。法律事务办公室批评大会过于“微观管理”秘书处，指出大会“应当更恰当地关注总体预算的合理性，而非详细的项目分析，并应留给秘书长一定幅度的管理裁量权以有效实施工作方案”，“从总体宪法性角度看，大会应仅在宽泛和一般性问题上指导秘书长，而将行政细节留给后者处理似乎更为合适”[②]。

二、权力下放

国际组织机构是否可以设立附属机构以下放其部分职能呢？许多国际组织章程明确表示允许。实践中即便章程无此类条款，附属机构仍被设立以下放权力。对此，一般性的规则是，在不增加组织或其成员义务的前提下，机构可以设立附属机构。

在一般性规则下设立附属机构以促进工作虽并无害处，但其可能会导致额外的财务负担。是故，为限制其扩张，国际组织对创建新机构的批准变得更为严格。1973年，联合国经社理事会决定，未经其批准，除区域委员会外，附属机构不得在闭会期间设立下设机构。1974年，联合国大会作出了类似决定。国际能源机构将设立新机构的权力保留给其主要机构。1991年，联合国秘书处法律事务办公室在一份法律意见中得出结论：“根据《联合国宪章》，设立联合国附属机构的权力被赋予联合国三个主要机关。开发计划署其自身就是联合国的附属机构，显然无此授权。然而，在大会或安理会适当立法授权的基础上，开发计划署在特定情况下可获得设立下设机构的权力。”[③]

机构的权力在多大程度上可以下放给其他下级机关？除了可能的章程性限制，对权力下放的限制有二：其一，下放的权力不能超过机构自身拥有的权力；其二，责任通常不会转移。

欧洲法院在“梅罗尼案”中阐述了这两种限制。[④] 欧洲煤钢共同体的高级管理局将废钢价格均等化委托给布鲁塞尔的两个私人机构。这些私人机构的决策并不受制于高级管理局决策时的相同条件，尤其是说明决策理由、发布年度一般性报告以

---

① Military and Paramilitary Activities in and against Nicaragua (Nicaragua v. United States of America), Judgement, I. C. J. Reports 1984, pp. 434 - 435; Application of the Convention on the Prevention and Punishment of the Crime of Genocide in the Gaza Strip (South Africa v. Israel), Judgement, I. C. J. Reports 1993, p. 19; Armed Activities on the Territory of the Congo (Democratic Republic of the Congo v. Uganda), Order of 1 July 2000, I. C. J. Reports 2000, p. 126, para. 36.

② United Nations Judicial Yearbook, 2006: 458 - 466.

③ United Nations Judicial Yearbook, 1991: 296 - 300.

④ Judgment of the Court of 13 June 1958, Meroni & Co., Industrie Metallurgiche, SpA v. High Authority of the European Coal and Steel Community, Case 9 - 56, European Court Reports 1957 - 1958, pp. 151 - 152.

及接受欧共体法院司法审查等。欧洲法院因此认为该委托违反了欧洲煤钢共同体条约，其指出："高级管理局享有的授权或自行作出条约第 53 条所述之财务安排的权力使之有权力在由其设置条件并监督的情况下，将某些权力委托给此类机构。"

欧洲法院尤其重视自由裁量权的转移，论及：

"为实现条约第 3 条规定之目标，高级管理局须永久调和这些在单独考虑时可能被目标隐含的冲突，且当这些冲突发生时，在考虑作出决定所依据的经济事实或情况的基础上，认为必要时须优先考虑第 3 条所列之某一或另一目标。"

调和第 3 条所规定的多种目标暗含着一个以考虑作出决定所依据的经济事实或情况为基础的，涉及困难选择的真正的自由裁量权。

"权力下放所产生的后果是极为不同的，取决于其是涉及明确界定的行政权力，进而受制于以授权机关所决定的客观标准为依据的严格审查；还是涉及裁量性权力，进而意味着广泛的自由裁量权，并依此根据其用途执行实际的经济政策。

第一种权力下放并不能明显改变行使所涉权力的后果，而第二种权力下放，由于其将委托方的选择替换为受托方的选择，导致了实际的责任转移。"

欧洲法院认为章程不允许自由裁量权的转移，理由如下：

"第 3 条规定的目标不仅对高级管理局有约束力，而且在'各自权力范围内，为了共同利益，对共同体机构'亦是如此。从该条款可以看出权力平衡是由条约赋予其所适用的主体及主体联合体的基本保障，体现着共同体的制度结构特征。

将自由裁量权委托给条约设立机构以外的机构以在其各自权限范围内实施并监督此权力的行使，将使得此保障失效。"

本案中的权力转移影响了那些在受托机构未被代表而其利益应受委托机构保护的主体。这些利益通过高级管理局的组成及其运作方式加以保障。权力下放可能会对这种保障产生不利影响，因此是非法的。

如"梅罗尼案"所示，对权力下放的两种一般性限制，通常在上级机构积极使用其权力并创建一个附属机构来应对国际组织创建者所未能预料的挑战时会变得相关。例如，当 20 世纪 90 年代联合国安理会较之以前更广泛地使用其权力时，在很多场合，其都因所指称的未遵守上述两项限制而被认为越权行事。

1993 年，安理会设立了前南斯拉夫问题国际刑事法庭。围绕该法庭的关键问题之一即它是否合法设立。在此背景下，主要疑问之一是安理会是否能合法建立一个附属机构，使其拥有安理会自身都不具备的权力。在"塔迪奇案"中，法庭上诉分庭确认安理会"不是司法机关，不具有司法权"。据分庭称，"安理会以国际刑事法庭的形式设立一个司法机关，以作为履行其维持和平与安全的主要职能的工具，意即，作为有助于在前南斯拉夫恢复和维持和平与安全的措施"。上诉分庭因此认为安理会可以设立一个附属机构以行使安理会自身无法行使的职能。此推理无法完全消除对设立法庭合法性的所有疑虑，部分原因在于机关无法授予比其自身拥有的权力更多的权力这一一般性原则。然而，鉴于设立一国际法庭的迫切需要，此举被认为是及时设立该法庭的唯一可行选择。

对权力下放的第二项限制是禁止责任转移。上级机关不得"推卸"其责任。联合国安理会20世纪90年代的做法再次提供了一个例子。其间，安理会多次授权“有能力和意愿的联盟”使用武力。其中针对678号决议的批评最为广泛，此决议相当于在安理会未对联盟执行授权保留控制的情况下全权授权。此后，通过明确行动任务与持续时间、增加联盟的报告要求等，安理会增加了其权力与控制，以回应对它的批评。

在欧盟内部，与权力下放有关的问题在不同背景下出现。一个重要的例子体现在欧盟立法领域。在法律上，欧盟立法法案要么经所谓的普通立法程序通过，即由欧洲议会和理事会根据欧盟委员会的提议通过，要么经特殊立法程序通过。然而，实践中约90%的欧盟法并未经过这些立法程序，而是被委托给欧盟委员会制定。

存在两种不同类型的规则制定权可被授予欧盟委员会。其一涉及立法法案本身，即“补充或修改某些立法法案的非必要要素”。若此权力被授予欧盟委员会，须明确要求所涉立法法案界定授权的目的、内容、范围及期限。此外，“一领域的基本要素应保留给立法法案，因此不应成为授权的对象”。最后，要求所涉立法法案明确规定授权所服从的条件。这些条件可能是：(a) 欧洲议会或理事会可决定撤销授权；(b) 授权法案只有在欧洲议会或理事会在立法法案规定的期限内未表示反对的情况下方可生效。因此，尽管决策权被赋予，实质性条件仍然适用，其本质是为了避免欧洲委员会介入需要作出政治选择，进而保留给欧盟立法机构，即理事会与议会的领域。

其二涉及欧盟立法的实施。在此，基础的出发点是由成员国通过必要的国内法来实施欧盟立法。然而，这可能导致国家间的执行差异。为避免这种情况，可能有必要赋予欧盟委员会执行权。因此，《欧洲联盟运作条约》规定：“在需要统一条件来实施具有法律约束力的联盟法案时，这些法案应赋予欧盟委员会实施权。”与此同时，欧盟成员国不想全权委托欧盟委员会履行这些行政职能，因此成立了由成员国代表组成的委员会，在履行行政职能时，欧盟委员会须咨询这些委员会。

有人质疑这些委员会的设立是否扰乱了欧盟体制结构中的权力平衡。欧洲法院对该问题给予了否定性的回答，因为决策权并未被委托给这些委员会。这种协商体系通常被称为“欧洲委员会体系”，它被批评为“一个相当不民主的结构，在此不受控制的专家就可能对产生深远影响的技术细节作出决定”①。此种决定的例子包括20世纪90年代对英国牛肉的禁令和对转基因食品的批准。

涉及这些委员会的决策程序在欧盟决定中有所规定，最新规定为2011年的《欧盟委员会体系条例》。该条例对两种类型的权力进行了区分。根据咨询程序，大多数的权力被赋予欧盟委员会，该程序仅要求欧盟委员会“最大限度地考虑”委员会内部讨论得出的结论和发表的意见。这使委员会具有严格的咨询作用。相较之下，欧盟委员会的地位在审查程序下较弱，如若采取该程序，欧盟委员会仅能在相关委员会发表积极意见的情况下通过实施法案草案。如若相关委员会发表否定意见或不发表意见，则适用更详细的程序。审查程序尤其适用于通过：(a) 一般范围的实施法

① A. E. Toeller, H. C. H. Hofmann. Democracy and the Reform of Comitology//Andenas and Türk eds. Delegated legislation and the role of committees in the EC, 2000: 117, para. 25.

案；以及（b）其他实施法案，尤其涉及具有重要影响的计划、共同农业与共同渔业政策、税收等。

2007年《里斯本条约》引入的上述两种授权类型之间的区别是根本性的。第一种与通常由欧洲议会和理事会行使的“立法”权力的授权有关。此时，欧盟委员会可补充或修改立法法案的非必要要素。第二种涉及通常由成员国执行的欧盟立法的实施。此时，欧盟委员会不得补充或修改立法法案，仅能实施。然而，实践中此种区别并不总是很清晰的，补充立法法案和实施立法法案的区别尤其如此。在相关案例中，欧盟法院强调欧洲立法机关在《欧洲联盟运作条约》第290条与第291条的限制范围内有选择两种授权类型的自由裁量权。

行政权力不仅授予欧洲委员会，还授予其他实体，尤其是欧洲专门机构。这种可能性在一定程度上被欧盟条约所承认，但其并非由诸如《欧洲联盟运作条约》第290条、第291条的条约条款直接规定。目前有超过40个欧洲专门机构。三种类型的专门机构间存在差异。大多数的专门机构（超过30个），属于第一种类型，即所谓的“分散化机构”或被简称为“机构”，包括共同体植物品种办公室、欧洲对外合作管理机构、欧洲环境署、欧洲性别平等研究所、欧洲药品管理局和欧盟基本权力机构等。第二种类型为“执行机构”，包括健康及消费者执行署及欧洲研究委员会执行机构等。第三种类型为“共同外交及安全政策机构”，诸如欧洲防务署及欧洲卫星中心等。在此专门机构扩散的背景下，欧洲议会、理事会及欧盟委员会于2012年达成所谓的欧洲分散化机构共同方法，以提供“更加一致与高效的机构运行框架”①。

这些专门机构是独立的法人，承担多种任务：从非常具体的政策领域的有限任务到更加宽泛的监管任务。设立此类专门机构的优势之一是“减轻欧盟委员会的具体行政任务，使之有更大的空间专注于给予更多的政治引导”。通过设立专门机构，更多任务可以在欧盟内部被执行，进而更好地利用科学和技术专业知识。这些专门机构“形成了国家主权以及超国家组织权力集中的替代性方案。因为在面对全球化时，国家主权的许多方面已变得越来越不现实；而超国家组织的权力集中从附属性原则来看通常是不可取的”。然而，与此同时，将任务下放给专门机构会导致其产生合法性与正当性的问题。例如，当专门机构承担立法或行政职能时，与欧盟委员会自行履行此类职能相比，欧洲议会的参与程度是否相同，专门机构在多大程度上受制于司法审查，前述的“梅罗尼案”中的原则在多大程度上会被严格适用，等等。

在上述领域之外，欧盟还有更多权力下放的例子。欧盟委员会可以将权力下放给个别专员、总干事和服务负责人，但欧盟委员会作为整体的集体责任原则须始终得到尊重。欧盟法院一直对权力下放至官员有很严格的要求，后者须明确表示忠于欧盟委员会。欧盟法院不接受原则性决定的授权。②

欧盟亦可将权力下放至另一国际组织。在这种情况下，欧盟法院表示，欧盟

① Chamon, Merijn. Transparency and Accountability of EU Decentralised Agencies and Agencification in Light of the Common Approach on EU Decentralised Agencies. Oxford: Hart Publishing, 2019.

② Judgement of the Court of 15 June 1994, Commission v. BASF and Others, Case C-137/92 P, European Court Reports 1994, p. I-2555.

“可与其他国际组织合作，以赋予此合作的国际组织的下属机构恰当的决策权，并以适合于所追求的目标的方式确定拟在此框架下通过的条款的性质、内容、执行与效果”①。这意味着欧盟有可能加入某一国际组织。该国际组织可拥有法院体系，同时授权法院解决当事方争议或解释各方达成的合作协议，并最终形成有约束力的决定。②

与此同时，欧盟法院认为在欧盟成为国际协议的缔约方之前，须满足某些条件以使其能服从其他国际法院的判决。尤其当此协议赋予其他法院新的司法权力时，不能改变“法院职能的基本特征”③。此外，欧盟法院表示此协议可能影响欧盟法院的权力，但“只要保障这些权力本质特征的必要条件得到满足，就不会因此对欧盟法律秩序的自主性产生不利影响”。

可以将权力下放至成员国吗？此问题在欧盟已多次出现。在1970年的一个案件中，欧盟法院认为，为了本组织的工作利益，将职能临时性地赋予成员国是可以接受的。但在另一案件中，在欧盟委员会被明确要求执行特定规则的情形下，欧盟法院裁定欧盟委员会不能合法地将该任务下放至成员国。每个成员国均有义务在其领土内执行这些任务，仅将国际组织的任务下放至某一或特定成员国，这通常并不被允许，除非有可以合理化解释此种授权的特殊原因，例如地理位置等。

三、权力的丧失

机构的宪章职能既是一项权力，也是一项义务。因此，通常情况下，权力的下放并不会导致授权机构权力的丧失。然而，该规则可能有两项例外。

（1）当一国际组织体制结构的空白由新设机构填补时，权力归属于这些机构将是终局性的。声称拥有章程所没有明确赋予其他机关的所有权力的最高机关，可能不能再声称其具有已被赋予新机构的权力。

最明显的例子是司法机关的设立。如果原本赋予其权力的机关可收回此权力，则法院的设立目的就会落空。此种权力转移必须是终局性的。国际法院1954年判定联合国大会须受由其设立的行政法庭决定的约束，因其意图设立一个有权作出有约束力的决定的司法机构。此例外的原因之一在于联合国大会并未授予其本可行使的权力，而是根据其管理人员关系的一般性权力设立了行政法庭。

另一个例子涉及联合国联合工作人员养恤金委员会，该委员会于1948年由大会设立，以管理联合国联合工作人员养恤基金。联合国自身与联合国大家庭中的许多

---

① Opinion 1/76 of 26 April 1977, Opinion given pursuant to Article 228 (1) of the EEC Treaty-'Draft Agreement establishing a European laying-up fund for inland waterway vessels', European Court Reports 1977, pp. 755 - 756.

② Opinion of the Court of 14 December 1991, European Court Reports 1991, p. I-6106; Opinion of the Court (Full Court) of 8 March 2011, European Court Reports 2011, p. I-01137, para. 74; Opinion of the Court (Full Court) of 18 December 2014, European Court Reports-General, para. 182.

③ Opinion of the Court (Full Court) of 8 March 2011, European Court Reports 2011, p. I-01137, para. 75.

组织参与了该基金且在委员会中有代表。1984 年，该委员会决定，从 1985 年 1 月 1 日起，计算养恤基金应付总和部分折抵退休、提前退休或延迟退休福利时适用 6.5%的利息或贴现率。在就该委员会报告进行辩论期间，大会第五委员会工作小组内，有人建议大会将此比率适用于自某特定日期起的参与人的所有服务期间。联合国法律顾问被请求就此问题发表意见。他表示，根据相关条款，应由该委员会制定此比率，而并非大会自身。“即使养恤金委员会是由大会设立的，如若大会希望自行承担条例赋予委员会的任何职能，其须修改条例。”鉴于该委员会“既是一个三方机构，即代表成员组织立法机关、行政首长和参与者利益，亦是一个组织间主体，即每个参与组织均被代表”，大会也不能简单地指示该委员会改变利率或采用某种特定的计算方法。大会在当时 21 人的委员会中有 2 名代表。“虽然大会可能可以指示这 2 名代表，但其显然不能就条例赋予委员会酌情决定的任何事项指示其他人或整个委员会。”①

（2）在法律上，长期不使用权力的悠久传统并不必然导致权力的丧失。然而，在政治上，未来权力的行使可能会受到质疑，且随后的使用亦可能导致紧张或冲突。

四、隐含权力

根据权力归属原则，国际组织的活动总是需要法律依据。然而，章程永远无法穷尽列举组织的权力，但任何国际组织均需应对在其创设时无法预见的现实发展，因此须存有国际组织活动的其他基础，即隐含权力。由于这类基础并非章程所明确规定的，成员更容易对此类权力的存在和范围持有不同意见。

明确的权力通常假定隐含权力的存在，但确定隐含权力的来源及范围可能很困难。在明确的权力中隐含的权力和在国际组织的宗旨与职能中隐含的权力之间存在差别，后者隐含权力的基础较之前者的更广。然而，大多数情况下，宗旨、职能以及明确的权力会替换使用以作为隐含权力的基础。为确定隐含权力的范围，通常会提出另一问题，即所讨论的权力是否是该国际组织履行其职能所必要或基本的？此种对隐含权力的功能性定义显然不是万能的，因为对于何为国际组织执行其任务所必要或基本的权力，通常难以达成共识。可以理解的是，在此问题上，国际组织的视角与成员的视角有着根本性差异，其无法通过标准或定义而改变。因此，最有效的救济方法是设立一个可决定性地界定相关隐含权力范围的司法机关。国际法院和欧洲法院的判例已证明了这一点。

国际法院 1954 年 7 月 13 日的咨询意见界定了联合国特定机关的权限。该案涉及的问题是，联合国大会是否可以设立一个独立的国际法庭。国际法院对该问题给予了肯定回答，其特别指出：

“对其与员工间的任何争端解决不提供法院或仲裁救济很难符合《联合国宪章》所明确表达的促进个人自由与正义的目标，也不符合联合国组织就此目标推进所作的持续努力。

---

① United Nations Judicial Yearbook，1985：138－139.

“在这种情况下，国际法院认为建立法庭、公平对待本组织与工作人员的权力对于确保秘书处的高效工作以及实现效率、能力、诚信的最高标准之首要目标而言至关重要。如此做的职责源自《联合国宪章》的必要意图。”

国际法院还毫不犹豫地决定了该权限应归属于哪个机关。结合《联合国宪章》第 7 条第 2 款、第 101 条第 1 款可推知，该权力应归于联合国大会。

在 1996 年“世界卫生组织咨询意见案”中，国际法院提及了上述裁决效力案的咨询意见，指出“人们普遍认为国际组织可以行使所谓‘隐含权力’……通过必要暗指所赋予的权力对其职责履行至关重要”。然而，与之前的判决及意见不同，国际法院在未作进一步解释的情况下，以更严格的方式适用了此标准。其得出结论：即便考虑到核武器对健康和环境的影响，世界卫生组织亦不拥有解决核武器使用合法性问题的任何隐含权力。该案是此种隐含权力理论的限制性适用。此种限制性适用须结合该案的具体背景以及在同一天发表的另一核武器咨询意见来理解。在另一案中，国际法院回答了与世界卫生组织案中所请求的类似的问题。此外，尽管国际法院限制性地适用了隐含权力理论，但其并未对该理论予以否定，反而引用先例进行了描述。

欧盟法院在一些案件中接受了隐含权力理论，并认为允许“适用国际与国内法普遍接受的解释规则。若无此国际条约规定的规则或以此规则为先决条件的法律，条约或法律将无任何意义或无法被合理而有效地适用”[①]。

如上所述，对隐含权力的范围存在着广泛的不同看法。是故，指明其限制则更为困难，也更为重要。此限制至少有四项：

第一个限制，如国际法院所述，诉诸所涉隐含权力须为国际组织履行其职能所必要或基本的。

第二个限制可能在于所涉领域未存在某些明确的权力。如若章程中有明确权力，其是否会排斥在此领域隐含权力的使用？国际法院的一些法官，例如莫雷诺·金塔纳法官在“某些费用案”中，表达了对此问题的狭隘观点：“当明确的权力清楚地规定了所考虑的可能性时，为实现国际组织的所有宗旨而从《联合国宪章》中衍生的隐含权力不得被援引”。在该案中持反对意见的布斯塔门特法官给出了部分不同意见，其认为尽管《联合国宪章》第 43 条之下的“特别协议”尚未缔结，但联合国紧急部队和联合国驻刚果共和国部队的行动仍可开展。然而，他亦提问，“根据《联合国宪章》精神，特别协议的谈判是否是一项基础，以至于在其未达成时就不应采取所命令的行动”。关于隐含权力的此种限制，到目前为止，国际法院尚未采取立场，除了在其隔离墙咨询意见中说道：大会可以在例行会议进行期间召开紧急特别会议，“尽管其最初并未被考虑，但未发现任何组织规则会因此而被违反”[②]。如是，一方

① Judgment of the Court of 16 July 1956，Fédération Charbonnière de Belgique v. High Authority of the European Coal and Steel Community，Case 8－55，para. 299.

② Legal Consequences of the Construction of a Wall in the Occupied Palestinian Territory，Advisory Opinion of 9 July 2004，I. C. J. Reports 2004，p. 152.

面，“权力的行使不能实质性地侵犯、减损或取消其他权力”[①]；另一方面，如若明确列举的某些权力行使遇到困难，亦不应过于严格地限制这些组织使用任何其他权力。

第三个限制为隐含权力的使用不得违反国际法的基本规则和原则。例如，1971年的纳米比亚意见中，国际法院认为，鉴于联合国安理会276号决议，联合国会员国“有义务避免与南非在任何南非政府声称代表纳米比亚或涉及纳米比亚行事的情况下缔结条约关系”[②]。然而，例外存在于“某些诸如人道主义性质的一般性公约的不履行会对纳米比亚人民产生不利影响时，主管国际机关应就此采取具体措施”。因此，在该例子中，联合国安理会在此问题上通过决议的权力受制于“某些诸如人道主义性质的一般性公约”。

第四个限制是隐含权力不得改变国际组织内部的职能分配。此限制在“某些费用案”中十分重要，其核心问题之一是鉴于联合国安理会在维持世界和平与安全方面的主要责任，联合国大会在该领域的权力范围为何。

隐含权力的概念有时也体现在明确的章程条款中。例如，1994年《关于执行1982年12月10日〈联合国海洋法公约〉第十一部分的协定》附件第一部分第一段就国际海底管理局规定如下：“管理局的权力和职能应当由《联合国海洋法公约》明确授予。管理局应当具有符合《联合国海洋法公约》的隐含在行使与‘区域’内活动有关的权力与职能中所必需的附带权力”。近年的一个例子是设立于2015年的亚洲基础设施投资银行，其章程第16条指出，银行“可在与本协议宗旨一致的情况下，行使可促进其宗旨与职能的其他权力或制定必要或适当的规则和条例”。

最广为人知的明确规定隐含权力条款的是《欧洲联盟运作条约》第352条第1款：“如证明联盟有必要在条约界定的政策框架内采取行动，以实现条约所规定的目标之一，而条约未规定必要的权力，则理事会应在就委员会提议采取一致行动并获得欧洲议会同意后，采取适当措施。”

该第352条规定了在现有权力不足以实现欧盟目标时的新的、独立的权力，其不等同于隐含权力原则；相反，隐含权力源于现有权力。如果没有明确的权力，则不可能有隐含权力。此外，此条还阐释了权力与目标的区别，正如欧盟法院1996年所强调的，该条款“是以权力归属原则为基础的制度体系的一个组成部分，其不能作为在整个条约条款所创造的总体框架外扩大欧盟权力范围的基础，尤其是通过定义欧盟任务和活动的方式。无论如何，第352条不能作为通过那些本质上的效果是在不遵守为此目的而规定的程序的基础上修订条约条款的基础”[③]。

如果某特定目标，例如建立一个经济与货币联盟，无法根据第352条所新创设的权力而实现，则该目标清单须通过较之于第352条规定更广泛的程序，尤其是要

---

① Robert J. Reinstein. The Limits of Executive Power. American University Law Review，2009（2）：259－337.

② Legal Consequences for States of the Contitiued Presence of South Africa in Namibia（South West Africa）notwithstanding Security Council Resolution 276（1970），Advisory Opinion，I. C. J. Reports 1971，p. 55.

③ Opinion 2/94 of the Court of Justice（28 March 1996），Reports of Cases before the Court of Justice and the Court of First Instance 1996，p. I－1788.

求所有成员国批准的程序，以条约修正案的形式得以扩大。

由于成员国有时可能倾向于通过全体一致的方式作出决定，排除其被多数否决的可能性，因而大量的决定是部分或完全基于第 352 条作出的。然而，在一些案件中，欧盟法院强调了第 352 条的附属性功能，即“仅在未有其他条约条款赋予共同体机构采取有关措施的权力时，方可”诉诸该条款。

在欧盟对外关系领域，隐含权力原则的实践重要性有限，其原因在于条约中的现有权力，作为隐含权力的必要来源，是被仔细定义的，并非特别宽泛。此外，由于允许创设新权力的第 352 条的存在，因而几乎没有诉诸隐含权力原则的必要。

隐含权力原则的优点在于其灵活性。通过承认涉及国际组织宗旨的章程条文具有约束性可轻易得出实现这些宗旨所需的权力已被暗含这一结论。然而，国际组织并非主权国家，因此其更有可能面临隐含权力原则的限制。

案例分析

案例一

联合国某些费用案

案例导入

本案所涉及的费用产生于在西奈半岛和刚果共和国的维和行动。尽管联合国安理会参与到了这些冲突的早期阶段，但这些维和行动主要是依联合国大会决议而进行的。联合国大会将此行动的支出作为《联合国宪章》第 17 条第 2 款所述的“费用”包括在联合国的预算中，这意味着所有成员国均有义务按照大会决定的份额支付这笔费用。这个决定的合法性被一些国家所质疑——主要是苏联与法国，它们拒绝支付其费用份额。这些国家辩称，国家有义务支付的费用仅包括联合国的行政费用，并不包含特别项目。此外，它们辩称由于费用所涵盖的行动涉及和平与安全，且这些行动并非由恰当的机关，即安理会授权，因此这些行动并非合法发生。面对此合宪性危机，联合国大会将此案件交由国际法院作出咨询意见。

法官释法

Certain Expenses of the United Nations

* * *

… In determining whether the actual expenditures authorized constitute “expenses of the Organization within the meaning Article 17, paragraph 2, of the Charter”, the Court agrees that such expenditures must be tested by their relationship to the purposes of the United Nations in the sense that if an expenditure were made for a purpose which is not one of the purposes of the United Nations, it could not be considered an “expense of the Organization”.

The purposes of the United Nations are set forth in Article 1 of the Charter.

The first two purposes as stated in paragraph 1 and 2, may be summarily described as pointing to the goal of international peace and security and friendly relations. The third purpose is the achievement of economic, social, cultural and humanitarian goals and respect of human rights. The fourth and last purpose is: "To be a center for harmonizing the actions of nations in the attainment of theses common ends."

The primary place ascribed to international peace and security is natural, since the fulfillment of the other purposes will be developed upon the attainment of that basic condition. These purposes are broad indeed, but neither they nor the powers conferred to effectuate them are unlimited. Save as they entrusted the Organization with the attainment of these common ends, the Member States retain their freedom of action. But when the Organization takes action which warrants the assertion that it was appropriate for the fulfillment of one of the stated purposes of the United Nations, the presumption is that such action is not ultra vires the Organization.

If it is agreed that the action in question is within the scope of the functions of the Organization but it is alleged that it has been initiated or carried out in a manner not in conformity with the division of functions among the several organs which the Charter prescribes, one moves to the internal plane, to the internal structure of the Organization. If the action was taken by the wrong organ, it was irregular as a matter of the internal structure, but this would not necessarily mean that the expense incurred was not an expense of the Organization. Both national and international law contemplate cases in which the body corporate or politic may be bound, as to third parties, by an ultra vires act of an agent.

[The Court then analyzed the operations and financing of ONUC and UNEF. The court found that, in both instances, the peacekeeping operations were not coercive in nature, since the peacekeepers were not authorized to use coercive action, and Congo and Egypt respectively consented to the U. N. deployments. As such, the two operations fell within the scope of permissible General Assembly recommended "measures" in U. N. Charter Article 14 and were not enforcement actions that fell exclusively to the Security Council under U. N. Charter Chapter Ⅶ. Further, the Court found that in both instances the deployments were for the purposes of promoting and maintaining peace. As such, the Court concluded that the costs of such operations properly fell within the scope of "expenses" of the United Nations in Article 17.]

延伸与思考

(1) 隐含权力。《联合国宪章》并未明确给予联合国大会权力以授权维和行动。事实上,"维和"这个词并未出现在《联合国宪章》中。当法国与苏联签署该宪章时,其不可能意识到存在此种权力。鉴于此,国际法院是否得出了一个错误的决定?在多大程度上国际法院采用了目的论解释《联合国宪章》,即该解释较少关注《联合国宪章》的明确文本，而更关注联合国创设的目的？

（2）越权行为的效果。在节选文本的最后一段，国际法院指出即使该行动是由错误的机关作出，其可能仍然不妨碍费用的合法发生。尽管该节选指出，行为对第三方有约束力，但此意见同样支持联合国大会行动对成员国亦有约束力的结论。国际法院的 Gerald Fitzmaurice 法官认为这个结论不能过分延伸，联合国虽然可能受制于越权行为对联合国外当事方的法律后果，但他怀疑该原则是否同样适用于联合国与其成员国之间的关系。

（3）越权行为的司法审查。当涉及某一国际组织是否越权的争议产生时，并不总是存在对此争议进行权威解决的场合。国际法院以及其他法庭的一些案件在此问题上呈现出差异。在利比亚对美国与英国提起的洛克比案件中，利比亚申请禁止美英两国在联合国安理会采取威胁性行为的禁令。在联合国安理会中，美英两国迫切要求经济制裁以期引诱利比亚移交被指控在泛美航空 103 号航班上安装炸弹并使其最终在苏格兰的洛克比上空爆炸的两名嫌疑人。利比亚辩称，采取所涉制裁会超越或滥用联合国安理会的权力。在该案审理期间，联合国安理会授权对利比亚采取制裁。[S. C. Res. 748 (Mar. 31，1992)]。在其拒绝利比亚临时措施请求的命令中，国际法院在一段落中提及了联合国安理会的权力，其开头说道：

"鉴于利比亚与英国（及美国）作为联合国的会员国，根据《联合国宪章》第 25 条，有义务接受和履行安理会的决议；鉴于法院在诉讼的临时措施阶段，初步认定此义务推及至 1992 年第 748 号决议的决定；同时鉴于根据《联合国宪章》第 103 条，当事国在此方面的义务优先于任何其他国际协议，包括《蒙特利尔公约》中的义务；……"①

该案引发了一系列围绕着国际法院是否实际上审查以及确认了联合国安理会在洛克比案件中行使权力的合宪性，以及根据《联合国宪章》，国际法院作为联合国主要协调机关是否有权对联合国安理会的行动进行司法审查等问题的讨论。

案例二

检察官诉塔迪奇案

案例导入

杜桑·塔迪奇（Dušan Tadić）是前南斯拉夫问题国际刑事法庭审理的首位被告。塔迪奇质疑法庭的管辖权，尤其认为联合国安理会建立刑事法庭超出了《联合国宪章》第七章项下的权力。上诉分庭因此面临一个其是否有权就安理会建立前南斯拉夫问题国际刑事法庭的合法性进行裁判的问题。作为一个首要条件，上诉分庭指出每个裁判庭均有决定其管辖权挑战的内在权力，"其是行使司法职能的必要要件，不必由设立裁判庭的文件明确规定，尽管此类规定经常存在"（该案判决第 18

① Questions of Interpretation and Application of the 1971 Montreal Convention arising from the Aerial Incident at Lockerbie (Libyan Arab Jamahiriya v. United States of America), Preliminary Objections, Judgment, I. C. J. Reports 1998, p. 115.

段)。此内在或附带的管辖权将扩展至决定由安理会设立的本法庭是否有合法的权力。为解决被告的管辖权质疑，法庭以“合宪性问题”为标题，在下列节选中回答了安理会权力范围的问题。

法官释法

Prosecutor v. Tadić

Appeals Chamber, International Criminal Tribunal for the former Yugoslavia, 1995 Case No. IT-94-1-AR72, 35 I. L. M 32 (1996)

26. Many arguments haven been put forward by Appellant in support of the contention that the establishment of the International Tribunal is invalid under the Charter of the United Nations or that it was not duly established by law. ...

27. ... These arguments raise a series of constitutional issues which all turn on the limits of the power of the Security Council under Chapter Ⅶ of the Charter of the United Nations and determining what action or measures can be taken under this Chapter, particularly the establishment of an international criminal tribunal. Put in the interrogative, they can be formulated as follows:

1. was there really a threat to the peace justifying the invocation of Chapter Ⅶ as a legal basis for the establishment of the International Tribunal?

2. assuming such a threat existed, was the Security Council authorized, with a view to restoring or maintaining peace, to take any measures at its own discretion, or was it bound to choose among those expressly provided for in Articles 41 and 42 (and possibly Article 40 as well)?

3. in the latter case, how can the establishment of an international criminal tribunal be justified, as it does not figure among the ones mentioned in those Articles, and is of a different nature?

1. The Power of The Security Council To Invoke Chapter Ⅶ

28. Article 39 opens Chapter Ⅶ of the Charter of the United Nations and determines the conditions of applications of this Chapter. It provides:

"The Security Council shall determine the existence of any threat to the peace, breach of the peace, or act of aggression and shall make recommendations, or decide what measures shall be taken in accordance with Articles 41 and 42, to maintain or restore international peace and security." (United Nations Charter, 26 June 1945, Art. 39)

It is clear from this text that the Security Council plays a pivotal role and exercises a very wide discretion under this Article. But this does not mean that its powers are unlimited. The Security Council is an organ of an international organization, established by a treaty which serves as a constitutional framework for that organization. The Security Council is thus subjected to certain constitutional limitations, however broad its powers under the constitution may be. Those powers cannot, in any case, go beyond the limits of the jurisdiction of the Organization at large, not to mention other specific limitations or those which may derive from the internal division of power within the Organization. In any case, neither the text nor the spirit of the Charter conceives of the Security Council as *legibus solutus* (unbound by law).

In particular, Article 24, after declaring, in paragraph 1, that the Members of the United Nations "confer on the Security Council primacy responsibility for the maintenance of international peace and security", imposes on it, in paragraph 3, the obligation to report annually (or more frequently) to the General Assembly, and provides, more importantly, in paragraph 2, that:

"In discharging these duties the Security Council shall act in accordance with the Purposes and Principles of the United Nations. The specific powers granted to the Security Council for the discharge of these duties are laid down in Chapters Ⅵ, Ⅶ, Ⅷ and Ⅻ." [Id., Art. 24 (2)]

The Charter thus speaks the language of specific powers, not of absolute fiat.

29. What is the extent of the powers of the Security Council under Article 39 and the limits thereon, if any?

The Security Council plays the central role in the application of both parts of the Article. It is the Security Council that makes the determination that there exists one of the situations justifying the use of the "exceptional powers" of Chapter Ⅶ. And it is also the Security Council that chooses the reaction to such a situation: it either makes recommendations (i. e., opts not to use the exceptional powers but to continue to operate under Chapter Ⅵ) or decides to use the exceptional powers by ordering measures to be taken in accordance with Article 41 and 42 with a view to maintaining or restoring international peace and security.

The situations justifying resort to powers provided for in Chapter Ⅶ are "a threat to the peace", a "breach of the peace" or an "act of aggression". While the "act of aggression" is more amenable to a legal determination, the "threat to the peace" is more of a political concept. But the determination that there exists such a threat is not a totally unfettered discretion, as it has to remain, at the very least, within the limits of the Purposes and Principles of the Charter.

30. It is not necessary for the purposes of the present decision to examine any further the question of the limits of the discretion of the Security Council in determining the existence of a "threat to the peace", for two reasons.

The first is that an armed conflict (or a series of armed conflicts) has been taking place in the territory of the former Yugoslavia since long before the decision of the Security Council to establish this International Tribunal. If it is considered an international armed conflict, there is no doubt that it falls within the literal sense of words "breach of peace" (between the parties, or, at the very least, as a "threat to the peace" of others).

But even if it were considered merely as an "internal armed conflict", it would still constitute a "threat to the peace" according to the settled practice of the Security Council and the common understanding of the United Nations membership in general. Indeed, the practice of the Security Council is rich with cases of civil war or internal strife which it classified as a "threat to the peace" and dealt with under Chapter Ⅶ, with the encouragement or even at the behest of the General Assembly, such as the Congo crisis at the beginning of the 1960s and, more recently, Liberia and Somalia. It can thus be said that there is a common understanding, manifested by the "subsequent practice" of the membership of the United Nations at large, that the "threat to the peace" of Article 39 may include, as one of its species, internal armed conflicts.

* * *

2. The Range of Measures Envisaged Under Chapter Ⅶ

31. Once the Security Council determines that a particular situation poses a threat to the peace or that there exists a breach of the peace or an act of aggression, it enjoys a wide margin of discretion in choosing the course of action: as noted above (see para. 29) it can either continue, in spite of its determination, to act via recommendations, i. e., as if it were still within Chapter Ⅵ ("Pacific Settlement of Disputes") or it can exercise its exceptional powers under Chapter Ⅶ. In the words of Article 39, it would then "decide what measures shall be taken in accordance with Article 41 and 42, to maintain or restore international peace and security." (United Nations Charter, art. 39.)

A question arises in this respect as to whether the choice of the Security Council is limited to the measures provided for in Article 41 and 42 of the Charter (as the language of Article 39 suggests), or whether it has even larger discretion in the form of general powers to maintain and restore international peace and security under Chapter Ⅶ at large. In the latter case, one of course does not have to locate every measure decided by the Security Council under Chapter Ⅶ within the confines of Articles 41 and 42, or possibly Article 40. In any case, under both interpretations, the Security Council has a broad discretion in deciding on the course of action and evaluating the appropriateness of the measures to be taken. The language of Article 39 is quite clear as to the channeling of the very broad and exceptional powers of the Security Council under Chapter Ⅶ through Articles 41 and 42. These two Articles leave to the Security Council such a wide choice as not to warrant searching, on functional or other grounds, for even wider and more general powers than those already expressly provided for in the Charter.

* * *

3. The Establishment Of The International Tribunal As A Measure Under Chapter Ⅶ

32. As with the determination of the existence of a threat to the peace, a breach of the peace or an act of aggression, the Security Council has a very wide margin of discretion under Article 39 to choose the appropriate course of action and to evaluate the suitability of the measures chosen, as well as their potential contribution to the restoration or maintenance of peace. But there again, this discretion is not unfettered; moreover, it is limited to the measures provided for in Articles 41 and 42.

[The Appeals Chamber then concluded that although the establishment of an international criminal tribunal is not expressly mentioned in Articles 41 and 42, the measures set out there are merely illustrative examples that do not exclude other measures. It thus held that Tribunal had been lawfully established as a measure under Chapter Ⅶ of the Charter.]

延伸与思考

(1) 分析塔迪奇案。塔迪奇案的裁判是否明确了如何决定国际组织的内在权力，例如司法机关解决自身管辖权质疑的权力？区别明示权力、暗示权力与内在权力是否有用？如果安理会的权力并非无所束缚，而是受法律约束的，那么应从何了解其权力的限制？

(2) 塔迪奇案的延续。除了裁决管辖权异议的内在权力，国际机构还可能具有哪些未在创建文件中明确规定的权力？在"检察官诉布拉斯基奇案"(Case No. IT-95-14-AR108) 就克罗地亚的请求所作出的判决中，前南斯拉夫问题国际刑事法庭上诉分庭解决了有关证据举示命令的司法权问题。克罗地亚请求对审判分庭发出的传票进行审查，该传票据称是命令克罗地亚举示多种文件。上诉分庭从明晰概念开始其论述：

25. 上诉分庭认为"传票"一词（在附带惩罚威胁的禁令意义上）不能适用于国家，基于两点理由：

首先，国际法庭不具有任何权力对国家采取执行措施。如若《前南斯拉夫问题国际刑事法庭规约》的起草者意欲赋予国际法庭此权力，其会对此明确规定。否则，国际司法机关不得被认为拥有此固有权力。

其次，基于现行国际法，很显然国家就其定义而言，并非如国内刑事体系一样是刑事制裁的对象。

然而，上诉分庭判决存在对国家发布"约束性命令"的权力，其源自安理会在一强制性决议中通过的《前南斯拉夫问题国际刑事法庭规约》第 29 条规定的所有国家与法庭合作的义务。当国家不遵守此约束性命令时，上诉分庭说道：

33. ……如上所述，国际法庭并不具备任何针对国家的执行权或制裁权。主要是由其上级机关安理会，依据《联合国宪章》第7章所规定的条件来对任何违反国施加此种制裁。然而，国际法庭具有就一国未遵守规约或规则条款作出司法判定的固有权力。国际法庭有权将此司法决定报告至安理会。

作出此种司法判定的权力是固有的：国际法庭必须具备此权力以作出对履行其主要职能所必需的所有司法决定。此固有权力有助于国际法庭充分履行其基本司法职能并保障其司法地位。国际法庭向安理会汇报的权力源自两机构的相互关系。安理会根据《联合国宪章》第7章设立了此国际法庭以审判那些对前南斯拉夫境内严重违反人道法行为负责的人。其逻辑推论是当有国家未履行第29条项下的义务，进而阻碍国际法庭承担由安理会指派的任务时，国际法庭有权向安理会报告此不履行的行为。

知识拓展

（一）拓展阅读

1. Viljam Engström. Constructing the Powers of International Institutions. Leiden：M. Nijhoff Publisher，2012.

2. Andrew Halpin. The Concept of a Legal Power. Oxford Journal of Legal Studies，1996（16）.

3. Darren G. Hawkins，et al. eds. Delegation and Agency in International Organizations，Cambridge：Cambridge University Press，2006.

4. Louis Henkin. International Law：Politics and Values. Dordrecht：Martinus Nijhoff Publisher，1995.

5. Jan Klabbers. An Introduction to International Organizations Law. Cambridge：Cambridge University Press，2022.

6. Markus Klamert. The Principle of Loyalty in EU Law. Oxford：Oxford University Press，2014.

7. Panos Koutrakos. EU International Relations Law. Hart Publishing Oxford，2015.

8. Dan Sarooshi. International Organization and Their Exercise of Sovereign Powers. Oxford：Oxford University Press，2005.

9. Henry G. Schermers，Niels M. Blokker. International Institutional Law：Unity within Diversity. Leiden：Brill，2018.

10. David J. Bederman. The Reparation for Injurious Case：The Law of Nations is Transformed into International Law//John E. Noyes，Laura A. Dickinson，Mark W. Janis eds. International Law Stories. New York：Foundation Press，2007.

11. Alan Dashwood. The Limits of European Community Powers ELR，1996（21）.

12. Kristina Daugirdas. The Reputation and the Responsibility of International

Organization. European Journal of International Law, 2005 (25).

13. Nigel D. White. The UN Charter and Peacekeeping Forces: Constitutional Issues. International Peacekeeping, 1996 (3).

14. Jed Rubenfeld. Unilateralism and Constitutionalism. New York University Law Review, 2004 (79).

15. Competence of the International Labour Organization in Regard to International Regulation of the Conditions of Labour of Persons Employed in Agriculture Advisory Opinion, 1922 PCIJ (Ser. B) No. 2, Permanent Court of International Justice, 12 August 1922.

16. Conditions of Admission of a State to Membership in the United Nations Advisory Opinion, 1948 I. C. J. Reps. 57, International Court of Justice, 28 May 1948.

17. Reparation for Injuries Suffered in the Service of the United Nations Advisory Opinion, 1949 I. C. J. Reps. 174, International Court of Justice, 11 April 1949.

18. United Nations Educational, Scientific and Cultural Organization (Constitution) Case, 16 International Law Reports 331, Special Arbitral Tribunal, 19 September 1949.

19. Effect of Awards of Compensation, Made by the United Nations Administrative Tribunal Advisory Opinion, 1954 I. C. J. Reps. 47, International Court of Justice, 13 July 1954.

20. Constitution of the Maritime Safety Committee of the Inter-Governmental Maritime Consultative Organization, Advisory Opinion, 1960 I. C. J. Reps 150, International Court of Justice, 8 June 1960.

21. Certain Expenses of the United Nations (Article 17, Paragraph 2, of the Charter) Advisory Opinion, 1962 I. C. J. Reps. 151, International Court of Justice, 20 July 1962.

22. In re European Road Transport Agreement, European Commission of the European Communities v. Council of the European Communities, Case C-22/70, Judgment, Court of Justice of the European Communities [Union], 31 March 1971.

23. Society for the Protection of Unborn Children [SPUC] Ireland Ltd. v. Grogan et al., Case C-159/90, Judgment, Court of Justice of the European Communities [Union], 4 October 1991.

24. Case Concerning Application of the Convention on the Prevention and Punishment of the Crime of Genocide, Bosnia & Herzegovina v. Yugoslavia (Serbia & Montenegro), Further Requests for the Indication of Provisional Measures, Order, 1993 I. C. J. Reps. 325, International Court of Justice, 13 September 1993.

25. In re competence of the Community to accede to the European Convention for the Protection of Human Rights and Fundamental Freedoms, Opinion 2/94,

Court of Justice of the European Communities [Union], 28 March 1996.

26. Prosecutor v Tadić, Case No. IT－94－1－A－R77, Judgment on Allegations of Contempt against prior counsel, Milan Vujin, International Criminal Tribunal for the Former Yugoslavia, Appeals Chamber, 31 January 2000.

27. In re "Tobacco Directive", Federal Republic of Germany v. European Parliament and Council of the European Union, Case C－376/98, Judgment, Court of Justice of the European Communities [Union], 5 October 2000.

28. Opinion 2/00, [In re accession to the Cartagena Protocol on Biosafety] Court of Justice of the European Communities [Union], 6 December 2001.

29. Commission of the European Communities v. Austria [In re bilateral agreements with third countries], Case C－205/06, Judgment, Court of Justice of the European Union (Grand Chamber), 3 March 2009.

(二) 毕业论文选题指导

1. 国际组织退出机制研究。
2. 论国际组织决议的法律地位。
3. 安理会决议的可执行性研究。

第十一专题　条约解释

基础理论

一、条约解释的概念

条约的解释是指阐明条约某个或某些具体规定的应有含义的活动。因为条约是谈判各方妥协的产物，由于各种主观或客观的原因，条约的约文可能出现模糊、有争议或者不确定的情形，这时候便需要对条约进行解释。

1969 年《维也纳条约法公约》对条约的解释原则、规则、程序和方法进行了专门性规定。此外，还有一些重要的国际法文件也在不同程度上涉及条约解释的问题。例如，《联合国海洋法公约》在其第 1 条中就对有关的“用语和范围”进行了界定，其目的主要是促进缔约国正确适用公约，防止和减少解释分歧和解释争端的产生。

二、条约解释的分类

（一）法律解释和学理解释

按照解释的法律效力，条约解释可以被分为法律解释（juridical interpretation）和学理解释（doctrinal interpretation）。其中，法律解释具有国际法上的效力，而学理解释则仅具参考意义。

这种分类方法最早由苏尔提出，他认为学理解释的目的是阐明对国际法律秩序的理解，而法律解释则为了产生实际的作用，只能由“有资格的法律机关”（qualified agents）来进行。因此，学理解释就是理论上的探讨与研究，与法律解释相比，学理解释并不具有实际的拘束力。但这也并不意味着学理解释毫无意义。在实践中，法律解释会受到学理解释的影响，法律解释也会不断补充和完善学理解释。

（二）扩张解释和限制解释

按照解释的实际效果，条约解释可以被分为扩张解释（extensive interpretation）

和限制解释（restrictive interpretation）。其中，扩张解释的目的是使条约尽量有效，因此其解释的结果比条约的字面含义更广。相比之下，限制解释则更为严格。例如对《联合国宪章》中“禁止使用武力和武力相威胁原则”中的“武力”一词，普遍承认应当解释为军事力量，这便是一种限制解释；但一些亚非拉国家主张应当将“政治和经济压力”包括在内，这便是一种扩张解释。

（三）逻辑解释和比较解释

逻辑解释（logical interpretation）和比较解释（comparative interpretation）是按照解释方式不同划分的两种解释方法。逻辑解释就是在一般的法律用语的概念内进行逻辑推理，通过反向推理（contrario reasoning ）得出条约真正意思的解释方式。比较解释则既包括对事实的比较，也包括对条约本身的比较，是一种横向的解释方式。

如果采用逻辑解释的方式，不同的推理方式可能得出不同的结论。例如在“关于《防止及惩治灭绝种族罪公约》的保留问题”的咨询意见中，国际法院认为：“在国际实践目前的状态下，不能仅从一个多边公约中缺乏对保留的明文规定就当然推断出缔约国被禁止作出某些保留”①。从国际法院的解释中可以得出，国际法不禁止的便是国际法所允许的。但在“关于联合国行政法庭补偿裁决的效力问题”的咨询意见中，国际法院却作出了完全相反的推理。在该案中，联合国大会拒绝赋予联合国行政法庭的补偿裁决法律效力，国际法院认为：“如果要让这样一个法庭的裁决可以受法庭本身以外的任何机构的审查，按照本法院的意见，法庭规约或其他支配法庭活动的文书中至少有必要包含一个明示的条款……但现在的规约中没有这样的条款，因此也就没有法律上的理由使得联合国大会能够对行政法庭已经作出的裁决进行审查。”② 这又表明国际法没有明确允许的就是禁止的。

比较解释则包含了对事实、条约本身的比较。对事实进行比较主要是为了检验后来的情势与先前的情势是否有足够的相似性以使条约可以扩展适用于当前议题，而条约本身的比较则是着眼于对过去其他具有相似性质的条约进行的解释。简而言之，比较解释就是类推。即将规则背后隐含的原则扩展适用于该规则用语中没有明确包含的情况。③ 比如在之前所提到的“关于联合国行政法庭补偿裁决的效力问题”的咨询意见中，国际法院拒绝根据国际联盟的先例对联合国行政法庭规约进行解释就是采用比较解释得出的结论。④

---

① Reservations to the Convention on the Prevention and Punishment of the Crime of Genocide, Advisory Opinion of 28 May 1951, I. C. J. Reports 1951, p. 22.

② Effect of Awards of Compensation Made by the United Nations Administrative Tribunal, Advisory Opinion of 13 July 1954, I. C. J. Reports 1954, p. 55.

③ Michael Akehurst. The History of the Sources of International Law. British Yearbook of International Law, 1974 - 1975 (47): 29.

④ 国际联盟大会拒绝行政法庭某些裁决的先例。Effect of Awards of Compensation Made by the United Nations Administrative Tribunal, Advisory Opinion of 13 July 1954, I. C. J. Reports 1954, p. 62.

三、近代的条约解释的学派

就条约的解释而言，近代甚至现代的国际法学者可以大致分为三个学派：主观解释学派、约文解释学派和目的解释学派。

(一) 主观解释学派

主观解释学派（subjective approach）又称缔约国意图学派（intention of parties），该学派主张对于模棱两可的规定应探寻缔约各方在缔结条约时的主观意图来作出解释，主观解释主要利用条约谈判的准备资料来解释条约。

主张主观解释的学者主要有费德罗斯、劳特派特、古根海姆、索恩逊、海德等。但将主观解释的方法论证得最为明确的，还是劳特派特在1950年向国际法学会提出的报告。

在该报告中，劳特派特认为：(1) 解释条约的主要课题是探求缔约各方的真正的共同意思。(2) 为了确定缔约各方的真正的共同意思，并为了善意和国际行为稳定性的利益，可以而且应当把约文的"自然意义"（或"通常意义""明白意义"）作为解释的出发点。但是，缔约任何一方可以主张缔约各方的真正意思并不采取约文的自然意义，而采取与自然意义不同的另一意义。在这种情形下，提出这种主张的缔约一方有证明其主张的责任，而进行解释该条约的仲裁机关或国际法院不得以约文清楚为由而拒绝其证明或不当地使证明发生困难。换言之，约文的自然意义只是用以证明缔约各方真正的共同意思的一种可以推翻的推定。所以他认为，法院必须按照文字的明白意义来解释条约的规则这一点在著作和判决中已经被过分强调。(3) 为了解释一个条约，应当研究该条约的准备资料（travaux préparatories），作为探知缔约各方真正的共同意思的最好方法。(4) 应当降低在国际法著作或裁决中所载的一些关于条约解释规则的价值。(5) 在缔约各方没有真正的共同意思的情况下，有管辖权的国际机关，不论是司法的或仲裁的机关应填补由此所发生的缺漏，并依照法律的充分性和国际正义的基本要求，解决当事国间的分歧。

劳特派特的报告得到了不少国际法学者的支持，但主观学派的出发点是探求缔约国的缔约意图，而在具体"探求"的过程中，不可避免地要突破和超越条约约文本身的界限，所以受到贝克特、麦克奈尔、休伯等著名国际法学家的反对。特别是贝克特坚持主张应当根据约文进行解释。

(二) 约文解释学派

约文解释学派（textual objectivity, or contextuality）又称客观解释学派（objective approach），主张根据条约约文的字词用语在上下文语境中的通常含义来解释条约。约文解释学派的代表人物，公认的为贝克特，但麦克奈尔的解释理论也不容忽视。

贝克特针对劳特派特上述解释原则的第一点，提出其根据约文解释的原则的理由如下：(1) 从事条约解释的仲裁或司法机关，应当从该假定方向出发，即缔约各方在起草条约时通常是得到了专家的咨询意见的，缔约各方的意思表现于该条约的用语，从而该机关应当解释该条约的用语，而不是探求缔约方的真实意思。(2) 劳特派特对于"词语的明白意义"这个规则的批评是不正确的。(3) 依照现行裁决和判例，在仲裁或司法机关不能得出该条约的确定意义时，如果有准备资料，必须予以调查。(4) 虽然现有的一些条约解释规则存在混乱和相互矛盾的情况，但这些规则是有必要的，并且可以进行改进。

麦克奈尔则企图在主观论、客观论、目的论三者之间找到一条综合而折中的道路。① 他坚持认为，就解释条约而言，法律客观性的核心就是将文本作为解释的出发点，且应通盘考虑在整个上下文中的用语或词语的意义。也就是说，通过全盘考虑所有相关因素来确定词语的含义。② 麦克奈尔在其《条约法》中阐明了他关于条约解释的主旨思想："在我们看来，条约解释的使命可以概括为一句话：人们有义务贯彻条约当事各方已经表达了的意图（expressed intention），这样的意图是通过他按照当时当地的条件加以使用的词语借来表达的。"③

(三) 目的解释学派

目的解释学派（teleological approach）主张将条约的目的和宗旨作为最主要的依据来解释条约，这赋予了法官和仲裁员很大的裁量权。《哈佛条约法公约草案》第19条（甲）对于该解释方法进行了明确的阐述：

对于一个条约的解释应按照该条约意在达成的一般目的。该条约的历史背景、准备资料、条约缔结时缔约各方的情况、企图对这些情况作出的改变、缔约各方在缔约以后适用该条约规定中的行动，以及解释条约时所流行的情况都应联系该条约意在达成的一般目的来考虑。

此外，该项规定还列举了可借以发现条约的目的的一些因素，并且把这些因素按照时间的先后进行排序，而不予以等级的区分。对于这一点，该草案解释如下：

对于该项规定中所列举的每个因素应当给予的分量，自然因每一个别案件而不同；所以列举的次序并不重要……在就一个具体案件达到妥善的解释中，全部因素都可能是重要的，负有解释条约任务的人不应忽视任何一个因素。每个因素可能在某种程度上有助于看清该条约在其环境中准确、全部的"形象"，而且只有在这样考虑后，才能完全了解和有理智地实现它的目的。只有这样才能保证说出该条约的"意义"究竟是什么。④

目的解释方法也被美国法学会1962年《美国对外关系法第二次重述》所采取，其规定与《哈佛条约法公约草案》的规定区别不大。⑤

---

① Ian Sinclair. The Vienna Convention on the Law of Treaties，2nd ed. Manchester：Manchester University Press，1984：115.

② 李浩培. 条约法概论. 北京：法律出版社，1987：418.

③ McNair，The Law of Treaties Oxford：Claredon Press，1961：365.

④ 《美国国际法学报》，1935 (29)：938.

⑤ 美国法学会. 美国对外关系法第二次重述，1965：146以后.

以上三大学派对于条约解释各执一词，但实际上条约解释应该合理考虑各种不同因素和方法。1969 年《维也纳条约法公约》中关于条约解释的规则综合了以上学派所主张的不同方法。在条约解释活动中，各种不同方法的运用具有一定的灵活裁量性质，需要良好的感知和丰富的经验，就此而言，条约解释与其说是一门精确的科学，不如说是一门裁量的艺术。[①]

四、有权解释

有权解释是指某个条约对该条约解释与条约本身一样，对当事国具有法律拘束力。条约解释的目的在于正确剖析条约某些条款的意义，以便当事各国执行条约，从而实现条约的目的和宗旨。有权解释也正是为了实现这个目的，因此它是条约在当事各国间正确适用的有效保证。

（一）缔约国的解释

条约的缔约国对该条约所作的解释是几种有权解释中最常见最普遍的一种方式。我们知道，条约是国际法的渊源之一，由于国家既是国际法的制定者，又是国际法的遵守者和执行者，所以在国际实践中由条约适用所带来的解释问题，自然是缔约国所要解决的。同时，只有缔约国最了解缔约意图，最明白条约条款的真正含义和条约所要实现的目的和宗旨，以及条约成立时的事实和法律情况，也只有缔约国能充分预见条约在适用过程中可能发生的各种解释上的难题。缔约国的解释包括全体缔约国的解释和部分缔约国的解释，这两种解释所带来的法律效果是不同的，下文将分别进行论述。

1. 全体缔约国的解释

条约的成立是全体缔约国意思表示在形式上一致的结果。这也表明，条约中的各条款经全体缔约国接受是它们承受条约约束的共同同意的外在表示。这一点得到了契约理论的有力支持。因为条约本身便是一种形式的契约，国际法院在《防止及惩治灭绝种族罪公约》保留案中便阐述了两个基本原则：一是国家在其条约关系中不可能不经其同意而受拘束，二是多边条约是各缔约国对其全部条款共同同意的结果。而这两项原则也同样适用于条约解释。全体缔约国对一种解释达成协议，是该解释在缔约国间产生效力的必要条件，个别缔约国或少数缔约国的解释只有经全体接受后才能够产生上述效果。

2. 部分缔约国和个别缔约国解释的效力

在未经全体接受时不能够产生约束全体缔约国的法律效力，但这并不意味着此种解释不产生约束解释国的法律效力。这时候产生的问题便是怎样才能认定某一解释属于一国的解释。从国内法的角度来看，这个问题与解释机关能够产生联系，即按照国内法规定，什么样的机关所做的解释具有权威性，能够产生约束其国家的效

① 何志鹏. 国际法. 北京：清华大学出版社，2014：323.

力。这样的机关主要包括国家的立法机关和司法机关。

在美国诉英国的“亚当斯求偿案”中，仲裁庭在裁决中认定，英国和加拿大的立法机关有权颁布其认为为了保证遵守条约所必需的或便利的立法例。只要它们不违背该约，这些规定就作为国内法而约束在英国统治下的任何人。这种立法体现在1891年《不列颠法令》以及1868年、1871年《加拿大法令》中。英国和加拿大的立法机关完全有权解释和适用此种立法。仲裁庭的阐述表达了这样一个命题：一国的司法机关的判决应被视为在此主题上该国所持立场的权威表述，并且只要该判决包含了所称条约的解释，此种解释应被视为该国家解释的权威表述。根据国家司法平等原则，一国不得受迫服从另一国所主张的对条约的某种解释。没有任何理由显示一国可以把实质上的双边契约作单方面解释强加给另一方。这种解释是由当事一方立法机关、司法机关或其他有权当局作出的事实，不能使此种解释产生约束另一方的效果。

从该案中我们可以引申出一个基本原理：对某一个国际条约的单方面解释，无论此种解释是由缔约一国的立法机关、司法机关还是行政机关作出的，都不对其他缔约国产生约束力。这一点在双边条约的情形下是较为简单的，然而在多边条约的情形下则较为复杂。对于双边条约而言，可以认为，一种单边的解释仅仅具有“建议性效果”，但对于多边条约而言，要想当事各国都对某一国的解释予以同意，一般来讲是比较难以实现的。

最后还要注意的问题便是由少数当事国而不是全体当事国做成的一项解释的法律效果究竟为何。在“菲利普诉帝国航空公司案”（Philipson v. Imperial Airways, Ltd. 1939）中，英国上议院认为，1929年《华沙公约》中所用“缔约方”（high contracting party）是指签署了条约但尚未批准的国家。后来，美国国务卿同意英国将这一用语解释成包括那些最终受该条约条款约束的国家。由此引发的问题是：《华沙公约》的其他当事国如果在合理期间内没有提出异议，它们是否受上述解释的约束？答案是否定的。因为只有全体当事国就某种解释一致的协议才构成正式的、有权的解释，少数或个别当事国的解释是单方面的或单边的解释，只能产生约束其本国或有关各国的效果。

3. 国际法院对条约的解释

按照《国际法院规约》的规定，国际法院的司法职权包括诉讼管辖权和咨询管辖权。就条约解释问题而言，每一类管辖案件都可能涉及条约解释，特别是任意强制管辖中明确规定包括条约解释的案件。另外，国际法院在审理非条约解释的案件时，也可能引证相关条约，并作出具有法律约束力的解释。由此可见，国际法院在审判活动中对条约的解释是有权威性的，并且其解释权力是由《联合国宪章》和《国际法院规约》赋予的。此外，《联合国宪章》第96条和《国际法院规约》第65条规定了国际法院的咨询管辖权。其中都明确了国际法院对于“任何法律问题”都可以发表咨询意见。可以推断，这些规定中所指的“任何法律问题”自然包括条约解释的问题。因此，国际法院在咨询案件上也获得了条约解释的权能，它在咨询活动中对条约所做的解释是有权解释。

五、条约解释的原则与方法

（一）善意解释原则

条约应作善意解释。善意解释是善意原则的一个构成要素，是善意履行条约的前提。它不仅是条约解释的一个基本原则，也是条约必须遵守原则的基本要求。虽然善意是一个比较抽象的概念，但实际上善意解释原则贯穿于条约解释的整个过程，与其他各种具体解释方法并不是并列的关系。因为善意解释是对于整个解释过程所作出的要求，是指导其他各种解释的，其他各种具体的解释方法也都是善意原则的具体体现。综上，善意原则便意味着：即使条约用语的含义是清楚的，但如果导致了明显荒谬和不合理的结果，也应该寻找其他解释；解释应该服从缔约方之间的真实的共同意图；等等。

除此之外，善意解释还隐含着一个重要的内容，即有效性原则，这也是一种具体的解释规则。"与其无效，不如使之有效"（*ut res magis quam pereat*）这一法律格言，从罗马法时代开始就是支配条约解释的一个原则，引入国际法后仍然构成条约解释的基本原则。究其原因，主要是国际社会的成员各自的利益不尽相同，通过谈判缔结条约来协调各方关系是这些谈判方共同努力的结果，如果任由各种事由使条约归于无效，既不符合谈判各方的利益，也会造成资源的浪费，还会造成条约的不稳定性。"如果一个条约有两种解释，其中之一会使条约产生适当的效果，而另一种则不会，那么善意和条约的目的和宗旨要求前一种解释应当被采纳。"① 从"上萨瓦和热克斯自由区案"、"科孚海峡案"到"西南非洲国际地位案"，诸多国际判例都支持了这一观点。

（二）条约解释的方法

1. 文义解释

文义解释是指条约应当依照条约用语的通常意义进行解释。1969 年《维也纳条约法公约》规定的条约解释规则基本采纳了客观学派的主张。国际法委员会认为："约文必须被假定为当事国意图的权威性表示，因此，解释的出发点是阐明约文的含义，而不是从头调查各当事国的意图"②。国际法院也在很多案件的审理中都将条约的约文解释方法规定为一项实定法规则。

条约用语应当按其通常意义予以解释，这仅仅构成条约解释的一般情况。如果当事方意图赋予条约用语特殊含义，那么在特定的语境下，特殊含义就变成了通常意义。比如在"关于 1919 年《关于夜间雇佣妇女公约》解释问题"的咨询意见中，尽管常设国际法院认为公约第 3 条所指"妇女"并不仅指体力劳动者，还应包括从事监督和管理工作的妇女，但法院作出这样的结论是经过考察公约的序言以及各项

---

① Report of the International Law Commission to the General Assembly. YILC, 1996 (2): 219.

② Report of the International Law Commission to the General Assembly. YILC, 1996 (2): 220.

规定后没有发现需要作特殊解释的证据，这从侧面反映出法院并不排除在例外情况下赋予条约用语特殊意义。[①]

1969年《维也纳条约法公约》关于特殊意义的规定实际上也是主观解释方法的体现，因为在某些情况下，条约用语的通常意义可能无法准确表达当事国的意图，这个时候，探求当事国真实意图对于正确理解和适用条约便显得尤为重要。但在实践中，援引条约用语特殊意义的成功率并不高。此外，由于赋予条约用语特殊意义是条约解释过程中的非正常现象，因此主张条约用语特殊意义的当事国对此负有举证责任，这也是善意原则的必然要求。

2. 上下文解释

文义解释的核心是阐明条约用语的自然和通常意义，如果没有明确相反的意思表示，必须假定这种通常意义最可能反映当事各方的真实意图，否则条约的约文将没有任何意义。但这种通常意义并不只是通过纯粹的语法分析得出，也不是抽象地予以确定，而是结合条约的上下文并参照条约的目的和宗旨综合分析得出的结果。这就要求必须将条约的规定看作一个整体，进行系统的解释。因为条约用语本身并不是孤立存在的，而是相互联系的，需要依照条约的上下文语境从而获得其含义。

在这里，条约的上下文包括条约的序言、正文和附件在内的全部约文。同一条约的不同组成部分构成了最基本的上下文。此外，条约的上下文还包括全体当事国间因缔结条约所订与条约有关之任何协定以及一个以上当事国因缔结条约所订并经其他当事国接受为条约有关文书之任何文书。同时，与条约的上下文密切相关的还有其他诸多因素：比如当事国嗣后所订关于条约之解释或其规定之适用之任何协定；嗣后在条约适用方面确定各当事国对条约解释之协定之任何惯例；适用于当事国间关系之任何有关国际法规则。在面对国际法不成体系的情形下，与上下文一并考虑“适用于当事国间关系之任何有关国际法规则”对于维持国际法各个分支领域看似自足的法律体系之间的一致性这一点具有重要意义，但是，裁判机构应当慎重行事，以免逾越司法功能的边界。[②]

3. 目的解释

在确定条约用语的通常意义时，除根据上下文外，还必须参照条约的目的和宗旨。在一般情况下，条约用语通常含义本身就体现了条约的目的和宗旨。但如果条约用语的通常含义出现分歧，这时候就应当参考条约的目的和宗旨予以确定。比如，在国际组织宪章性条约的解释中，经常诉诸这种灵活的目的解释方法，以确定国际组织为实现其宗旨所必需的权力。安齐洛蒂法官在“关于1919年《关于夜间雇佣妇女公约》解释问题”的异议意见中提出：“在该公约的目的和宗旨已被确定之前，不可能说公约的一个条款的含义是清楚的，因为只有在公约中以及其与公约的关系上该条款才能显现

① Advisory Opinion on Interpretation of the Convention of 1919 Concerning Employment of Women during the Night, PCIJ, Series A/B, No. 50, pp. 375 - 376.

② James Crawford. Brownlie's Principles of Public International Law. Oxford: Oxford University Press, 2012: 383.

出真正的含义。”但是，在考虑条约的目的和宗旨的时候，不能只考虑条约约文所体现出来的目的和宗旨，还应当考虑当事各国嗣后的态度和惯例所反映出的新的条约的目的。因此，在进行条约解释的时候，还必须斟酌解释时的情况，在必要时可以超出各国缔约时的意思表示，以使条约的解释符合该条约的目的和宗旨。

1969 年《维也纳条约法公约》第 31 条第 3 款规定了进行目的解释时需要考虑的情况。其中包括：第一，当事国嗣后缔结的解释性协定。与谈判过程中或条约缔结时订立的关于条约某一条款解释的协定一样，当事国嗣后缔结的解释性协定一般也被认为构成条约的一部分，而且体现了当事国的权威解释。因此，这类协定中确定的条约用语的含义就是其通常意义。第二，嗣后实践。在条约适用过程中，当事各国的实践对于条约解释是十分重要的，因为这些实践构成了当事各国对于条约意义理解的客观证据。第三，适用于当事国之间关系的有关国际法规则，相关国际法规则有助于确定条约的目的和宗旨，以便澄清条约所用于的通常意义。[①] 国际法委员会 1964 年通过的草案本来将其限定为条约缔结时现行有效的国际法规则，但是一些委员认为这一规定没有考虑到国际法的发展带来的条约解释的难题，因此有很大不足。最终，国际法委员会采纳了这些委员的观点，删除了其中的时间因素。[②]

4. 补充资料

依据《维也纳条约法公约》第 32 条的规定，补充资料应在以下三种情况下使用：第一，为了验证或证实依据第 31 条规定的条约解释方法得到的结论；第二，依据第 31 条规定的条约解释方法无法确定条约用语含义的；第三，依据第 31 条进行条约解释所得的结果显属荒谬或不合理的。可以使用的补充资料包括条约的准备工作以及缔约时的情况。这一规定被认为体现出的解释方法是主观的、意图的、原旨的解释方法。第 31 条的标题是“条约解释之通则”，即一般方法，第 32 条的是“条约解释的补充方法”。从第 31 条和第 32 条的名称及内容来看，客观的、目的的解释方法是条约解释的主要方法。

（三）条约解释的其他方法

虽然《维也纳条约法公约》规定了有关条约解释的一般原则和主要方法，但并没有将条约解释的所有习惯法规则都明确列举出来。除公约所列举的一些条约解释方法以外，还有其他的具体规则和方法，主要包括：(1)“遇有疑义，从轻解释”。这是一种例外的解释方法，是指在条约的某些条款的含义模糊不清的时候，应采纳使负担义务的一方负担较少义务的含义。而这也被认为是尊重国家主权的体现。(2)“对提出建议的一方不利”的解释。这是在一个条款有两种含义的情况下，应该采纳对为了自己的利益而准备和提出该条款的一方不利的含义。(3)“明示其一即排除其他”。这是指如果条约明确提到了一种情况和条件，即证明排除了其他情况和条件。(4)“同类解释”。如果在特别措辞之后有一般措辞，那么一般措辞应被限制在特别

---

① 朱文奇，李强. 国际条约法. 北京：中国人民大学出版社，2008：242.

② Report of the International Law Commission to the General Assembly. YILC, 1996 (2): 202 - 203.

措辞所指明的类型。

六、多种文字条约的解释

国际法源于欧洲，早期欧洲大陆各国所签订的条约基本都以拉丁文缔结，因此条约所用文字并不是早期条约解释所关注的问题。但后来随着民族国家的兴起以及国家主权原则的确立，语言作为国家主权的象征之一在缔结条约时变得越来越重要，任何一个主权国家都有权要求以本国文字缔结条约。现在，条约以两种或两种以上的文字缔结的现象极为普遍，尤其是联合国成立以后，使用中文、英语、法语、俄语、西班牙语以及阿拉伯语等文字缔结的多边条约已经极为常见，这也导致了不同语言版本的条约在解释时的地位问题。在条约的不同语言版本中，有的可能作为解释时的“作准文本”（authentic text）；有的可能是“官方文本”（official text），即由谈判国签署但并非作准文本；有的还可能只是官方译本（official translation），即由全体当事国或个别的政府或国际组织的机关准备的译文。这些文本在解释时的地位都不一样。但现在大多数条约都会明确规定条约的不同语言版本相互之间的地位。比如有的条约以多种文字缔结，但规定仅以其中的一种或者几种作为作准文本。

但在另外一些条约，尤其是双边条约之中，当事方之间可能不能很好地理解对方的语言或者不愿意承认对方语言具有优越性，因而当事方往往都会引入第三方的语言（通常是英语）。这种情形包含以下两种情况：(1) 条约以当事双方的文字缔结并同一作准，但附以第三方文字的译本，在解释时予以参照。(2) 条约以当事双方和第三方的文字缔结，各种文字文本同一作准，但在遇到分歧时以第三方的文字文本为根据。

如果条约中没有这样的明确规定，而该条约又是以多种文字缔结的，根据 1969 年《维也纳条约法公约》第 33 条第 1 款的规定，各种文字文本同一作准。也有一些条约在作准文本以外还附有其他文字的条约译本，在这种情况下，1969 年《维也纳条约法公约》第 33 条第 2 款规定，只有在条约中有此规定或当事国有此协议时，这种译本才能成为作准文本。

此外，关于采用多种语言作为作准文本的条约，在谈判时，当事各国可能缺乏足够的时间进行协调，再加上语言本身的限制，并且缔约各方的意思很难达到足够的一致，这就使得各个文本的含义出现或多或少的偏差，甚至可能就是不同文字的不同文本造成了约文的模糊不清。但从另一角度看，采取多种语言作为作准文本的条约在实践中也并不会必然使条约的解释复杂化，也有可能有助于对条约进行解释。因为当在一个文本中的条文模糊不清时，在另一个文本中该条文的意义可能就是清楚明了的。基于此，便没有必要追求各个文本的用语必须完全一致。

而 1969 年《维也纳条约法公约》第 33 条第 3 款也推定条约用语在各个作准文本内意义相同。

但如果一个条约用语在各个文字文本中都意义不明或者难以解释，抑或其在各个文字文本中的含义都不相同，针对此种情况，1969 年《维也纳条约法公约》第 33 条第 4 款进行了规定，即在没有规定特定优先文本的情况下，适用 1969 年《维也纳条约法公约》第31条和第32条的一般解释规则难以消除这种分歧时，对该条约用语就应采取符合条约目的和宗旨的最能协调各个文本的含义。

案例分析

案例一

伊朗某些资产案

案例导入

该案的事实背景是美伊两国长期存在的争端。因1978年爆发的伊朗革命以及1979年11月伊朗控制美国驻德黑兰大使馆，两国于1980年断绝外交关系。1983年10月，贝鲁特美军驻地发生爆炸，导致241名隶属维和部队的美国人员死亡。美国指控伊朗应为该爆炸以及之后的恐怖主义和违反国际法的行为负责，但伊朗方面驳斥这些指控。因此，美国1984年将伊朗列为“恐怖主义支持国”（State Sponsor of Terrorism），并一直持续至今。

1996年，美国修改《外国主权豁免法》（Foreign Sovereign Immunity Act, FSIA），对涉及酷刑、法外杀害（extrajudicial killing）、破坏航空器、劫持人质或为上述行为提供实质支持的指控，排除“恐怖主义支持国”在美国法院享有的豁免［FSIA第1605（a）（7）节］，并对此规定了执行豁免例外［FSIA第1610（a）（7）节和第1610（b）（2）节］。之后，部分原告人在美国法院提起了针对伊朗的诉讼，要求伊朗为其支持行为（包括财务支持）造成的伤亡进行赔偿，特别是针对贝鲁特美军驻地爆炸的“彼得森案”（Peterson case ）。对此，伊朗拒绝出庭，理由是美国上述立法违反了关于国家豁免的国际法规则。

2002年，美国通过《恐怖主义风险保险法》（Terrorism Risk Insurance Act, TRIA），为FSIA修订之后美国法院作出的判决建立了执行措施。其中TRIA第201节规定，关于恐怖主义行为或属于FSIA第1605（a）（7）节行为的判决，应执行美国政府已冻结的“恐怖主义方”（terrorist party）资产，而恐怖主义方包括“恐怖主义支持国”。2008年，美国进一步修订FSIA，再次扩大了清偿资产，特别是包括了伊朗国有机构的所有财产，无论之前是否已被美国冻结，也不论伊朗对相关机构的控制程度如何［FSIA第610（g）节］。2012年，美国总统发布第13599号行政令，要求冻结伊朗政府所有资产，包括伊朗中央银行（Bank Markazi）以及伊朗所有或控制的金融机构资产，只要相关资产位于美国境内或者由任何美国人占有或控制，包括外国分支机构。

2012年，美国通过《减少伊朗威胁和叙利亚人权法案》。根据该法案第502节的规定，伊朗中央银行的资产被执行以清偿“彼得森案”判决，伊朗中央银行向美国法院质疑该规定的有效性，美国最高法院最终支持了其合宪性。① 在美国采取上

① Bank Markazi v. Peterson et al.. U. S. Supreme Court. 20 April 2016. Supreme Court, 2016（136）: 1310.

述措施之后，美国法院作出了多个针对伊朗或其国有机构的判决，伊朗及其国有机构的资产在美国国内外被执行，包括伊朗中央银行。[①] 伊朗认为，美国采取的上述措施违反了1955年《友好条约》第3条、第4条、第5条、第7条、第10条和第1条。伊朗控诉美国的行为包括：第一，不承认伊朗公司的独立司法地位（包括独立法律人格）。第二，给予不公平和歧视性待遇，损害了这些实体依法取得的权利和利益；没有给予这些实体及其财产最持续的保护和安全，并在任何情况下不得低于国际法的要求；没收这些实体的财产，并没有给予这些实体诉求美国法院的自由，包括取消伊朗和伊朗国有公司（例如伊朗中央银行）及其财产的豁免，而习惯国际法和1955年《友好条约》要求尊重该豁免；不尊重这些实体取得和处分财产的权利。第三，限制这些实体向美国或从美国支付或转移资金的行为，并且妨碍商业自由。[②]

对于伊朗的控诉，美国提出了以下几项抗辩法院管辖权的理由：第一，伊朗的诉求属于1955年《友好条约》第20条规定的条约适用例外，涉及该条款规定的武器等物资或和平与安全事项；第二，伊朗的诉求基于美国没有给予伊朗政府、伊朗中央银行或其他伊朗国有机构管辖和执行豁免，但1955年《友好条约》不涉及豁免问题[③]；第三，1955年《友好条约》第3条、第4条和第5条的适用对象是公司，而伊朗中央银行不是公司，因为该银行完全履行主权职能，不从事商业活动。[④] 除此之外，美国还对伊朗申请的可受理性提出两项抗辩：第一，伊朗依据1955年《友好条约》确立法院管辖权是一种权利滥用；第二，伊朗的“不洁之手”（unclean hands）[⑤] 排除了法院对案件的审理。[⑥]

在先决性抗辩阶段，法院通过审理驳回了美国的第一项管辖权抗辩以及两项可受理性抗辩，支持了美国的第二项管辖权抗辩，认为第三项管辖权抗辩不完全具有先决性，将与实体问题合并审理。由于美国提出的三项管辖权抗辩并没有涵盖伊朗的全部诉求，法院仍对伊朗的部分主张具有管辖权。由于当事方和部分法官对美国提出的第二项和第三项管辖权抗辩理由争议较大，因此本案将侧重对这两个问题的分析。

争议焦点

首先需要指出的是，双方均同意1955年《友好条约》没有直接对国家管辖和执

---

① Certain Iranian Assets (Islamic Republic of Iran v. United States of America), Preliminary Objections, Judgment, I. C. J. Reports 2019, pp. 19－21, paras. 18－27.

② Certain Iranian Assets (Islamic Republic of Iran v. United States of America), Preliminary Objections, Judgment, I. C. J. Reports 2019, pp. 16－18, para. 14.

③ Certain Iranian Assets (Islamic Republic of Iran v. United States of America), Preliminary Objections, Judgment, I. C. J. Reports 2019, pp. 25, para. 48.

④ Certain Iranian Assets (Islamic Republic of Iran v. United States of America), Preliminary Objections, Judgment, I. C. J. Reports 2019, p. 35, para. 82.

⑤ Certain Iranian Assets (Islamic Republic of Iran v. United States of America), Preliminary Objections, Judgment, I. C. J. Reports 2019, p. 43, para. 116.

⑥ Certain Iranian Assets (Islamic Republic of Iran v. United States of America), Preliminary Objections, Judgment, I. C. J. Reports 2019, p. 40, para. 100.

行豁免作出明确规定。[1] 但伊朗援引了该条约的第 4 条第 2 款，认为该条款提到了一般国际法，表明该条款包括了尊重主权豁免的习惯国际法。[2] 第 4 条第 2 款的规定是："任何缔约方的国民和公司的财产，包括财产利益，应在另一缔约方领土内获得最持续的保护和安全，并在任何情况下不得低于国际法的要求……"

伊朗认为，如果美国违反了伊朗国家及国有机构根据习惯国际法享有的豁免，那么其国民和公司将不能获得最持续的保护和安全，也不符合不得低于国际法要求的义务，因此美国违反了 1955 年《友好条约》第 4 条第 2 款。所以法院对违反该条约的行为有管辖权，法院有权在第 4 条第 2 款背景中适用关于豁免的国际法规则。[3] 但美国认为"国际法的要求"是关于东道国对外国人财产的最低待遇，与任何形式的豁免无关；并且这些保障无差别地适用于私有公司（不享有豁免）以及国家实体（享有豁免），确认了相关条款不可能涉及主权豁免。[4]

因此，问题的关键是确定 1955 年《友好条约》第 4 条第 2 款提到的一般国际法是否包括与国家主权豁免相关的习惯国际法。法院主要是依据了 1969 年《维也纳条约法公约》第 31 条规定的条约解释方法，结合 1955 年《友好条约》的目的和宗旨以及上下文以确定一般国际法的范围。首先，法院认为伊朗的解释不符合 1955 年《友好条约》规定的目的和宗旨。为了确定该条约的目的和宗旨，法院考虑条约的序言和标题。缔约方在序言中表明希望"鼓励双边互利的贸易和投资，密切两国人民之间的经济往来，并管理领事关系"，而条约的标题也没有表明主权豁免属于其目的和宗旨，因此，第 4 条第 2 款不可能包括豁免问题。[5] 其次，法院考虑了第 4 条第 2 款的上下文以确定一般国际法的范围。第 4 条第 1 款规定应给予一方国民和公司的公平与平等待遇；第 4 条第 2 款第二句话规定了征收的赔偿标准；第 4 条第 4 款是关于一方国民和公司设立或收购企业的规定。所以第 4 条的目的是保障从事商业活动的自然人和法人的某些权利以及对其利益的最低保护。[6] 因此，法院认为，第 4 条第 2 款中的国际法仅涉及一方国民和公司在另一方领土中从事商业活动时，对其财产保护的最低标准，而没有涉及国家豁免规则。

法院的裁判表明，即使条约文本提及了一般国际法，也不意味着所有国际法争端都可以被纳入条约的适用范围，从而构成关于条约解释和适用的争端。在这种情

① Certain Iranian Assets (Islamic Republic of Iran v. United States of America), Preliminary Objections, Judgment, I. C. J. Reports 2019, p. 26, paras. 49 – 50.

② Certain Iranian Assets (Islamic Republic of Iran v. United States of America), Preliminary Objections, Judgment, I. C. J. Reports 2019, p. 26, para. 51.

③ Certain Iranian Assets (Islamic Republic of Iran v. United States of America), Preliminary Objections, Judgment, I. C. J. Reports 2019, p. 27, para. 54.

④ Certain Iranian Assets (Islamic Republic of Iran v. United States of America), Preliminary Objections, Judgment, I. C. J. Reports 2019, p. 27, para. 55.

⑤ Certain Iranian Assets (Islamic Republic of Iran v. United States of America), Preliminary Objections, Judgment, I. C. J. Reports 2019, p. 28, para. 95.

⑥ Certain Iranian Assets (Islamic Republic of Iran v. United States of America), Preliminary Objections, Judgment, I. C. J. Reports 2019, p. 28, para. 58.

况下，仍然需要借助条约解释的方法，考虑条约的目的宗旨，结合上下文，明确一般国际法的具体范围，认定当事方提出争端是否是关于条约解释和适用的争端，从而判断国际法庭是否具有属事管辖权。

知识拓展

（一）拓展阅读

1. 何志鹏. 国际法. 北京：清华大学出版社，2014.

2. 朱文奇，李强. 国际条约法. 北京：中国人民大学出版社，2008.

3. Alexander Orakhelashvili. Treaty Interpretation：Rules and Methods//The Interpretation of Acts and Rules in Public International Law. Oxford：Oxford University Press，2008.

4. James Crawford. Brownlie's Principles of Public International Law. 8th ed. Oxford：Oxford University Press，2012.

（二）毕业论文选题指导

1. 国际法院条约解释的路径与方法。

2. 国际争端解决机构间条约解释方法的冲突与协调。

3. 条约解释中的主权因素。

第十二专题　国际法院的管辖权

基础理论

一、国际法院管辖权概述

国际法院（International Court of Justice，ICJ）是《联合国宪章》（United Nations Charter，以下简称《宪章》）第92条下的“联合国之主要司法机关”。尽管并不具备正式的造法功能，国际法院对有关法律规则的观点或立场却有着极高的权威性。作为不囿于联合国范围内的“整个国际社会法制的捍卫者”，国际法院的职能在于“阐明法律”，并只能以国际法为依据来判案。①

国际实践中，某一政治情势所引发的争议，可能同时为联合国多个机关或其他政治机制的职权范围所覆盖。一项提交至国际法院的争端事项，既可能是当事方间政治谈判或磋商的主题，也可能是联合国秘书长正在斡旋的目标，还可能是联合国安理会或区域性组织进行中的议程。但这些“竞合”的争端解决行动，并不妨碍国际法院履行其司法职能和确立管辖的地位和能力。若同一案件存在两项或两项以上接受或拒绝管辖的依据或事由，国际法院可以自行选择最为合适的一项或两项为其管辖权基础。这一选择的标准通常有三：其一，与在先司法实践相一致以提供可预见性；其二，所选依据在法律上最为确定和稳妥；其三，作为联合国的主要司法机关，应充分注意对其他未决案件的可能影响或后果。为完成作为司法机关的核心任务，国际法院须依国际法就呈交于前的特定法律争端作出回应，在充分考虑个案上下文的情形下解释和适用法律。但与此同时，国际法院的管辖权行使不能超出争端当事方最后请求中所及的范围，并且可能受到包括管辖依据、管辖保留、可受理性、司法适当性等问题在内的管辖异议或限制。

依据《宪章》及《国际法院规约》（Statute of the International Court of Justice，以

① Dissenting Opinion by Judge Weeramantry in Lockerbie，I. C. J. Reports 1992，p. 56；Separate Opinion by Judge Lachs in Lockerbie，I. C. J. Reports 1992，p. 26.

下简称《规约》)，国际法院的管辖权分为诉讼管辖权与咨询管辖权。其中，诉讼管辖权中的对人管辖以《规约》第 34 条、第 35 条为主要依据，诉讼管辖权中的对事管辖以《规约》第 36 条为主要依据，而国际法院的咨询管辖权则主要立足于《宪章》第 96 条及《规约》第 65 条之规定。

二、国际法院的诉讼管辖权

(一) 基于《规约》第 34 条、第 35 条的管辖

根据《规约》第 34 条，只有国家才能成为国际法院诉讼案件的当事方。这意味着，无论是个人还是国际组织都无法将争端诉诸国际法院，仅有部分国际组织可以在一定条件下向国际法院寻求咨询意见。在《宪章》第 93 条已明确联合国各会员国均为“国际法院规约之当然当事国”的情形下，根据《规约》第 35 条，可将争端诉至国际法院的国家的基本范围为：(1) 联合国会员国；(2)《规约》当事国。由此需进一步澄清的是：非联合国会员国或非《规约》当事国是否可向国际法院起诉从而接受其管辖?

对于前者，《宪章》第 93 条第 2 款的回应为，“非联合国会员国之国家得为国际法院规约当事国之条件，应由大会经安全理事会之建议就各别情形决定之”。1946 年，联合国大会依联合国安理会之建议通过决议，同意在满足相关条件的前提下，瑞士[①]自向联合国秘书长交存批准书之日起成为《规约》当事国。这些条件包括：(1) 接受《规约》之规定；(2) 接受联合国会员国依《宪章》第 94 条所负的一切义务(即承诺遵行国际法院之判决)；(3) 同意承担公平摊付的国际法院经费。除瑞士外，列支敦士登、日本、瑙鲁、圣马力诺等国在成为联合国会员国前，也分别于 20 世纪 50 年代及 80 年代通过这一途径在相同条件承诺下获准成为《规约》当事国。

对于后者，依《规约》第 35 条第 2 款，国际法院受理《规约》当事国以外的他国诉讼的条件，或遵从“现行条约”的“特别规定”，或由“安全理事会定之”。在“使用武力的合法性案”中，国际法院解释称：“《规约》第 35 条第 2 款提到的‘现行条约另有特别规定’，只适用于在《规约》生效之时生效的条约，不适用于自那日期以来缔结的任何条约。”[②] 意即可规定非《规约》当事国诉讼条件的“现行条约”仅指 1945 年已生效的条约，并不及于 1945 年后生效的更晚近的条约。在这一严苛条件下，联合国安理会成为非《规约》当事国接受国际法院管辖的主导机关。在就前述瑞士加入《规约》问题提供建议的安理会 1946 年第 9 号决议中，联合国安理会也为国际法院受理非《规约》当事国的诉讼列明了条件：(1) 事先向国际法院书记官处提交声明，表示依《宪章》及《规约》所定之条款及条件，接受国际法院之管辖；(2) 承诺善意遵守法院判决，接受《宪章》第 94 条加诸联合国会员国的一切义

① 瑞士于 2002 年 9 月成为联合国正式会员国。

② Legality of Use of Force (Serbia and Montenegro v. Belgium), Preliminary Objections, I. C. J. Reports 2004, pp. 322 - 324.

务。阿尔巴尼亚、意大利、柬埔寨、锡兰（今斯里兰卡）、联邦德国、荷兰、日本、老挝、越南等多个国家都曾以特别声明（particular declarations）或概括声明（general declarations）的方式就一项或数项争端接受国际法院的管辖。上述联合国安理会决议所及之条件也已经被纳入《国际法院规则》（Rules of Court，以下简称《规则》）第 41 条。

一国是否有权在国际法院出庭并不以同意为前提，而是在国际法院审理管辖权及可受理性异议前由国际法院自行调查并决定的事项。只有能够将争端诉诸国际法院的国家，才有资格由国际法院管辖。正如国际法院在"使用武力的合法性案"中所述："法院注意到，塞尔维亚和黑山在提起本诉讼时是不是《规约》的缔约国，这个问题至关重要；若它不是如上的缔约国，根据《规约》第 35 条第 1 款规定，法院就不会对其开放。在这一情形下，除适用该条第 2 款规定外，塞尔维亚和黑山将不可能适当利用法院，不论它本可能援引的管辖权权利依据为何。理由很简单，它无权在法院出庭。因此，法院必须首先审查请求国是否满足了《规约》第 34 条和第 35 条规定的诉诸法院的条件这一问题。只有在这个问题得到肯定答复时，法院才将不得不处理与《规约》第 36 条和第 37 条所规定条件有关的问题。"①

（二）基于《规约》第 36 条第 1 款的管辖

成为《规约》当事国并不意味着国际法院对它具有当然的管辖权。一直以来，国际法院的诉讼管辖权都建立在当事国同意的基础之上。根据《规约》第 36 条，国际法院可管辖：其一，"各当事国提交之一切案件"；其二，"联合国宪章或现行条约及协约中所特定之一切事件"。

1. 自愿管辖

国际法院对"各当事国提交之一切案件"的管辖即所称之"自愿管辖"。在"自愿管辖"之下，国家同意通常以特别协定（special agreement，*compromis*）的方式体现。这种特别协定应由当事各方专门为解决特定争端的目的而订立，并应述明争端事由及交由法院处理的基本框架。从 1953 年的"明基埃和埃克荷斯群岛案"成功利用特别协定诉诸国际法院以来，已有近 20 个案件的当事国通过这一方式表示同意接受国际法院的管辖。

值得注意的是，由于《规约》及《规则》均未对国家同意的形式或情境作出强制性规定，国际法院在司法实践中也发展出了从当事方的行为中推断其管辖同意的变通做法。这种通过一项诉讼程序启动之后的相关行动来确认国家同意的方式被称为"应诉管辖"（*forum prorogatum*），也称"迟延同意管辖权"（consent *post hoc*）、"当事人同意的法院"或"管辖权延伸"。当一国向国际法院起诉他国时，若其所依赖的管辖基础存在缺陷或明确不存在有效的管辖基础，则该国的单方申请将会产生"邀请"被诉当事国接受国际法院管辖的效果。此时，若被诉当事国作出明

---

① Legality of Use of Force (Serbia and Montenegro v. Belgium), Preliminary Objections, I. C. J. Reports 2004, p. 299.

示的声明或者连续的隐含同意的行为，国际法院将因此确认当事国的同意从而确立其管辖权。如在“科孚海峡案”中，国际法院认为，可从英国的单方请求书与阿尔巴尼亚的后续信件中推知当事国同意接受管辖。“法院回顾了在当事双方同意赋予国际法院管辖权时，这种同意不需要以任何特殊形式来表示……在以请求书提起该案时，联合王国给了阿尔巴尼亚政府一个接受法院管辖权的机会；1947 年 7 月 2 日阿尔巴尼亚的信接受了这一管辖权。”①

为避免这一“管辖权延伸”对国家同意可能造成的弱化，国际法院对“应诉管辖”予以谨慎的解释与适用。国际法院强调，国家的同意应是“自愿而无可置疑”的，即使有时需要通过推断，国家同意的表达仍应是清晰的。对此，国际法院在“刑事事项互助的若干问题案”中有如下阐释：“允许法院行使管辖权的同意必须是确定的。对于以‘应诉管辖’为基础的管辖权来说，同样如此。正如法院近来所作的解释，无论同意的基础是什么，被告国的态度必须能够被视为该国愿意以‘自愿和无可争辩的’方式接受法院管辖权的‘明确表示’。法院若要在‘应诉管辖’的基础上行使管辖权，同意要素必须是明示的或者是可以明确地从一国相关行为中推断出来的。”②

也正因如此，“应诉管辖”并非强制管辖的形式之一。在“科孚海峡案”中，英国曾提出，根据联合国安理会有关将争端提交至国际法院的“建议”，国际法院已经取得对该争端的管辖权。英国认为，此种“建议”即为《宪章》第 25 条下的“决议”（decisions），对所有联合国会员国均有拘束力，阿尔巴尼亚因此有义务接受国际法院的管辖。7 名法官联名通过个别意见否定了英国的这一主张，因为“建议”不具有拘束力，而这一主张可能为强制管辖引入新的含义。③

2. 协定管辖

国际法院对“联合国宪章或现行条约及协约中所特定之一切事件”的管辖即通常所称之协定管辖。在协定管辖之下，当事国的同意已经预先体现并被明确于相关国际条约的争端解决条款之中。依据《规约》及《规则》的相关规定，当事国应以请求书方式启动法院程序，并应在请求书中述明争端事由，同时具体说明国际法院管辖权所立足的条款。这一管辖尽管仍以国家的同意为基础，但因相关条约对缔约国的拘束力而被认为具有一定的“强制性”。

国际实践中，诸多双边或多边条约都含有将本条约相关解释及适用问题提交至国际法院管辖的争端解决条款。双边条约的实践如“对尼加拉瓜的军事与准军事活动案”中，国际法院主要依据《美国与尼加拉瓜友好、通商和航运条约》第 24 条第 2 款确立管辖权；多边条约的实践如“驻德黑兰的美国外交和领事人员案”中，法院依 1961 年

① Corfu Channel (United Kingdom of Great Britain and Northern Ireland v. Albania), Judgment of 25 March 1948, I. C. J. Reports 1947 - 1948, pp. 27 - 29.

② Certain Questions of Mutual Assistance in Criminal Matters (Djibouti v. France), Judgment, I. C. J. Reports 2008, p. 204.

③ Separate opinion by Judges Basdevant, Alvarez, Winiarski, Zoricic, De Visscher, Badawi Pasha, Krylov, I. C. J. Reports, 1947 - 1948, pp. 31 - 32.

《维也纳外交关系公约关于强制解决争端之任择议定书》与1963年《维也纳领事关系公约关于强制解决争端之任择议定书》的共同第1条确立了其管辖权。[1]

另外，依据《规约》第37条，若一现行条约规定某项事件应提交至国际联盟所设之任何裁判机关或常设国际法院，则在《规约》当事国间，该项事件应被提交国际法院。作为一项过渡性条款，该第37条为旧有的常设国际法院与新设的国际法院之间的前后承接提供了相当程度的一致性与连贯性。

(三) 基于《规约》第36条第2款的管辖

根据《规约》第36条第2款，《规约》当事国可以随时作出单独声明，就与接受同样义务的任何其他国家发生的某些性质的法律争端，承认国际法院的强制管辖权，而无须另行订立特别协定，即所称“任择性强制管辖”或“任意性强制管辖”。这一条款源于1920年代常设国际法院成立之初，为1945年国际法院所承袭。作为一项妥协方案，该管辖依据既非由起诉方单方申请启动的真正强制管辖权，也非仅经由条约启动的自主的管辖权。需要明确的是：其一，这一所谓的强制管辖权以“任择性”或“任意性”为前提，其仍然建立在国家同意的基础之上，而非真正意义的强制管辖；其二，该项管辖依据的援引以其他国家“接受同样义务”为条件。

在“喀麦隆和尼日利亚间陆地和海洋边界案”中，国际法院对于国家所作单独声明的性质阐释如下：“《规约》的任一缔约国在按照第36条第2款接受法院的管辖权时，即在其与以前已遵守该条的国家的关系中接受了管辖权。同时，它向尚未交存接受声明的《规约》其他缔约国发出了长期邀请。在其中的一个缔约国交存其接受声明并从而接受这一邀请之日，一致同意的关系便已建立，不再需要满足其他条件。”[2]

各国发表的接受强制管辖的声明只“对于接受同样义务之任何其他国家”适用或有效，即所谓“相互原则”或“对等原则”（the principle of reciprocity）。在《规约》第36条第2款之下，国际法院的管辖权仅及于当事国各方都提交的接受管辖声明中所覆盖的相同事项。这意味着，一国通过任择性条款所接受的国际法院管辖关联的是接受同样义务的另一国，这就是任择性强制管辖权适用中的“最低公分母规则”。当事各方无须在其声明中使用同一措辞或表述，但双方的声明必须同意将有关争端提交至国际法院。

正是这一“相互”或“对等”要求，促成了任择性强制管辖实践中一种特别情形，即一个当事方可能借由另一个当事方在其声明中所明确提出的条件或保留来拒绝国际法院的管辖权。如，在“某些挪威债券案”中，国际法院认可挪威有权援引法国所作声明中的国内管辖相关事项保留以拒绝国际法院的管辖。国际法院认为：“由于涉及两份单方面声明，因此只有在两份声明同时授予法院管辖权的情况下，法

① United States Diplomatic and Consular Staff in Tehran (United States of America v. Iran), Judgment, I. C. J. Reports 1980, p. 24; Military and Paramilitary Activities in and against Nicaragua (Nicaragua v. United States of America), Jurisdiction and Admissibility, Judgment, I. C. J. Reports 1984, pp. 426－429.

② Land and Maritime Boundary between Cameroon and Nigeria, Preliminary Objections, Judgment, I. C. J. Reports 1998, p. 291.

院才能获得管辖权。对两份声明的比较表明，‘法国声明’接受法院管辖权的范围要小于‘挪威声明’；因此，作为法院管辖权基础的各当事方的共同意愿，仅在法国保留所表明的较小范围内存在。”①

各《规约》当事国可以对其所提交的声明作出保留，也可以修改或撤回其任择性声明。在已提交至联合国秘书长的接受强制管辖声明中，绝大多数都附有一定保留或条件，意在阻止国际法院介入一国认为关涉其重大利益的争端。相关保留通常包括：(1) 属事（*ratione materiae*）保留，如排除已经合意通过其他方式解决的争端，或如“某些挪威债券案”中法国排除属于本国国内管辖的事项；(2) 属人（*ratione personae*）保留，通常指国家所作声明在本国与特定范围国家间不适用，如英国在其声明中排除了本国与其他英联邦成员国之间的争端；(3) 属时（*ratione temporis*）保留，如载明本国对强制管辖的接受将在一段期限后自动终止，或在向联合国秘书长提交终止通知后的特定时间内终止。

《规约》第 36 条第 2 款的本意在于，通过不断增加的接受管辖声明逐步扩大国际法院的管辖权，以期最终形成普遍性的强制管辖体系。但时至今日，国际社会对强制管辖的任择接受远未达预期。1934 年，接受常设国际法院的强制管辖的国家数量为 42 个，至 1955 年，接受国际法院强制管辖的国家数量降至 32 个。在经历了 20 世纪 80 年代的最低谷后，接受强制管辖的国家数量有所回升。2012 年，声明接受管辖的国家数量升至 67 个，截至 2022 年，共有 73 个国家提交声明，接受国际法院的强制管辖。联合国安理会的五大常任理事国中，仅有英国在附保留的情形下声明接受了国际法院的强制管辖。②

三、管辖争议中的可受理性问题

提出初步反对意见（preliminary objections）是国际法院受理诉讼案件时最为常见的附带程序之一，是被诉一方就“国际法院是否有权就案件的是非曲直（争端的实质）作出判决提出质疑”③。根据《规则》第 79 条，初步反对意见主要为被告国对“管辖权”（jurisdiction）和“可受理性”（admissibility）的异议，也可能包括对“实质问题”（merits）审理的任何下一步程序的初步反对。

国际法院在 1972 年对《规则》的修改中第一次明确区分了管辖权和可受理性的初步反对意见。其中，有关管辖权的初步反对意见涉及影响国家同意的相关情形，决定着国际法院是否从根本上具有裁判相关案件的合法依据。一旦该反对意见成立，国际法院将丧失对可受理性及实质问题的裁判资格，相关案件所有后续程序即因管辖权异议的认定而终止。而有关可受理性的初步反对意见则通常要求，即使国际法

---

① Certain Norwegian Loans (France v. Norway), Judgment, I. C. J. Reports 1957, p. 24.

② 美国、法国也曾声明接受国际法院的任择强制管辖权，但后来又分别撤回了接受声明。中国于 1972 年撤回了中华民国政府于 1946 年提交的接受国际法院任择强制管辖声明。

③ 联合国新闻部. 国际法院：关于联合国主要司法机关的问答. [2022－08－20]. https://www. icj-cij. org/public/files/questions-and-answers-about-the-court/questions-and-answers-about-the-court-ch. pdf: 30.

院具有管辖权且起诉一方所作陈述皆正确属实，国际法院也仍不应进一步对实质问题进行审查，因为还存在某些问题将影响国际法院在特定时间裁判特定争端的可能性与适当性。

在国际法院的实践中，有关可受理性问题的反对意见主要包括：争端并不存在或不是法律争端、存在不可或缺的第三方、未用尽当地救济等。①

（一）争端的存在及法律争端的认定

国际法院在“核试验案”中指出：“国际法院被要求裁处国家间的现有争端。由此，争端的存在是法院履行其司法职能的首要条件。”②《规约》第 36 条第 2 款则明确要求，依据任择性声明提交至国际法院的应是“法律争端”。因此，争端是否存在以及是否为法律争端成为国际法院管辖确立实践中被反复提及并被要求回应的问题之一。原则上，确定是否存在争端的关键日期就是向国际法院提交请求书的日期。

在“与保加利亚、匈牙利和罗马尼亚的和约的解释案”中，国际法院指出，是否存在一项国际争端是一个由国际法院客观裁断的问题，当“双方就条约义务是否得以履行明确持有相反观点时”，国际争端就会产生。国际法院在“西南非洲案”中进一步明确，仅仅由当事方主张争端存在是不够的，“必须显示出一方的权利主张为另一方所明确反对”。这一立场在“关于就停止核军备竞赛和实行核裁军进行谈判的义务案”中被重述为：“要确定争端存在，就必须证明一方的主张遭到另一方的明确反对；双方必须就某些国际义务的履行或未履行问题持明确相反的意见”。对于应如何判断当事国之间存在“相反的意见”，国际法院在“东帝汶案”中表示：“葡萄牙从事实和法律上对澳大利亚提出了正当或非正当的指控，但被澳大利亚所否认，根据这种否认，法律争端是存在的”③。这一做法在国际法院及国际海洋法法庭的后续实践中多次得到援用和引申。这意味着，国际法院对法律争端的存在设定了较低的标准，只要被告国否认了提交至国际法院的相关指控即可满足条件。

正是因为争端的存在被完全交由国际法院在客观基础上进行判定，所以国际法院也可能因诉讼请求提交后所发生的新情况而在判决时认定争端已经消失。如，在“核试验案”中，由于法国政府声明将停止在太平洋大气层的核试验，因而国际法院认为请求国的原有目的已随着法国的承诺而实现，当事国间的争端由此消除，法院

---

① 相关理论和实践有关可受理性的初步反对事由还包括：《规约》或《规则》的基本规定未获遵行、请求国没有能力提起诉讼、不存在法律利益、诉由已消失、已过时效等。联合国新闻部. 国际法院：关于联合国主要司法机关的问答. [2022-08-20]. https://www.icj-cij.org/public/files/questions-and-answers-about-the-court/questions-and-answers-about-the-court-ch.pdf：30-31；James Crawford. Brownlie's Principles of Public International Law. Ninth Edition. Oxford：Oxford University Press，2019：697-701.

② Nuclear Tests (Australia v. France), Judgment, I. C. J. Reports 1974, pp. 270-271.

③ Interpretation of Peace Treaties, Advisory Opinion, I. C. J. Reports 1950, p. 74; South West Africa Cases (Ethiopia v. South Africa; Liberia v. South Africa), Preliminary Objections, Judgment of 21 December 1962, I. C. J. Reports 1962, p. 328; Obligations concerning Negotiations relating to Cessation of the Nuclear Arms Race and to Nuclear Disarmament (Marshall Islands v. United Kingdom), Preliminary Objections, Judgment, I. C. J. Reports 2016, pp. 850-851; East Timor (Portugal v. Australia), Judgment, I. C. J. Reports 1995, pp. 99-100.

无须再对此案实质问题作出判决。[①]

（二）不可或缺的第三方

国家同意原则意味着，国际法院不能就当事方以外第三国的法律权利作出裁判。而在某些情形下，第三国不但有合法利益被牵涉至当事国的诉讼之中，而且其合法利益恰恰成为当事国诉讼请求的主旨或至少构成其案件裁决的必需要素。除非该第三国同意并正式加入诉讼，否则相关案件的诉讼请求将因此而不可受理。此即通常所称“不可或缺的第三方原则”。因国际法院较早在“1943 年从罗马运走的货币黄金案”中对这一原则作出阐释，故其也被称为“货币黄金原则”。

在“1943 年从罗马运走的货币黄金案”中，国际法院提出，因为第三国的合法利益“正形成了裁判的主旨”，国际法院将无法在未经该第三国同意的情形下受理当事国的诉讼。于“对尼加拉瓜的军事与准军事活动案”中，国际法院驳回了美国有关可受理性的初步反对意见，同时指出“‘货币黄金案’的情形大致体现了法院拒绝行使管辖的权力界限”。这一原则在“瑙鲁境内的一些磷酸盐地案”中被进一步澄清为：只要“可能受到影响的第三国的合法利益确定不构成所请求的裁判的主旨”，即使第三国未请求参加诉讼，“无论如何都不妨碍法院对向其提出的请求作出判决”。在“东帝汶案”中，国际法院发现，为裁判葡萄牙对澳大利亚的诉讼请求，国际法院将不得不先行裁定印度尼西亚在东帝汶相关行为的合法性。面对葡萄牙提出的尊重民族自决权是“对国际社会整体的义务”（obligations *erga omnes*），国际法院强调，无论争议中的义务是何性质，它都无法裁定非本案当事国的另一国行为的合法性，因为这一先行裁定将构成本案判决的主旨，从而与“货币黄金原则”相抵触。[②]

（三）用尽当地救济规则的适用

用尽当地救济规则是在外交保护案件中有关可受理性主张的重要规则。在国际诉讼中，若外国自然人或法人未能在被指控损害其权益的国家用尽当地一切可行的救济办法，国际法层面的相关主张将不可被受理。要求用尽当地救济的理由通常包括：其一，对于私人当事方的权利主张而言，一国的国内法院更为适宜和便利；其二，可以避免小额诉讼在外交保护层面的大量增加；其三，外国个人往往通过定居和商业活动已经与当地的司法机关产生了一定联系；其四，可以通过国内程序一并完成事实认定和债务清偿，实用性较强；等等。

为适用这一规则，需要在对国家的直接损害与间接损害间作出区分。前者如军舰遭受攻击或一国使节被扣留；后者则如在外交保护中，国家权利的受损源于拥有

---

① Nuclear Tests (Australia v. France), Judgment, I. C. J. Reports 1974, pp. 271 - 272.

② Case of the monetary gold removed from Rome in 1943 (Preliminary Question), Judgment, I. C. J. Reports 1954, p. 32; Military and Paramilitary Activities in and against Nicaragua (Nicaragua v. United States of America), Jurisdiction and Admissibility, Judgment, I. C. J. Reports 1984, p. 431; Certain Phosphate Lands in Nauru (Nauru v. Australia), Preliminary Objections, Judgment, I. C. J. Reports 1992, p. 261; East Timor (Portugal v. Australia), Judgment, I. C. J. Reports 1995, pp. 102, 104.

本国国籍的自然人或法人的利益的被侵害。只有在如后者这种间接损害的情形下，用尽当地救济规则才构成可受理性的条件之一。

在“国际工商业投资公司案”中，瑞士主张其所提出的请求立足于一项国际裁决，美国拒绝执行这一裁决构成了对国际法的直接违反，造成了对瑞士权利的直接损害。但国际法院认为，瑞士所谓的国际裁决就是为了寻求瑞士公司在美资产的解封和返还，这与瑞士公司作为法人的诉讼目标一致，因而瑞士是经“纳入其国民的诉由”而提出相关请求的，这恰恰是应适用用尽当地救济规则的情形之一。[①] 同样，国际法院在“西西里电子公司案”中也表示，美国有关意大利违反通商条约而直接损害美国权利的主张，并不能区别或独立于美国相关公司因在意大利所受侵害而引发的诉求，在国家维护本国国民诉求的情境下，用尽当地救济规则仍应得到适用。[②]

与上述两案不同，在“阿韦纳和其他墨西哥国民案”中，国际法院认可了墨西哥的主张，认为因美国违反《维也纳领事关系公约》第 36 条，墨西哥不但因其国民的权利被侵犯而间接受损，也基于该公约受到直接损害，用尽当地救济规则因而未被适用。国际法院在该案中将国家与个人权利主张间的紧密关联描述为：“侵犯《维也纳领事关系公约》第 36 条下的个人权利可能导致对派遣国权利的侵犯，而对后者的权利的侵犯也可能导致对个人权利的侵犯。在这种国家权利和个人权利相互依存的特殊情况下，墨西哥可以以自己的名义提出权利主张，请求法院同时裁断墨西哥所称的，其直接遭受的权利侵犯以及因第 36 条第 1 款第 2 项赋予墨西哥国民的个人权利被侵犯而遭受的权利侵犯。用尽所有当地补救办法的义务不适用于此项请求。”[③]

实践表明，被要求“用尽”的“当地救济”应是有效救济，是权利受损的个人可资利用的具有合理可能性的方式或途径。鉴于一国“当地法律”的不确定性，国际司法机构应慎重判定某当地救济办法是否为不可行，但在有证据表明国内法院受到了行政干预时，国际实践多倾向于推定在此情形下的救济办法为无效救济。在“西西里电子公司案”中，尽管国际法院认定用尽当地救济规则应予适用，但同时承认，要在案件中确认已诉诸国内法院的当地救济是否真的已被“用尽”并非易事。在该案中，由于美国公司的损失与意大利的征用命令密切相关，且意大利未能向法庭证明仍然存在着其他可行的当地救济办法而美国公司未能充分利用，因而国际法院最终驳回了意大利关于美国未能“用尽”当地救济办法的反对意见。[④]

四、国际法院的咨询管辖权

依《规约》第 65 条及《宪章》第 96 条，在通过诉讼程序裁判国家间争端之外，国际法院还可以行使咨询管辖权以发表咨询意见。国际法院成立以来的实践表明，

① Interhandel Case, Judgment, I. C. J. Reports 1959, p. 28.

② Elettronica Sicula S. p. A. (ELSI), Judgment, I. C. J. Reports 1989, p. 43.

③ Avena and Other Mexican Nationals (Mexico v. United Slates of America), Judgment, I. C. J. Reports 2004, p. 36.

④ Elettronica Sicula S. p. A. (ELSI), Judgment, I. C. J. Reports 1989, pp. 43 - 44.

尽管咨询意见不具法律拘束力，但其在澄清、阐释、确认和发展国际法方面仍发挥着不可低估的作用。

按照《规约》第 65 条之规定，国际法院可以就相应机关"由联合国宪章授权而请求或依照联合国宪章而请求"的"任何法律问题"发表咨询意见。而按照《宪章》第 96 条之规定，既可以由联合国大会和安理会就"任何法律问题"向国际法院提出咨询请求，也可以在联合国大会的授权下由"联合国其他机关和各专门机构对于其活动范围内之任何法律问题"请求国际法院发表咨询意见。由此，联合国大会和安理会可被认为是一种"特权的"咨询请求者，联合国其他机关和专门机构则是一种"有限的"咨询请求者。两者地位的区别主要在于：就咨询资格而言，作为特权咨询者的大会和安理会经《宪章》确立，无须其他权威机关授权，而作为有限咨询者的其他机关则须经权威机关批准后才具备请求资格；就咨询内容而言，特权咨询者可以就"任何法律问题"提出请求，而有限咨询者则只能就"其活动范围内所涉及的法律问题"提出请求。当前，共有 5 个联合国机关和 16 个其他国际组织有权据上述条款请求国际法院发表咨询意见。

（一）咨询管辖权确立时的关联因素

《宪章》第 96 条所限定的咨询意见应针对"法律问题"。国际法院的咨询实践表明，某一法律问题具有政治因素的事实并不足以使其失去作为"法律问题"的性质，也不足以"剥夺国际法院由其《规约》明确授予的权限"①。同样，对于由联合国内的政治机关所提出的咨询请求，其请求的政治动机及政治进程、在相关决议中的表决情形或发表咨询意见可能产生的政治影响等，也都与咨询管辖权的成立没有关联。国际法院已明确，无论咨询意见存在多大争议或有何深远影响，在《宪章》意义下的有关条约解释的问题，都为"法律问题"。正如国际法院在"科索沃单方面宣布独立是否符合国际法"咨询案中所述："法院一再说明，某个问题含有政治因素并不足以使该问题丧失法律问题的性质……不论某个问题含有何种政治因素，只要该问题要求法院履行其基本司法任务，即以国际法为依据评价某一行为，法院就不能对该问题的法律要素置若罔闻。法院还明确指出，在判定它所面对的是否属于法律问题这一管辖权争议时，法院并不关心大会基于何种政治性质的动机要求法院发表意见或者法院的意见可能产生何种政治影响。"②

关于《规约》第 65 条要求"咨询意见之问题，应有确切之叙述"，国际法院要求相应机关或组织提出的咨询问题应使用"中性的措辞"，而"不应先假定争议中的法律结论"，并且不能包含推理与论证。③ 但参照相关咨询实践，所提咨询问题使用了抽象

---

① Legality of the Threat or Use of Nuclear Weapons, Advisory Opinion, I. C. J. Reports 1996, p. 236.

② Accordance with International Law of the Unilateral Declaration of Independence in Respect of Kosovo, Advisory Opinion, I. C. J. Reports 2010, p. 415.

③ Judgment No. 2867 of the Administrative Tribunal of the International Labour Organization upon a Complaint Filed against the International Fund for Agricultural Development, Advisory Opinion, I. C. J. Reports 2012, p. 36.

措辞或有抽象性质并不影响管辖权的确立，咨询问题在起草时含混不清也不会剥夺国际法院的管辖权。此类模糊和不确定可以由国际法院在解释中予以澄清。实践中，国际法院可以“扩大、解释甚至重制向其提交的问题”，以实现其确认、阐释及适用相关国际法原则及规则的核心作用，并由此为所咨询问题提供立足于法律的回答。①

不可否认，咨询事项往往兼具法律性与政治性，有时会涉及双边或多边争端，有时具有较强的政治敏感性。但咨询管辖权的行使意在为提出请求的机关或组织提供法律建议，而非直接解决国家间的争端，因而所咨询问题与特定争端相关并不影响国际法院职权的行使，所做咨询意见可能与其他机制中所请求主题相关也不影响国际法院对咨询请求的回应。国际法院至今尚无因缺乏相关国家同意或案件具有政治性质而拒绝发表咨询意见的先例。

（二）咨询管辖权确立后的酌处权

依《规约》第 65 条，国际法院对相关请求“得”发表咨询意见。这意味着，即使国际法院确定有权发表咨询意见，其也可以自行决定是否要发表该咨询意见，即国际法院有拒绝给予咨询意见的酌处权（discretion）。国际法院行使酌处权或自由裁量之目的在于确保其作为联合国主要司法机关的司法职能的正当性。国际法院已经明确，缺乏利益相关国家的同意不影响咨询管辖权确立，却可能影响相关咨询意见发表的适当性。是否涉及国家间的未决争端以及是否获得相关国家同意，已经成为国际法院在咨询程序中行使酌处权的核心问题。

常设国际法院曾在“东卡累利亚案”中确立了较为谨慎的基本立场，即非经一国同意，法院不得对该国相关争端中的焦点问题行使咨询管辖权。但至国际法院时期，这一体现国家主权与独立的基本立场被明显削弱。国际法院在各咨询案件中多次申明：其一，“国家同意原则”仅适用于国际法院的诉讼管辖权，即使申请咨询的案件涉及国家之间悬而未决的争端，也无须当事国同意。因为咨询意见的目的是指导申请机关的行为，而非针对当事国，对当事国并无拘束力，也不影响当事国之间解决争端的法律立场及权利义务分配。其二，国际法院是联合国的主要司法机关，有义务积极参与及配合联合国的行动，原则上不应拒绝发表咨询意见。其三，只有存在“强有力的理由”或“迫不得已的理由”（compelling reasons）时，国际法院才能基于司法适当性行使酌处权以拒绝发表咨询意见，但国际法院尚未明确“强有力的理由”的范围。从“西南非洲案”至 2019 年的“1965 年查戈斯群岛从毛里求斯分离的法律后果案”，特定当事国有关存在“强有力的理由”的主张从未获得国际法院的支持。其四，“东卡累利亚案”的相关结论不适用于国际法院时期的各咨询案件，一则在于所请求的问题并非国家间实际存在冲突的核心问题，发表咨询意见不会在实际上产生裁断争端的效果；二则在于“东卡累利亚案”中因苏联的拒绝参与导致至关重要的事实无法查明，但国际法院相关各案都提供了充分的证据及文件资料。

---

① Legal Consequences of the Separation of the Chagos Archipelago from Mauritius in 1965, Advisory Opinion, I. C. J. Reports 2019, p. 112.

正如国际法院在2019年的“1965年查戈斯群岛从毛里求斯分离的法律后果案”中所示：一方面，在本案中向国际法院提交的丰足资料可谓“卷帙浩繁”(voluminous dossier)；另一方面，案件的关键问题在于国际法院的咨询意见是否能够协助请求机关的工作，国际法院并未被要求在咨询意见中解决国家间的领土争端，而仅仅是为相关组织履行其职能尤其是非殖民化事宜提供建议。①

（三）经授权的其他机关及专门机关的咨询管辖

如前所述，依《宪章》第96条第2款，在联合国大会和安理会之外，“联合国其他机关及各种专门机关”需经“大会授权”，才能“对于其工作范围内”的法律问题请求国际法院发表咨询意见。

在“一国在武装冲突中使用核武器的合法性案”中，为确立对联合国其他机关和作为专门机构的国际组织的咨询管辖权，国际法院提出三项条件：(1) 请求咨询意见的专门机构必须依《宪章》就咨询请求一事获得联合国大会的正式授权；(2) 请求咨询意见的问题必须是法律问题；(3) 所请求的咨询问题必须是在请求机构活动范围以内产生的问题。在该案中，国际法院依据《世界卫生组织组织法》及其后续实践对世界卫生组织的职能进行审查后认为，该组织获准处理使用核武器或任何其他有害活动对健康的影响，并被授权采取在使用这种武器或从事此类活动情况下保护人口健康的预防措施。但世界卫生组织在该案中向国际法院所提出的问题，并不涉及使用核武器对健康的影响，而是鉴于其对健康和环境的影响使用核武器是否合法的问题。因此，国际法院认定，世界卫生组织的这一咨询请求并非该组织活动范围以内所产生的相关问题，国际法院最终拒绝对此案发表咨询意见。②

案例分析

案例一

毛里求斯与马尔代夫在印度洋上的海洋划界相关争端案③

案例导入

[The Republic of Mauritius (hereinafter “Mauritius”) and the Republic of the Maldives (hereinafter “the Maldives”) are States situated in the Indian Ocean. Ac-

① Legal Consequences of the Separation of the Chagos Archipelago from Mauritius in 1965, Advisory Opinion, I. C. J. Reports 2019, pp. 114－115, 117－118.

② Legality of the Use by a State of Nuclear Weapons in Armed Conflict, Advisory Opinion, I. C. J. Reports 1996, pp. 71－72, 75.

③ 节选自国际海洋法法庭“毛里求斯与马尔代夫在印度洋上的海洋划界相关争端案”裁判文书。Dispute concerning delimitation of the maritime boundary between Mauritius and Maldives in the Indian Ocean (Mauritius/Maldives), Preliminary Objections, Judgment of 28 January 2021, ITLOS, [2022－08－28]. https://www.itlos.org/fileadmin/itlos/documents/cases/28/preliminary_objections/C28_Judgment_prelimobj_28.01.2021_orig.pdf.

cording to Mauritius, "the territory of Mauritius includes, in addition to the main Island, *inter alia*, the Chagos Archipelago, which is located approximately 2, 200 kilometres north-east of the main Island of Mauritius." Mauritius states that the Chagos Archipelago "is about 517 kilometres from Maldives".

Following consultations held by the President of International Tribunal for the Law of the Sea (hereinafter "the Tribunal") with representatives of Mauritius and the Maldives, a Special Agreement was concluded between the two States on 24 September 2019 to submit the dispute concerning the delimitation of the maritime boundary between them in the Indian Ocean to a special chamber of the Tribunal to be formed pursuant to article 15, paragraph 2, of the Statute of the Tribunal.]

Ⅳ. The Maldives' preliminary objections to jurisdiction and admissibility

* * *

79. The Maldives raises five preliminary objections to the jurisdiction of the Special Chamber and the admissibility of Mauritius' claims. According to the Maldives' first preliminary objection, the United Kingdom is an indispensable third party to the present proceedings, and, as the United Kingdom is not a party to these proceedings, the Special Chamber does not have jurisdiction over the alleged dispute. In its second preliminary objection, the Maldives submits that the Special Chamber has no jurisdiction to determine the disputed issue of sovereignty over the Chagos Archipelago, which it would necessarily have to do if it were to determine Mauritius' claims in these proceedings. The Maldives contends in its third preliminary objection that, as Mauritius and the Maldives have not engaged, and cannot meaningfully engage, in the negotiations required by articles 74 and 83 of the [United Nations Convention on the Law of the Sea (hereinafter "the Convention")], the Special Chamber lacks jurisdiction. According to the Maldives' fourth preliminary objection, there is not, and cannot be, a dispute between Mauritius and the Maldives concerning its maritime boundary. Without such a dispute, the Special Chamber has no jurisdiction. Finally, the Maldives submits that Mauritius' claims constitute an abuse of process and should therefore be rejected as inadmissible at the preliminary objections phase.

* * *

Ⅴ. First preliminary objection: Indispensable third party

81. The Maldives' first preliminary objection is that the Special Chamber lacks jurisdiction "because an indispensable party, namely the United Kingdom, is absent in these proceedings and did not consent to be a party to them."

* * *

97. The Special Chamber recalls that the Tribunal stated in the M/V "Norstar" Case that the Monetary Gold principle is "a well-established procedural rule in international judicial proceedings" (*citation omitted*). The Special Chamber notes in this

regard that the Parties are in agreement as to the effect of the Monetary Gold principle. The Parties further agree that Mauritius' claims can be entertained only if the Special Chamber accepts that Mauritius, not the United Kingdom, has sovereignty over the Chagos Archipelago.

98. However, the Parties disagree as to whether the United Kingdom is an indispensable party to the present proceedings.... Thus the Parties' disagreement boils down to the question as to whether a sovereignty dispute between Mauritius and the United Kingdom over the Chagos Archipelago still exists or has been resolved.

99. Accordingly, if a sovereignty dispute over the Chagos Archipelago exists, the United Kingdom may be regarded as an indispensable party and the Monetary Gold principle would prevent the Special Chamber from exercising its jurisdiction. On the other hand, if such sovereignty dispute has been resolved in favour of Mauritius, the United Kingdom may not be regarded as an indispensable party and the Monetary Gold principle would not apply.

100. As the Special Chamber will examine below, the core issue of the second preliminary objection raised by the Maldives also concerns the legal status of the Chagos Archipelago. Therefore, this issue is central to both the first and the second preliminary objection. ... Accordingly, the Special Chamber will proceed to the second preliminary objection of the Maldives and scrutinize the key issues common to these two preliminary objections.

* * *

Ⅵ. Second preliminary objection: Disputed issue of sovereignty

* * *

2. Advisory opinion on the *Legal Consequences of the Separation of the Chagos Archipelago from Mauritius in* 1965 (hereinafter "the *Chagos* advisory opinion")

140. The Special Chamber will now consider whether the *Chagos* advisory opinion has any relevance to, or implications for, the legal status of the Chagos Archipelago.

141. The Maldives submits that the *Chagos* advisory opinion did not, and could not, resolve the bilateral sovereignty dispute between Mauritius and the United Kingdom. The Maldives advances the following arguments in this regard. First, "[t]he ICJ was not asked to, and did not, provide advice on the sovereignty dispute, let alone the question of which State is the relevant coastal State for UNCLOS purposes". Second, resolution of the sovereignty dispute is not "an implied or necessary consequence of the ICJ's Advisory Opinion". Third, even if the ICJ had given advice on the sovereignty dispute, any such opinion would not have been binding on States. ...

* * *

Consequences of the Chagos *advisory opinion*

176. The Maldives further submits that the resolution of the sovereignty

dispute is not "an implied or necessary consequence" of the *Chagos* advisory opinion.

* * *

188. The Special Chamber considers that decolonization of a territory entails considerable consequences regarding the question of sovereignty over the territory, as decolonization and territorial sovereignty are closely interrelated. To what extent decolonization may implicate territorial sovereignty depends on the particular circumstances of each case.

189. In the Special Chamber's view, the decolonization and sovereignty of Mauritius, including the Chagos Archipelago, are inseparably related. This was recognized by the Arbitral Tribunal in the *Chagos* arbitral award when it stated that the validity or otherwise of the "1965 Agreement" was "a central element of the Parties' submissions on Mauritius' First and Second Submissions, sovereignty, and the identity of the coastal State" ... . This was also implied when the ICJ stated in the *Chagos* advisory opinion that "[t] he issues raised by the request are located in the broader frame of reference of decolonization, including the General Assembly's role therein, from which those issues are inseparable" (*citation omitted*).

190. As regards the Maldives' first argument, the Special Chamber does not consider that the Parties' disagreement on the consequences of the *Chagos* advisory opinion falls outside its jurisdiction. Under article 288, paragraph 4, of the Convention, the Special Chamber has the competence to decide its own jurisdiction. In this regard, whether the *Chagos* advisory opinion has clarified the legal status of the Chagos Archipelago is a question central to the jurisdiction of the Special Chamber. Accordingly, the Special Chamber is competent to assess the Parties' dispute as to the consequences of the advisory opinion to the extent necessary to determine its jurisdiction.

* * *

Legal effect of the Chagos *advisory opinion*

193. The Maldives argues that even if the ICJ had given an opinion on the sovereignty dispute, any such opinion would not have been binding on States.

* * *

202. The Special Chamber notes that it is generally recognized that advisory opinions of the ICJ cannot be considered legally binding. As the ICJ itself stated in the advisory opinion on *Interpretation of Peace Treaties with Bulgaria, Hungary and Romania*, "[t] he Court's reply is only of an advisory character: as such, it has no binding force" (*citation omitted*). However, it is equally recognized that an advisory opinion entails an authoritative statement of international law on the questions with which it deals.

203. In this regard, the Special Chamber finds it necessary to draw a distinction

between the binding character and the authoritative nature of an advisory opinion of the ICJ. An advisory opinion is not binding because even the requesting entity is not obligated to comply with it in the same way as parties to contentious proceedings are obligated to comply with a judgment. However, judicial determinations made in advisory opinions carry no less weight and authority than those in judgments because they are made with the same rigour and scrutiny by the "principal judicial organ" of the United Nations with competence in matters of international law.

204. The Special Chamber notes in this regard that the CJEU, while it did not suggest that an advisory opinion of the ICJ is "binding", attached due importance to the legal and factual determinations made by the ICJ in its advisory opinions.

205. In the Special Chamber's view, determinations made by the ICJ in an advisory opinion cannot be disregarded simply because the advisory opinion is not binding. This is true of the ICJ's determinations in the *Chagos* advisory opinion, *inter alia*, that the process of decolonization of Mauritius was not lawfully completed when that country acceded to independence in 1968, following the separation of the Chagos Archipelago, and that the United Kingdom is under an obligation to bring to an end its administration of the Chagos Archipelago as rapidly as possible. The Special Chamber considers that those determinations do have legal effect.

* * *

C. Conclusions of the Special Chamber concerning the first and the second preliminary objection

* * *

247. In light of the above findings, the Special Chamber considers that, whatever interests the United Kingdom may still have with respect to the Chagos Archipelago, they would not render the United Kingdom a State with sufficient legal interests, let alone an indispensable third party, that would be affected by the delimitation of the maritime boundary around the Chagos Archipelago. In the Special Chamber's view, it is inconceivable that the United Kingdom, whose administration over the Chagos Archipelago constitutes a wrongful act of a continuing character and thus must be brought to an end as rapidly as possible, and yet who has failed to do so, can have any legal interests in permanently disposing of maritime zones around the Chagos Archipelago by delimitation.

248. For these reasons, the Special Chamber concludes that the United Kingdom is not an indispensable party to the present proceedings. Accordingly, the first preliminary objection of the Maldives is rejected.

* * *

250. The Special Chamber considers that the above findings as a whole provide it with sufficient basis to conclude that Mauritius can be regarded as the coastal State

in respect of the Chagos Archipelago for the purpose of the delimitation of a maritime boundary even before the process of the decolonization of Mauritius is completed. In the Special Chamber's view, to treat Mauritius as such State is consistent with the determinations made in the *Chagos* arbitral award, and, in particular, the determinations made in the *Chagos* advisory opinion which were acted upon by UNGA resolution 73/295.

251.... Accordingly, the second preliminary objection of the Maldives is rejected.

争议焦点

(1) 国际海洋法法庭 (International Tribunal for the Law of the Sea, ITLOS) 为 1982 年《联合国海洋法公约》下设的争端解决机制之一，于 1996 年在德国汉堡正式成立。作为继国际法院之后又一具有普遍性的常设专业性国际法庭，国际海洋法法庭的约章及规则也主要立足于国际法院《规约》及《规则》并由此借鉴和改进而来。本案中，当事国同意将争端提交至国际海洋法法庭的特别分庭解决。试对照两者的相关法律文件，了解国际法院及国际海洋法法庭的分庭制度，并尝试说明两者在管辖问题方面有何联系与区别。

(2) 自 20 世纪 80 年代开始，毛里求斯多次就查戈斯群岛提出主权主张，并积极通过国际谈判、国际会议、国际论坛及相关国际组织等双边及多边机制不断申明其相关立场与观点。自 2001 年起，毛里求斯多次要求将争端提交国际法院，但均因英国的拒绝而未能实现。2010 年，毛里求斯以英国在查戈斯群岛周围建立海洋保护区 (Marine Protected Area) 的行为违反了《联合国海洋法公约》及其他国际法规则为由，依该公约附件七组建了仲裁庭并提起仲裁。该仲裁庭于 2015 年作出仲裁裁决。2017 年，联合国大会以 94 票赞成、15 票反对（包括美国、英国）、65 票弃权（包括中国、法国、俄罗斯）通过了第 71/292 号决议，请求国际法院就毛里求斯的非殖民化进程、英国对查戈斯群岛的继续管理以及查戈斯群岛人的安置等问题发表咨询意见。国际法院于 2019 年发表了针对该请求的咨询意见。

本案中，上述 2015 年仲裁裁决及 2019 年咨询意见可能对国际海洋法法庭的审理产生什么影响？应如何理解国际法院咨询意见的性质与效力？在请求咨询的联合国大会决议中的表决情形，是否会影响国际法院的咨询管辖的确立与咨询意见的效果？应如何理解所谓"国际法的权威表述"(authoritative statement of international law) 的含义？你是否同意国际海洋法法庭在本案中的推理及结论？

(3) 国家同意原则是否同样适用于国际海洋法法庭的管辖权确立？《联合国海洋法公约》第 15 部分第 2 节规定了争端解决的强制程序。依据该节第 287 条，国际法院和国际海洋法法庭都是强制程序下可供选择的程序之一。《联合国海洋法公约》的这一规定是否与国际法院的诉讼管辖中的国家同意原则相抵触？在此情形下，应如何理解国家同意原则在国际海洋法争端解决中的适用？

(4) 即使在国际海洋法法庭成立之后，仍然有较多的海洋划界相关争端被提交至国际法院。在国际海洋法法庭成立初期，其所受理案件多集中于船只和船员的迅速释放以及相关海洋生物资源的养护与开发，至 2009 年后才有零星的海洋划界争端被陆续提交至该法庭。另有较多的相关争端被提交至《联合国海洋法公约》下的仲裁解决。试想，若要通过法律方法解决中国所涉海洋划界争端，你更倾向于哪种争端解决机制？为什么？

案例二

冈比亚诉缅甸《防止及惩治灭绝种族罪公约》适用案[①]

案例导入

Ⅰ. Introduction

28. In the Application, The Gambia alleges that Myanmar has breached and continues to breach its obligations under the [Convention on the Prevention and Punishment of the Crime of Genocide (hereinafter the "Genocide Convention" or the "Convention")] through acts adopted, taken and condoned by its Government against the members of the Rohingya group. Specifically, The Gambia asserts that in October 2016 the Myanmar military and other Myanmar security forces began widespread and systematic "clearance operations" against the Rohingya group, during the course of which they committed mass murder, rape and other forms of sexual violence, and engaged in the systematic destruction by fire of Rohingya villages, often with inhabitants locked inside burning houses, with the intent to destroy the Rohingya as a group, in whole or in part. ...

29. The Court's references to the "Rohingya" in this Judgment should be understood as references to the group that is commonly called the Rohingya, self-identifies as such and claims a long-standing connection to Rakhine State, which forms part of the Union of Myanmar ... .

30. The Gambia seeks to found the jurisdiction of the Court on Article Ⅸ of the Genocide Convention, in conjunction with Article 36, paragraph 1, of the Statute of the Court. Article Ⅸ of the Convention reads as follows:

"Disputes between the Contracting Parties relating to the interpretation, application or fulfilment of the present Convention, including those relating to the responsibility of a State for genocide or for any of the other acts enumerated in article Ⅲ, shall be submitted to the International Court of Justice at the request of any of the parties to the dispute."

31. The Gambia and Myanmar are parties to the Genocide Convention. Myanmar deposited its instrument of ratification on 14 March 1956, without entering a reser-

---

① 节选自国际法院"冈比亚诉缅甸《防止及惩治灭绝种族罪公约》适用案"裁判文书。Application of the Convention on the Prevention and Punishment of the Crime of Genocide (The Gambia v. Myanmar), Preliminary Objections, Judgment of 22 July 2022, I. C. J.. [2022-08-28]. https://www.icj-cij.org/public/files/case-related/178/178-20220722-JUD-01-00-EN.pdf.

vation to Article Ⅸ, but making reservations to Articles Ⅵ and Ⅷ. The Gambia acceded to the Convention on 29 December 1978, without entering any reservation.

32. Myanmar raises four preliminary objections to the jurisdiction of the Court and the admissibility of the Application. In its first preliminary objection, Myanmar argues that the Court lacks jurisdiction, or alternatively that the Application is inadmissible, on the ground that the "real applicant" in the proceedings is the Organisation of Islamic Cooperation (hereinafter the "OIC"). According to the second preliminary objection, the Application is inadmissible because The Gambia lacks standing to bring this case. Myanmar asserts in its third preliminary objection that the Court lacks jurisdiction or that the Application is inadmissible since The Gambia cannot validly seise the Court in light of Myanmar's reservation to Article Ⅷ of the Genocide Convention. In its fourth preliminary objection, Myanmar contends that the Court lacks jurisdiction, or alternatively that the Application is inadmissible, because there was no dispute between the Parties under the Genocide Convention on the date of filing of the Application.

* * *

Ⅱ. Whether the Gambia is the "Real Applicant" in this case (first preliminary objection)

34. In its first preliminary objection, Myanmar argues that the Court lacks jurisdiction, or alternatively that the Application is inadmissible, because the "real applicant" in the proceedings is the OIC, an international organization, which cannot be a party to proceedings before the Court pursuant to Article 34, paragraph 1, of the Statute of the Court. The Court will first examine the question of its jurisdiction.

A. Jurisdiction *ratione personae*

* * *

42. The Court establishes its jurisdiction *ratione personae* on the basis of the equirements laid down in the relevant provisions of its Statute and of the Charter of the United Nations. As the Court held in the case concerning the *Legality of Use of Force* (*Serbia and Montenegro* v. *Belgium*), "it is incumbent upon it to examine first of all the question whether the Applicant meets the conditions laid down in Articles 34 and 35 of the Statute and whether the Court is thus open to it" (*citation omitted*). Pursuant to Article 34, paragraph 1, of the Statute, "[o]nly States may be parties in cases before the Court". According to Article 35, paragraph 1, of the Statute, "[t]he Court shall be open to the States parties to the present Statute". Article 93, paragraph 1, of the Charter of the United Nations provides that "[a]ll Members of the United Nations are *ipso facto* parties to the Statute of the International Court of Justice". The Gambia has been a Member of the United Nations since 21 September 1965 and is *ipso facto* a party to the Statute of the Court. The Court

therefore considers that The Gambia meets the above-mentioned requirements.

43. Myanmar submits, however, that in bringing its claims before the Court, The Gambia has in fact acted as an "organ, agent or proxy" of the OIC, which is the "true applicant" in these proceedings. Its main contention is that a third party, namely the OIC, which is not a State and cannot therefore have a reciprocal acceptance of jurisdiction with the respondent State, has used The Gambia as a "proxy" in order to circumvent the limits of the Court's jurisdiction *ratione personae* and invoke the compromissory clause of the Genocide Convention on its behalf . ...

44. The Court notes that The Gambia instituted the present proceedings in its own name, as a State party to the Statute of the Court and to the Genocide Convention. It also notes The Gambia's assertion that it has a dispute with Myanmar regarding its own rights as a State party to that Convention. The Court observes that the fact that a State may have accepted the proposal of an intergovernmental organization of which it is a member to bring a case before the Court, or that it may have sought and obtained financial and political support from such an organization or its members in instituting these proceedings, does not detract from its status as the applicant before the Court. Moreover, the question of what may have motivated a State such as The Gambia to commence proceedings is not relevant for establishing the jurisdiction of the Court. As the Court held in *Border and Transborder Armed Actions* (*Nicaragua* v. *Honduras*), "the Court's judgment is a legal pronouncement, and it cannot concern itself with the political motivation which may lead a State at a particular time, or in particular circumstances, to choose judicial settlement" (*Jurisdiction and Admissibility*, *Judgment*, *I. C. J. Reports* 1988, p. 91, para. 52).

45. With regard to Myanmar's argument that the approach taken by the Court to establish the existence of a dispute should be followed in cases where the identity of the "real applicant" is at issue... , the Court is of the view that these are distinct legal questions. In the present case, the Court sees no reason why it should look beyond the fact that The Gambia has instituted proceedings against Myanmar in its own name. The Court is therefore satisfied that the Applicant in this case is The Gambia.

46. In light of the above, the first preliminary objection raised by Myanmar, in so far as it concerns the jurisdiction of the Court, must be rejected.

* * *

Ⅴ. The Gambia's standing to bring the case before the court (second preliminary objection)

93. In its second preliminary objection, Myanmar submits that The Gambia's Application is inadmissible because The Gambia lacks standing to bring this case before the Court. In particular, Myanmar considers that only "injured States", which

Myanmar defines as States "adversely affected by an internationally wrongful act", have standing to present a claim before the Court. In Myanmar's view, The Gambia is not an "injured State" (a term that Myanmar appears to use interchangeably with the term "specially affected State") and has failed to demonstrate an individual legal interest. Therefore, according to Myanmar, The Gambia lacks standing under Article IX of the Genocide Convention.

* * *

106. The question to be answered by the Court is whether The Gambia is entitled to invoke Myanmar's responsibility before the Court for alleged breaches of Myanmar's obligations under the Genocide Convention. ... It suffices to recall the Advisory Opinion on *Reservations to the Convention on the Prevention and Punishment of the Crime of Genocide*, in which the Court explained the legal relationship established among States parties under the Genocide Convention:

"In such a convention the contracting States do not have any interests of their own; they merely have, one and all, a common interest, namely, the accomplishment of those high purposes which are the *raison d'être* of the convention. Consequently, in a convention of this type one cannot speak of individual advantages or disadvantages to States, or of the maintenance of a perfect contractual balance between rights and duties. The high ideals which inspired the Convention provide, by virtue of the common will of the parties, the foundation and measure of all its provisions." (*I. C. J. Reports* 1951, p. 23.)

107. All the States parties to the Genocide Convention thus have a common interest to ensure the prevention, suppression and punishment of genocide, by committing themselves to fulfilling the obligations contained in the Convention. As the Court has affirmed, such a common interest implies that the obligations in question are owed by any State party to all the other States parties to the relevant convention; they are obligations *erga omnes partes*, in the sense that each State party has an interest in compliance with them in any given case (*citation omitted*).

108. Having concluded, in its Judgment in the case concerning *Questions relating to the Obligation to Prosecute or Extradite* (*Belgium* v. *Senegal*), that all States parties to the Convention against Torture had a common interest in compliance with the relevant obligations under that treaty, the Court held that there was no need to pronounce on whether Belgium, as the applicant, had a "special interest" in respect of Senegal's compliance with those obligations (*citation omitted*). The common interest in compliance with the relevant obligations under the Genocide Convention entails that any State party, without distinction, is entitled to invoke the responsibility of another State party for an alleged breach of its obligations *erga omnes partes*. Responsibility for an alleged breach of obligations *erga omnes partes*

under the Genocide Convention may be invoked through the institution of proceedings before the Court, regardless of whether a special interest can be demonstrated. If a special interest were required for that purpose, in many situations no State would be in a position to make a claim. For these reasons, Myanmar's purported distinction between the entitlement to invoke responsibility under the Genocide Convention and standing to pursue a claim for this purpose before the Court has no basis in law.

109. For the purpose of the institution of proceedings before the Court, a State does not need to demonstrate that any victims of an alleged breach of obligations *erga omnes partes* under the Genocide Convention are its nationals. The Court recalls that, where a State causes injury to a natural or legal person by an internationally wrongful act, that person's State of nationality may be entitled to exercise diplomatic protection, which consists of the invocation of State responsibility for such injury (*citation omitted*). The Court further notes that the scope of diplomatic protection has been extended to include, *inter alia*, alleged violations of internationally guaranteed human rights... . However, the entitlement to invoke the responsibility of a State party to the Genocide Convention before the Court for alleged breaches of obligations *erga omnes partes* is distinct from any right that a State may have to exercise diplomatic protection in favour of its nationals. The aforementioned entitlement derives from the common interest of all States parties in compliance with these obligations, and it is therefore not limited to the State of nationality of the alleged victims. In this connection, the Court observes that victims of genocide are often nationals of the State allegedly in breach of its obligations *erga omnes partes*.

110. The Genocide Convention does not attach additional conditions to the invocation of responsibility or the admissibility of claims submitted to the Court. The use of the expression "the Contracting Parties" in Article Ⅸ is explained by the fact that the Court's jurisdiction under Article Ⅸ requires the existence of a dispute between two or more Contracting Parties. By contrast, "[a]ny Contracting Party" may seek recourse before the competent organs of the United Nations under Article Ⅷ, even in the absence of a dispute with another Contracting Party. Besides, the use of the word "[d]isputes", as opposed to "any dispute" or "all disputes", in Article Ⅸ of the Genocide Convention is not uncommon in compromissory clauses contained in multilateral treaties. ...

111. Similarly, the terms of Article Ⅸ providing that disputes are to be submitted to the Court "at the request of any of the parties to the dispute", as opposed to any of the Contracting Parties, do not limit the category of Contracting Parties entitled to bring claims for alleged breaches of obligations *erga omnes partes* under the Convention. This phrase clarifies that only a party to the dispute may bring it before

the Court, but it does not indicate that such a dispute may only arise between a State party allegedly violating the Convention and a State "specially affected" by such an alleged violation.

112. It follows that any State party to the Genocide Convention may invoke the responsibility of another State party, including through the institution of proceedings before the Court, with a view to determining the alleged failure to comply with its obligations *erga omnes partes* under the Convention and to bringing that failure to an end.

113. The Court acknowledges that Bangladesh, which borders Myanmar, has faced a large influx of members of the Rohingya group who have fled Myanmar. However, this fact does not affect the right of all other Contracting Parties to assert the common interest in compliance with the obligations *erga omnes partes* under the Convention and therefore does not preclude The Gambia's standing in the present case. As the Court has affirmed, the Genocide Convention "was manifestly adopted for a purely humanitarian and civilizing purpose", and "its object on the one hand is to safeguard the very existence of certain human groups and on the other to confirm and endorse the most elementary principles of morality" (*citation omitted*). Accordingly, the Court does not need to address the arguments of Myanmar relating to Bangladesh's reservation to Article Ⅸ of the Genocide Convention.

114. For these reasons, the Court concludes that The Gambia, as a State party to the Genocide Convention, has standing to invoke the responsibility of Myanmar for the alleged breaches of its obligations under Articles Ⅰ, Ⅲ, Ⅳ and Ⅴ of the Convention. Therefore, Myanmar's second preliminary objection must be rejected.

争议焦点

（1）西非国家冈比亚以缅甸对境内罗兴亚人的行为违反 1948 年《防止及惩治灭绝种族罪公约》为由，将缅甸诉至国际法院。虽然冈比亚与缅甸均为该公约缔约国，且该公约第 9 条规定国际法院对与该公约解释、适用或实施有关的争端享有管辖权，但本案仍因其特殊性引发了国际社会的极大关注。本案相关特殊之处在于：冈比亚并非其指控行为所危害的族群或个人的国籍国，冈比亚的自身利益并未受到侵害，其并非国际法上的"受害国"或"利益受特殊影响"的国家；也正因如此，本案成为国际法院历史上第一个原告国将自身的诉权或称"起诉资格"（standing）完全建立在"对国际社会整体的义务"（obligations *erga omnes* partes）之上的案件。

1）"对国际社会整体的义务"的含义是什么？在国际法院的在先司法实践中，有哪些案件就"对国际社会整体的义务"有所适用和阐发？国际法院在此前案件中有关"对国际社会整体的义务"的立场与本案是否一致？

2）国际法院的对人管辖权与当事国的诉权或提起诉讼的能力有何区别与联系？应如何理解两者对国际法院管辖权确立的影响？

（2）本案中，冈比亚的诉讼行为是依据伊斯兰合作组织的决议、作为该组织的代表而进行的，该诉讼产生的费用也由该国际组织承担。冈比亚由此被缅甸指认为相关国际组织在此次诉讼中的代理机构或代理人。一国作为国际组织的代理人行事，是否以及会在何种情形下影响其在国际法院的诉权？由于国际组织被排除在国际法院的管辖范围之外，国际组织所涉争端应通过何种方式加以解决？在国际法院的管辖规则之下，是否有间接或变相解决国际组织相关争端的途径或方式存在？

(3) 国际强行法与“对国际社会整体的义务”都有适用于“国际社会整体”、涉及“国际社会共同利益”等特征，应如何理解国际强行法与“对国际社会整体的义务”间的关系？试立足国际法院管辖权相关司法实践对两者关系进行阐明。

(4) 结合本专题节选的“毛里求斯与马尔代夫案”(案例一) 与“冈比亚诉缅甸案”(案例二)，试分析国际法院的管辖可能出现怎样的实践趋向或发展前景。有鉴于此，关于国际法院改革问题，你有何建议？立足于前述思考与结论，面对可能遭遇的国际诉讼风险，中国在国际法院后续实践参与中可做怎样的应对思路与策略准备？

知识拓展

(一) 拓展阅读

1. 倪征日奥. 国际法中的司法管辖问题. 北京：世界知识出版社，1985.

2. 王林彬. 国际司法程序价值论. 北京：法律出版社，2009.

3. 宋杰. 国际法上的司法干涉问题研究. 北京：中国政法大学出版社，2018.

4. 李文杰. 联合国海洋法公约争端解决强制管辖权研究. 北京：法律出版社，2019.

5. James Crawford. Brownlie's Principles of Public International Law. ninth edition. Oxford：Oxford University Press，2019.

6. United Nations Juridical Yearbook (1962 - 2016). [2022 - 08 - 30]. https://legal. un. org/unjuridicalyearbook/volumes/2016.

(二) 毕业论文选题指导

1. 论国际法院协定管辖权的适用 ——以《世界卫生组织组织法》第 75 条为视角。

2. 论国际法院诉讼案件中争议的认定。

3. 国际法院咨询管辖权中的当事国同意原则研究。

4. 国际法院咨询案件中的可受理性问题研究。

第十三专题　国际人道法下武装冲突的认定理论与实践

基础理论

一、战争与武装冲突

（一）战争的概念

在传统国际法中，战争被严格限定为“发生在国家之间的武力争斗”。这样的定义至少意味着：第一，战争必须发生在国家之间，国家与其他非国家行为体，如与交战团体、叛乱团体或者其他非政府武装部队之间相互使用武力的行为不被视为战争行为；第二，战争是一种使用武装力量的剧烈斗争，在法律上或事实上次于这种状态的其他情形，如报复、武力干涉和平时封锁等也不被认为是战争。①

传统的实践认知带来一个逻辑上的结果，同时也成为一项被普遍接受的规则：战争法②仅在两个或两个以上国家之间存在法律上的战争状态时才可适用。另外，确定是否存在战争状态还需判断当事方是否具有“交战意图”，这在实在法中的体现就是“宣战”。缺乏交战意图的武力使用行为只能被认定为“诉诸武装干涉”或“诉诸报复行为”。1907 年《关于战争开始的公约》（《海牙第三公约》）第 1 条规定：“缔约各国承认，除非有预先的和明确无误的警告，彼此间不应开始敌对行为。警告的形式应是说明理由的宣战声明或是有条件宣战的最后通牒。”根据上述公约的规定，无论是宣战声明还是最后通牒，它们都应当是预先的、明确无误的以及必须说明诉诸武力的理由的。作为一项必需的形式要件，宣战是一国致送另一国的通知，表示它们之间的关系已由和平状态代之以战争状态。时至今日，例如，在 2005 年，厄立特里亚-埃塞俄比亚求偿委员会（Eritrea-Ethiopia Claims Commission）依然强

---

① 劳特派特. 奥本海国际法：下卷：第一分册. 王铁崖，陈体强，译. 北京：商务印书馆，1972：145－147.

② 在未特别说明的情况下，本专题所使用的战争法（战时法）、武装冲突法、国际人道法（人道法）等概念指的是同一套法律体系。

调宣战的重要性，它认为“在国际法中，宣战的本质在于明白无误地确认交战双方之间存在战争状态”。不过在注意到双方虽然发生了武装冲突但依然“保持着外交关系和某些经济关系，这与正式宣战不符”后①，该委员会否定了埃塞俄比亚将其关于谴责厄立特里亚的入侵行为并要求厄立特里亚无条件立即撤离的决议认定为“宣战”的主张。

（1）经过宣战的战争理论。

根据传统的经过宣战的战争理论，仅存在国家间从事武装暴力的事实不足以认定战争行为，也不能引起战争法的适用。在法律意义上，（经过宣战的）战争必须以宣战为起点，宣战是表达各国交战意图的唯一方式。不难发现，传统的宣战理论充斥着形式主义和主观性，它不仅排除了实际存在的“不宣而战”，还容忍了一方或各方出于不同理由不承认存在战争状态的情形。一方面，通过不宣战或拒绝承认武装冲突的存在将为各国逃避人道法项下的义务大开方便之门；另一方面，只依赖经过宣战的战争概念将妨碍人道目的的实现，受到敌对行动影响的人很可能会丧失适当的法律保护。

不过另一种较为极端的观点也是不妥的：应当彻底废弃经过宣战的战争概念。一方面，必须承认的是，在现代国际关系中一国对另一国宣战的实践确实显著减少，但即便基于这样的事实也不能排除一国宣战的可能性；另一方面，经过宣战的战争标志着法律的适用从平时法转换为战时法，虽然《海牙第三公约》并未明确宣战和敌对行为的开始之间是否应当存在某种时间间隔，但此时各方因宣战已处于战争状态，即便宣战国与其指定的对手之间没有或者尚未进行武装对抗，甚至一国的行为仅限于宣战却不实际作战，人道法也将得到适用，尤其是那些身处敌对方领土上的本国国民将受益于人道法所给予的保护。在经过宣战的战争理论之下，虽然宣战是人道法适用的前提，但也正因如此，一经宣战，宣战国和对手国相互间必须遵守各项人道法规则和原则并从应保护的角度实现人道法的目标。

（2）普遍参加条款。

回到战争的定义上，战争是发生在两个或两个以上国家之间的武力争斗，战争法理论上应当在它们之间适用，然而现实情况却并非总是如此。在传统战争法中，虽然满足了国家这一主体性要求，但一项特别的规则排除了相关战争法公约对特定参战国家的当然适用性。1899 年《陆战法规和惯例公约》（《海牙第二公约》）第 2 条规定：“第一条所指章程各条款只对缔约国在它们之中两个或两个以上国家之间发生战争的情况下具有拘束力。在缔约国之间的战争中，一俟一个非缔约国参加交战一方时，此章程的条款就失去拘束力。”几乎相同的表述也被规定在了 1907 年《陆战法规和惯例公约》（《海牙第四公约》）第 2 条中，即“第一条所指章程及本公约各条款，应在缔约国之间，并且只有在交战各方都是缔约国时方能适用”。这些条款

① Eritrea-Ethiopia Claims Commission, Jus Ad Bellum, Ethiopia's Claims 1 - 8, Partial Award, 2005, para. 17.

规定被称为“普遍参加条款”(*si omnes* clause)①。举例而言，如果在一个冲突中有三个参战国，但只有其中两个敌对的国家是上述公约的缔约国，那么根据普遍参加条款的规定，公约不仅在非缔约国与两个缔约国之间不能适用，两个缔约国互相之间也不能适用公约的规定。很明显，普遍参加条款的存在严重影响相关公约的效力和适用效果，例如1906年的《关于改善战地武装部队伤者和病者境遇的日内瓦公约》在第一次世界大战期间就从未在冲突各方之间真正适用过②，因为参战国中有该公约的非缔约国。基于第一次世界大战的经验，修改以至废除普遍参加条款的问题得到重视，在1929年修订的《关于改善战地武装部队伤者和病者境遇的日内瓦公约》中有这样的规定：“战时遇有一交战国并未参加本公约，则本公约的规定仍应在参加本公约的交战国之间具有拘束力。”③ 其他如1929年《关于战俘待遇的日内瓦公约》也有相同的规定。④ 新的条款规定一定程度上改变了曾经适用普遍参加条款导致的境况：在一个有三个参战国的冲突中，相关公约不因其中一个国家为非缔约国而不能在另外两个互相敌对的缔约国之间继续适用。

根据普遍参加条款，一场战争中一个非缔约参战国的出现将导致特定公约整体无法适用（或不再具有拘束力)。就该公约的可适用性而言，普遍参加条款造成一种“全有或全无”的效果，而1929年“新条款”的规定一定程度上修补了这种“弊端”：在有两个或以上缔约国相互交战的战争中，即便有非缔约国的加入，前者依然受特定公约拘束。然而，这样的修补并不彻底，主要体现在特定公约之下，缔约国与非缔约国以及各缔约国相互间的关系上。1929年“新条款”事实上暗含了三种可以类型化的战争情形：第一种，参战国都是或都不是特定公约的缔约国，那么该公约将拘束或不拘束这些国家；第二种，在“一对一”的战争中，根据“新条款”的规定，缔约一方在与非缔约一方的关系上不受公约的拘束，此时两者间不存在条约关系，否则将突破“条约不及第三方”原则；第三种情形相对复杂，一场战争中甲、乙、丙三国互为敌对国家，甲、乙两国为特定公约的缔约国，而丙国是非缔约国，那么根据“新条款”的规定，甲、乙两国间存在条约关系，应适用公约的规定，而甲国和乙国在分别与丙国的关系上则不受公约的拘束。再者，甲、乙两国是盟国，其中甲国是缔约国而乙国为非缔约国，同时丙国也是非缔约国，同样按照“新条款”

---

① 除1899年和1907年《陆战法规和惯例公约》有“普遍参加条款”的规定外，当时的其他相关宣言、公约同样有这样的规定，例如1899年《禁止使用专用于散布窒息性或有毒气体的投射物宣言》(《海牙第二宣言》)和1899年《禁止使用在人体内易于膨胀或变形的投射物宣言》(《海牙第三宣言》)以及1907年《禁止从气球上投掷投射物和爆炸物宣言》用完全相同的表述规定：在各缔约国之间的战争中，一旦一个非缔约国加入交战一方时，本宣言即失去约束力。又如1907年《关于战争开始时敌国商船地位公约》(《海牙第六公约》)、1907年《关于商船改装成军舰公约》(《海牙第七公约》)、1907年《关于敷设自动触发水雷公约》(《海牙第八公约》)和1907年《关于战时海军轰击公约》(《海牙第九公约》)等均有相同规定：本公约的规定应在缔约各国之间并只有交战各方均为本公约缔约国时才能适用。

② 1906年《关于改善战地武装部队伤者和病者境遇的日内瓦公约》第24条规定：“本公约的规定，仅在缔约国内的两国或数国间发生战争时，对这些国家有约束力。如果交战国之一不是本公约的签署国，则本公约的规定不具有约束力。”

③ 1929年《关于改善战地武装部队伤者和病者境遇的日内瓦公约》第25条第2款。

④ 1929年《关于战俘待遇的日内瓦公约》第82条第2款。

的规定，甲、乙两国之间不仅在法律上不能适用公约的规定，而且基于两者的盟国关系在事实上很可能也无须适用，乙、丙两国均为非缔约国，公约自然不能拘束两者，而甲国在与丙国的关系上也不受公约的拘束。又如，丙国为缔约国，而存在盟国关系的甲、乙两国均为非缔约国，那么丙国在分别与甲国和乙国的关系上将不受公约的拘束。从上述三种类型化情形分析来看，除参战国都是缔约国外，只有第三种情形中的第一类（作为缔约国且相互敌对的甲国和乙国）受特定公约的拘束。考虑到现实情况远比类型化情形更为复杂，从尽力实现人道法目的的角度而言，“新条款”的缺憾仍然是比较明显的。第二次世界大战中各国的“混战”也已经证明了这一点。

为了进一步补救上述情况，1949 年通过的“日内瓦四公约”的共同第 2 条第 3 款作出规定：“冲突一方虽非缔约国，其他曾签订本公约之国家于其相互关系上，仍应受本公约之拘束。设若上述非缔约国接受并援用本公约之规定时，则缔约各国对该国之关系，亦应受本公约之拘束。”① 该款的第一句其实是对 1929 年“新条款”的保留或承袭，与之不同之处在于其第二句：当非缔约国接受并援用“日内瓦四公约”之规定时，其他缔约国在与该非缔约国的关系上将受到“日内瓦四公约”的拘束，在这种情况下，不仅缔约国，也包括特定的非缔约国，都将遵守公约所设定的义务。当然，前提必须是该非缔约国主动“接受并援用”公约的规定。当一个非缔约国明确拒绝接受公约的约束时，情况又将和适用 1929 年“新条款”一样，公约不能对交战中的任何一方产生拘束力。例如，在埃塞俄比亚与厄立特里亚之间的冲突中，厄立特里亚就不接受“日内瓦四公约”，不接受这些公约对它的约束。② 从“日内瓦四公约”共同第 2 条第 3 款的文本规定及其适用情况来看，它依然没有完全消解普遍参加条款的影响，只要相关非缔约参战国在法律上或事实上不接受，特定公约就不得拘束它的行为。③ 不过值得庆幸的是这一情况在如今的国际实践中已经得到了很大程度的“缓解”：“日内瓦四公约”已获得了普遍批准④，另外，“日内瓦四公约”的大部分规定也被认为已经构成习惯国际法的一部分。⑤

---

① 对比该款的英文本：Although one of the Powers in conflict may not be a party to the present Convention, the Powers who are parties thereto shall remain bound by it in their mutual relations. They shall furthermore be bound by the Convention in relation to the said Power, if the latter accepts and applies the provisions thereof。

② Eritrea-Ethiopia Claims Commission, Prisoners of War, Ethiopia's Claim 4, Partial Award, 2003, pp. 5 - 6, para. 26.

③ 因此，厄立特里亚-埃塞俄比亚求偿委员会认为，在厄立特里亚加入“日内瓦四公约”之前，它不是这些公约的缔约国，同时它的“不接受”（non-acceptance）排除了共同第 2 条第 3 款对它的适用性。Eritrea-Ethiopia Claims Commission, Prisoners of War, Ethiopia's Claim 4, Partial Award, 2003, p. 6, paras. 27 - 28.

④ 根据红十字国际委员会的统计，截至 2022 年 8 月 5 日，四个《日内瓦公约》的参加国均达到 196 个。

⑤ Legality of the Threat or Use of Nuclear Weapons, Advisory Opinion, I. C. J. Reports 1996, pp. 257 - 258, paras. 79 - 82. 至于哪些具体的规则是或不是习惯规则将是另一个复杂的——关于习惯国际法识别的——问题，参见亨克茨，多斯瓦尔德-贝克. 习惯国际人道法（规则）. 红十字国际委员会，组织编译. 北京：法律出版社，2007.

(二)国际性武装冲突

1. 武装冲突概念的引入

传统国际法中战争的概念充斥着形式主义和主观性，战争法的适用取决于法律上是否存在战争状态的判断，而现实经验不断表明，大量拥有战争全部特点的武装冲突已经发生且还会发生，但它们却不表现出 1907 年《海牙第三公约》所规定的任何形式。继续适用相对僵化的规则将极大地妨碍人道法目的的实现。

在保留宣战概念对战争法适用的积极意义的基础上，摒弃经过宣战的战争概念所附带的主观性和形式主义成为共识。在 1949 年日内瓦外交会议上制定的“日内瓦四公约”共同第 2 条第 1 款中引入了“武装冲突”这一新的概念，该款规定：“于平时应予实施之各项规定外，本公约适用于两个或两个以上缔约国间所发生之一切经过宣战的战争或任何其他武装冲突，即使其中一国不承认有战争状态。”经过宣战的战争的概念虽被保留了下来，但武装冲突概念的引入对前者进行了很大程度的补充，判断武装冲突是否存在不再以交战方主观承认是否有战争状态为标准，只要交战各方之间存在实际的敌对行动，即便未经宣战，武装冲突存在的“事实”就足以引起人道法的适用。[①] 就确保人道法的可适用性而言，由交战方各自主观判断向以客观事实为标准进行判断的转变有重要意义：一方面，相关国家实际参与了针对另一国的敌对武装行动，出于政治考虑或其他原因，前者甚至双方可能都不承认存在战争状态或武装冲突，不过只要敌对行动事实上确实存在，人道法就将适用；另一方面，即便一国在特定局势中没有明确提及存在第 2 条第 1 款意义上的武装冲突，也不影响其他国际机构，如联合国安理会根据人道法对该局势作出法律上的判断和归类以便进一步采取行动。另外，确定武装冲突的存在仅取决于当时的客观事实也保证了战时法和诉诸战争权的严格分离：基于客观事实而非一国使用武力是否符合诉诸战争权（或武力使用法）进行判断，也即一国不论依据其自卫权、获得联合国安理会的授权还是以违反禁止使用武力原则的方式使用武力都不妨碍对国际性武装冲突的存在及其性质的判断，防止国家以“正义”或“合法”的理由规避人道法平等适用于交战各方的义务。

2. 国际性武装冲突的构成要素

很明显，“日内瓦四公约”共同第 2 条第 1 款所引入的武装冲突的概念指的是“发生在两个或两个以上缔约国之间”的国际性武装冲突，它虽然强调了应以事实为基础的客观评估标准，但没有提供国际性武装冲突的定义。红十字国际委员会（简称“国际红会”，International Committee of the Red Cross，ICRC）认为，国际性武

---

① 前南斯拉夫国际刑事法庭在“Blaškić案”中指出：“无论在何种情况下，冲突各方都不可协议改变冲突的性质，冲突的性质只能依据事实确定，而对该事实的解释（如果可适用的话）只能由法官作出……只有本审判分庭才对评估事实并确定冲突的真实性质负有责任。”ICTY，The Prosecutor v. Tihomir Blaškić，Trial Judgment，2000，Case No. IT－95－14－T，pp. 29－30，para. 82.

装冲突发生在两个或以上国家之间①。前南斯拉夫国际刑事法庭（简称“前南刑庭”，International Criminal Tribunal for the formal Yugoslavia，ICTY）指出：“只要国家之间诉诸武力，那就可以说存在武装冲突”②。构成国际性武装冲突的第一个要素即交战各方的法律地位：“国家地位”是衡量“日内瓦四公约”共同第 2 条第 1 款意义上武装冲突存在的首要基准。不过，在处理第 2 条第 1 款意义上的国际性武装冲突的概念时，是否需要满足两个或以上国家的武装部队同时介入敌对武装行动（这将构成通常意义上的国际性武装冲突）是值得考察的。实践中的情形可能是，一国单方面对另一国使用武力，而后者没有或无法以军事手段回应。应当说，在此时存在第 2 条第 1 款意义上的国家（攻击国和被攻击国）的前提下，前者针对后者单方面带有敌意地使用武力，即便没有遇到后者的武装抵抗，从《日内瓦公约》的目的和宗旨看，是符合“日内瓦四公约”共同第 2 条第 1 款中国际性武装冲突的条件的，例如处于被攻击国领土上的平民、平民居民应受到《日内瓦第四公约》的保护。同时，一国使用武力的对象不应该限于敌国的武装部队，如果仅针对敌国的领土或领土内的平民居民或民用物体使用武力，也构成此处的国际性武装冲突，因为无论一国的武装部队、领土，还是平民居民或民用物体（尤其是民用基础设施），毫无疑问都是国家的构成要素。

就判定国际性武装冲突是否存在而言，需要考虑的第二个要素是武装敌对行动的激烈程度和/或持续时间问题。一国单方面针对另一国或者两国互相间强力且长时间诉诸武力的行动毫无疑问属于国际性武装冲突并引起人道法的适用，而问题总是出现在那些“灰色地带”：国家之间孤立或零星地使用武力，如所谓的“边境摩擦”、“海上事件”、“轻微冲突”或“武装挑衅”等是否应当归类为国际性的武装冲突？一方面，“日内瓦四公约”共同第 2 条第 1 款本身并没有关于敌对行动的激烈程度或持续时间的下限规定。仅从该款文本解释来看，国家武装部队之间即便微小的摩擦或者一国未经另一国同意而在其境内开展军事行动很可能引发国际性武装冲突进而导致人道法的适用。不将冲突的激烈程度或持续时间与冲突性质的判定联系在一起的观点③得到了相关国际性法庭的支持。在“Delalić案”中，前南刑庭就认为“国家之间使用武力本身就足以引起国际人道法的适用”④。这种方法的好处在于能在最大

---

① ICRC. How is the Term “Armed Conflict” Defined in International Humanitarian Law?. Opinion Paper，March 2008：1.

② ICTY，Prosecutor v. Duško Tadić，Decision on the Defence Motion for Interlocutory Appeal on Jurisdiction，1995，p. 70.

③ 红十字国际委员会在对《日内瓦第四公约》第 2 条进行评注时认为：“两个国家间产生任何分歧并导致武装部队人员的介入就构成第 2 条意义上的武装冲突，即使其中一方不承认有战争状态。冲突持续多长时间或者屠杀了多少人都没有差别。对人本身的尊重不要用受难者人数来衡量。” ICRC. Commentary on the Fourth Geneva Convention：Convention (Ⅳ) relative to the Protection of Civilian Persons in Time of War，1958：Commentary to Article 2. [2022－08－25]. https://ihl-databases.icrc.org/applic/ihl/ihl.nsf/Comment.xsp?action=openDocument&documentId=5AA133B15493D9D0C12563CD0042A15A.

④ ICTY，Prosecutor v. Zejnil Delalić，Zdravko Mucić，Hazim Delić，Esad Landžo，Trial Judgment，1998，Case No. IT－96－21－T，pp. 71－72，para. 184.

限度上确保人道法文书旨在保护的那些人得到保护，例如即便尚未全面开战却落入敌方之手的“战俘”应享有其地位和相应待遇，同时还避免了一国试图观察特定局势是否达到某种激烈程度而为人道法的适用带来不确定性。这种方法符合以事实为基准对冲突性质的判断。另一方面，在实践中，国家很可能出于各种原因不承认某些事件为武装冲突，甚至不选择使用暴力来回应其军事人员或平民居民受到的攻击，而以“武装冲突”以外的术语来描述一国对另一国开展敌对行动所引发的局势，如“意外事件”。必须承认这一情况不符合“日内瓦四公约”共同第 2 条第 1 款所确立的“事实”标准，也很可能妨碍人道法目的的实现，不过一国或者互相之间都不将某类“轻微摩擦”定性为国际性的武装冲突，从局势管控和尽力防止局势恶化的角度考虑，是有一定现实意义的，毕竟此时并不排斥其他有助于“危机”解决的和平方法，如政治或外交手段。另外，即便此时无法适用人道法，也不影响其他平时法（如人权法）规范和与“诉诸战争权”相关的规则的继续适用。

就国际性武装冲突的类型而言，需要注意的是，除了在“日内瓦四公约”共同第 2 条第 1 款通常意义上所指的两个或两个以上国家之间发生的武装冲突，还包括该条第 2 款规定的一国领土被占领之场合，以及 1977 年《日内瓦四公约关于保护国际性武装冲突受难者的附加议定书》（简称《第一附加议定书》）所规定的为行使自决权而对殖民统治和外国占领以及对种族主义政权作战的武装冲突。[①]

（三）非国际性武装冲突

从历史看，非国际性武装冲突绝不是现代国际社会中的新现象，可以说它与国际性武装冲突一起共同塑造着人类历史；从实践看，尽管国际性武装冲突在当前国际关系中时有发生，但近年来爆发的大部分武装冲突在性质上均构成非国际性武装冲突，由其带来的苦难并不亚于国际性武装冲突。然而规制非国际性武装冲突本身以及由它造成的情势却是 1949 年四个日内瓦公约通过以后的事情，在此之前非国际性武装冲突从来都被视为一国的内政而不被国际法所调整。在非国际性武装冲突情势“不被关注”的时期，战争的概念是当时的主流共识：只有拥有主权的国家互相之间才可以发动战争或参与武装冲突，非政府武装团体的暴力行为被认为不适合受国际法，尤其是战争法的约束。这一点从国家间制定的大量公约文本规则中即可得见。在此前提下，如果将非政府武装团体诉诸暴力的行为视为“战争”，很可能会过度抬高这些暴力实施者的地位，这是国家不愿看到并接受的，国家更愿意以“叛国者”、“叛乱团体”或其他类似术语界定这些暴力实施者并对其施以国内（刑事）处罚。更进一步，即便这些叛乱者被第三国甚至交战国家一方自己承认为所谓的“交战团体”并适用战争法规则和惯例，一旦冲突结束，交战团体的资格也会因战败而被剥夺，获胜的国家一方依然会对其依国内法治以重罪。

鉴于上述“障碍”，1949 年的外交会议通过了一个针对非国际性武装冲突的“微型公约”——“日内瓦四公约”共同第 3 条——作为处理非国际性武装冲突情势

---

① 参见 1977 年《第一附加议定书》第 1 条第 4 款的规定。

以及保护因该情势受难的人的“最低标准”，构成与非国际性武装冲突有关的人道法的核心条款。

1. 非国际性武装冲突的场合

“日内瓦四公约”共同第 3 条第 1 款规定：“在一缔约国之领土内发生非国际性之武装冲突之场合，冲突之各方最低限度应遵守下列规定……”考虑到“日内瓦四公约”共同第 2 条所包含的是在缔约国之间发生的武装冲突（即国际性武装冲突），“日内瓦四公约”共同第 3 条意义上的非国际性武装冲突首先应该指的是一个缔约国与一个或多个非国家交战方之间发生的武装冲突，也就是说在这一类型的武装冲突中至少涉及一个国家作为交战一方。[①] 不过国家实践表明，在没有国家一方参加的战斗中，也即只发生在相互敌对的非政府武装团体之间的冲突也将构成非国际性武装冲突，这一类型的非国际性武装冲突依然属于“日内瓦四公约”共同第 3 条意义上的武装冲突。红十字国际委员会在其法律意见中表示：“基于特定局势，敌对行动可以发生在政府武装部队与非政府武装团体之间，或者只在这些团体相互间。”[②] 1998 年《国际刑事法院罗马规约》第 8 条第 2 款第 6 项在确定严重违反适用于非国际性武装冲突的法规和惯例之行为的范围时，就包括了发生在有组织武装集团之间的冲突类型。[③]

如前所述，至少有一个交战方是非国家交战方即构成“日内瓦四公约”共同第 3 条意义上的非国际性武装冲突。武装冲突性质的不同判定将直接影响不同规则的适用，也即应适用国际性武装冲突的规则还是适用非国际性武装冲突的规则的问题。当一国与另一个国家地位不确定的实体发生武装冲突以及一国与另一个不确定是否能代表其国家的政府的实体发生武装冲突时，武装冲突的性质是国际性的还是非国际性的并不清楚，国际人道法不能为此提供答案，相关的标准只能由一般国际法予以确定。[④] 以后者为例，当反政府武装具备能够在一国领土范围内有效履行分配给它的通常职责的能力，包括维护法律和秩序的能力时，该实体很可能被认定为可以代表其国家的政府，此时的武装冲突是两个国家之间的国际性武装冲突；反之，如果该实体尚未对其领土实行有效控制，但满足了非国际性武装冲突的条件，那么该冲突就是非国际性的。武装冲突的性质也可能因交战方地位的变化而发生转变，例如 2001 年以美国为首的北约国家以反恐为名对阿富汗采取军事行动，红十字国际委

---

① 这一类型的非国际性武装冲突也即 1977 年《日内瓦四公约关于保护非国际性武装冲突受难者的附加议定书》的适用范围，该议定书第 1 条第 1 款规定：“本议定书……应适用于……在缔约一方领土内发生的该方武装部队和在负责统率下对该方一部分领土行使控制权，从而使其能进行持久而协调的军事行动并执行本议定书的持有不同政见的武装部队或其他有组织的武装集团之间的一切武装冲突。”其他类型的非国际性武装冲突则不在该议定书的规制范围之内，但仍可以构成共同第 3 条意义上的非国际性武装冲突。

② ICRC. How is the Term “Armed Conflict” Defined in International Humanitarian Law?. Opinion Paper, March 2008：3.

③ 1998 年《国际刑事法院罗马规约》第 8 条第 2 款第 6 项规定：“……该项规定适用于一国境内发生的武装冲突，如果政府当局与有组织武装集团之间，或这种集团相互之间长期进行武装冲突。”

④ James Crawford. Brownlie's Principles of Public International Law. 9th ed. Oxford：Oxford University Press，2019：134－155.

员会就将以美国为首的联军与当时控制阿富汗 90%领土的塔利班政权之间的冲突归类为国际性武装冲突，在 2002 年阿富汗成立新政府后，红十字国际委员会又重新将北约支持的阿富汗新政府与塔利班和其他非政府武装之间的冲突划归为非国际性武装冲突。

2. 非国际性武装冲突的标准

前文已经提及国家在多数情况下都倾向于将国内武装暴力行为作为其内部事务处理，不愿让国际法尤其是武装冲突法插手其中，国家在面对其境内的分离主义势力时，这种态度变得尤为明显。与判断国际性武装冲突的标准不同，判断非国际性武装冲突的标准——国内暴力活动究竟在什么情况下才可成为非国际性武装冲突——在国家对其主权和领土完整的严重关切下，显然应该更高。而对于国际性武装冲突，只要在事实判断的基础上存在国家间诉诸武力，人道法即可适用。

红十字国际委员会在其法律意见中认为："非国际性武装冲突是政府武装部队与一个或多个武装团体或者这些团体相互间在一（日内瓦公约的缔约）国领土上的持久的武装对抗。这样的武装对抗必须达到最低限度的强度，并且参与冲突的各方必须显示出最低程度的组织性。"① 上述法律意见表明，非国际性武装冲突须至少满足两项标准：第一，参与冲突的主体性要件，即冲突各方必须具有某种程度的组织性，才有资格成为武装冲突的主体；第二，各方所使用的武力或暴力必须达到一定强度。将这两者作为标准以区别国际性武装冲突和其他类型的暴力局势，这得到了国际司法实践的支持——"出于共同第 3 条所包含的那些规则的目的，上诉分庭所适用的用于判断武装冲突存在的检验标准集中在冲突的两个方面：冲突的强度和冲突各方的组织性。在具有国内或混合特征的武装冲突中，这两个密切关联的标准仅用于在最低程度上区分武装冲突和匪患、无组织的和短期的暴乱或者恐怖活动，而它们不受国际人道法调整"②。

通常情况下，政府武装部队被推定为具备组织性，非政府武装团体，即便无法达到前者那样的组织程度，也必须在其内部具有某种指挥结构、等级和纪律，同时有能力持续开展军事行动，以区别于那些"散兵游勇"。为此，前南刑庭提供了一些用以判断的"指示因素"（indicative factors），例如团体内部是否存在指挥结构和纪律规则及机制，是否存在总部，团体是否控制了一定的领土，团体是否有能力获得武器和其他装备、招兵与军训，是否有能力计划、协调和实施军事行动，等等。③ 就冲突的强度而言，前南刑庭也发展出了一系列用以评估强度的指示因素，例如攻击的严重性和武装冲突是否有加剧的情况，冲突波及的领土和时间范围，政府部队和动员人员数量是否增加以及冲突各方配置的武器是否增加，冲突是否已经引起联

---

① ICRC. How is the Term "Armed Conflict" Defined in International Humanitarian Law?. Opinion Paper, March 2008：5.

② ICTY, Prosecutor v. Duško Tadić, Trial Judgment, 1997, Case No. IT-94-1-T, pp. 193-194, para. 562.

③ ICTY, Prosecutor v. Ramush Haradinaj, Idriz Balaj, Lahi Brahimaj, Trial Judgment, 2008, Case No. IT-04-84-T, pp. 32-33, para. 60.

合国安理会的关注以及是否就此已经通过决议，逃离战斗区域的平民的数量，所使用的武器类型，尤其是重型武器如坦克和其他重型车辆以及其他军事装备的使用，等等。[①] 需要说明的是，不论组织性标准还是强度标准，这些指示因素并非穷尽式的，而只是列举。在判断是否满足非国际性武装冲突的条件时，并不必然要求存在以上全部因素。就法庭实践而言，需要在个案的基础上结合特定证据予以分析。

二、国际人道法的基本原则

与国际法的基本原则一样，某些具有根本重要性的规范构成了国际人道法这一特别法律分支的基础，是国际人道法的基本原则。这些基本原则不仅反映了武装冲突的现实，也得到了国家实践的广泛支持。在这个意义上，国际人道法的基本原则构成习惯国际法的一部分，意味着在武装冲突中的任何时间、任何地点和任何情况下，它们都是有效且须被遵守的。因此，在对武装冲突进行恰当归类之后，有必要进一步了解国际人道法的基本原则在武装冲突中的适用情况。

国际法院在“威胁或使用核武器的合法性”咨询意见中指出：

构成人道法体系的文本中所含的那些基本原则包括：第一条旨在保护平民居民和民用物体以及确立战斗员和非战斗员之间的区分；国家不得使平民成为攻击的目标，并为此不得使用无法区分民用和军事目标的武器。根据第二条原则，禁止对战斗员造成不必要的伤害，为此禁止使用给他们造成此种伤害或无端加重其伤害的武器。为适用第二条原则，国家在使用其武器时享有的作战手段的选择自由不是无限制的。

…………

根据上述原则，人道法在很早期的阶段就禁止某些类型的武器，不仅是因为它们对战斗员和平民具有不分皂白的效果，还因为它们给战斗员造成的不必要的伤害，也就是说，超过了为达成合法军事目的本可避免的伤害……[②]

通过分析国际法院的上述意见，可以归纳出国际人道法的几项基本原则：区分原则、比例原则、军事必要原则和人道原则。

1. 区分原则

区分原则最早可以在1868年的《圣彼得堡宣言》(《关于在战争中放弃使用某些爆炸性弹丸的宣言》) 中找到其实在法来源。作为第一个对某种武器进行规制的国际条约，其在序言处就提出“各国在战争中应尽力实现的唯一合法目标是削弱敌人的军事力量”，非出于这一目的的其他战争行为将违反战争法。1977年《第一附加议定书》第48条对区分原则进行了更加明确的规定：“为了保证对平民居民和民用

---

① ICTY, Prosecutor v. Ljube Boškoski, Johan Tarčulovski, Trial Judgment, 2008, Case No. IT-04-82-T, pp. 79-80, para. 177.

② Legality of the Threat or Use of Nuclear Weapons, Advisory Opinion, I. C. J. Reports 1996, p. 257, para. 78.

物体的尊重和保护，冲突各方无论何时均应在平民居民和战斗员之间以及在民用物体和军事目标之间加以区别，因此，冲突一方的军事行动仅应以军事目标为对象。”区分原则的核心内容即区分平民和战斗员、区分民用物体和军事目标，而攻击必须严格限于军事目标。由区分原则所提供的人道保护的对象包括两个方面，即对人和对物体的保护。就对人的保护而言，其范围不仅包括平民和平民居民，其他团体或个人也可以归入人道法意义上的“受保护的人”，例如医务人员、宗教人员和新闻记者等，当然还包括已经放下武器或已经失去战斗力的战斗人员，他们可被统称为“不直接参加或不再参加敌对行动的人员”（*hors de combat*）。人道法之所以对他们给予保护，是因为他们具有此种“中立地位”，即他们必须在武装冲突期间严守中立，否则将失去其受保护人的资格。平民拿起武器或负伤的战斗员重拾武器加入战斗时，将不再受到人道法之下原有身份的保护。就对物体的保护而言，不属于军事目标的物体都是民用物体，而民用物体不能成为攻击或报复的对象。《第一附加议定书》第 52 条第 2 款规定：“就物体而言，军事目标只限于由于其性质、位置、目的或用途对军事行动有实际贡献，而且在当时情况下其全部或部分毁坏、缴获或失去效用提供明确的军事利益的物体。”按照该款的规定，要将特定物体识别为可合法攻击的军事目标需要满足较高的条件，它必须对军事行动有实际贡献，同时对它的攻击能提供明确而非潜在或间接的军事利益，例如在特定军事行动中对敌方一处兵工厂或弹药库进行打击应属合法的攻击。不过在实践中，更多的情况并不易把握，例如平时用于通行的桥梁在战时成为运送军事力量的重要通道，毁坏或占领该桥梁对军事行动的开展具有重大意义，桥梁本身的性质可能从民用物体向军事目标转化，另外，“在当时情况下”这一限定对紧急情况下需作出决定的军事人员或指挥官的能力提出了很高的要求，任何疏忽大意或判断失误都可能造成巨大损失。不过，对于一些较为特殊的通常属于民用的物体，例如礼拜场所、房屋或其他住处或学校，在其是否被用于对军事行动作出有效贡献的问题存疑时，应推定它们没有被这样利用。①

2. 比例原则

比例原则的关键是因军事行动所造成的平民伤亡和/或民用物体的损害不应超出预期的军事利益，损失与预期的军事利益之间应当成比例，任何过分的损失或损害将违反比例原则。《第一附加议定书》第 51 条第 5 款第 2 项将任何过分的攻击视为不分皂白的攻击：“可能附带使平民生命受损失、平民受伤害、平民物体受损害、或三种情形均有而且与预期的具体和直接军事利益相比损害过分的攻击”是被禁止的。比例原则和区分原则是密切联系的两个原则：军事行动中虽然可以合法地攻击军事目标，但合法攻击行为不导致不可避免的附带损失结果的违法性，除非该结果是过分的。对于比例原则的把握必须注意以下两点：第一，虽然特定军事行动可能对平民和民用物体造成损害，但禁止针对他/它们的攻击；第二，衡量军事利益与损失和损害是否成比例问题更像是一种事后判断，但绝不免除开展具体军事行动的指挥官

① 参见 1977 年《第一附加议定书》第 52 条第 3 款。

以及其他军事人员事前和行动中的义务。《第一附加议定书》第57条和第58条特别规定了攻击时应当采取的预防措施，除应有的注意义务以外，应在最大限度上减少对平民生命和民用物体造成的危险和损害。

3. 军事必要原则

国际人道法一直是“军事必要”和“人道考量”两者平衡的结果，国际人道法本身并不禁止武力的使用，但它对武装暴力的烈度和损害的程度作出了限制，军事行动的唯一合法目标是以最小的生命和资源代价尽早使全部或部分的敌军投降。

英国《武装冲突法手册》认为军事必要原则包含四项基本要素：

1）所使用的武力能够并且正在被控制；

2）由于军事必要仅在“不被武装冲突法禁止”的情况下允许使用武力，必要性不能作为豁免违反武装冲突法的行为的理由；

3）如果是出于尽快使敌人完全或部分投降的必要，那么不被禁止的武力使用方式就是合法的；

4）相反，非必要的武力使用是非法的，因为它导致肆意的杀戮和毁坏。①

上述手册的规定表明了一个极为重要的认识：出于战争的需要——使敌方屈服或投降——使用武力是被允许的，但使用武力的手段和方法必须受到战争法的限制，理由便是出于人道的考虑。1868年《圣彼得堡宣言》宣称：“考虑到文明的进步，应尽可能减轻战争的灾难”，为了实现“削弱敌人的军事力量”这一唯一合法目标，武器的使用不得“无益地加剧失去战斗力的人的痛苦或使其死亡不可避免”。1899年和1907年的《陆战法规和惯例公约》在序言部分提到，“基于即使在这样极端的情势下，仍为人类的利益和日益增长的文明的需要而服务的愿望”，“修改一般战争法规和惯例……以尽可能减轻其严酷性……”，“依照缔约各国的意见，上述条款是出于军事需要所许可的范围内为减轻战争祸害的愿望而制定的”。在审判二战德国战犯战争罪和反人道罪的“人质案”（The Hostages Case）中，美国军事法庭指出：“为合法地摧毁财产必须出于迫切的战争需要。以破坏本身为目的的行为是违反国际法的。在摧毁财产和战胜敌军之间必须存在合理的联系。”②

1899年和1907年的《陆战法规和惯例章程》都规定禁止“毁灭或没收敌人财产，除非此项毁灭和没收是出于不得已的战争需要”③。在军事必要和人道考量之间寻求平衡的另一个结果是将与“军事必要”有关的规则作为例外情形加以规定，也即只在特别情况下军事行动才构成一般国际人道法禁止的例外。在《第一附加议定书》中，对平民居民生存所不可缺少的物体，如粮食、生产粮食的农业区、农作物、牲畜、饮水装置、饮水供应和灌溉工程等进行攻击、毁坏、移动或使其失去效用被一般性地禁止，但如果冲突一方为了保卫其国家领土免遭入侵，出于“迫切的军事

① UK Ministry of Defence. The Joint Service Manual of the Law of Armed Conflict，2004：22，para. 2. 2. 1.

② UK Ministry of Defence. The Joint Service Manual of the Law of Armed Conflict，2004：22，para. 2. 2. 3.

③ 1899年《陆战法规和惯例章程》第23条和1907年《陆战法规和惯例章程》第23条。

必要”，可以不完全实行上述禁例。[①] 1954 年《关于发生武装冲突时保护文化财产的公约》第 4 条要求各缔约国不进行使文化财产在武装冲突情况下遭受毁坏或损害的各种敌对行为，除非遇到“军事必要所绝对需要”的情况。事实上，将军事必要作为例外规则进行规定在某种意义上已被区分原则所吸收，例如禁止对通常具有民用性质的物体进行攻击，但在特定军事行动中，它可能转化成军事目标，从而成为可以合法攻击的目标。无论是军事必要原则还是区分原则都允许这样的攻击。唯须注意的是，除非失去中立地位，平民和平民居民在任何时候都不能成为攻击的目标。

4. 人道原则

前文已经强调过，军事必要原则和人道原则相互平衡并共同赋予了国际人道法独特性，人道原则贯穿国际人道法的所有方面，它的主旨在于一旦达成军事目的，造成更进一步的痛苦是不必要的。因此，如果敌方战斗员因受伤或被捕而退出行动，继续攻击他将不会有任何军事目的可以达成。基于同样的原因，人道原则也确认了平民居民和民用物体对攻击的豁免权，因为攻击平民和民用物体本身不会对军事行动带来任何贡献。

人道原则与战争法编纂过程中提出的一项规则——“马顿斯条款”（或译“马尔顿条款”，Martens Clause）紧密联系，它由俄国国际法学家马顿斯在第一次海牙和平会议上提出，并最终写进了 1899 年《陆战法规和惯例公约》的序言中：“在颁布更完整的战争法规之前，缔约各国认为有必要声明，凡属他们通过的规章中所没有包括的情况，居民和交战者仍应受国际法原则的保护和管辖，因为这些原则是来源于文明国家间制定的惯例、人道法规和公众良知的要求。”如果说将“马顿斯条款”置于“序言”处，只是一种指向性或宣告性的表达，《第一附加议定书》则直接将其写入了条约正文中，即“在本议定书或其他国际协定所未包括的情形下，平民和战斗员仍受来源于既定习惯、人道原则和公众良心要求的国际法原则的保护和支配”[②]，这样做的目的有两点：“第一，尽管由武装冲突法所涵盖的事项在数量上已得到很大的增加，对武装冲突法编纂也已经很细致，但是在某个特定时刻，任何编纂活动都不能称为已臻完善；因此，马顿斯条款防止了这样一种假定：任何未被相关条约明确禁止的就是被允许的行为。第二，马顿斯条款应被视为一个动态考量因素，因为它宣布了上述原则的可适用性而不论后续冲突局势类型或技术如何发展。”[③]

---

① 参见 1977 年《第一附加议定书》第 54 条第 2 款和第 5 款。作为对比，1977 年《日内瓦四公约关于保护非国际性武装冲突受难者的附加议定书》第 14 条同样在“对平民居民生存所不可缺少的物体的保护”进行规定时，就没有关于“迫切军事需要”的例外规定。

② 1977 年《第一附加议定书》第 1 条第 2 款。

③ Yves Sandoz, Bruno Zimmermann eds. Commentary on the Additional Protocols of the 8 June 1977 to the Geneva Conventions of 12 August 1949 Leiden: Martinus Nijhoff Publishers, 1987: 39 - 40, para. 55. 还有一种观点认为，加入“马顿斯条款”的目的是作为对习惯国际法的重申（reminder），意味着即便通过了条约规范，与其相关习惯国际法应继续适用。Rupert Ticehurst. La clause de Martens et le droit des conflits armés. International Review of Red Cross, 1997. the English translation of this article, see Rupert Ticehurst. The Martens Clause and the Laws of Armed Conflict. [2022 - 08 - 25]. https://www.icrc.org/en/doc/resources/documents/article/other/57jnhy.htm.

无论对“马顿斯条款”作何理解[①]，它在填补编纂战争法条约过程中可能存在的法律真空的同时，将“人道”因素灌注其中，体现“对人道的基本考量”（elementary considerations of humanity）[②]。

案例分析

塔迪奇案

（前南刑庭）

案例导入

都斯科·塔迪奇（Duško Tadić），波斯尼亚塞族人，出生于1955年，大多数时间生活在波斯尼亚和黑塞哥维那（简称“波黑”）的普利耶多尔地区的科萨拉克市。1990年塔迪奇参加了塞族民主党，1992年8月15日当选为科萨拉克塞族民主党地方委员会主席并被任命为科萨拉克社区的执行书记，同年9月9日当选为当地社区的书记。1993年8月塔迪奇辞去职务，到德国与其家人团聚。

1994年2月12日塔迪奇以在前南斯拉夫犯有灭绝种族、谋杀和酷刑等罪行的嫌疑在德国被捕，由于该案涉及前南刑庭检察处正在调查的案件之一，国际法庭检察官于1994年11月8日向初审庭提出请求并得到准许后向德国正式提出德国法院服从国际法庭对该案的管辖的要求。1995年2月13日，国际法庭对塔迪奇提出起诉书，指控他犯下了严重违反国际人道法的罪行。1995年4月10日，德国联邦议院批准了“与前南国际法庭合作法”，并于1995年4月18日将该案移交国际法庭管辖。被告于4月24日被提交到国际法庭。

在1995年4月26日第一次出庭时，被告表示对起诉书中的指控不认罪。初审分庭用了一年的时间处理控辩双方提出的初步请求，包括双方证人的保护问题、法庭的管辖权问题、修改起诉书问题、一罪不二审问题等等。被告对初审分庭关于法庭管辖权的问题还提出了中间上诉，上诉分庭于1995年10月2日作出判决，判定国际法庭对该案有管辖权。1996年5月7日塔迪奇案开始审判，传讯证人于10月31日结束，检察官提出81名证人，被告提出40名证人。1997年5月7日宣布判定塔迪奇有罪后，初审分庭又进行了一个星期的定刑前的审理，辩方传唤了几名证人，7月14日，初审分庭宣判塔迪奇6～10年有期徒刑，至少须服满10年刑期。[③]

作为前南刑庭审理的第一个案件，塔迪奇案在多个方面都具有开创性和先例性的意义，其中包括前南刑庭建立的合法性问题、《国际刑庭规约》之下应受惩罚的罪行的范围问题，以及在上诉分庭的判决中涉及的关于确定在有外部支持的情况下国

---

① 有学者论及了“马顿斯条款”可能具有的强行法性质，参见晁译. 论马顿斯条款的强行法性质. 中国国际法年刊（2014）. 北京：法律出版社，2015。

② Corfu Channel case (United Kingdom of Great Britain and Northern Ireland v. Albania), Merits, Judgment, I. C. J. Reports 1949, p. 22.

③ 凌岩. 跨世纪的海牙审判：记联合国前南斯拉夫国际法庭. 北京：法律出版社，2001：327-328.

内武装冲突何时转变成国际性的武装冲突问题和与并行管辖权相关的问题等等。本部分主要分析前南刑庭建立的合法性问题和武装冲突的性质与归类问题。

争议焦点

1. 法庭建立的合法性问题

面对在前南斯拉夫境内普遍发生的违反国际人道法的行为，包括大规模屠杀和"种族清洗"，联合国安理会断定"这一局势对国际和平与安全构成威胁"，1993 年 2 月 22 日联合国安理会通过决议，"决定设立一个国际法庭来起诉应对 1991 年以来前南斯拉夫境内严重违反国际人道主义法行为负责的人"[①]。同年 5 月 25 日，联合国安理会根据《联合国宪章》第七章采取行动，决定"设立一个国际法庭，其唯一目的是起诉应对从 1991 年 1 月 1 日至安全理事会于和平恢复后决定的日期前南斯拉夫境内的严重违反国际人道主义法行为负责的人，并为此目的通过……《国际法庭规约》"[②]，据此，前南刑庭成立。

通常情况下，国际法庭是根据条约设立的，比如常设仲裁法庭、纽伦堡军事法庭、国际法院甚至在这之后的国际刑事法院，它们都是依据国家缔结的条约，经签字、批准生效后成立的。以联合国安理会通过决议的方式设立一个国际法庭在国际实践中是史无前例的。它的合法性问题在最初阶段就遭到质疑，包括联合国安理会是否有权设立这样的司法机关？它是根据《联合国宪章》哪个条款设立的？设立这样的国际法庭来审判违反国际人道法的个人是否有其法律根据？等等。

关于法庭的合法性问题在塔迪奇案中即首先受到了挑战：

国际法庭应依条约建立，即各国一致同意的行为，或者通过修改《联合国宪章》的方式建立，而不是通过安理会的决议建立……在 1993 年建立该国际法庭以前从未设想过可以设立这样一个特别刑事法庭；联合国大会的参与至少可以保证全面代表国际社会，但联合国大会却没有参与它的建立；《联合国宪章》从未预想过安理会可在第七章之下建立一个司法机关，更不用说建立一个刑事法庭；在可能已经发生违反国际人道法的冲突的其他领域中安理会没有采取类似的措施却在此建立这一法庭，安理会的做法是不一致的；如前南斯拉夫目前的局势显示的，建立国际法庭从未也不可能促进国际和平；安理会无论如何不能确立个人的刑事责任，而这正是建立该国际法庭所要做的；过去没有现在也没有这种国际必要以证明安理会的行动是正确的；像安理会这样的政治机关是不能建立一个独立且公正的法庭的；在事后建立特别的法庭来审判特定类型的罪行存在固有的缺陷……[③]

在被告方提出的上述关于法庭的合法性问题被初审分庭驳回后，被告方又对该问题提起了上诉。上诉分庭对此进行了极为细致的分析。

---

① UN Doc., S/RES/808 (1993).

② UN Doc., S/RES/827 (1993).

③ ICTY, Prosecutor v. Duško Tadić, Decision on the Defence Motion on Jurisdiction, Trial Chamber Decisions, 10 August 1995, para. 2.

(1) 联合国安理会援引《联合国宪章》第七章的权力。

作为《宪章》第七章的第一条，第39条确定了该章适用的条件，该条规定："安全理事会应断定任何和平之威胁、和平之破坏或侵略行为之是否存在，并应作成建议或抉择依第四十一条及第四十二条规定之办法，以维持或恢复国际和平及安全"。从这些文字看，很明显，联合国安理会在维持国际和平与安全方面充当着"关键性的角色"，同时它还具有"很广泛的裁量权"，但这并不意味着联合国安理会的权力是无限制的。联合国安理会是一个依条约建立的国际组织的一个机关，而该条约为该组织提供了宪法性的框架。因此，不论联合国安理会的权力有多大，它都受到某些宪法性限制的约束。那些权力在任何情况下都不能超越该组织的总体管辖范围，更不必说其他具体的限制或者来源于该组织内部的权力划分。任何情况下，《宪章》的文本或精神都不意味着联合国安理会不受法律约束。[①] 那么，在第39条之下，联合国安理会究竟在多大程度上享有权力和受到限制呢？上诉分庭认为，就适用第39条而言，联合国安理会处于中心地位：只有联合国安理会才有对某种局势作出断定之权，以使其可以使用第七章赋予它的"例外权力"，同时也只有联合国安理会有权选择对这种局势进行应对的方式，包括作成建议（即选择不使用例外权力而继续按第七章行动）或者决定使用例外权力，命令采取第41条和第42条的办法以维持或恢复国际和平与安全。

摆在上诉分庭面前的一个问题是，联合国安理会的选择是否仅限于第41条和第42条规定的办法，或者说出于维持和恢复国际和平与安全的目的，它是否在第七章之下具有更大的裁量权。上诉分庭认为，从《宪章》第39条可以清楚地看出，《宪章》通过第41条和第42条为联合国安理会提供了极为广泛和例外的权力。这两条给联合国安理会留下了广泛的选择，因此它无须再以职能或其他理由寻找比《宪章》中已明确规定的权力更广泛、更一般的权力。[②] 那么接下来的问题是，联合国安理会是依据第七章哪一条为基础设立国际法庭的？

表面上看，国际法庭的设立完全符合《宪章》第41条所述的"武力以外的办法"，而正如上诉方辩称的那样，建立一个战争罪的法庭不在第41条预设的范围内，第41条包含的是经济或政治的方法而绝不包含司法的方法。但上诉分庭认为，第41条所规定的办法仅仅是列举性的，它不排除其他办法，该条唯一的要求是它不包含"武力的使用"，它是一个否定性的定义。在确立法庭建立的条款基础之后，上诉分庭又讨论了联合国安理会能否建立一个具有司法权力的辅助机关的问题。很明显，联合国安理会不是一个司法机关，它也未被赋予司法权力，联合国安理会的首要职能是维持国际和平与安全，为此它行使决策和执行的权力。然而，通过联合国安理会建立国际法庭并不表示联合国安理会把它的某些职能授权给国际法庭或授权国际法庭行使它的某些权力；相反，也不意味着联合国安理会侵蚀了本该属于联合国其

① ICTY, Prosecutor v. Duško Tadić, Decision on the Defence Motion for Interlocutory Appeal on Jurisdiction, Appeals Chamber Decisions, 2 October 1995, para. 28.

② ICTY, Prosecutor v. Duško Tadić, Decision on the Defence Motion for Interlocutory Appeal on Jurisdiction, Appeals Chamber Decisions, 2 October 1995, paras. 29, 31.

他机关的司法职能。联合国安理会以国际刑事法庭的形式建立一个司法机关是行使其维持国际和平与安全这一首要职能的一种方式，也即有助于恢复和维持前南斯拉夫和平的一个办法。至于这种办法是否合适，联合国安理会根据《宪章》第39条的规定自然享有选择方面的广泛裁量权。[①]

（2）国际法庭的建立是否满足“依法设立”的要求。

上诉法庭面对的最后一个问题是法庭的设立是否违反“法庭须依法设立”（established by law）这一一般原则。上诉法庭认为，“依法设立”可有三种解释。第一种解释是，如上诉人所主张的，“依法设立”可意指由立法机关设立。上诉人主张国际法庭“仅是行政命令”的产物，而不是“在民主控制下通过程序作出的决定，而这是在民主社会建立司法机构所必需的”。上诉法庭指出，在大多数的国内体系中得到遵循的立法权、行政权和司法权的划分并不适用于国际环境，更具体些，不适用于像联合国这样的国际组织。在联合国的主要机关中，司法、行政和立法职能没有明确划分。因此按照分权理论要求法庭“依法设立”在国际法范畴中不能适用，前面提到的原则只能为各国国内司法体系的运作施加义务。[②]“依法设立”的第二种可能的解释是指国际法庭由一个机关设立，尽管它不是议会，但它有有限的权力作出有拘束力的决定。在上诉法庭看来，这样的机关就是联合国安理会。然而上诉人主张，如果联合国体系与国内的分权之间有所不同，那么联合国体系就不能设立国际法庭，除非修改《联合国宪章》。上诉分庭认为，当确定存在对于和平之威胁后，设立这样一个国际法庭是《宪章》第七章赋予安理会的权力。另外，国际法庭的设立一再得到联合国的“代表”机关大会的赞同和支持：这个机关不仅以选举法官和批准预算的方式参加了它的设立，还在与该国际法庭有关的活动的各项决议中表达了它的满意与鼓励态度。[③] 第三种对“依法设立”要求的解释是法庭的设立必须符合法治，也就是说它的设立必须符合适当的国际标准，它必须提供一切公平、公正、不偏倚的保证，且完全符合国际承认的人权文书。上诉法庭认为，在决定法庭是否“依法设立”时，重要的考虑不在于它是事前设立的还是为具体目的或局势而设立的，而在于它是否由有权机关依相关法律程序设立，以及它是否遵守了程序公正的要求。在审查了《国际法庭规约》和依规约通过的《程序和证据规则》后，上诉法庭认为《公民权利和政治权利国际公约》第14条规定的公正审判保障几乎逐字地被纳入了《前南刑庭规约》第21条之中，其他公正审判的保障也都规定在法庭的《程序和证据规则》中。[④] 因此，上诉分庭指出，国际法庭是“依法设立”的。

据此，前南刑庭建立的合法性问题得到了解决。

---

① ICTY, Prosecutor v. Duško Tadić, Decision on the Defence Motion for Interlocutory Appeal on Jurisdiction, Appeals Chamber Decisions, 2 October 1995, paras. 37 – 39.

② ICTY, Prosecutor v. Duško Tadić, Decision on the Defence Motion for Interlocutory Appeal on Jurisdiction, Appeals Chamber Decisions, 2 October 1995, para. 43.

③ ICTY, Prosecutor v. Duško Tadić, Decision on the Defence Motion for Interlocutory Appeal on Jurisdiction, Appeals Chamber Decisions, 2 October 1995, para. 44.

④ ICTY, Prosecutor v. Duško Tadić, Decision on the Defence Motion for Interlocutory Appeal on Jurisdiction, Appeals Chamber Decisions, 2 October 1995, paras. 45 – 46.

2. 武装冲突的性质与归类问题

如前文所述，国际性武装冲突发生在两个或两个以上国家之间，但在特定情况下，国内武装冲突也可能转变成国际性的武装冲突：在有外国武装部队介入或者国内武装冲突的参与方于冲突中的行为代表了另一外国的情况下，冲突的性质因此时存在干预国和领土国而可能转变成国际性的武装冲突。塔迪奇案即是如此。为了确定《国际法庭规约》第 2 条中的“严重违反 1949 年各项《日内瓦公约》的情事”在塔迪奇案中的可适用性，武装冲突的性质必须首先被确定，也即该案中的武装冲突是否为具有国际性质的武装冲突。

在塔迪奇案中，初审分庭将 1992 年 5 月 19 日以前的冲突性质认定为国际性武装冲突，因为当日南斯拉夫人民军撤出了波斯尼亚和黑塞哥维那领土，却未对 1992 年 5 月 19 日之后的冲突的性质进行明确地归类，此时冲突已在波斯尼亚和黑塞哥维那与波斯尼亚塞族军队之间展开。留给上诉分庭的问题是：1992 年 5 月 19 日之后的冲突的性质是否依然是国际性的？或者已经变成完全意义上的国内冲突？问题的关键是塞族武装是否可以被认定为一个外国（即南斯拉夫联盟共和国）在法律上或事实上的机关。

(1)“控制”概念的引入。

具体而言，上述问题应被表述为：在初步看来是国内性质的武装冲突中，特定武装部队何时可被视为是在代表一个外国作战，即便此时该特定武装部队并不正式拥有该外国国家机关的地位？为了回答这一问题，上诉法庭首先将其目光投向了国际人道法，也即在何种条件下，这种武装部队可以被吸收进外国的国家机关而非其领土国。

根据 1949 年《日内瓦第三公约》(《关于战俘待遇之日内瓦公约》) 第 4 条第 1 款第 1 项和第 2 项的规定，如果构成冲突之一方“武装部队一部”或者“属于冲突之一方”，同时满足第 2 项中的四个要求，则民兵或准军事团体或部队就是合法的战斗员。这一标准的逻辑结果之一是，如果在武装冲突中，准军事部队“属于”一国而非其正与之作战的国家，那么该冲突是国际性的，并且，因此严重违反《日内瓦公约》的行为将被认定为“严重违反”。上诉法庭提到，第 4 条背后所蕴含的法理是“国家应当为其所支助（sponsor）非正规部队的行为在法律上负责”，换句话说，国家在实践中已经接受了交战国可以在敌对行动中使用准军事团体或其他非正规军，只要这些交战国准备好了为这样的武装力量的任何违法行为负起责任。①

为了让非正规军有资格成为合法的战斗员，国际规则和国家实践要求国际性武装冲突中的一方对他们施以控制，同样的道理，这些非正规军对冲突的一方应存在一种依存和忠诚的关系。由此，上诉法庭认为《日内瓦第三公约》第 4 条关于“属于冲突之一方”的要求暗指一种“控制”的标准（a test of control）。不但对具有正式官方职权的人，而且对严重违反国际人道法的犯罪者授予事实上权力或者对其行使控制的人，国际人道法都将追究其责任。因此，上诉分庭认为引起刑事责任所必

---

① ICTY, Prosecutor v. Duško Tadić, Appeals Chamber Judgment, 15 July 1999, Case No. IT-94-1-A, pp. 35-38, paras. 88-94.

需的，是冲突之一方对犯罪者施加控制的某种程度（some measure of control）。这就需要更进一步分析，外国究竟应当对代表其作战的武装部队施以多大程度的权力或控制，才能使表面上看似国内性质的武装冲突转变为国际性的武装冲突。[①]

（2）控制的程度。

对于一个由个人组成的团体在何时能被视为在一个国家控制之下，也即作为其事实上的国家官员行事的问题，国际人道法是无法给出答案的。于是，上诉分庭转向了与这一问题相关的一般国际法，主要指的就是，为不具有正式国家官员身份的个人行为如何能归于国家设定标准的国家责任法。

上诉法庭对这一问题的论理过程是围绕1986年国际法院在“对尼加拉瓜的军事与准军事活动案”中提出的检验标准而逐渐展开的。在“对尼加拉瓜的军事与准军事活动案”中，国际法院为了确认是否存在国家责任，提出将非国家的行为归于某一外国所要求的控制程度应满足以下条件：非政府武装团体完全依赖某一外国，从而使其任何行为均归于该外国；或者对具体行动存在有效控制（effective control），从而使在该行动期间的行为归于该国。[②] 在上诉分庭看来，这是一种“高控制标准”（high degree of control），它要求冲突方不仅要对军事或准军事团体进行有效控制，还要求在具体行动中也施加了这样的控制，也即为了确立国家责任，必须证明国家具体地“指示或迫使”犯罪者作出某些行为。[③]

然而，上诉分庭经过分析认为国际法院提出的“有效控制”标准是不能令人信服的。首先，这种标准不符合国家责任法的基本逻辑。将不是国家机关却代表国家行事的个人的行为归于国家，其背后的法理是防止国家借口逃避国家责任，也就是说，不允许国家事实上借个人实施某些行为，而当这样的行为违反国际法时，又想与这些行为剥离开。若将个人实施的行为归于国家，则国际法的要求是国家要对这些个人施以控制。然而，在上诉分庭看来，控制的程度应根据个案事实情况的不同而存在差异，不同的情况应当加以区别。[④] 要将私人（private individual）在另一国领土上实施的非法行为（如绑架或谋杀国家官员、炸毁电站等）归于国家，就需证明该国对个人实施了某种程度的控制，并且对他们发出了具体的指示或者事后追认了这些行为。国家也可能对私人或私人团体委以具体任务，代表自己实施合法行为，但若该私人或私人团体在实施任务时违反了该国的国际义务，此时国家可被援引国家责任。但是，上诉分庭认为，应当将代表国家、没有得到具体指示的个人（团体）的情况与由个人组成的、有组织且有层级结构的团体，如军队，或者战争或内乱情况下的非正规武装团体或反叛者区别开来，后者通常有结构组织、统率层级以及一

① ICTY, Prosecutor v. Duško Tadić, Appeals Chamber Judgment, 15 July 1999, Case No. IT-94-1-A, p. 39, para. 97.

② Military and Paramilitary Activities in and against Nicaragua (Nicaragua v. United States of America), Merits, Judgment, I. C. J. Reports 1986, pp. 62-65, paras. 110-116.

③ ICTY, Prosecutor v. Duško Tadić, Appeals Chamber Judgment, 15 July 1999, Case No. IT-94-1-A, p. 40, para. 100.

④ ICTY, Prosecutor v. Duško Tadić, Appeals Chamber Judgment, 15 July 1999, Case No. IT-94-1-A, pp. 47-48, para. 117.

整套内部规则和外部标志。因此，要将这样的团体的行为归于国家，就需要求该团体作为一个整体处于该国的“全面控制”（overall control）之下。就援引国家责任而言，这样的控制标准并不要求军事团体的行为不能偏离或独立于国家的指示，这意味着，即便违反指示，国家依然要对这样的行为负责，因为在国家责任法中，越权行为（*ultra vires* acts）将引致国家的国际责任。更具体而言，在有组织的团体的情况下，该团体必然参与一系列活动。如果它处于一国的全面控制之下，它必定引起该国对该团体活动的责任，无论该团体每一次活动是被具体施加的、要求的还是指示的。针对这种由个人集合组成的受国家控制的有组织团体，国际法不要求国家对这些个人集合发出具体的指示（specific instructions）。①

据此，上诉法庭推演出了一国对非政府团体的“全面控制”标准，它说道：“在本案中，考虑到波斯尼亚塞族武装构成‘军事组织’，在认定该武装冲突是国际性的时，国际法要求南斯拉夫联盟共和国当局对这些武装团体的控制是一种全面的控制，这种控制不仅是为其资助和提供装备，还包括参加计划和监督军事行动。国际规则并不要求此种控制应延伸至对每个军事行动都发布具体的命令或指示，无论这些行动是否违反国际人道法”②。

知识拓展

（一）拓展阅读

1. 夏尔·卢梭. 武装冲突法. 张凝，等译. 北京：中国对外翻译出版公司，1987.
2. 朱文奇. 现代国际刑法. 北京：商务印书馆，2015.
3. 朱文奇. 国际人道法. 北京：商务印书馆，2018.
4. Yves Sandoz eds. Commentary on the Additional Protocols of 8 June 1977 to the Geneva Conventions of 12 August 1949. Leiden：Martinus Nijhoff Publishers，1987.
5. Elizabeth Wilmshurst ed. International Law and the Classification of Conflicts. Oxford：Oxford University Press，2012.

（二）毕业论文选题指导

1. 国际人道法对涉及多个非国际武装团体的冲突的适用性研究。
2. 外层空间中潜在武器使用的人道后果研究。
3. 国际人道法在武装冲突情况下对私营军事和安保服务公司活动的适用性研究。

---

① ICTY，Prosecutor v. Duško Tadić，Appeals Chamber Judgment，15 July 1999，Case No. IT－94－1－A，pp. 48－51，paras. 118－123.

② ICTY，Prosecutor v. Duško Tadić，Appeals Chamber Judgment，15 July 1999，Case No. IT－94－1－A，p. 62，para. 145.

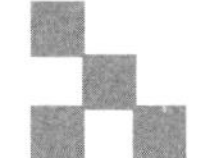

第十四专题 国家责任法

基础理论

国际责任直接关系到国际法的法律属性和国际法的有效性，国际责任无疑是现代国际法上最为重要的制度之一。[①] 但其重要性导致各国在国际责任的法律制度与相关规则上分歧较大，这导致该部分的规则发展较为缓慢。在国际责任上，除发展较为成熟的国家对国际不法行为的责任以外，还有国际法上不加禁止行为的损害后果责任、国际组织的责任，由于国家对国际不法行为的责任发展较为完善，影响更大，因而本专题将就此进行专门论述。

一、国家责任法概述

（一）概念的澄清

国家责任与国际责任常常出现相互混淆的情况，因此有必要首先对国家责任及相关概念进行澄清。国家责任专指国家因从事国际不法行为而承担的国际法上的责任；国家赔偿责任是指对国际法不加禁止行为所产生的损害性后果承担的责任。[②] 随着国际法的发展，国际法主体并不限于国家，国际法主体已经发展到包括国际组织、民族解放组织、非政府组织以及个人。这些国际法主体一旦违反国际法或其行为危害到其他国际法主体或国际法所保护的利益，必然亦会产生国际责任。因此，国际责任被定义为国际法主体因其国际不法行为或其行为引起的跨境损害后果而承担的责任。由于对个人的国际法主体资格的争议，一些国内教材用国际责任主体一词取代了国际法主体，将国际责任定义为国际责任主体所承担的法律责任，但并未对国际责任主体进行定义。[③] 这样的定义有着明显的学理缺陷。

国际责任包括两类性质的责任：一类是国际不法行为引起的责任，另一类则是

---

① 《国际公法学》编写组．国际公法学．北京：高等教育出版社，2016：419.

② 任虎．国际公法．上海：华东理工大学出版社，2021：274.

③ 《国际公法学》编写组．国际公法学．北京：高等教育出版社，2016：419.

基于跨境损害后果承担的责任。从定义上看，国际刑事责任属于前者。1996 年《国家责任条款草案》第 19 条规定的国家罪行引起了轩然大波，不仅招致包括中国、美国、法国、德国、奥地利、爱尔兰等在内的很多国家的反对，而且引起国际法学界的一片批评声。反对者普遍认为，现行国际法没有充分的基础可以支持国家罪行的概念，该概念本身与主权导向的国际关系法律框架之间存在矛盾，同时也缺乏相关实践与成熟的理论作为其基础支持和发展条件。联合国国际法委员会经过激烈争论之后，删除了该条款草案第 19 条关于国家罪行的规定，显示其无意将国家责任演变为国家之国际不法行为责任与国家刑事责任的综合性法律责任。目前来说，国家罪行遭到许多国家的反对，而且缺乏对国家行为刑事定罪的实践，同时也没有与国家刑事责任相关的正当程序方面的基本保障，显然并未出现对国际犯罪进行双罚的实践与较成熟的理论。《国际刑事法院罗马规约》（Rome Statute of the International Criminal Court，以下简称《罗马规约》）于 2002 年 7 月 1 日生效，国际刑事法院正式成立，这是人类历史上第一个针对个人实施严重践踏人权罪行的常设永久性法院。《罗马规约》反映了第二次世界大战后对个人追究国际刑事责任的实践。因此，国际社会较为普遍地接受国际刑事责任由个人承担。[①] 由此，国际刑事责任被排除出了国家责任。

（二）国家责任法的编纂

早在 20 世纪上半叶的国际法发展过程中，国家责任已成为一个受到重大关注的领域。国家责任曾被国际联盟选定进行编纂。1930 年 3 月 13 日至 4 月 12 日，国家责任系海牙举行的国际法编纂会议的主要议题，但由于分歧太大，参会者并未对此达成共识。

1947 年，联合国大会决议设置国际法委员会，国家责任即被选定为这一新机构处理的首批 14 个专题之一。国际法委员会在 1955 年第 7 届会议中指定加西亚·阿马多（Garcia Amador）担任国家责任专题报告的特别报告员。1956—1961 年，阿马多连续向委员会的 6 届会议提交了 6 份报告，重点放在外国人及其财产受到伤害时的国家责任上，但国际法委员会未详细讨论这些报告。

1962 年，国际法委员会决定将关注重点转向“定义关于国家的国际责任的一般规则”。罗伯特·阿戈在 1963 年担任特别报告员之后，在 1969—1980 年期间提交了 8 份报告以及一部内容翔实的增编。在此期间，国际法委员会通过了 35 项条款，为关于国家责任的起源和根本特征条款奠定了基础（现为《国家对国际不法行为的责任条款》第一部分）。

1980—1986 年，荷兰籍第三任特别报告员里普哈根提交了关于国家责任的 7 份报告，他对该议题的主要贡献是推动国际法委员会暂时通过了关于“受害国”的详

---

① Andre Nollkaemer. Concurrence between individual responsibility and state responsibility in international law. I. C. L. Q.，2003，52 (3)：616 - 640；Geoff Gilbert. The criminal responsibility of states. International & Comparative Law Quarterly，1990：345 - 369；贺其治. 国家责任法及案例浅析. 北京：法律出版社，2003：18 - 40.

细定义。1988—1996年，意大利籍的阿兰焦-鲁伊斯作为特别报告员向国际法委员会提交了8份报告，到其任期结束时，国际法委员会通过了第一份全面的条款草案案文及评注，鲁伊斯先生对此作出的主要贡献是编纂了关于赔偿和反措施、“国际罪行”的后果以及争端解决等章节。

1997年詹姆斯·克劳福德担任与国家责任相关的公约编纂工作的特别报告员，共提交了4次报告。2001年8月9日第2709次会议最终二读通过了《国家对国际不法行为的责任条款草案》的案文。2001年12月，联合国大会通过了《国家对国际不法行为的责任条款》(以下简称《2001年条款草案》)的决议。

国家对国际不法行为的国际责任已经累积了大量的实践，形成了很多国际习惯。基于《2001年条款草案》中的大量条款已在实践中被广泛认可与应用，联合国大会2004年12月2日的第59/35号决议提请秘书长组织编纂一部国际法院、国际法庭和其他机构援引《2001年条款草案》的裁决汇篇，这项任务一直延续至今。联合国大会在2007年12月6日、2010年12月6日、2013年12月16日、2016年12月13日均通过决议确认《2001年条款草案》的重要性和实用性，并确认国际性法院、法庭和其他机构在越来越多的裁判中提及该条款，提请第六委员会在《2001年条款草案》的基础上拟订国家对国际不法行为的责任公约或采取其他适当行动展开工作。[①]

二、国家责任具体规则与相关实践

(一) 设立国家责任体系的目的

在国内法律体系中，法律责任主要有刑事责任、民事责任和行政责任。不法行为或者违反契约的或导致损害的行为引起“以制裁为内容的法律后果”和以救济为内容的法律后果，并且可以通过强制方式来实现。刑事责任主要以制裁为内容，民事责任、行政责任则主要以救济为内容，国家机器保证其能够强制履行。在国际法上，针对国家这个国际法主体的国际责任并没有划分为国际刑事责任、国际民事责任、国际行政责任，国家责任是既包含救济性的责任形式又包含惩罚性的责任方式，还是只包括以救济为内容的责任形式，长期以来都是有争议的。在2001年联合国国际法委员会二读通过的《国家对国际不法行为的责任条款草案》事实上给出了一个答案——它建立了一个以救济为内容的责任后果制度。它规定了四部分：第一部分是关于国际不法行为，第二部分明确了国际责任的内容，第三部分建立了国际责任的履行体系，第四部分属于一般规定。它在规定国家对国际不法行为责任的内容时，将停止、不重复保证和赔偿义务列入其中[②]，显然这些都属于消除不法行为后果的形式，并不具有惩罚性。它将受害国的权利归入了国际责任的履行体系，其中受害国采取报复措施的权利通常意味着对责任国进行制裁，在履行体系中，它又将实施

① A/RES/71/133，A/RES/68/104，A/RES/ 65/19，A/RES/ 62/61，详见联合国网站：http://www.un.org/zh/ga/68/res/all2.shtml。

② 詹姆斯·克劳福德. 国家对国际不法行为的责任条款，详见联合国网站：http://legal.un.org/avl/pdf/ha/rsiwa/rsiwa_c.pdf。

报复措施或进行制裁（草案中合称为反措施）机制化并进行了限制，因此，反措施不再是国际责任的内容。最终，《2001 年条款草案》建立了一个以救济为目的的国家责任体系。

(二) 国家责任的构成要件

《2001 年条款草案》规定了两个必要条件：由作为或不作为构成的行为依国际法归于该国；该行为构成对该国国际义务的违背。

1. 国际不法行为

正如《2001 年条款草案》第 1 条所称，一国的每一国际不法行为引起该国的国际责任。这意味着在实行该行为以前的国际法律关系以外，又产生了新的国际法律关系，体现了国家责任次级规则的特点。这毫无疑问是国际习惯，并出现在若干案例中。例如，国际常设法院在“摩洛哥磷酸盐案”中申明：当一国对另一国实行一国际不法行为时，“两国之间即”确定了国际责任。[①] 在 1927 年“霍茹夫工厂案”中，常设国际法院在判决中强调，“任何对约定的违背，都会导致以适当方式进行赔偿的国家责任，这是国际法的一个原则”[②]；对与和平条约的解释（第二阶段）的咨询意见中提到拒不履行条约义务情事引起国际责任[③]；在 1990 年“彩虹勇士号案”中，常设国际法院仲裁庭认为，“一国任何违背义务的行为，不论其起源为何，都引起国家责任”[④]。

(1) 国际不法行为可以包括一项或多项作为或不作为或者两者兼而有之。作为，是指行为者积极的、直接的行为导致其违反国际义务，而对他方的权益造成了损害；不作为，则是指行为者以消极的态度不忠实地履行自己承担的国际义务，或不能有效地制止或补救，甚至放纵或怂恿个人或团体的不法行为，而对他方的权益造成损害。例如在“驻德黑兰的美国外交和领事人员案”中，在外国外交使团的安全受到威胁时，伊朗作为接受国没有采取及时、有效的保护措施，致使外交使团受到骚扰和入侵，造成损害，国际法院总结认为，伊朗的责任是由其当局的“没有采取适当步骤的”“不作为”引起的，以不作为的形式违背了保护外交官员安全的义务[⑤]；在“科孚海峡案”中，国际法院认定，阿尔巴尼亚没有及时通知过境的英国军舰本国海域中布有水雷这一情况，构成阿尔巴尼亚违反了国际义务，这种义务是“各国不得允许本国的领土被用来从事违反他国权利的活动”的义务。[⑥]

(2) 国际不法行为违反的是国际法下的义务，不问义务来源。国际常设法院在“摩洛哥磷酸盐案”中把国际责任的产生同“归于该国并且被认定为违反另一国条约

① 摩洛哥磷酸盐案. 初步反对意见. 1938. 常设国际法院. 汇编 A 辑/B 辑，No. 74：28.
② 霍茹夫工厂案. 管辖权. 1927. 常设国际法院. 汇编 A 辑，No. 9：21.
③ 对与保加利亚、匈牙利和罗马尼亚签订的和平条约的解释. 第二阶段. 1950 国际法院报告书：221.
④ 彩虹勇士号案（新西兰/法国）. 1990. 联合国国际仲裁裁决报告书：第二十卷：217.
⑤ 驻德黑兰的美国外交和领事人员案. 1980 年国际法院报告书：3，31－32 页，63，67 段.
⑥ 科孚海峡案. 法律依据. 1949 年国际法院报告书：22－23.

权利的行为”的存在明确地联系起来。[①] 在“迪克森车轮公司案”中，墨西哥—美国一般索赔委员会指出，引起一国国际责任的必要条件是“可以将一国际不法行为归于它，有违反依国际司法标准规定之责任的行为存在”[②]。常设国际法院仲裁庭在“彩虹勇士号案”中，提到“一国违背任何义务的任何行为”的同时，也用了诸如“不履行国际义务”、“不符合国际义务的行为”、“违背一国国际义务的行为”或“违背承诺”等表述。[③]

（3）一国的行为是在一国际义务对该国有约束力的时期构成对该国际义务的违背。《2001年条款草案》第13条对此进行了专门规定：一国的行为不构成对一国际义务的违背，除非该行为是在该义务对该国有约束力的时期发生。这里使用的是违背某一国际义务而不是违反某一国际法规则或规范。就追究责任来看，重要的不是国际规则本身，而是特定国家违反了其中所规定的生效义务。违背必须是在该义务对该国有约束力时发生，才产生责任。这是时际法一般原则在国家责任领域的适用。一个法律事实必须依照其同一时期的法律来判断，而不是依照在与此法律事实有关的争端产生时的生效法律或解决争端时的生效法律来判断。[④]

（4）即刻性的一国行为违背国际义务时，该行为发生的时刻即为违背义务行为发生的时刻，即使其影响持续存在。持续性的国际不法行为持续存在于行为国一直不遵守该国际义务的整个期间。一国违背其不作为义务的行为开始于特定事件发生的时刻，该行为延续的时间为该事件持续且该国一直不遵守该义务的整个期间。通常而言，持续性国际不法行为的行为国的首要责任是立即停止国际不法行为。

（5）对国际不法行为的定性须遵守国际法，该定性不因国内法定性为合法行为而受到影响。在1922年“温布尔顿号案”中，常设国际法院指出，“……在一条约的缔约各国之间的关系中，本国法律的规定不能凌驾于条约的规定，这是公认的国际法原则”。常设国际法院认为，根据《凡尔赛和约》第380条，德国负有明确的责任，应让“温布尔顿号”通过基尔运河。德国不能提出本国的中立命令来否定德国按照该条约所接受的义务。[⑤]

2. 国际不法行为的归责原则

国家作为国际法的主体，其行为由组成国家机器的各个机关或个人或者代表国家的个人与实体来实施，而法律后果归责于国家。在许多法系中，国家机关由各种法人（部委或其他法律实体）组成，它们被视为具有单独的权利和义务，可以单独地对它们提起诉讼，它们能够单独地为其违约行为承担责任。就国际法上的国家责任来说，情况则不同。国家被当成一个整体对待，这一点与它们在国际法中被确认为单一的法人是一致的。根据《2001年条款草案》的规定，可归于国家的行为主要包括以下八项。

---

① 摩洛哥磷酸盐案. 初步反对意见. 1938. 常设国际法院. 汇编A辑/B辑，No. 74：28.

② 联合国国际仲裁裁决报告书：第四卷，1931：678.

③ 彩虹勇士号案（新西兰/法国）. 1990. 联合国国际仲裁裁决报告书：第二十卷：217，251页，75段.

④ 帕尔马斯岛案（荷兰/美利坚合众国）. 国际仲裁裁决汇编：第二卷，1949：829.

⑤ S. S. 温布尔登号案. 1923. 常设国际法院. 汇编A辑，No. 1：29－30.

（1）国家机关的行为。国家通过其机关或代表进行国家行为。“任何国家机关，不论行使立法、行政、司法职能，还是任何其他职能，不论在国家组织中具有何种地位，也不论作为该国中央政府机关或一领土单位机关而具有何种特性，其行为应视为国际法所指的国家行为。”① 一国国家机关并非仅由行政机关或政府构成，其还包括立法与司法机关。国际法院在“拉格朗案”的判决中指出，美国司法机构运用国内法，特别是程序失当原则，阻止拉格朗兄弟根据《维也纳领事关系公约》提出的要求，并最终处死了他们，这违反了其根据《维也纳领事关系公约》第36条第2款对德国承担的国际法律义务，未能使上述公约第36条赋予该项权利的目的得以充分体现。② 一国政府及其领导人借口无法控制立法或司法机关的行为而推卸责任，并不影响该不法行为归责于该国。如前所述，在国际法上，国家是被作为一个整体来看待的，国家必须为违背国际义务的行为承担责任，而不论作出行为的行政或政府当局的层级如何。它不限于中央政府机关、高级官员或负责国家外交事务的人员，而是包括任何种类或任何类别的、在等级结构的任何级别上履行任何职能的政府机关。例如，国际法院在“拉格朗案”中就指出：“鉴于一国为以该国名义行事的主管机关和当局的任何行为承担国际责任；鉴于美国应该采取可以利用的一切措施确保沃尔特·拉格朗在上述诉讼最后判决以前不致被处死；鉴于根据法院获得的资料，本院命令中所指措施的执行属于亚利桑那州州长的权限范围；鉴于美国政府因此有义务将本院命令转交该州州长；鉴于亚利桑那州州长有义务遵照美国的国际承诺行事。”③

通常而言，在为了确定国际责任而确定国家机关的组成要素时，最重要的因素是每一国家的国内法和法律实践。这里的一国国家机关包括依该国国内法具有此种地位的任何个人或实体。但是，国际法不允许一国以内部分权方式逃避其国际责任。国家作为一个国际法主体，应该对以该组织名义行事的所有机关、实体和官员的行为负责，不论它们是否依国内法具有单独的法律人格。该规则又被称为国家统一体原则。

1923年“特立尼案”确立了私人的行为并不归于国家。国联理事会将涉及意大利和希腊的一起事件引起的某些问题提交给一个专门由法学家组成的委员会审议。此案涉及在希腊领土上一负责划定希腊与阿尔巴尼亚边界的国际委员会的主席和若干成员被暗杀的事件。该专门由法学家组成的委员会称：“只有当国家在其境内因忽视采取一切合理措施防止犯罪并追踪、逮捕和审判罪犯而对外籍人士犯有政治罪时才涉及国家的责任。”④

（2）行使政府权力要素的个人或实体的行为。虽然不是国家机关，但经一国法律授权行使政府权力要素的个人或实体的行为依国际法应被视为该国的行为，但以

---

① 《2001年条款草案》第4条。

② LaGrand (Germany v. United States of America)，Judgment of 27 June 2001。顾婷．拉格朗案的国际法解读．华东政法大学学报，2008（1）：71-81.

③ LaGrand (Germany v. United States of America)，Judgment of 27 June 2001。

④ 国际联盟．公报：第4年，1923（11）：1349.

该个人或实体在特定情形下是以政府资格行事为限。① 行使政府权力要素的个人或实体可能包括一些私人、国营公司、准国营实体、政府代理机构，亦可以包括私营公司。《2001年条款草案》使用“个人或实体”的措辞的目的在于从广义上涵盖任何自然人或法人。② 决定性的因素是个人与实体的行为涉及有关政府权力的行使。例如，某些国家的私营保卫公司的雇员可能根据合同担任监狱的警卫，其可以以那种名义根据司法判决或监狱规章行使拘留等和纪律相关的公权力。私营或国营的航空公司可能经授权而行使有关移民管制或检疫的某些权力。在伊朗一美国索赔法庭审理的案件中，一个由国家成立的自治基金会在政府的密切监督下拥有用于慈善事业的财产；它的权力包括查明查封的财产。依据该基金会对据称被没收的财产的管理行为，该基金会属于行使政府权力要素的个人或实体。但是，此种行为就必须是与政府有关的活动，而不是该实体所从事的其他私人活动或商业活动。例如，铁路公司获得了若干警察权力，如果它行使警察权力，该行为将依国际法被视为国家的行为，如果从事其他活动（例如售票或购置车皮），该行为就不能被视为国家的行为。③

（3）由另一国交由一国支配的机关的行为。由另一国交由一国支配的机关，如果为支配该机关的国家权力因素而行事，其行为依国际法应被视为支配该机关的国家行为④，如一国的部队交由另一国支配的情况。一国实际上将一机关交由另一国支配，该机关暂时为了其他国家的利益，在该国的管理下行事。这是有限度的确切的情况。在这种情况下，原来属于一国的机关完全以另一国的名义行事，其行为只归于该另一国。该归责的关键之处在于，首先，在有关机关与接受国政府机构或当局之间建立一种职能联系——支配与被支配的关系。受另一国“支配的机关”的概念排除了为先前国家的目的或甚至为共同的目的派往另一国家而又保持其自主性和地位的国家机关的情况，例如，文化处、外交使团或领馆、外国救灾或援助组织。其次，还要求所指机关必须拥有派遣国机关的法律地位。最后，其行为必须包含行使接受国政府权利的要素。例如在“谢弗洛案”中，英国领事代行法国领事职务的行为被仲裁委员会明确为法国的行为。⑤

（4）逾越权限或违背指示的行为。国家机关或经授权行使政府权力要素的任何个人或实体，如果以此种资格行事，即使逾越权限或违背指示，其行为仍应被视为国际法所指的国家行为。⑥ 该归责规则只适用于国家机关或授权行使政府权力要素的实体的行为。它清楚地表明，以官方身份行事或以官方名义行事的国家机关或授

① 《2001年条款草案》第5条。

② 《2001年条款草案》案文及其评注。

③ 《2001年条款草案》案文及其评注。

④ 《2001年条款草案》第6条。

⑤ 法国人谢弗洛旅居波斯，被怀疑是间谍而被英国军队在接近里海的地区予以逮捕。事前，法国领事因需离开波斯，故请英国领事代行法国领事的职务。谢弗洛被捕后，丢失了其在家中的财物、书籍和文件等。法国认为这是由于英国领事的疏忽所造成的，英国应予赔偿。英法两国于1930年3月4日达成协议，成立了仲裁委员会。仲裁委员会裁决认为，英国政府不能为其领事作为代管另一国领事而承担疏忽责任。

⑥ 《2001年条款草案》第7条。

权行使政府权利要素的实体，即使逾越授权或违背指示行事，其行为仍归于国家。对这一现代规则的确定性阐述见于由法墨索赔委员会作出决定的凯尔一案。该案涉及两名墨西哥军官对法国人凯尔的谋杀，这两人在勒索赎金未果后将凯尔押进当地的兵营并将他枪杀。索赔委员会认为："这两名军官，即便被认为是逾越职权行事……即便其上司所下的命令相反，仍然涉及国家的责任，因为他们以军官身份为掩护行事并且利用了由于其身份而供其支配的手段。"[①] 而在尤曼斯一案中，由 10 名墨西哥士兵组成的支队在 1 名军官的率领下，奉命前往安岗谷矿山保护被骚乱威胁的美国人的安全，但他们不仅未执行命令，反而将美国人尤曼斯击毙，并和暴民一起杀害了其他两个美国人。为了解决这一事件，根据 1923 年 9 月 8 日的专约，美国—墨西哥一般索赔委员会成立。该案的裁决指出：我们不认为这些士兵参与谋杀事件是以他们的私人身份所为的，因为情况表明谋杀行为是在军官的直接监督下和当着他的面进行的。士兵们进行人身伤害，肆意破坏或掠抢往往是在违反上级机关指定的规则下所为的；如果将士兵的违反命令的任何行为都必须视为私人行为，那么也就不会有这种恶劣行为的责任。

(5) 受到国家指挥或控制的行为。该归责原则规定在《2001 年条款草案》第 8 条。作为一般原则，私人的行为依国际法不归于国家。但是，可能由于作出行为的人和国家之间存在着特定的关系，这种行为应归于国家。因此，如果一人或一群人实际上按照国家的指示或者在其指挥或控制下行事，其行为应被视为国际法所指的国家行为。《2001 年条款草案》第 8 条规定了两个这样的情况：第一是私人接受国家命令实施不法行为的情况；第二是私人在国家的指挥或控制下行事。最常见的情况是：国家机关为了辅助自己的行动而招聘或者鼓动私人或团体担任国家正式编制以外的"辅助人员"。例如，一些个人或私人团体虽然没有明确接受国家的委托，也没有参军或被纳入警察编制，却担任军中辅助人员或辅警，或被当作"志愿人员"送到邻国工作，或奉命到国外进行特殊任务。而在"对尼加拉瓜的军事与准军事行动案"中，国际法院对国家指挥或控制的私人行动进行了解释。国际法院拒绝了尼加拉瓜以叛军受到美国控制为由，把叛军的一切行为归于美国的要求。国际法院总结指出："尽管美国为叛军提供了大量的津贴和其他资助，却没有明确的证据显示美国实际上在一切领域实行的控制大到可以认定叛军是以美国的名义行事的程度……在没有更确凿证据的情况下，光是上面提到的美国的一切参与形式，甚至美国对高度依赖于它的一支军队的全面控制，并不意味着美国指挥或执行了申请国所指称的侵犯人权和违反人道主义法的犯罪行为。这种罪行很可能是叛军在不受美国控制的情况下犯下的。若要美国承担对这种行为的法律责任，从原则上说，就必须证明：美国在尼加拉瓜指称的侵犯人权事件的过程中，对军队或警备部队的行动实行了有效的控制。"因此，虽然美国必须为资助叛军担负责任，但根据实际参与和提供指挥的情况判断，只在一些个别事例中，可以把叛军自己的行为归于美国。光凭叛军对

① 国际法委员会年鉴：第二卷，1975：61－70.

美国的依赖和美国对叛军的资助的一般情况，并不足以把行为归于美国。[①]

(6) 正式当局不存在或缺席时实施的行为。如果一人或一群人在正式当局不存在或缺席和需要行使政府权力要素的情况下，实际上行使政府权力要素，则其行为应被视为国际法所指的国家行为。该归责原则的本质是一种危急情况下的代理形式。在国家责任领域，这种情况时时发生。例如，伊朗伊斯兰共和国 1979 年革命后，革命护卫队"Komitehs"立即采取的立场曾被伊朗—美国索赔法庭视为在正式当局不存在或缺席时行使伊朗政府权力要素的行为。《2001 年条款草案》第 9 条编纂了该归责原则，该条规定了将行为归于国家必须满足的三个条件：第一，该行为必须有效地涉及政府权力要素的行使；第二，该行为必须在正式当局不存在或正式当局人员缺席时作出；第三，在当时的情况下需要行使上述权力要素。这也体现在"伊格尔诉伊朗案"中。伊格尔为美国公民，在伊朗发生革命时，于 1979 年 2 月 13 日被两名革命卫士带走，被关押几天后，他被驱逐出伊朗。伊格尔在美国伊朗求偿仲裁法庭控告伊朗违反国际习惯法，将其驱逐出境，要求赔偿损失。伊朗则抗辩称，当时"革命卫队"的行为不能归于伊朗。美国和伊朗求偿仲裁法庭认为本案涉及"革命卫队"是否代表伊朗政府行事的问题。伊朗没有提出充分证据证明"革命卫队"不是代表新政府行事。相反，当时"革命卫队"行使了政府权力要素，包括在德黑兰机场履行移民、海关和类似职能。该仲裁庭强调，"革命卫队的这种行为如果未得到政府的批准，至少是在正式当局缺席的情况下，行使政府权力要素，新政府必定知道这种情况，其并没有反对这样做"。因此，该仲裁庭裁定两名伊朗革命卫士将原告带走并予以关押的行为应归于伊朗。

(7) 叛乱运动或其他运动的行为。通常而言，叛乱运动不被视为一国的行为，除非随后产生该国新政府或成功建立新国家。产生一国新政府的叛乱运动的行为应被视为国际法所指的国家行为。在一个先已存在的国家的一部分领土或其管理下的某一领土内，为组成一个新国家而发动的叛乱运动或其他运动的行为，依国际法应被视为该新国家的行为。反叛运动或其他运动的行为不能归于国家这一一般原则所立足的假设前提是，该运动的结构和组织独立于国家的结构和组织之外。在反叛运动作为新政府取代了国家的原先政府的情况下，反叛运动的统治组织成为该国的统治组织。国家的新组织与反叛运动组织之间存在的连续性导致将反叛运动组织在其斗争中所作出的行为归于国家。在这种情况下，国家作为国际法的主体未停止存在，它仍为同一国家，尽管在体制方面发生了变化、重组和调整。此外，它是唯一可归属责任的主体。这一情况要求将反叛运动各机构在夺权斗争中所作出的行为和当时成立的政府的行为一并归于国家。对于反叛运动或其他运动成功地在以前存在的国家的部分领土上或在以前由其管辖的领土上成立一新的国家的情况，将反叛运动或其他运动的行为归于国家，同样可以该运动的组织与它所建立的国家的组织之间的延续性为法律依据。前国家无法对这些行为负责。唯一的可能性是要求新的国家对其本身建立中所从事的行为承担责任。该归责原则在英国"圣弗拉维阿诺号"等船

---

① Nicaragua v. U. S. 1986, I. C. J. , 14.

艇事件中得以充分体现。[①] 1958 年，在印度尼西亚政府军和反政府武装的冲突中，英国商船“圣弗拉维阿诺号”“达罗尼阿号”，以及英国潜艇在印度尼西亚领水先后遭到反政府武装分子飞机的轰炸，其中一艘商船被炸沉。对于此案，英国副外交大臣在英国下议院答辩称：“关于这两起案件，英国驻雅加达大使向印度尼西亚政府提出了质问，印度尼西亚政府回答这一行动不是印度尼西亚政府的武装部队所为的。”因此，英国政府认为不可能将叛军的不法行为归于印度尼西亚而使之成为印度尼西亚的国家责任。[②]

（8）经一国确认并当作其本身行为的行为。该归责情形系个人行为不能归于国家的这一原则的特殊情况。此即按照前述各情形不归于一国的行为，在并且只在该国确认并当作其本身行为的情况下，依国际法视为该国的行为。[③] 在“驻德黑兰的美国外交和领事人员案”中，国际法院将示威人群占领使馆及扣留人质的行为和伊朗国家发布命令明确表示同意保持这一局面所造成的法律情况做了明显的区分。国际法院指出：“霍梅尼及伊朗国家的其他机关对这一事实的赞同和将其保持下去的决定将持续占领使馆和扣押人质的行为转化为国家行为。”“同意武装分子行为的效果只是预期的，还是使伊朗伊斯兰共和国从一开始就对占据使馆和扣押工作人员的整个过程负责并不明确。由于根据不同的法律依据伊朗伊斯兰共和国需对前一段时期负责，即未能采取足够的行动防止占领或使之立即终止，采取哪一种立场都没什么区别。一事件的赞同和继续维持的决定，将持续占领使（领）馆和扣押人质的行为转化为国家行为。”[④]

3. 一国对另一国行为的责任

每一国应对其国际不法行为负责，但是，国际不法行为往往是几个国家一起协作而不是某一国家单独行动的结果。[⑤]《2001 年条款草案》第一部分第四章规定了在适当情况下甲国应该对乙国的一国际不法行为承担责任的特殊情况，这是单独责任原则的例外情况，主要有以下三种情况。

a. 援助或协助实施一国国际不法行为。《2001 年条款草案》第 16 条以三种方式限制了援助或协助的责任范围。第一，提供援助或协助的有关国家的机关或机构必须了解使受援国的行为成为国际不法行为的情况；第二，援助或协助必须是为了便利该行为的实施而给予的，并且必须是实际给予了；第三，已经完成的该行为若由协助国自己实施，也必定会构成国际不法行为。例如，甲国向乙国提供军事援助和武器，帮助乙国侵占丙国，如果甲国明知乙国的侵略行动，则甲国就应当为援助行为承担国家责任。

b. 指挥或控制一国国际不法行为的实施。与援助或协助实施一国国际不法行为的责任不同，为实施一国国际不法行为提供援助或协助的一国在且只在提供了援助或

---

① 《2001 年条款草案》案文及其评注。

② 《2001 年条款草案》案文及其评注。

③ 《2001 年条款草案》第 11 条。

④ 驻德黑兰的美国外交和领事人员案. 1980 年国际法院报告书：3，31－35.

⑤ 《2001 年条款草案》案文及其评注。

协助的程度上承担国际责任。而指挥和控制另一国实施一国际不法行为的一国要为该行为本身承担责任，因为它指挥和控制了全部行为。《2001 年条款草案》第 17 条为此规定了两个条件：第一，指挥或控制国在知道国际不法行为的情况下这样做；而且第二，该行为若由指挥或控制国实施会构成国际不法行为。

c. 胁迫一国实施国际不法行为。《2001 年条款草案》第 18 条涉及故意实行胁迫，以使一国违背其对第三国的义务的特殊问题。在这种情况下，胁迫国对第三国的责任不是源于它的胁迫行为，而是来自被胁迫国的行动所引起的不法行为。胁迫行为本身的责任是胁迫国对被胁迫国的责任，而第 18 条规定的责任是胁迫国对该胁迫行为的受害国，尤其是对受到该胁迫行为伤害的第三国的责任。胁迫一国实施国际不法行为的国家应对该行为负国际责任，如果在没有胁迫的情况下，该行为仍会是被胁迫国的国际不法行为，而且胁迫国在知道该胁迫行为的情况下这样做，就应负国际责任。

以上三种情况都强调了参与国在行为中的主导和控制地位。主观上，其都必须对行为的违法性事先知情；客观上，其本身也都承担了有关的国际义务。当然，以上的规定不妨碍实施有关行为的国家或任何其他国家根据这些条款的其他规定应该承担的国际责任。例如，受胁迫的国家如果超过实施胁迫国要求的范围，或者对胁迫能抵抗而不加抵抗，或者事实上是按照自己的意志行事的，也应当负国家责任。①

(三) 解除行为不法性

与国内法使用“免责事由”一词不同，无论是 1996 年一读通过的国家责任条款草案还是《2001 年条款草案》都未使用“国际不法行为责任的免责事由”的表述，而是使用了更准确的表述——“解除行为不法性的情况”，特别强调一国的行为如果符合此类情况中任一种情形，即使违反了所承担的义务，也不能被定性为国际不法行为，也就不会引起国家责任。② 而“国际不法行为责任的免责事由”则表明此类行为在性质上仍然是国际不法行为，只是行为实施国不承担国家责任，这与“每一国际不法行为产生国际责任”的原则有逻辑上的冲突。

解除行为不法性的情况是普遍适用的，除非另有规定。这些情况适用于任何国际不法行为，无论其是否涉及一国违背一般国际法的某项规则、某项条约、某一单方面行为或任何其他来源规定的一种义务。这些情况并不废除或终止该项义务；与之相反，它们在有关情况继续存在时为不履行义务的行为提供理由。

因此，必须在解除行为不法性的情况的作用与终止义务本身两者之间作出区分。如菲茨莫里斯所述，在适用解除行为不法性的情况之一时，“不履行不只是有理可据而已，它是‘指向’一旦造成不履行的因素和为不履行辩护的因素不存在时，就应立即恢复履行”③。

---

① 任虎. 国际公法. 上海：华东理工大学出版社，2021：273.

② 贺其治. 国家责任法及案例浅析. 北京：法律出版社，2003：150.

③ 国际法委员会年鉴：第二卷，1959：41，A/CN. 4/120 号文件.

1. 解除行为不法性的情形

（1）同意。

一国以有效方式同意另一国实行某项特定行为时，该特定行为的不法性在与该国家的关系上即告解除，但以该行为不逾越该项同意的范围为限[①]，例如，经由一国领空和国内水域过境，或者在其领土上安置设施，或者在该国进行官方调查或查询。同意的例外不得违反国际法基本原则所确立的国际义务。任何国家不得以所谓已获得有关国家同意为理由而从事与国际强行法规则背道而驰的行为。同意必须有效、明示和合法。

（2）自卫。

一国的行为如构成按照《联合国宪章》采取的合法自卫措施，则该行为的不法性即告解除。[②] 自卫作为禁止在国际关系中使用武力的例外情况是无可争议的。《联合国宪章》第 51 条保护国家在面临武装攻击时进行自卫的“自然权利”，并成为《联合国宪章》第 2 条第 4 项规定的不得威胁使用武力或不得使用武力的义务定义的组成部分。因此，一国在行使《联合国宪章》第 51 条所述的固有自卫权利时，并没有违背甚至没有潜在地违背第 2 条第 4 项的规定，行使自卫权解除了面临一个进攻国家时采取自卫行动的一国的行为的不法性。

（3）对一国际不法行为采取的反措施。

《2001 年条款草案》第 22 条规定：一国针对另一国的国际不法行为所采取的对应自救措施，为“反措施”。一国不遵守其对另一国国际义务的行为，在并且只在该行为构成针对该另一国采取的一项反措施的情况下，其不法性才可解除。该条款是从解除不法性的情况这一角度处理这一状况的。《2001 年条款草案》第三部分第二章关于国家责任的履行对反措施作了更为详细的规定。

国家实践与司法判决均承认符合某种实质性和程序性条件的反措施可能是合法的。在“加布奇科沃—大毛罗斯项目案”中，国际法院明确赞同，反措施可是为“对另一国先前的和……针对该国的国际非法行为而采取的”，其是为非法的行为提供正当理由，但必须符合某些条件。[③]

尽管在有关反措施的文献中，有时提及对先前的一国际不法行为实行“制裁”或作出“合法报复”，但是正如联合国国际法委员会关于国家责任的特别报告员、剑桥大学国际法教授克劳福德所指出的，尽管反措施的效果具有惩戒性，但它们本身不能被看作一种处罚或报复。[④]

（4）不可抗力。

不可抗力经常被援引作为解除一国行为不法性的理由。一国不遵守其国际义务的行为如起因于不可抗力，即有不可抗拒的力量或该国无力控制、无法预料的事件

① 《2001 年条款草案》第 20 条。

② 《2001 年条款草案》第 21 条。

③ Gabcikovo-Nagymaros Project (Hungary/Slovakia), Judgment of 25 September 1997, I. C. J..

④ 詹姆斯·克劳福德. 国家对国际不法行为的责任条款，详见联合国网站：http://legal. un. org/avl/pdf/ha/rsiwa/rsiwa_c. pdf。

发生，以致该国在这种情况下实际上不可能履行义务，则该行为的不法性即告解除。但其在下列情况下不适用：1）不可抗力的情况是由援引此种情况的国家的行为单独导致或与其他因素一并导致；2）该国已承担发生这种情况的风险。[①] 不可抗力与危难或危急情况的情形不同，因为该国作出的国际不法行为是非自愿的，或至少不包含任何可自愿选择的因素。

（5）危难。

一国不遵守其国际义务的行为，如有关行为人在遭遇危难的情况下为了挽救其生命或受其监护的其他人的生命，除此行为之外，别无其他合理方法，则该行为的不法性即告解除。但在下列情况下不适用；1）危难情况是由援引这种情况的国家的行为单独导致或与其他因素一并导致；2）有关行为可能造成类似的或更大的灾难。[②] 该规则解除国家人员在其别无其他合理方式拯救生命的情况下采取的行为的不法性。此处涉及的利益是拯救无论其国籍为何的人的生命这一切身利益。在实践中，危难事件主要涉及飞机或船只在恶劣天气条件下或者在发生机械或航行故障后进入一国领土的情况。[③]

（6）危急情况。

一国不得援引危急情况作为理由解除不符合该国所承担的某项国际义务的行为的不法性，除非该行为是该国保护基本利益、对抗某项严重迫切危险的唯一办法，而且该行为并不严重损害作为所负义务对象的一国或数国的基本利益或整个国际社会的基本利益。但一国绝对不得在以下情况下援引危急情况作为解除其行为不法性的理由：1）有关国际义务排除援引危急情况的可能性；2）该国促成了该危急情况。[④] 与危难不同的是，危急情况不涉及国家官员负责管理的个人的生命面临的危险，而涉及该国或整个国际社会的基本利益面临的严重危险。它是在以下情况下出现的：援引危急情况的国家的基本利益与它的一种义务之间存在着无法调和的冲突。这些特殊性质意味着，可采用危急情况作为不履行义务行为的理由的情况极为罕见，而且它必须受到严格限制，以保障它不被可能地滥用。

需要强调的是，解除不法性的规则并不许可或并不为任何减损一般国际法强制性规范开脱。一国违反一般国际法某一强制性规范所产生的义务的任何行为，不得依上述理由而解除其不法性。

2. 援引解除行为不法性的情况的后果

援引解除行为不法性的情况可临时性地排除行为的不法性，因此该行为不构成国际不法行为。但是解除不法性的情况本身不影响根本的义务，所以，如果情况不再存在，义务也就恢复全部的效力和作用。它不排除依凭解除行为不法性的情况的一国弥补直接受害的任何国家所受到的重大损失。

---

① 《2001年条款草案》第23条。

② 《2001年条款草案》第24条。

③ 《2001年条款草案》案文及其评注。

④ 《2001年条款草案》第25条。

(四) 国家责任的内容

目前的国家责任制度没有像国内法律制度那样区分“民事”责任和“刑事”责任，亦不区分契约责任和侵权责任。《2001 年条款草案》将国家责任的内容分为两类：国际不法行为的法律后果和损害赔偿。前者包括继续履行的责任、停止和不重复、赔偿，后者则包括恢复原状、补偿、抵偿。

1. 国际不法行为的法律后果

一国对一国际不法行为承担的国际责任，产生如下三项法律后果。

(1) 继续履行的责任。一国际不法行为的法律后果不影响责任国继续履行所违背义务的责任。如果一国的违约行为系持续性行为且仍在持续，则其应停止该行为，继续履行其国际义务。

(2) 停止和不重复。国际不法行为的责任国有义务在该行为持续时，停止该行为；在必要的情况下，提供不重复该行为的适当承诺和保证。此举着重预防而不是赔偿。《2001 年条款草案》第 30 条涉及违背国际义务所引起的两个单独却又相互联系的问题：由责任国停止不法行为问题；在必要情况下由责任国给予承诺和保证不重复的问题。两个问题都涉及恢复和修正受违约情事影响的法律关系。停止违背国际义务的行为是消除不法行为之后果的第一必要条件。而承诺和保证是为了恢复对一持续关系的信心，但比停止具有大得多的灵活性，而且并不是在所有情况下都需要这样做。通常是在受害国有理由相信仅仅是恢复先前状态并不能圆满地保护自己时才要求这样做。承诺通常以口头方式作出，而保证不重复则涉及更多——例如，责任国必须采取预防措施以避免重犯违约行为。对于可能要求提供的保证种类，国际实践并不一致。受害国通常要求保证不重复违法行为而不指明保证的形式，在违法行为影响其国民之时，则要求对人员和财产提供较妥善的保护。①

(3) 赔偿。责任国有义务对国际不法行为所造成的损害提供充分赔偿。损害包括一国国际不法行为造成的任何损害，无论是物质损害还是精神损害。责任国不得将其国内法的规定作为其不能按照国际法遵守其义务的理由。② 常设国际法院在“霍茹夫工厂案”中对实施国际不法行为之后果的一般原则作了如下说明：违约行为产生以适当形式提供赔偿的义务，这是一项国际法原则。因此，赔偿是对不适用某项公约的不可或缺的补充，这一点无须在公约中载明。赔偿可能是因为不适用公约引起的，赔偿分歧也可以是关于如何适用公约的分歧。③ 这意味着责任国必须努力提供下文所阐述的一种或多种赔偿形式，以消除非法行为的所有后果，恢复实行不法行为以前极可能存在的状况。

2. 国际不法行为的损害赔偿

对国际不法行为造成的损害进行充分的赔偿，应按规定，单独或合并地采取恢

---

① 《2001 年条款草案》案文及其评注。

② 《2001 年条款草案》第 31 条。

③ 霍茹夫工厂案. 索赔请求. 1927. 常设国际法院. 汇编 A 辑，No. 9：21.

复原状、补偿和抵偿的方式。《2001 年条款草案》第 34 条确定的基本赔偿义务的几种办法，实际上并无单独的、次要的恢复原状、补偿和抵偿的义务。在实践中，根据充分赔偿国际不法行为的要求，采用何种方式进行赔偿有一定的灵活性。

（1）恢复原状。只在下列情况下，一国际不法行为的责任国有义务恢复原状，即恢复到实施不法行为以前所存在的状况：恢复原状并非实际上办不到；从恢复原状而不要求补偿所得到的利益不致与所引起的负担完全不成比例。①

（2）补偿。一国际不法行为的责任国有义务补偿该行为造成的任何损害，如果这种损害没有以恢复原状的方式得到赔偿；这种补偿应弥补在经济上可评估的任何损害，包括可以确定的利润损失。② 为确保充分赔偿，必要时应支付依法所应支付的任何本金金额的利息。为计算利息，应规定利率和计算方法。利息从应支付本金金额之日起算，至履行了支付义务之日为止。③

（3）抵偿。一国际不法行为的责任国有义务抵偿该行为造成的损失，如果这种损失不能以恢复原状或补偿的方式得到赔偿；抵偿可采取承认不法行为、表示遗憾、正式道歉，或另一种合适的方式。抵偿不应与损失不成比例，而且不得采取羞辱责任国的方式。④ 国家实践提供了许多案例，说明在一国国际不法行为给另一国造成非物质损害的情况下要求抵偿的情况。这类例子包括侮辱国家象征，例如国旗，侵犯主权或领土完整，对船只和飞机作出攻击，虐待或蓄意攻击国家元首、政府首脑、外交和领事代表或其他受保护的人士以及侵犯使（领）馆官邸或使团人员的住所。抵偿的恰当方式取决于所处的情况，因此无法事先规定。抵偿的形式相当多样与灵活，包括对伤害或损害事件的原因进行应有的调查，为受益人设立管理补偿付款的信托基金，对其行为构成国际不法行为的个人采取纪律或刑事行动，或对非金钱损害作出象征性的损害赔偿。《2001 年条款草案》并未力图举出所有可能，但也无意排除各种可能。如果存在某种恰当方式，应当按照个案的具体情况来决定进行抵偿的方式。⑤

在确定赔偿时，应考虑提出索赔的受害国或者任何人或实体由于故意或者疏忽以作为或不作为促成损害的情况。⑥ 考虑受害国促成的损害，在确定恰当赔偿方面很重要，这已得到法律文献和国家实践的广泛承认。虽然受害国促成损害的问题时常在补偿的情况下出现，但这项原则与其他赔偿方式也有关。例如，如果一艘国有船只被另一国非法扣留并在扣留期内因船长的疏忽而受到损害，则责任国可能只需归还受损船只即可。⑦

---

① 《2001 年条款草案》第 35 条。

② 《2001 年条款草案》第 36 条。

③ 《2001 年条款草案》第 38 条。

④ 《2001 年条款草案》第 37 条。

⑤ 《2001 年条款草案》及其评注。

⑥ 《2001 年条款草案》第 39 条。

⑦ 《2001 年条款草案》及其评注。

(五) 国家责任的履行

1. 一国责任的援引

只有权利受到侵害的国家才有资格援引国家责任。对责任的援引的核心所在是受害国概念。受害国是指其单独权利由于国际不法行为而遭到剥夺或损害，或者由于该行为而特别受到影响的国家。在数个国家由于同一国际不法行为而受害的情况下，每一受害国可分别援引实施了该国际不法行为的国家的责任。在数个国家应为同一国际不法行为负责的情况下，可对每一国家援引涉及该行为的责任，但不允许任何受害国取回多于所受损失的补偿，也不妨碍对其他责任国的任何追索权利。《2001 年条款草案》第 48 条对非受害国的援引作出了规定，该条述及受害国以外的国家为了集体利益援引责任的问题，作为整个国际社会的成员，各国有权就违背这些义务援引另一国的责任。

就程序而言，受害国在援引国际责任之前，应当首先通知不法行为国，要求其停止不法行为，并提出具体的赔偿请求。如果受害国已明确放弃求偿要求，或受害国基于其行为应被视为已以有效方式默许其要求失效，该国就不得援引一国的责任。对于针对本国国民或公司的行为所引起的国家责任问题，只有国籍国才有权利行使外交保护。在寻求外交保护之前，有关受害人必须首先用尽当地司法救济，只有在用尽当地司法救济，或这种司法救济无效的情况下，国际社会才能介入，提出国家责任的问题。

2. 反措施

《2001 年条款草案》将反措施作为受害国的自助履行权从国际责任的内容中分离出来，特别建立了国际责任的履行体系，明确了受害国有权对国际不法行为追究责任，以及可通过哪些方式追究责任。为了防止受害国滥用强制性手段，条款草案对反措施进行限制，因为实施反措施的真正目的在于促使责任国终止国际不法行为，承担义务，而不在于惩罚。同时，如果认为一国对另一国的措施具有惩罚性，则相当于默认该国具有高于另一国的权利，因此可以惩罚其他国家，这与主权平等原则是相违背的。受害国作为直接的利害关系人，采取强制措施维护自己的利益，这导致反措施极易被滥用，实践亦证明了这一点。

《2001 年条款草案》第 52、53 条规定了实施反措施的程序要件：

(1) 谈判前置及通知义务。受害国首先要向责任国援引国家责任，要求责任国履行其义务，承担其责任。在未与责任国进行谈判时，受害国不得盲目采取反措施。在谈判未果的情况下，受害国拟定要采取反措施也应当通知责任国。但不排除受害国采取必要的紧急反措施以维护其权利。

(2) 反措施的停止。

a. 国际不法行为已停止并已将争端提交有权作出对当事国具有约束力之决定的法院或法庭，反措施应当立即停止，但责任国不秉诚履行解决争端程序的除外。

b. 一旦责任国履行其与国际不法行为有关的义务，即应尽快终止反措施。

谈判前置及通知义务显示了反措施系国家责任的执行机制，必须以行为国的国际不法行为为基础。而反措施的停止规定则突出显示反措施是为了迫使行为国承担国家责任，而非打击行为国的强制性措施，它不改变受害国对行为国的根本义务。

《2001 年条款草案》第 49、50 条规定了反措施所受到的限制条件：

(1) 一受害国只在为促使一国际不法行为的责任国履行其义务时，才可对该国采取反措施。

(2) 反措施限于暂不履行对责任国采取措施的一国的国际义务。

(3) 反措施应尽可能容许恢复履行有关义务。

(4) 不受反措施影响的义务：

a.《联合国宪章》中规定的不得实行武力威胁或使用武力的义务；

b. 保护基本人权的义务；

c. 禁止报复的人道主义性质的义务；

d. 依一般国际法强制性规范承担的其他义务。

(5) 采取反措施的国家应履行的义务。实行它与责任国之间任何可适用的现行解决争端程序；尊重外交或领事人员、馆舍、档案和文件之不可侵犯性。

(6) 符合相称性原则的要求。反措施必须和所遭受的损害相称，并应考虑到国际不法行为的严重程度和有关权利。

上述这些条款在反措施的对象、方式、内容及禁止违反的国际义务方面均作出限制性规定，以限制大国将反措施作为推行其外交政策的工具。

在反措施的实施主体方面，通常只有受害国才有权采取反措施。《2001 年条款草案》第 42 条定义了受害国的条件：第一，被违背的义务是个别地对它承担的义务；第二，被违背的义务是对包括该国在内的一国家集团或对整个国际社会承担的义务；而 a. 对此义务的违背特别影响该国；或 b. 彻底改变了由于该项义务被违背而受到影响的所有其他国家对进一步履行该项义务的立场。①

然而，需要指出的是，尽管第 42 条定义了一个广泛的受害国概念，但在关于违反集体义务的非特别受害国是否具有采取反措施的权利时，该草案并未给予肯定的答案。第 48 条规定了受害国以外援引国家责任的权利，将上述第二类与第三类中未受到特别影响的国家视为受害国以外的国家。有意思的是，其仅规定了非受害国援引国家责任的权利，这似乎意味着在反措施的行使上，仅受特别影响的受害国是反措施的合法行使者。因为第 54 条不妨碍的规定意味着《2001 年条款草案》未赋权非受害国实施反措施。事实上，这表明联合国国际法委员会在受害国之外的国家是否有权采取反措施方面未能形成合意，亦反映了各国对此有较大分歧。

(六) 严重违背依一般国际法强制性规范承担的义务

《2001 年条款草案》吸收了国际社会对“强制性规范”及“对所有人的义务”的发展，在删除“国家罪行”条款后，在第二部分中增加了关于严重违背依一般国

① Masahiko Asada. Definition and legal justification of sanctions//Economic Sanctions in International Law and Practice. Masahiko Asada ed. New York: Routledge, 2020: 13.

际法强制性规范承担的义务所产生的国家责任。这反映了国际法的发展趋势，即那些被归类为对国际社会承担的义务（*erga omnes* Obligation），不仅是对个体国家的义务，这些国际规则应该引发不同于对等义务的国家责任。事实上，以严重违反强制性规范下的义务的行为取代国际罪行是具有实践与其他条约基础的，强制性规范不仅在《维也纳条约法公约》中有明确的规定[①]，在国际法实践中也得到了广泛的接受。例如，灭绝种族、侵略、种族隔离和强行剥夺自决权被普遍视为一般国际法强制性规范禁止的行为，并构成了国际法院所称的“震撼人类良心”的非法行为。[②]“巴塞罗那电力公司案”“核试验案”“驻德黑兰的美国外交和领事人员案”“纳米比亚案”“以色列隔离墙案”“东帝汶案”“灭种罪公约的适用案”等均肯定了强制性规范构成对所有国家的义务。[③] 违背这些义务的行为应产生的后果从逻辑上说应该与违反对等性义务的行为的后果不同，《2001 年条款草案》规定了严重违反强制性规范行为引起特定的法律后果，要求各国应进行合作，通过合法手段制止任何严重违背国际强制性规范的义务的行为，指出任何国家均有义务不得承认严重违背强制性规范下的义务的行为所造成的情况为合法，也不得协助或援助保持该状况。[④]《2001 年条款草案》第 42 条规定，不仅受害国可以援引国家责任，而且当被违背的义务是对包括该国在内的一国家集团或对整个国际社会承担的义务的时候，对此义务的违背特别影响该国，或彻底改变了由于该项义务被违背而受到影响的所有其他国家对进一步履行该项义务的时候，该国可以援引国家责任。《2001 年条款草案》第 48 条涉及为集体利益追究责任时候，非受害国也有权追究责任，可要求责任国停止国际不法行为，并提供不重复的承诺和保证，以及履行向受害国或被违背之义务的受益人提供赔偿的义务。特别值得强调的是，这里的“非受害国”不仅包括未个别地受到违背义务行为伤害的国家，还包括其他实体，例如联合国、欧盟和红十字国际委员会等国际组织。

案例分析

案例一

彩虹勇士号案

（新西兰/法国，国际仲裁庭，1990）[⑤]

1985 年，绿色和平组织的“彩虹勇士号”（ Rainbow Warrior）（未悬挂新西兰

---

① 《维也纳条约法公约》第 53、64 条。

② 国际法院对《防止及惩治灭绝种族罪公约》的保留案的咨询意见. 国际法院案例汇编，1951：15；I. C. J. Report 1951，15 et seq.，(23).

③ Karl Zemanek. New Trends in the Enforcement of erga omnes Obligation. Max Planck. UNYB4，2000.

④ 《2001 年条款草案》第 41 条。

⑤ Rainbow Warrior (NEW ZEALAND v. FRANCE)，France-New Zealand Arbitration Tribunal，30 April 1990.

国旗）在新西兰奥克兰不断抗议法国在穆鲁罗瓦环礁（Moruroa）珊瑚岛的核试验。1985 年 7 月 10 日晚，“彩虹勇士号”在新西兰奥克兰港被法国情报部门指派的两名特工人员安装的炸弹袭击，爆炸使船沉没，回船取物品的荷兰摄影师溺水身亡。7 月 12 日，新西兰主管当局逮捕安装炸弹的两名法国特工。1985 年 11 月 22 日，新西兰法院以引爆袭击“彩虹勇士号”为由判处该两名法国特工 10 年监禁。在当时的联合国秘书长的建议之下，1986 年新西兰与法国达成一致意见，法国向新西兰道歉，并支付 700 万美元作为赔偿；同时寻求通过外交途径解决法国的两名特工人员的监禁问题。两国在 1986 年 7 月 9 日对此签订协议将两名特工人员移送到法属波黎尼西亚群岛中的豪岛隔离三年。法国定期向新西兰通报两人有关情况。经两国同意，新西兰可以委托第三方前往豪岛访问，了解两名特工的情况。该两名特工非经新、法两国政府的同意，不得离开豪岛。然而，在隔离期间，法国政府未经新西兰政府的同意以健康原因和需要治疗为由，先后将这两名特工送回法国。在此二人离开前，虽然法国曾通知新西兰，但因交通、病情等种种原因，新西兰未能及时核实情况。据此，新西兰根据新、法之间的上述协议诉诸仲裁。法国在仲裁中提出，这两名特工处于危难之中，基于人道主义考虑，将二人送往法国。事实上，二人中的马法特少校身体有恙需要治疗，尽管不危害其生命，但新西兰医生对此亦不否认；而另一位皮利厄上尉以怀孕需要检查和想要探视临终的父亲为由返回法国。同时法国还提出了以“危急情况”为由证明其行为的合法性。仲裁庭于 1990 年 4 月 30 日作出裁决，裁定法国应为其国际不法行为承担国家责任。

仲裁庭主要涉及国家责任构成条件与解除行为的不法性，以及承担责任的方式等问题。

（1）在本案中，仲裁庭于 1990 年 4 月 30 日作出裁决，指出“一国任何违背义务的行为，不论其起源为何，都引起国家责任”，由此确定法国将马法特少校与皮利厄上尉送往法国的行为违反了法新 1986 年协定中法国在国际法上的义务。

（2）关于援引危急情况的条件。仲裁庭认为有三个条件：1）存在极为紧急的、性质极为紧迫的特殊医疗或其他情况；2）一旦特殊情况消失，基本义务恢复；3）根据法新协定的条款，善意地试图获得新西兰的同意。仲裁庭根据以上三条，核查了法国让马法特少校与皮利厄上尉离开豪岛返回法国的行为是否可援引危急情况。

仲裁庭认为，法国在未经新西兰同意的情形下因豪岛无法提供马法特少校所需治疗条件而让其离开豪岛，即存在着必须进行医疗或其他基本考虑的极端紧急的特殊情况，符合“危急情况”的特殊情况，该行为不法性被排除。显然，这里对危急情况采取了较宽的解释，不一定要危及生命，只要遭受健康威胁就足以对援引危急情况提供理由。而仲裁员肯斯认为，“生命处于威胁之中”才构成危急情况情形，法国可以请求新西兰提供相关医疗条件。而《2001 年条款草案》第 24 条的规定亦与肯斯的意见一致。但在马法特少校恢复健康后，法国所提出的遣返理由不复存在，法国的基本义务即刻恢复，马法特少校就应遵循羁留在豪岛的义务，法国违反了 1986 年协议所规定的义务。

（3）法国让皮利厄上尉离开豪岛的行为缺乏紧急医疗状况或其他状况，法国未善意征得新西兰的同意将皮利厄上尉送往法国的行为违反了法新1986年协议中法国在国际法上的义务。法国未将皮利厄上尉送回豪岛的行为，尽管获得法国军事法的支持，但违反了相关法新协议，国内法不能将法国的国际不法行为合法化。

（4）尽管法国未能履行将马法特少校与皮利厄上尉连续和不间断地隔离在豪岛三年的义务，但法国的义务在1989年7月22日（届满3年）已停止。因此，仲裁庭并不支持新西兰主张法国的不法行为仍然持续存在的意见。因此，仲裁庭驳回了新西兰要求法国停止不法行为、继续履行义务的请求。

（5）法国与新西兰均同意法国的国际不法行为造成了非物质损害。仲裁庭认为广泛接受的抵偿的方式是赔偿非物质损害的适当方式。因此，公开谴责法国的行为构成国际不法行为，构成对新西兰损失的适当抵偿。仲裁庭建议，为了促进两国之间的和解进程，法国和新西兰应设立一个促进两国公民友好关系的基金，建议法兰西共和国政府应向该基金初步捐款200万美元。这显示了对于非物质损失作出抵偿的方式的有效性以及多样性。

案例二

隔离墙咨询案

2002年6月，以色列内阁通过一项计划，修建总长360千米的安全隔离墙，将以色列本土和巴勒斯坦自治区隔离开来，以此来阻止巴勒斯坦恐怖分子袭击以色列国民。工程于2002年开始，主体部分于2004年完工。隔离墙的走向已经明显偏离了停火线。它的修建引起了巴勒斯坦当局和其他一些国家的强烈反对。2003年4月30日，美国、欧盟、俄罗斯正式提出了旨在推动中东和平进程的“路线图”计划，该计划拟定了巴以争端解决的详细进程并分为三个阶段来实施，以期实现巴以冲突的最终解决。由于“路线图”计划完全未涉及隔离墙一事，因此，联合国许多成员国纷纷要求联合国大会着手处理此事。2003年12月8日，联合国大会将以色列修建隔离墙的合法性的问题提交到国际法院，并要求国际法院提供咨询意见。①

评析

该案涉及国家责任，特别是违反强制性规范的国家责任，国际法院对此案的处理与《2001年条款草案》中关于严重违反一般国际法上强制性规范的条款所规定的国家责任的处理几乎一致。

1. 自卫与危急情况

以色列试图援引自卫与危急情况以解除修建隔离墙的国际不法性。以色列常驻联合国代表称，以色列修建隔离墙是一种自卫措施，而联合国安理会曾明确承认各国有权在对恐怖主义袭击进行自卫时使用武力，因此当然也承认了为此目的采用非武力措施的权利。国际法院认为，对以色列的恐怖袭击来自以色列控制的领土范围

---

① Legal Consequences cf the Construction of a Wall in the Occupied Palestinian Territory, Advisory Opinion, I. C. J. Reports 2004.

内，不属于另一个国家，因此自卫说不成立。以色列必须面对针对其平民的许多不分青红皂白的致命的暴力活动，它有权，也的确有责任作出反应，以保护其公民的生命。但是，它所采取的措施仍然必须符合国际法。

以色列还试图援用“危急情况”来解除其修建隔离墙行为的违法性。无疑，“危急情况是习惯国际法承认的一项理由”，但是“只有在特殊情况下才可得到接受”：危急情况“只有在某些严格规定的条件下才可以援引，必须以积累的方式满足这些条件；至于这些条件是否已得到满足，不能只由所涉国家作出判断”。受到挑战的行为“是该国保护基本利益、对抗某项严重迫切危险的唯一办法”，以色列在所选择的路线上修建隔离墙显然不是以色列保护其利益、对抗严重迫切危险的唯一办法。因此，以色列不能以自卫权或危急情况为由排除修建隔离墙的不法性。

2. 以色列修建隔离墙的行为构成国际不法行为

以色列宣称，隔离墙的修建只是暂时的，而巴勒斯坦方认为，隔离墙的修建会给巴勒斯坦人民的生活、经济发展以及工作自由带来很大的危害，这侵犯了巴勒斯坦人民的自决权。国际法院否定了以色列所称的其公民定居约旦河西岸并非政府行为的观点，认为其公民到约旦河西岸定居和建造隔离墙及其附属设施造成一种完全可能成为永久性的“既成事实”，在此情况下，它相当于事实上的吞并。根据《日内瓦第四公约》第 49 条第 6 款“禁止占领国转移部分人口到被占领区”的规定，国际法院裁定以色列人在被占领的巴勒斯坦地区的定居为非法。国际法院认为隔离墙的建造对巴勒斯坦人的行动自由进行了限制，同时也对巴勒斯坦人的农业、教育和经济生活产生了危害作用。

3. 以色列的国家责任

(1) 以色列有义务停止因在被占领巴勒斯坦领土修建隔离墙而违反其国际义务的行为。一般国际法中规定了对一国际不法行为负有责任的国家需终止该行为的情况，而且国际法院曾多次确认存在这项义务。

(2) 由于以色列修建隔离墙的行为对巴勒斯坦人民造成了损害，因此以色列有义务对受害者进行赔偿。以色列有义务通过返还财产等方式恢复原状、补偿损失。

4. 其他国家的义务

由于以色列侵犯了巴勒斯坦人民的民族自决权和国际人道法所保护的某些权利，其违反的国际法下的义务属于“对所有人的义务”，这将影响所有的国家。所有的国家有义务不承认以色列隔离墙的合法性。所有的国家有义务不协助和援助以色列维护隔离墙。同时，所有国家在尊重《联合国宪章》和国际法的同时，也要确保消除因修建隔离墙而对巴勒斯坦人民行使其自决权造成的任何障碍。此外，1949 年 8 月 12 日《日内瓦第四公约》的所有缔约国都有义务在尊重《联合国宪章》和国际法的同时，确保公约所体现的国际人道主义法得到遵守。国际法院还认为，联合国，特别是联合国大会与安理会，应当采取行动结束因以色列修建隔离墙和制定相关制度而造成的非法局面。

知识拓展

(一) 拓展阅读

1. 贺其治. 国家责任法及案例浅析. 北京：法律出版社，2003.

2. 牟文富. 核不扩散条约下的国家责任. 成都：四川大学出版社，2011.

3. 李伟芳. 跨界环境损害国家责任研究. 北京：知识产权出版社，2013.

4. 黄韵. 国际法律责任：外层空间环境保护的相关问题研究. 成都：电子科技大学出版社，2017.

5. Robert Kolb. The International Law of State Responsibility. Northampton: Edward Elgar Publishing, Inc., 2017.

6. Samantha Besson. Theories of International Responsibility Law. Cambridge: Cambridge University Press, 2022.

7. James Crawford. State Responsibility-The General Part. Cambridge: Cambridge University Press, 2013.

8. Katja Creutz. State Responsibility in the International Legal Order. Cambridge: Cambridge University Press, 2020.

9. Margaretha Wewerinke-Singh. State Responsibility, Climate Change and Human Rights under International Law. Oxford: Hart Publishing, 2019.

(二) 毕业论文选题指导

1. 网络空间的国家责任研究。
2. 外层空间的国家责任研究。
3. 数据领域的国家责任研究。
4. 违反强制性规范的国家责任研究。
5. 单边制裁与国家责任研究。

图书在版编目（CIP）数据

国际公法 / 王玫黎，周江主编. -- 北京：中国人民大学出版社，2024. 11. --（法律硕士精品系列教材）.
ISBN 978-7-300-33355-7

Ⅰ. D99

中国国家版本馆 CIP 数据核字第 2024U4J489 号

法律硕士精品系列教材
国际公法
主　编　王玫黎　周　江
Guoji Gongfa

出版发行	中国人民大学出版社		
社　　址	北京中关村大街 31 号	**邮政编码**	100080
电　　话	010－62511242（总编室）		010－62511770（质管部）
	010－82501766（邮购部）		010－62514148（门市部）
	010－62515195（发行公司）		010－62515275（盗版举报）
网　　址	http://www.crup.com.cn		
经　　销	新华书店		
印　　刷	北京密兴印刷有限公司		
开　　本	787 mm×1092 mm　1/16	**版　　次**	2024 年 11 月第 1 版
印　　张	17.75 插页 1	**印　　次**	2024 年 11 月第 1 次印刷
字　　数	382 000	**定　　价**	59.00 元

《　　　　　　》※任课教师调查问卷

为了能更好地为您提供优秀的教材及良好的服务，也为了进一步提高我社法学教材出版的质量，希望您能协助我们完成本次小问卷，完成后您可以在我社网站中选择与您教学相关的 1 本教材作为今后的备选教材，我们会及时为您邮寄送达！如果您不方便邮寄，也可以申请加入我社的**法学教师 QQ 群：436438859（申请时请注明法学教师）**，然后下载本问卷填写，并发往我们指定的邮箱（cruplaw@163.com）。

邮寄地址：北京市海淀区中关村大街甲 59 号中国人民大学出版社 1202 室收

邮　　编：100080

再次感谢您在百忙中抽出时间为我们填写这份调查问卷，您的举手之劳，将使我们获益匪浅！

基本信息及联系方式：※

姓名：__________ 性别：__________ 课程：__________

任教学校：__________ 院系（所）：__________

邮寄地址：__________ 邮编：__________

电话（办公）：__________ 手机：__________ 电子邮件：__________

调查问卷：※

1. 您认为图书的哪类特性对您选用教材最有影响力？（　　）（可多选，按重要性排序）
   A. 各级规划教材、获奖教材　　B. 知名作者教材
   C. 完善的配套资源　　D. 自编教材
   E. 行政命令
2. 在教材配套资源中，您最需要哪些？（　　）（可多选，按重要性排序）
   A. 电子教案　　B. 教学案例
   C. 教学视频　　D. 配套习题、模拟试卷
3. 您对于本书的评价如何？（　　）
   A. 该书目前仍符合教学要求，表现不错将继续采用
   B. 该书的配套资源需要改进，才会继续使用
   C. 该书需要在内容或实例更新再版后才能满足我的教学，才会继续使用
   D. 该书与同类教材差距很大，不准备继续采用了
4. 从您的教学出发，谈谈对本书的改进建议：__________

选题征集：如果您有好的选题或出版需求，欢迎您联系我们：

联系人：黄　强　联系电话：010-62515955

索取样书：书名：__________

书号：__________

备注：※ 为必填项。